GERMANISTISCHE BIBLIOTHEK

Herausgegeben von
ROLF BERGMANN
und
CLAUDINE MOULIN

Band 61

FRANK KIRCHHOFF

Von der Virgel zum Komma

Die Entwicklung der Interpunktion im Deutschen

Universitätsverlag
WINTER
Heidelberg

Bibliografische Information der Deutschen Nationalbibliothek

Die Deutsche Nationalbibliothek verzeichnet diese Publikation
in der Deutschen Nationalbibliografie;
detaillierte bibliografische Daten sind im Internet
über *http://dnb.d-nb.de* abrufbar.

Zugl.: Köln; Univ., Diss., 2016

UMSCHLAGBILD

Seite aus einem Digitalisat der Bayerischen Staatsbibliothek:
Plenari. 1482. Reutligen. 2 Inc.c.a 1248, urn:nbn:de:bvb:12-bsb00030596-0,
BSB-Ink P-585 – GW M34121, Blatt 26

ISBN 978-3-8253-6776-3

© 2017 Universitätsverlag Winter GmbH Heidelberg
Imprimé en Allemagne · Printed in Germany
Umschlaggestaltung: Klaus Brecht GmbH, Heidelberg
Druck: Memminger MedienCentrum, 87700 Memmingen

Gedruckt auf umweltfreundlichem, chlorfrei gebleichtem
und alterungsbeständigem Papier

Den Verlag erreichen Sie im Internet unter:
www.winter-verlag.de

Inhaltsverzeichnis

I get by with a little help from my friends.
The Beatles

Danksagung

Die Arbeit an einer Dissertationsschrift erfordert sehr viel Anstrengung und ein langes Durchhaltevermögen. Viele Menschen haben mich in den vergangenen Jahren bei diesem Projekt begleitet und unterstützt und haben deshalb ganz entscheidenden Anteil am Erfolg dieser Arbeit. Euch allen möchte ich hiermit von ganzem Herzen danken!

Mein erster Dank geht an meine drei Betreuer der Arbeit. Beatrice Primus verdanke ich den Weg in die Wissenschaft. Sie hat mich bereits in meinen ersten Semestern an der Universität zu Köln für die Linguistik und besonders für das Komma begeistert und mich früh in ihr Lehrstuhlteam aufgenommen. Diese Arbeit wäre ohne ihre Unterstützung nicht entstanden. Petra Schumacher danke ich für ihr stets offenes Ohr und viele konstruktive Gespräche, insbesondere im letzten Jahr vor der Abgabe dieser Arbeit. Hartmut Günther verdanke ich meine Begeisterung für die historische Interpunktion. Seine Publikation dazu aus dem Jahr 2000 inspirierte mich nachhaltig.

Ein ganz besonderer Dank gilt allen, die zwischen 2008 und 2016 am Lehrstuhl Primus gearbeitet haben. Ihr seid die besten Arbeitskolleginnen und -kollegen, die man sich nur wünschen kann! Hervorheben möchte ich besonders Karin Barber, unsere gute Seele des Lehrstuhls, Sven Alberg und Martin Evertz, mit denen ich am allerliebsten Kaffee getrunken habe, Jana Mewe und Tim Graf, die mich bei allen statistischen Fragen unterstützt haben, sowie Ilka Huesmann, die mich für Interjektionen begeisterte. Vera Nevels, Daniel Gutzmann und Markus Philipp begleiteten mich unzählige Male in die Mensa, dem eigentlichen Highlight eines jeden Arbeitstages. Schön, dass ich euch alle kennenlernen durfte!

Besonders danken möchte ich zudem Johanna Grewer für die tatkräftige Mithilfe beim Virgelzählen sowie Yamina Miri, Judith Molnar und Cedric Lawida für das sorgfältige Lektorat (glücklicherweise habt ihr nur sehr wenige Kommafehler gefunden).

Doch auch außerhalb des Uni-Alltags konnte ich jederzeit auf Unterstützung zählen. Meine Familie und Freunde gaben mir die nötige Kraft und mussten viele Jahre lang meine Kommageschichten ertragen. Ich hoffe, dass ich euch alle zu Kommaexperten gemacht habe! Ganz besonders hervorheben möchte ich meine Eltern Rita und Christian sowie meine Schwiegereltern Hanne und Peter, die mich während meiner gesamten Ausbildungszeit gestützt und immer wieder in meinem eingeschlagenen Weg bestärkt haben. Ihr seid eine unverzichtbare Stütze in meinem Leben. Und schließlich Jenni: Für alles!

Köln, im Frühling 2017

Teil I

Das moderne Interpunktionssystem

1 Einleitung

1.1 Zielsetzung und Aufbau der Arbeit

In der vorliegenden Dissertation untersuche ich die historische Entwicklung der Interpunktion in gedruckten Texten des Deutschen ab dem 15. Jahrhundert bis in die Gegenwart. Ein besonderer Fokus liegt dabei auf der Entwicklung des Kommas bzw. dessen historische Vorläufer Virgel und Mittelpunkt als wichtigste satzinterne Interpunktionszeichen. Mithilfe einer umfangreichen textsortenspezifischen Korpusanalyse von gedruckten deutschsprachigen Texten aus dem Zeitraum von 1482 bis 1984 soll die Ausdifferenzierung und Weiterentwicklung des Interpunktionsinventars und damit verbunden die funktionale Spezialisierung der satzinternen Zeichen seit dem Frühneuhochdeutschen beschrieben und erklärt werden. Ein zentrales Ziel dieser Arbeit besteht darin, neue Erkenntnisse zur Architektur von Interpunktionssystemen zu gewinnen. Für das deutsche und viele andere Interpunktionssysteme wird gemeinhin angenommen, dass sie sich historisch von einem intonatorischen hin zu einem syntaktischen System entwickelt hätten. Dabei wird eine Unvereinbarkeit des syntaktischen Prinzips der Interpunktion einerseits und des intonatorischen Prinzips der Interpunktion andererseits vorausgesetzt. Auf Grundlage der Analyse von modernen Interpunktionssystemen werde ich zeigen, dass sich eine solche Polarisierung als defizitär erweisen muss, da sich Intonation und Syntax keinesfalls gegenseitig ausschließen, sondern im Gegenteil in enger Beziehung zueinander stehen. Vor diesem Hintergrund muss man die traditionelle Annahme einer historischen Entwicklung von einem intonatorischen hin zu einem syntaktischen Interpunktionssystem hinterfragen. Mithilfe der historischen Korpusanalyse werde ich zeigen, dass nicht nur im modernen Deutschen, sondern bereits in früheren Sprachstufen das Komma und dessen historische Vorläufer in erster Linie syntaktisch motiviert sind. Davon ausgehend entwickle ich ein syntaxzentriertes mehrdimensionales Modells, das den Kernbereich der Komma- und Virgelsetzung sowohl in modernen als auch in historischen Interpunktionssystemen erklären kann.

Aus wissenschaftsgeschichtlicher Sicht stellte die Interpunktionsforschung in der Linguistik lange Zeit ein „Stiefkind" (Mentrup 1983: 6) dar. Erst seit den 1980er Jahren rückt die Interpunktion – im deutschsprachigen Raum in der Anfangszeit v.a. aufgrund der bevorstehenden Rechtschreibreform im Jahr 1996 – allmählich ins Interesse der Schriftlinguistik. In den vergangenen 25 Jahren entstanden jedoch wegweisende Arbeiten zum Gesamtsystem der Interpunktion (v.a. Nunberg 1990, Gallmann 1996, Bredel 2008, 2011), zur Entstehungsgeschichte der Interpunktionspraxis seit der Antike (v.a. Parkes 1993, Saenger 1997, Garavelli 2008), zur Typologie moderner Kommasysteme (v.a. Primus 1993, 2007a, 2010 und Bredel & Primus 2007), zur Funktion einzelner Zeichen (u.a. Primus 1997, Bunčić 2004,

Geilfuß-Wolfgang 2007, Buchmann 2015) sowie zur Didaktik der Interpunktion (u. a. Afflerbach 1997, die Praxis Deutsch Themenhefte 191 und 254, Müller 2007, Sappok 2011, Esslinger 2014 sowie der Sammelband von Colombo-Scheffold, Hochstadt & Olsen 2016). Von einem wachsenden Interesse auch außerhalb der linguistischen Fachliteratur zeugen darüber hinaus diverse Interpunktionsratgeber, die in der jüngeren Vergangenheit erschienen sind (u. a. Stang & Steinhauer 2014 für das Deutsche und Truss 2003 für das Englische). Bemerkenswert ist dagegen, dass die diachrone Beschäftigung mit Interpunktion nach wie vor ein Forschungsdesiderat darstellt. So konstatieren beispielsweise Wegera & Waldenberger (2012: 84) für das Deutsche: „Bisher beschränkt sich die Beschreibung der [historischen] Interpunktion auf einzelne Texte bzw. auf die Geschichte der grammatikographischen Regelungen zur Interpunktion. Eine umfassende diachrone empirische Darstellung der tatsächlichen Verwendung von Interpunktionszeichen steht noch aus" oder Schou (2007: 214) für das Englische: „we need a quantitative study of the development in punctuation practice from 1700 to 1800". Tatsächlich beschränken sich Arbeiten zur historischen Interpunktion im Deutschen entweder auf die normativen Entwicklungen in Sprachlehren (u. a. Höchli 1981 oder Rinas 2012, 2015) oder auf weitgehend qualitative Aussagen zur Interpunktion in wenigen ausgewählten Texten (u. a. Besch 1981 oder Simmler 1994, 2003). Umfassendere empirische Arbeiten zum tatsächlichen Gebrauch der Interpunktionszeichen seit der Erfindung des Buchdrucks sind dagegen eher Ausnahmen (vgl. lediglich Günther 2000, Simmler 2003 und Masalon 2014). Die vorliegende Arbeit möchte einen Beitrag zur Schließung dieser Forschungslücke leisten.

Die Dissertation besteht aus zwei Teilen. Der erste Teil (Kapitel 1 bis 4) widmet sich modernen Interpunktionssystemen, wohingegen sich der zweite Teil (ab Kapitel 5) der historischen Entwicklung der Interpunktion im Deutschen zuwendet. In den beiden folgenden Abschnitten 1.2 und 1.3 stelle ich den Untersuchungsgegenstand aus moderner Perspektive vor. Dabei bestimme ich auf Grundlage der Arbeiten von Bredel (2008, 2011) das moderne Interpunktionsinventar und diskutiere das Gesamtsystem der Interpunktion in seinen Form-Funktions-Zusammenhängen. Im weiteren Verlauf fokussiere ich dann eine besondere Klasse von Interpunktionszeichen, die Bredel im modernen System als „kleine Klitika" bezeichnet, <. , : ;>. Kapitel 2 widmet sich den unterschiedlichen architektonischen Modellen der Interpunktion bzw. der Kommasetzung, die in der Forschungsliteratur für die Beschreibung von modernen und historischen Interpunktionssystemen üblicherweise herangezogen werden. In Kapitel 3 und 4 setze ich mich mit der Frage auseinander, ob und inwiefern Intonation und Syntax mit der Kommaverwendung direkt korrespondieren. Bevor in Kapitel 4 das Kommasystem des modernen Deutschen und vieler anderer moderner Sprachen mithilfe rein syntaktischer Bedingungen erklärt wird, richtet Kapitel 3 den Blick auf die Verbindung von Komma und Intonation. Es wird hinterfragt, inwiefern ein rein intonatorisches Modell der Kommasetzung, d. h. eine direkte Verbindung von Komma und Intonation, für die beiden aus typologischer Sicht relevanten Sprachen Deutsch und Englisch tragfähig ist. Dazu werden aktuelle Arbeiten aus der Intonations- und Syntaxforschung herangezogen.

Der zweite Teil der Arbeit beschäftigt sich mit der historischen Interpunktion. Darin wird die umfangreiche und textsortenspezifische Korpusanalyse vorgenommen. Zunächst wird in Kapitel 5 die Auswahl der insgesamt 19 Korpustexte begründet, bevor dargelegt wird, welche Faktoren in den gedruckten Korpustexten von 1482 bis 1984 qualitativ und quantitativ ausgewertet wurden. Daran anschließend erfolgt in den Kapiteln 6 bis 8 eine statistische Detailauswertung sämtlicher annotierter Korpustexte. Die Ergebnisse dieser Studie sollen v.a. Antworten auf folgende drei Fragen geben (vgl. die Quer- und Längsschnittanalysen in Kapitel 9 und 10). Erstens: Wie vollzog sich die Entwicklung und Ausdifferenzierung von anfangs sehr kleinen Interpunktionsinventaren hin zu unserem modernen umfangreichen und hochsystematisch gebrauchten Inventar von insgesamt zwölf Zeichen? Zweitens: Welche formalen und graphotaktischen Entwicklungen können während dieser Ausdifferenzierung beobachtet werden? Und drittens: Inwiefern lässt sich die satzinterne Interpunktion in früheren Sprachstufen des Deutschen mithilfe rein syntaktischer Bedingungen erklären bzw. welche nicht-syntaktischen Faktoren wirken darüber hinaus v.a. auf die Verwendung des Kommas oder der Virgel? Lässt sich – wie in der bisherigen Forschung zur historischen Interpunktion fast ausnahmslos angenommen – tatsächlich eine Entwicklung von einem intonatorischen hin zu einem syntaktischen Kommasystem im Deutschen nachzeichnen? Auf Grundlage der so gewonnenen Ergebnisse möchte ich in Kapitel 11 eine syntaxzentrierte mehrdimensionale Architektur der Interpunktion vorschlagen, die zwischen einem Kernbereich und einer Peripherie der Komma- und Virgelsetzung unterscheidet und die den Komma- bzw. Virgelgebrauch sowohl in modernen als auch in historischen Interpunktionssystemen beschreiben und erklären kann. Die Arbeit schließt mit einem zusammenfassenden Kapitel samt Ausblick.

1.2 Das moderne Inventar der Interpunktion

Auf den ersten Blick scheint die Frage nach dem Inventar der Interpunktionszeichen trivial zu sein. Versucht man jedoch explizite Kriterien dafür zu formulieren, wie sich beispielsweise ein Komma oder ein Punkt von einem Buchstaben oder von einer Zahl unterscheiden, erweist sich dies als durchaus schwierig. Moderne Grammatiken und Interpunktionsratgeber unterscheiden sich meist darin, dass sie entweder eine sehr weite oder eine sehr enge Definition von Interpunktion anlegen. In englischsprachigen Arbeiten wird meist eine sehr weite Definition angeführt. Carter & McCarthy (2006) listen beispielsweise insgesamt 28 Interpunktionszeichen auf, zu denen neben den gebräuchlichen Zeichen wie etwa dem Punkt und dem Komma auch der Asterisk, das Prozentzeichen, verschiedene Klammerarten, Fettdruck oder Kursivschrift gezählt werden (vgl. auch Todd 1997). Für das Deutsche sind die amtlichen Regelungen zur deutschen Rechtschreibung (AR) (2010) maßgeblich. Das darin aufgeführte Inventar an Interpunktionszeichen kann im Gegensatz zu den meisten englischen Arbeiten als eher eng bezeichnet werden. So werden darin beispielsweise typographische Merkmale wie Kursivschreibung oder Fettdruck nicht zu den Interpunktionszeichen gezählt. Dennoch findet man auch dort keine expliziten Kriterien für die Unterscheidung von Interpunktionszeichen und anderen Schriftzeichen wie Buchstaben oder Zahlen.

Bredel (2008, 2011) hat einen Kriterienkatalog entwickelt, der die folgenden fünf segmentalen Mittel der Schrift unterscheidet: Buchstaben, Ziffern, Sonderzeichen, Interpunktionszeichen und Leerzeichen. Diese grenzt sie mithilfe der Merkmale Darstellbarkeit, Verbalisierbarkeit, Kombinierbarkeit und Zweielementigkeit voneinander ab.

Tabelle 1: Merkmale segmentaler Mittel (Bredel 2011: 9)

	Buchstaben <A, a, B, b>	Ziffern <1, 5, 12>	Sonderzeichen <&, %, @>	IP-Zeichen <, . ; :>	Leer-zeichen
darstellbar	+	+	+	+	–
verbalisierbar	+	+	+	–	–
kombinierbar	+	+	–	–	–
zweielementig	+	–	–	–	–

Durch das Merkmal Darstellbarkeit lassen sich Zeichen, die ohne Kontext visuell repräsentiert werden können, von Leerzeichen (Worttrenner, Absatz) trennen, die zwingend eine graphische Umgebung benötigen. Das Merkmal Verbalisierbarkeit trifft auf Zeichen zu, die beim Lesen mit Lautgesten verbunden sind (z.B. [t] <t> in <tanzen> oder [ʊnt] für <&>). Den Unterschied zwischen Buchstaben, Ziffern und Sonderzeichen erfasst das Merkmal Kombinierbarkeit. Buchstaben und Ziffern können untereinander kombiniert werden, sodass hierarchisch höhere Einheiten entstehen (z.B. <12>). Die paradigmatische Zweielementigkeit schließlich trennt Buchstaben von Ziffern. Danach weisen nur Buchstaben in unserem Alphabet zwei Formen (Groß- und Kleinbuchstaben) auf. Bredel (2008, 2011) definiert die Interpunktionszeichen demnach als darstellbare, nicht-verbalisierbare, nicht-kombinierbare, einelementige Segmente der Schrift. Daraus ergibt sich das folgende Inventar von Interpunktionszeichen, das in dieser Arbeit zugrunde gelegt wird.

(1)   Inventar der Interpunktionszeichen (Bredel 2011: 9)
       <. ; , : – – … ' ? ! ( ) „ "

Dieses Inventar enthält nicht die Zeichen <&, %, @>, da diese verbalisierbar sind. Zudem werden keine typographischen Kennzeichnungen wie Fettdruck, Unterstreichung oder Kursivschreibung berücksichtigt, da diese Eigenschaften miteinander kombinierbar sind (z.B. ***Interpunktion***) (vgl. dazu auch Gallmann 1985: 13). Im Hauptteil dieser Arbeit wird neben der historischen Entwicklung der Funktion des Kommas bzw. des historischen Vorläufers, der Virgel, auch die Entstehung des Interpunktionsinventars diskutiert. Das in (1) dargestellte heutige Inventar der Interpunktionszeichen stellt dabei den Endpunkt dieser Entwicklung dar.

1.3 Das moderne Gesamtsystem der Interpunktion

Mit Bredel (2008, 2011) liegt eine Analyse des Gesamtsystems der Interpunktion des modernen Deutschen vor, die einen systematischen Zusammenhang zwischen der Form der Interpunktionszeichen und ihrer Funktion offenlegt. Dabei ist eine Grundannahme besonders hervorzuheben: Interpunktionszeichen lassen sich in kleinere Teile zerlegen, die systematisch kombiniert sind. Aus den graphetischen Merkmalen der Basiselemente und den Merkmalen ihrer Kombinatorik lässt sich die Funktion der Zeichen berechnen. Die formale Analyse leistet Bredel mithilfe der Merkmale [+/–LEER], [+/–VERTIKAL] und [+/–REDUPLIZIERT]. Die ersten beiden Merkmale beziehen sich auf die Position im segmentalen Schreibraum. Ausgehend von der Grundlinie wird der Schreibraum in Unterspatium, Mittelspatium und Oberspatium eingeteilt, vgl. (2).

(2)   Interpunktionszeichen im Schreibraum

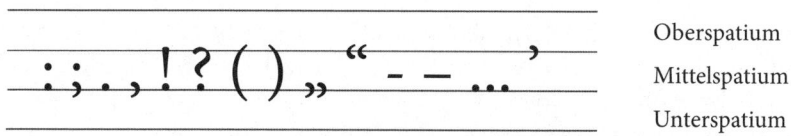

Oberspatium

Mittelspatium

Unterspatium

Mithilfe des Merkmals LEER unterscheidet Bredel Interpunktionszeichen mit Grundlinienkontakt [–LEER] und Interpunktionszeichen ohne Grundlinienkontakt [+LEER]. Mit dem Merkmal [+VERTIKALITÄT] werden Zeichen beschrieben, die über die Mittellinie ins Oberspatium hineinreichen. Als drittes Merkmal nennt Bredel REDUPLIKATION. Interpunktionszeichen, deren Basiselement mindestens zweimal auftritt, gelten als [+REDUPLIZIERT]. Dies gilt beispielsweise für den Doppelpunkt oder die Auslassungspunkte. Abbildung (1) illustriert das Gesamtsystem nach den drei Merkmalen.

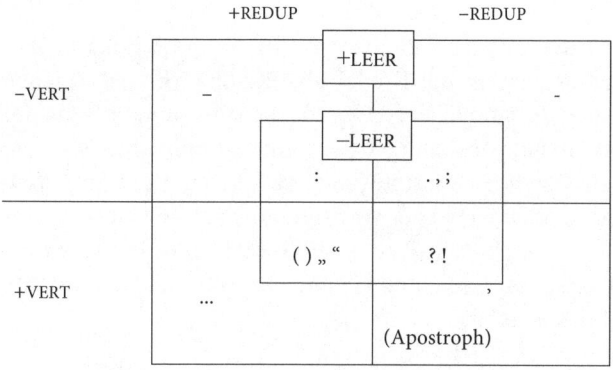

Abb. 1: Das formale Gesamtsystem der Interpunktionszeichen (Bredel 2011: 17)

Mithilfe eines Merkmaltripels kann nun die Form eines jeden Interpunktionszeichens beschrieben werden. So kennzeichnet beispielsweise das Tripel [+LEER, +REDUPLIZIERT, +VERT] die Auslassungspunkte.[1] Sie stellen die markierteste Form innerhalb des Gesamtsystems dar. Die unmarkierteste Form mit dem Tripel [–LEER, –REDUP, –VERT] stellen Punkt, Komma und Semikolon dar. Je mehr Merkmalsübereinstimmungen ein Interpunktionszeichen mit einem anderen Zeichen hat, desto enger ist auch die funktionale Verwandtschaft der Zeichen. So stellen in der Analyse nach Bredel die Interpunktionszeichen mit dem Merkmal [–LEER] eine besondere Klasse dar, die sie Klitika nennt. Aus graphotaktischer Sicht kann für die Klitika festgehalten werden, dass sie ein Stützzeichen (z. B. einen Buchstaben) benötigen, an das sie sich anlehnen bzw. klitisieren. Vergleiche hierzu bereits Nunberg (1990: 58):

> One way of explaining this regularity is by thinking of the standard punctuation marks as affixes, or better clitics, which attach either rightwards or leftwards to the neighboring word. The comma, for example, is a left-cliticizing mark […]

Allerdings gibt es auch Interpunktionszeichen, die nicht klitisieren. Diese lassen sich mit dem Merkmal [+LEER] erfassen. Sie besetzen (wie Buchstaben, Sonderzeichen und Zahlen) einen separaten segmentalen Raum und werden Filler genannt. Filler zeichnen sich im Gegensatz zu den Klitika dadurch aus, dass sie potenziell symmetrisch auftreten können. Symmetrisch bedeutet in diesem Fall, dass links und rechts von ihnen Zeichen desselben Typs (Buchstaben, Zahlen, Leerzeichen) auftreten können. Klitika zeichnen sich hingegen durch ihr asymmetrisches Auftreten aus.

(3)   Filler und Klitika im segmentalen Schreibraum

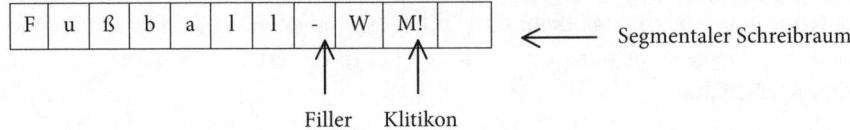

Nach Bredel (2008, 2011) ist die Unterscheidung von Fillern und Klitika bedeutend für den Leseprozess. Filler werden bei Bredel als okulomotorische Zeichen charakterisiert, die das Scanning der graphischen Oberfläche betreffen. So kann der Ausdruck *Fußball-* in (3) als nicht vollständig bzw. unfertig angesehen werden. Der Divis zeigt diesen Defekt bzw. die leserrelevante Abweichung der graphisch kodierten Einheit an (vgl. auch den Divis bei der Worttrennung am Zeilenende). Abweichungen können sowohl auf Wortebene (–REDUP: Divis und Apostroph) als auch auf Textebene (+REDUP: Auslassungspunkte und Gedankenstrich) markiert werden (für Details siehe Bredel 2011: Kapitel 5).

---

[1]   Bredel anaylsiert die Auslassungspunkte aufgrund ihrer historischen Form <´´´> als zugrundeliegend [+VERT].

Klitika hingegen werden von Bredel als Subvokalisationszeichen betrachtet, die Abweichungen bei der syntaktischen Verrechnung (Processing) graphisch kodierter Ausdrücke in größere sprachliche Strukturen regulieren. Die Eigenschaft der Klitika als Prozesshilfen soll in Kapitel 4 am Beispiel des Kommas diskutiert werden. Auch die Klitika lassen sich noch einmal über das Merkmal [+/–Redup] differenzieren. So sind die Klitika mit dem Merkmal [+Redup] der Textdomäne, die Klitika mit dem Merkmal [–Redup] hingegen der Satzebene zugewiesen.

Fassen wir die vorgestellten Form-Funktions-Zusammenhänge mit der Darstellung in (4) zusammen (vgl. auch Kirchhoff & Primus 2016b: 96). Die vorliegende Arbeit konzentriert sich im Folgenden insbesondere auf die Klasse der syntaktischen Klitika <. , ; :>.

(4)

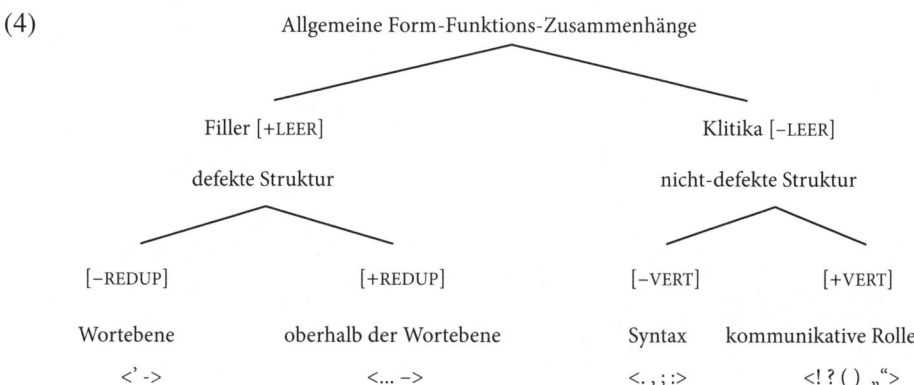

2 Architektur von Interpunktionssystemen

Moderne Interpunktionssysteme werden in der Forschung meist über drei verschiedene architektonische Modelle beschrieben. Das erste Modell (Abschnitt 2.1) nimmt eine direkte und exklusive Verbindung von Interpunktion und Intonation an, die aus der Entstehungsgeschichte der Interpunktion seit der Antike abgeleitet wird. Es wird gemeinhin als rhetorisch-intonatorisches Prinzip der Interpunktion bezeichnet. Das zweite Modell (Abschnitt 2.2) ist pluralistischer Natur. Dessen Vertreter nehmen nicht nur eine direkte Verbindung zwischen Interpunktion und Intonation an, sondern darüber hinaus auch eine direkte Verbindung zu weiteren Faktoren wie Stil, Semantik und Syntax. Wir sprechen deshalb von einem gemischten bzw. pluralistischen Prinzip. Das dritte architektonische Modell (Abschnitt 2.3) stellt eine direkte und exklusive Verbindung von Interpunktion und Syntax her. Wir sprechen deshalb von einem grammatisch-syntaktischen Prinzip. Die unterschiedlichen Modelle werden in der Forschungsliteratur meist anhand der Kommaverwendung in unterschiedlichen Sprachen diskutiert, da es sich beim Komma neben dem Punkt um das am häufigsten verwendete und aus typologischer Sicht interessanteste Satzzeichen handelt. Daher werde ich im Folgenden die einzelnen Modelle anhand des Kommas bzw. dessen historischer Vorläufer diskutieren.

2.1 Rhetorisch-intonatorisches Prinzip

Die Annahme einer engen und exklusiven Verbindung von Interpunktion und Intonation hat in der Schriftlinguistik eine lange Tradition. Üblicherweise wird angenommen, dass sich die Interpunktionssysteme der europäischen Sprachen aus der Interpunktionspraxis der griechischen und römischen Antike entwickelt haben. Betrachtet man frühe griechische Schriftzeugnisse, so fällt auf, dass diese meist auf jegliche Markierungen von Wort- und Satzgrenzen verzichten. Sie sind in der sogenannten scriptio-continua-Schreibung verfasst. Dabei handelt es sich um eine Schreibweise, die ununterbrochene Lautfolgen notiert und auf Worttrenner (z.B. Mittelpunkte oder Spatien) und andere Formen der Interpunktion verzichtet (Bredel 2007: 68f.). In (5) findet sich ein Beispiel für einen scriptio-continua-Text (vgl. auch Bredel 2011: 12):

(5) Beispiel für eine scriptio-continua-Schreibung
     BEIMLESENVONTEXTENINSCRIPTIOCONTINUAALSOINDERKON
     TINUIERLICHENSCHREIBWEISEMUESSENDIEBUCHSTABENEIN
     ZELNAUFGELESENWERDEN

Scriptio-continua-Texte waren in unterschiedlichen Schriftsystemen noch bis etwa 500 n. Chr. gebräuchlich. Bredel hebt die besondere Verarbeitungsherausforderung für Leser solcher Texte hervor. Während der Prozessierung müssen die Buchstaben einzeln aufgelesen werden, „um sie dann zu Silben und schließlich zu Wörtern, Sätzen und Texteinheiten zusammensetzen zu können" (Bredel 2011: 12). Dies geschah in der Regel während des lauten Vorlesens. Die Stimme diente demnach dem Auge als „zusätzliche Gedächtnisstütze" (Bredel 2011: 12). Aus diesem Grund, so wird meist argumentiert, war in der Antike ein stilles Lesen eher ungewöhnlich.

Um das Jahr 600 v. Chr. wird in der Schriftgeschichte eine wichtige Wegmarke gesetzt. Das griechische Alphabet gelangte in dieser Zeit über die Etrusker zu den Römern, die eine für die Interpunktion wegweisende Neuerung einführten: den Mittelpunkt. Wie in Beispiel (6) einer römischen Alltagsschrift (ungefähr 1. Jahrhundert n. Chr.) zu sehen, wurde dieses Zeichen in zunehmendem Maße für die Trennung von Wörtern eingesetzt (Primus 2007b: 54).

(6)   quisquit·ammat
        pueros·sene·
        finem·puellas ·
        rationem·sacclii·
        norefert·[2]

In diesem Beispiel übernimmt der Mittelpunkt die Worttrennungsfunktion. Allerdings zeigt der kurze Textauszug darüber hinaus auch zwei weitere wichtige Prinzipien. Zum einen setzte sich allmählich der Zeilenumbruch als Worttrenner durch (kein Mittelpunkt zwischen *ammat* und *pueros*) und zum anderen erkennen wir nach *norefert* einen Mittelpunkt, der als Worttrenner eher nutzlos erscheint, dafür aber möglicherweise eine satz- und textschließende Funktion einnimmt.

Zu Beginn des 6. Jahrhunderts n. Chr. verschwindet die scriptio-continua-Schreibweise allmählich und es entstehen Schriftsysteme, die Saenger (1997) *areated writing* nennt. Diese Systeme nutzen den Leerraum (bzw. das Spatium) zunehmend als Worttrennungszeichen.[3] Nach Parkes (1993) kann diese Entwicklung im 12. Jahrhundert n. Chr. als weitestgehend abgeschlossen betrachtet werden. Bredel (2011) bezeichnet die Einführung des Spatiums aus leserpsychologischer Sicht als Revolution. Das Auge konnte fortan das geschriebene Wort auf einen Schlag erkennen. Damit beschleunigte sich der Leseprozess erheblich.

Eines der ersten Interpunktionssysteme stammt von Isidor von Sevilla aus dem 6. Jahrhundert n. Chr., das die in der Logik und Rhetorik verstärkte Zergliederung von Texten mithilfe eines Dreipunktsystems, den sogenannten *distinctiones*, berücksichtigte. Dieses System verfügt lediglich über den Punkt, der positional verwen-

---

[2]   Übersetzung aus Primus (2007b: 54): Wer Knaben und Mädchen ohne Ende liebt, der bringt die Summe des Geldbeutels nicht zurück.

[3]   Diese Leerräume waren jedoch lange Zeit in ihrer Größe noch nicht standardisiert. Dabei ist nicht ausgeschlossen, dass die Variation der Größe funktional begründbar ist.

det wird. Eine funktionale Differenzierung geschieht über die Positionierung des Punktes auf der Grundlinie <.> (comma), auf der Mittellinie <·> (colon) und auf der Oberlinie <´> (periodus) (vgl. u.a. Simmler 2003, Bredel 2007 und Rinas 2012).[4] In der Forschungsliteratur wird üblicherweise angenommen, dass diese Interpunktionszeichen kurze, mittlere und lange Sprechpausen markieren sollten (z.B. Müller 1964, Wingo 1972 und Parkes 1993) und damit eine enge und exklusive Beziehung zwischen Interpunktion und Sprechpausen vorliege.

In der traditionellen diachronen Interpunktionsforschung besteht weitestgehend Einigkeit darüber, dass die frühen Interpunktionssysteme rhetorisch-intonatorisch determiniert waren. Uneinigkeit besteht hingegen darin, ob es auch heute noch rein intonatorische Interpunktionssysteme gibt (vgl. für einen Überblick Bredel & Primus 2007 und Primus 2007a). Synchron werden die Romanischen Sprachen, das Niederländische und das Englische häufig noch als weitestgehend intonatorisch eingestuft, wohingegen für das Deutsche, Russische, Ungarische oder Finnische eine syntaktische Interpunktion (siehe Abschnitt 2.3) angenommen wird (vgl. Dokumente 1939 für einen Überblick über mehrere europäische Sprachen). Die gängige Auffassung einer engen (und exklusiven) Verbindung von Interpunktion und Intonation sei hier exemplarisch anhand zweier Zitate zum Komma im Englischen gegeben:

(7)   a. the comma [...] Especially in spoken contexts, it usually denotes a slight pause. (Chicago Manual of Style 2010: 311)
       b. With its power to pause, the comma controls the ebb and flow of a sentence, its rhythm, its speed. (Lukeman 2006: 31)

Das in diesen Auffassungen zugrunde gelegte architektonische Modell kann dabei wie in (8) dargestellt werden.

(8)   Intonation

       |

       Komma

Neben der engen Verbindung zwischen Komma und Intonation heben Vertreter des rhetorisch-intonatorischen Prinzips darüber hinaus den stilistisch freien Gebrauch des Kommas hervor. Eine stilistische Freiheit wird beispielsweise von Meisenburg (2002:174) für das Französische und von Nunberg, Briscoe & Huddlestone (2002: 1727) für das Englische angenommen. Letztere Autoren illustrieren dies anhand eines leichten (ohne Komma) und schweren (mit Komma) Gebrauchs der Interpunktion, vgl. die Beispielsätze in (9).

---

[4]   Die Terminologie Isidors lehnt sich an die aus der römischen Kaiserzeit stammende Einteilung per *cola et commata* an. Dabei wurde jede Sinneinheit in eine neue Zeile geschrieben (vgl. Bischoff 1979 und Parkes 1993)

(9)   a. On Sundays, they like to have a picnic lunch in the park, if it's fine. (schwer)
       b. On Sundays they like to have a picnic lunch in the park if it's fine. (leicht)

Wie an späterer Stelle dieser Arbeit noch zu zeigen sein wird, ist es jedoch fraglich, ob der beobachtete freie Gebrauch tatsächlich auf das Komma zurückgeführt werden muss, oder ob nicht vielmehr die unterschiedlichen Kommaverwendungen auch syntaktisch begründbar sind. Die beiden kommatierten bzw. nicht-kommatierten Phrasen in (9) sind schließlich aus syntaktischer Sicht optionale Herausstellungen (vgl. für eine ausführliche Diskussion Abschnitt 4.2.2).

2.2   Gemischtes Prinzip

Für viele moderne europäische Sprachen wird darüber hinaus ein pluralistisches architektonisches Modell der Kommasetzung vorgeschlagen, das nicht nur eine direkte Verbindung zwischen Komma und Intonation und Stil, sondern darüber hinaus auch zur Semantik und Syntax herstellt, vgl. (10).

(10)   Intonation   Stil   Grammatik   Semantik

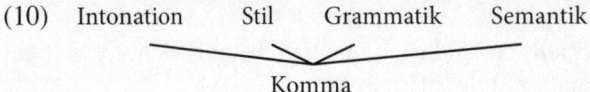

                                Komma

Dieses Modell wird u.a. von Meyer (1987) und Patt (2013) für das Englische, von Daniëls (1994) für das Niederländische, von Catach (1996) für das Französische und von Ferrari (2003) für das Italienische vertreten. Für die Beschreibung des deutschen Kommasystems findet sich dieses Modell v.a. in der didaktischen Literatur. Müller (2007) beispielsweise argumentiert, dass für die Kommasetzung bei Kindern und Jugendlichen unterschiedliche Einflussfaktoren wie Sprechpausen, Syntax, Signalwörter, Explizitheit der Aufgabenstellung oder ähnliches wirken. „Die Kommasetzung Schreibender ist multikausal verursacht. Kommasetzung wird umso wahrscheinlicher, je mehr und je stärker unterschiedliche Einflussfaktoren für die Kommatierung einer potentiell kommarelevanten Textstelle sprechen" (Müller 2007: 71). Die unterschiedlichen Einflussfaktoren sind dabei in diesem Modell gleichwertig. Dieser multikausale Ansatz wird auch von Masalon (2014) für die Beschreibung der Interpunktion in älteren Sprachstufen des Deutschen gewählt.

2.3   Grammatisch-syntaktisches Prinzip

Ein syntaktischer Einfluss auf viele Bereiche der Interpunktion wird mittlerweile von der Forschung kaum noch in Frage gestellt. Für das moderne Deutsche wird diese Ansicht u.a. von Eisenberg (1979), Behrens (1989), Maas (1992), Primus (1993, 2007a), Bredel & Primus (2007), Fuhrhop (2010), Kirchhoff & Primus (2014) und Kirchhoff (2016) geteilt. Selbst in der Interpunktionsforschung zu einem vermeintlich intonatorischen System wie dem modernen Englisch vollzog sich in der zweiten Hälfte des 20. Jahrhunderts eine „grammatische Wende", wie das folgende Zitat aus Quirk (1972 et al.: 1055) veranschaulicht:

> Punctuation practise is governed primarily by grammatical considerations and is related to grammatical distinctions. Sometimes it is linked to intonation, stress, rhythm, pause, or any other of the prosodic features which convey distinctions in speech, but this is neither simple nor systematic, and traditional attempts to relate punctuation directly to (in particular) pauses are misguided.

Dies bedeutet jedoch nicht, dass beispielsweise das Komma in aktuellen Arbeiten zum Englischen und anderen Sprachen exklusiv syntaktisch beschrieben wird. Vielmehr wird häufig eine Vielzahl unterschiedlicher Einflussfaktoren (siehe vorangegangener Abschnitt) genannt, von denen die Syntax nur eine unter vielen ist. Dies liegt meiner Ansicht nach daran, dass in den meisten Arbeiten über sämtliche Interpunktionszeichen hinweg generalisiert wird, und dabei der Versuch unternommen wird, ein einheitliches architektonisches Modell für sämtliche Interpunktionszeichen zu etablieren. Im vorangegangenen Kapitel wurde das Gesamtsystem der Interpunktion nach den Form-Funktions-Relationen nach Bredel (2008, 2011) vorgestellt. Dabei wurde gezeigt, dass sich Interpunktionszeichen aufgrund bestimmter formaler Merkmale funktional klassifizieren lassen. So wurde beispielsweise zwischen Wort-Zeichen (+LEER und –REDUP) und syntaktischen Zeichen (–LEER und –VERT), aber auch zwischen syntaktischen Zeichen und kommunikativen Zeichen (–LEER und +VERT) unterschieden. Möglicherweise lassen sich diese großen funktionalen Unterschiede tatsächlich nur in einem pluralistischen Modell erfassen. Dies bedeutet jedoch nicht, dass eine pluralistische Annahme für sämtliche Interpunktionszeichen gelten muss.

In dieser Arbeit möchte ich für ein syntaxzentriertes Modell für die in Bredels System als „kleine Klitika" (–LEER und –VERT) bezeichnete Klasse von Interpunktionszeichen argumentieren (vgl. Abschnitt 1.3). Diese Klasse umfasst die folgenden vier Interpunktionszeichen: <. , ; :>. Für das wichtigste satzinterne Zeichen dieser Klasse, das Komma, soll folgendes syntaxzentriertes Modell vorgeschlagen werden (siehe auch Primus 2007a, Bredel & Primus 2007, Kirchhoff & Primus 2014 und Kirchhoff 2016), vgl. die Darstellung in (11):

(11)

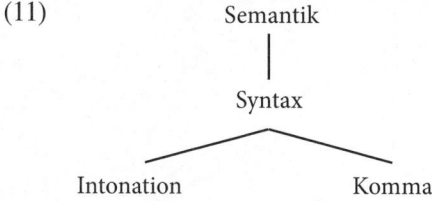

Diese Architektur berücksichtigt eine von vielen Linguisten geteilte Meinung, der zufolge Syntax und Semantik eine enge Beziehung eingehen, die im Kompositionalitätsprinzip bzw. Frege-Prinzip manifestiert ist. Dieses Prinzip besagt, dass die Bedeutung eines komplexen Ausdrucks durch die Bedeutung seiner Einzelteile und der Art ihrer (syntaktischen) Verknüpfung bestimmt ist. Es ist dabei wichtig zu betonen, dass das Komma keineswegs nur einen spezifischen semantischen Bezug herstellt, sondern in allen Fällen auch eine bestimmte syntaktische Struktur markiert. So ruft im Minimalpaar *Martin steht auf Vera* vs. *Martin steht auf, Vera* das Komma im zweiten Satz einen syntaktischen Unterschied hervor, der eine semantische Unterscheidung auslöst. Komma und Semantik sind miteinander verbunden, jedoch nur indirekt über die Syntax.

In dieser Arbeit möchte ich dafür argumentieren, dass eine ähnliche Beziehung ebenso zwischen Komma und Intonation vorliegt. Auch hier müssen wir von einer indirekten Verbindung ausgehen, bei der die Syntax eine Mittlerrolle einnimmt (vgl. 11). So werden syntaktische Strukturen sowohl in der Intonation als auch in der Kommasetzung wiedergegeben. Intonation und Kommasetzung stellen dabei zwei unterschiedliche Mittel dar, um syntaktische Strukturen zu markieren. Wichtig ist jedoch hervorzuheben, dass sich Kommasetzung und Intonation dadurch keinesfalls gegenseitig ausschließen. Im Folgenden sollen die Beziehungen zwischen Syntax, Intonation und Kommasetzung detaillierter geprüft werden. Bevor in Kapitel 4 das Kommasystem des modernen Deutschen und anderer moderner Sprachen mithilfe rein syntaktischer Bedingungen erklärt wird, richtet das folgende Kapitel den Blick auf die Verbindung von Komma und Intonation. Es wird hinterfragt, inwiefern ein rein intonatorisches Modell der Kommasetzung, d.h. eine direkte Verbindung von Komma und Intonation, für das Deutsche und Englische tragfähig ist.

3 Ein Intonationsmodell für die Interpunktion?

3.1 Sprechpausen und Kommas

Im Folgenden soll mithilfe moderner Intonationstheorien überprüft werden, inwiefern sich die Kommasetzung in den zwei kommatypologisch repräsentativen Sprachen Deutsch und Englisch erfassen lässt. In der zu diesem Thema einschlägigen Literatur findet sich bislang kein solcher Versuch, sondern lediglich sehr allgemeine und impressionistische Beschreibungen (vgl. lediglich Kirchhoff 2016). Dies belegen die folgenden Textauszüge zum Deutschen und Englischen:

(12) Dasjenige Prinzip ist das natürliche und deshalb richtige, nach dem die durch die Pausen beim guten Vortrag hervortretenden „lebendigen Glieder" die Einheiten beim Interpunktieren sind. (Dokumente 1939, XVI – XVII)

Der Beistrich hat im Deutschen in erster Linie die Aufgabe, den Satz grammatisch zu gliedern. Daneben erfüllt er den ursprünglichen Zweck der Satzzeichen, die beim Sprechen entstehenden Pausen zu bezeichnen. (Duden 1954: 17; bis 1986 in diesem Wortlaut fast unverändert vom Duden übernommen)

Die Satzzeichen sind graphische Zeichen für den Intonationsverlauf und die Gliederung der Rede durch Pausen. (Berschin et al. 1995: 156)

Punctuation is a necessary feature of the written medium. It is analogous to intonation, pitch, rhythm, speed and pausing in speech. (Todd 1997: 8)

Well, basically, a comma means a slight pause in the sentence. (van Dyck 1996: 35)

Die aufgeführten Zitate belegen, dass ältere Intonationsansätze der Interpunktion (hier v.a. für die Kommasetzung) fast ausschließlich die Sprechpause als intonatorisches Kriterium für eine rhetorische Interpunktion heranziehen, ohne dies empirisch zu stützen. Bemerkenswert ist, dass auch in jüngeren Arbeiten sowohl für das Deutsche (wie in Müller 2007 und Sappok 2011) als auch für das Englische (z.B. Chafe 1988) moderne Intonationskriterien vernachlässigt werden. In seiner didaktischen Arbeit vertritt beispielsweise Müller (2007: 67) eine Pausenhypothese, die für das Komma eine „Verfügbarkeit von real akustisch vorhandenen oder mental repräsentierten Sprechpausen" annimmt. Im Folgenden werden neuere Erkenntnisse der modernen Intonationsforschung vorgestellt und diskutiert, inwiefern ein darauf basierendes Intonationsmodell für die Interpunktion am Beispiel der Kommasetzung tragfähig ist.

3.2 Intonationsmodell des Kommas

Es ist unbestritten, dass die Prosodie uns beim Verstehen von gesprochener Sprache unterstützt. Während des Sprechens strukturieren wir Gesagtes in kleinere, ineinander verschachtelte Einheiten, die prosodisch intoniert werden. In (13) findet sich die erstmals von Selkirk (1984) und Nespor & Vogel (2007) aufgestellte schematische Darstellung der prosodischen Hierarchie, die mittlerweile von den meisten Phonologen übernommen wurde.

(13)　Prosodische Hierarchie
　　　Äußerungsphrase (UP bzw. ν)
　　　Intonationsphrase (IP bzw. ι)
　　　Phonologische Phrase / Intermediate Phrase (iP bzw. φ)
　　　Phonologisches Wort (ω)
　　　Fuß (Ft)
　　　Silbe (σ)

Während Chomsky & Halle (1968) phonologische Repräsentationen weitestgehend noch als Aneinanderreihung von Segmenten mit Merkmalsbündeln verstanden, differenzierte sich in den folgenden Jahren oberhalb der segmentalen Merkmalsebene eine hierarchisch organisierte Konstituentenstruktur mit unterschiedlichen Ebenen (engl. *tiers*) heraus, die in der Forschung meist prosodische bzw. phonologische Hierarchie genannt wird. Nach Selkirk (1984) unterliegt die prosodische Hierarchie der *Strict Layer Hypothese*, die einen strengen Schichtaufbau gewährleistet, indem rekursive Strukturen (eine Einheit dominiert eine Einheit derselben hierarchischen Ebene) untersagt sind. So müssen beispielsweise phonologische Wörter in phonologischen Phrasen und diese wiederum komplett in Intonationsphrasen usw. enthalten sein. (14) illustriert eine wohlgeformte, der Strict Layer Hypothese folgende, Hierarchie der vier größten Konstituenten (vgl. Hall 2011: 320).

(14)　(　　　　　　　　　　　　　)ν
　　　(　　　)ι　(　　　　　　　)ι
　　　(　　　)φ　(　　　)φ　(　　　)φ
　　　( )ω　( )ω　( )ω　( )ω　( )ω　( )ω

In der jüngeren Vergangenheit etablierte sich zunehmend eine Forschungsrichtung, die die prosodische Hierarchie modalitätsübergreifend betrachtet und eine parallele Hierarchie auf die Schriftlinguistik und die Gebärdensprachforschung übertrug (siehe für einen Gesamtüberblick Primus 2003 und Domahs & Primus 2015, Fuhrhop & Buchmann 2016 zur graphematischen Silbe oder Evertz & Primus 2013 und Evertz 2014 zum graphematischen Fuß und Fuhrhop 2008, 2012 zum graphematischen Wort). Im Zusammenhang mit der Kommasetzung ist v.a. die prosodische Phrasierung von Bedeutung. Aus diesem Grund sollen im Folgenden die prosodischen Einheiten oberhalb des phonologischen Wortes im Vordergrund stehen. Beson-

26

ders wichtig sind dabei die Intonationsphrase (IP) und die Äußerungsphrase (engl. *utterance phrase* UP).

Zuerst möchte ich mich jedoch den intonatorischen Grundlagen für die Bestimmung solcher Phrasen zuwenden. Als Grundlage der weiteren Überlegungen und der Notation prosodischer Phrasen dient ein autosegmental-metrisches Modell der Intonation, das auf Beckmann & Pierrehumbert (1986) zurückgeht, in der Folgezeit mehrfach (u.a. von Ladd 1996) überarbeitet und durch das Transkriptionssystem ToBI (*Tone and Break Indices*) ergänzt wurde. Für die Intonation des Deutschen sei auf GToBI (*German Tones and Break Indices*) verwiesen, entwickelt in einer gemeinschaftlichen Arbeit von Grice et al. (1996), das mit dem ursprünglichen ToBI-System eng verwandt ist. GToBI ermöglicht die Annotation relevanter intonatorischer Informationen wie z.B. der Markierung von Ton- und Phrasenakzenten sowie Intonationsphrasengrenzen.

Diskutieren wir zunächst die Kriterien für die Konstitution von Intonationsphrasen (IPs bzw. ɩ), die für die weitere Argumentation von besonderem Interesse sind (vgl. Dehé 2009: 584).

(15)   Kriterien für die Konstitution von Intonationsphrasen
       a. Vollständige Intonationskontur
       b. Kontinuierliche Deklination
       c. Pausen
       d. Phrasenfinale Dehnung
       e. Grenztöne

In der autosegmental-metrischen Phonologie wird Intonation als Sequenz phonologischer Töne verstanden. Für die Intonation des Deutschen werden insgesamt zwei phonologische Töne angenommen. Diese werden als Hochtöne bzw. Tieftöne bezeichnet und mit dem Buchstaben H für „hoch" (engl. *high*) und L für „tief" (engl. *low*) annotiert. Der Tonhöhenverlauf (engl. *pitch*) einer sprachlichen Äußerung wird relativ und nicht absolut bestimmt. Dies bedeutet, dass die hohen oder tiefen Zielpunkte nur relativ zu ihren benachbarten Tönen bestimmt werden können. In der Annotation wird der Tonhöhenverlauf lediglich an besonderen Stellen durch Töne im ToBI-System gekennzeichnet. Töne dienen einerseits dazu, bestimmte Silben hervorzuheben (Tonakzente bzw. Akzenttöne), andererseits treten Töne an prosodischen Phrasengrenzen (Grenztöne häufig auch „sentence accent" bei Bruce (1977) oder „phrase accent" bei Pierrehumbert (1980) genannt) auf. Akzenttöne (mit entsprechenden Begleittönen) sind an das Auftreten von Akzentsilben gebunden und werden durch einen Stern (H* und L*) notiert. Grenztöne hingegen sind an das Auftreten prosodischer Phrasen gebunden. Unabhängig von Akzentsilben treten sie am Rand prosodischer Phrasen auf. Man unterscheidet zwischen Grenztönen am linken Rand einer prosodischen Phrase (initialer Grenzton: %H bzw. %L) und Grenztönen am rechten Rand einer prosodischen Phrase (final: H% bzw. L%) (vgl. Fuhrhop & Peters 2013: 135). Mithilfe der eingeführten Tonhöhenakzente sowie der Grenztöne lassen sich die Tonhöhenverläufe in sogenannte Intonationskonturen übertragen (z. B. eine fallend-steigend Kontur H*L → H%).[5] Nach Kriterium (15a) ist das Vorliegen eines Tonhöhenakzents eine notwendige Bedingung für eine vollständige Intonationskontur. Als nuklearen Tonakzent (engl. *nuclear pitch accent*) bezeichnet man denjenigen Tonhöhenakzent, der als letzter Tonhöhenakzent innerhalb der IP auftritt.

Betrachten wir nun das Kriterium (15b), die kontinuierliche Deklination. Das akustische Korrelat des Tonhöhenverlaufs stellt die Grundfrequenz (f0) dar. Im Verlauf einer sprachlichen Äußerung bewegt sich die Grundfrequenz zwischen einer oberen und einer unteren Frequenz. Steigende f0-Verläufe werden in der Regel mit steigenden Tonhöhenverläufen assoziiert, fallende f0-Verläufe hingegen eher mit fallenden Tonhöhenverläufen. Sowohl die obere als auch die untere Grundfrequenz nimmt über den Verlauf einer Äußerung hinweg ab (vgl. u. a. Pompino-Marschall 2009: 246). Dieses Absinken des f0-Verlaufes wird Deklination genannt. Kennzeichnend für eine Intonationsphrase ist das kontinuierliche Absinken der Deklination innerhalb der Phrase.

Während die bislang diskutierten Kriterien a) und b) die interne Konstitution von Intonationsphrasen betreffen, können die Kriterien c) bis e) in (15) als externe Kriterien bezeichnet werden, die an den Rändern von Intonationsphrasen auftreten. Dazu zählen u. a. auch die Sprechpausen, also das aus signalphonetischer Sicht vollständige Ausbleiben eines akustischen Signals (u. a. Bolinger 1989). Es ist jedoch wichtig hervorzuheben, dass dieses phonetische Korrelat eher selten auftaucht. In vielen Äußerungen, in denen Sprecher glauben, eine Sprechpause wahrzunehmen, liegt viel eher eine phrasenfinale Dehnung (vgl. Kriterium d) vor. Signalphonetisch misst man an diesen Stellen eine lokale Verlangsamung, die das subjektive Empfinden einer Pause auslöst, obwohl aus signalphonetischer Sicht keine Pause vorliegt (vgl. Pompino-Marschall 2009: 249).

Die Forschungsliteratur zur Intonation hebt ein phonetisches Korrelat zur Konstitution von Intonationsphrasen ganz besonders hervor, die Grenztöne (vgl. Fuhrhop & Peters 2013 für das Deutsche und Gussenhoven 2004 für das Englische). Sobald eine Tonhöhenveränderung identifiziert werden kann, die nicht auf einen Akzentton oder auf einen dazugehörigen Begleitton zurückgeführt werden kann, spricht die Intonationsforschung von einem Grenzton. Infolgedessen kann zudem an dieser Stelle von einer Intonationsphrasengrenze ausgegangen werden. Sprachen divergieren jedoch in der Hinsicht, ob sie sowohl die linke als auch die rechte Intonationsphrasengrenze mit einem Grenzton markieren oder nur eine der beiden Grenzen (vgl. u. a. Selkirk 2011).

Zahlreiche Studien zeigen jedoch, dass sich die Konstitution einer Intonationsphrase nur schwer auf ein einzelnes phonetisches Korrelat aus der Übersicht in (15) zurückführen lässt. Insbesondere das Kriterium der Sprechpause, das – wie die Zitate in (12) belegen – in der Interpunktionsforschung ganz besonders hervorgehoben wird, wurde von vielen Studien in seiner Bedeutung relativiert. So zeigen bei-

---

[5] Für eine Übersicht zu den Intonationskonturen im Deutschen sei auf Fuhrhop & Peters (2013: Kapitel 7.4) verwiesen.

spielsweise Steinhauer, Alter & Friederici (1999), dass Intonationsphrasengrenzen durchaus gänzlich ohne Pausen auftreten können, solange andere *prosodic cues* wie die phrasenfinale Dehnung und insbesondere Grenztöne vorhanden sind. Für das Deutsche liefern nach Fuhrhop & Peters (2013: 159) hohe Grenztöne mit der Fallend-Steigend-Kontur (H*LH%) auf einer unbetonten Silbe den sichersten Hinweis auf eine Intonationsphrasengrenze.

Ein erneuter Blick auf die prosodische Hierarchie in (13) zeigt, dass zwischen der Ebene des prosodischen Wortes und der Intonationsphrase meist noch eine weitere Ebene anzunehmen ist. Die Benennung dieser Ebene divergiert jedoch in der Forschungsliteratur. So nennen beispielsweise Beckmann & Pierrehumbert (1986) diese Ebene Intermediate Phrase, Gussenhoven (2004) und Selkirk (2011) dagegen Phonological Phrase. Meist finden sich je nach Terminologie die Abkürzungen iP bzw. φ (Notation in ToBI: H-, L-). Der zentrale Unterschied zur Intonationsphrase (IP) besteht darin, dass an den Phrasenrändern der iP keine Grenztöne und Pausen auftreten.

Die Äußerungsphrase (engl. *utterance phrase* UP bzw. ν) repräsentiert in der prosodischen Hierarchie die höchste Ebene. Sie kann eine oder mehrere Intonationsphrasen umfassen. Charakteristisch für diesen Phrasentyp ist, dass sich der Deklinationstrend über die Intonationsphrasengrenzen hinweg bis zur rechten Grenze der Äußerungsphrase ununterbrochen erstrecken kann. Der Deklinationstrend wird an der UP-Phrasengrenze beendet; nach einem *Reset* kann ein neuer Deklinationstrend angesetzt werden (vgl. Fuhrhop & Peters 2013: 168).

Die auf den letzten Seiten diskutierten neueren Erkenntnisse der Intonationsforschung belegen augenfällig, dass eine impressionistische Beschreibung der Intonation, die meist auf das phonetische Korrelat Sprechpause reduziert ist, bei weitem nicht ausreicht, um die phonologische Phrasierung hinreichend zu beschreiben. Das Pausenkriterium stellt im besten Fall lediglich eines unter mehreren Kriterien zur Konstitution einer Intonationsphrase dar.

Es stellt sich nun die Frage, mithilfe welcher phonetischen Korrelate sich ein mögliches Intonationsmodell für das Komma herleiten ließe. Wollte man weiterhin versuchen, die Kommasetzung rein intonatorisch zu erklären, dann müsste man sich von den traditionellen impressionistischen Beschreibungen (siehe Zitate in 12) trennen und diese in ein Intonationsmodell wie in (16) übertragen (siehe auch Kirchhoff 2016: 403).

(16)   Intonationsmodell für das Komma:
        Zwischen A und B steht ein Komma genau dann, wenn
        a) A und B Teil derselben Äußerungsphrase (UP) sind und
        b) zwischen A und B eine Intonationsphrasengrenze (IP) oder eine Intermediärphrasengrenze (iP) liegt.

(16a) beschränkt das Komma auf eine äußerungsphraseninterne Verwendung. (16b) dagegen formuliert eine direkte Beziehung zwischen prosodischen Phrasengrenzen (IP oder iP) und der Kommasetzung. Wie bereits weiter oben erwähnt, wird eine Intermediärphrase (iP) nicht in allen Theorien angenommen. Diese Variation hinsichtlich intonatorischer Analysen erzeugt eine gewisse Unschärfe der Vorhersagen hinsichtlich der Unterscheidung von iP vs. IP, die wir leider in Kauf nehmen müssen. Um die Tragfähigkeit eines Intonationsmodells der Kommaverwendung zu überprüfen, soll nun im Folgenden ein neuerer Ansatz zur intonatorischen (hier liegt der Schwerpunkt auf IPs) und syntaktischen Phrasierung vorgestellt werden.

3.3   Syntax und Intonation

In neueren Arbeiten der Intonationsforschung werden Analysen vorgeschlagen, in denen mithilfe von Alignment- und Matchingbeschränkungen (vgl. v. a. Truckenbrodt 1999, 2005 und Selkirk 2005, 2011) prosodische Phrasengrenzen mit syntaktischen Phrasengrenzen abgeglichen werden. So formuliert beispielsweise Selkirk (2011: 440) für die Korrespondenz syntaktisch-prosodischer Phrasen folgende universelle, verletzbare Matching-Beschränkungen in (17):

(17)   Match Clause:
A clause in syntactic constituent structure must be matched by a corresponding prosodic constituent, call it ι, in phonological representation.
Match Phrase:
A phrase in syntactic constituent structure must be matched by a corresponding prosodic constituent, call it φ, in phonological representation.

Die Beschränkung Match Clause prognostiziert eine Intonationsphrasengrenze (IP bzw. ι) an jeder syntaktischen Satzgrenze. Das im vorangegangenen Abschnitt vorgeschlagene Intonationsmodell des Kommas in (16) würde dementsprechend an diesen Stellen ein Komma vorhersagen.

(18)   a. Mein Vater, der ein Linguist ist, lebt in Köln.
b. My father, who is a linguist, lives in Cologne.

In (18) erzeugen in diesem deutsch-englischen Beispielsatz parenthetisch eingeschobene nicht-restriktive (appositive) Relativsätze eine doppelte syntaktische Satzgrenze innerhalb des umgebenden Trägersatzes. Die Beispielsätze zeigen, dass sowohl im Deutschen als auch im Englischen die linke und die rechte Satzgrenze eines eingeschobenen nicht-restriktiven Relativsatzes mit einem Komma markiert werden. Mit Dehé (2009, 2014) und Birkner (2008, 2012) liegen empirische Studien zur Intonation von nicht-restriktiven Relativsätzen im gesprochenen Deutschen und Englischen vor. Mithilfe des International Corpus of English stellt Dehé in ihrer korpusbasierten Studie fest, dass 90,5 % der analysierten nicht-restriktiven Relativsätze im Englischen ein intonatorisch desintegriertes Muster (der eingebettete Relativsatz konstituiert eine separate IP) aufweisen. Ganz ähnliche korpusbasierte Ergebnisse findet Birkner (2008): Im gesprochenen Deutschen sind ca. 85 % der nicht-restriktiven Relativsätze intonatorisch desintegriert. In diesen Fällen entsprechen den prosodischen Grenzen Kommas in der geschriebenen Sprache, obwohl strenggenommen das Intonationsmodell des Kommas jeweils vier Kommas lizenzieren müsste, da äußerungsphrasenintern insgesamt vier äußere Intonationsphrasengrenzen vorliegen. Ich möchte allerdings annehmen, dass eine doppelte Markierung der prosodischen Grenzen aufgrund einer Redundanzbeschränkung ausgeschlossen wird.

Betrachten wir nun die Intonation und Interpunktion von subordinierten Nebensätzen im Deutschen und Englischen, vgl. die Beispielsätze in (19) aus Kirchhoff (2016: 404).

(19) a. Hans berichtete Peter, dass Hunde, die bellen, nicht beißen.
      b. John told Peter that dogs that bark don't bite.

Mithilfe einer Parametrisierung von Match Clause lässt sich die Kommaauslassung im Englischen für subordinierte Nebensätze erklären. So beobachten u.a. Truckenbrodt (2005) und Selkirk (2011), dass integrierte, d.h. subordinierte Nebensätze im Englischen – im Gegensatz zum Deutschen – keine eigenständige Intonationsphrase konstituieren. Match Clause gilt somit nur für nicht-integrierte, d.h. herausgestellte Nebensätze wie in (18), jedoch nicht für subordinierte Nebensätze. Auf den ersten Blick liegt hierin ein Erklärungsvorteil des intonatorischen Kommamodells, denn während im Deutschen sämtliche Nebensatzgrenzen (auch von subordinierten Nebensätzen) kommatiert werden, beobachten wir im Englischen nur eine Kommasetzung bei herausgestellten Nebensätzen (z.B. appositive Relativsätze wie in 18). Auf den zweiten Blick jedoch können die unterschiedlichen Kommaverwendungen auch durch eine syntaktische Parametrisierung erklärt werden. Denn subordinierte und herausgestellte Nebensätze unterscheiden sich auch in für die Interpunktion wesentlichen syntaktischen Aspekten. Dies werde ich ausführlich in Kapitel 4 dieser Arbeit darstellen.

Bei genauerer Betrachtung ergeben sich jedoch auch für das Intonationsmodell des Kommas im Deutschen zahlreiche Probleme. So zeigt beispielsweise Truckenbrodt (2005), dass in der Regel lediglich der rechte Rand einer Satzgrenze, jedoch nicht der linke Rand einer Satzgrenze mit einer Intonationsphrase zusammenfällt. Dies erfasst er mit der Beschränkung Align(CP,R; I,R)[6], wonach der rechte Rand jeder Satzgrenze (CP) mit dem rechten Rand einer IP (hier I) zusammenfällt. Überträgt man nun diese Alignmentbeschränkung in das Intonationsmodell des Kommas, dann sollte lediglich der rechte Rand von eingebetteten Nebensätzen kommatiert werden, aber nicht der linke Rand. Diese Art der Kommaverwendung ist jedoch weder für das deutsche noch für das englische System belegt.

Wir halten demnach vorläufig fest: Die diskutierten Alignment- und Matchingbeschränkungen erfassen bei geeigneter Parametrisierung viele zentrale Aspekte der Kommasetzung von Nebensätzen sowohl im Deutschen als auch im Englischen. Ein Vorteil gegenüber einem syntaktischen Modell entsteht dadurch allerdings nicht. Im anschließenden Kapitel 4 werde ich zeigen, dass sämtliche genannten Unterschiede

---

[6]   Im Folgenden mit Align-rCP abgekürzt.

der Kommasetzung zwischen dem Deutschen und Englischen (und darüber hinaus vieler weiterer Sprachen) auch syntaktisch erklärt werden können.

Betrachten wir nun nicht-sentenzielle kommarelevante Ausdrücke. In (20) ist eine syntaktische Analyse (in eckigen Klammern) und eine prosodische Analyse (in geschweiften Klammern) einer typischen Koordination dreier Nominalphrasen dargestellt (Fuhrhop & Peters 2013: 158):

(20)   a. [Maria spielt Blockflöte],   [Saxofon]   [und   Posaune]
      b. {Maria spielt **Block**flöte} {**Sax**ofon} {**und**   Po**sau**ne}
         %L H*L →   H*   L H%   %LH*L H% %L H*→ !H*LL%

Die Äußerungsphrase in (b) enthält insgesamt drei eigenständige IPs, die in der darunter befindlichen Transkription mithilfe von hohen und tiefen Grenztönen an den Rändern der einzelnen IPs markiert sind. In dieser Analyse korrespondieren syntaktische (nicht-sentenzielle) Phrasengrenzen mit IP-Grenzen. Das Intonationsmodell des Kommas lizenzierte dementsprechend folgende Kommas:

(21)   a. Maria spielt Blockflöte, Saxofon, und Posaune.
      b. Maria plays the recorder, the saxophone, and the trombone.

Das vorgeschlagene Intonationsmodell kann die Kommasetzung bei asyndetischer Koordination (d.h. ohne koordinierende Konjunktion wie zwischen *Blockflöte* und *Saxofon*) sprachübergreifend erklären, die Koordination bei syndetischer Koordination (d.h. mit koordinierender Konjunktion wie zwischen *Saxofon* und *Posaune*) hingegen nicht. Möglicherweise markiert jedoch hier schon die Konjunktion *und* eine vorliegende IP-Grenze, wodurch eine weitere Markierung mit dem Komma redundant wird. Ich werde an späterer Stelle dieses Faktum aufgreifen und mithilfe diachroner Daten zu erklären versuchen.

Für das Intonationsmodell des Kommas sind Konstruktionen problematisch, die sich graphematisch und syntaktisch sehr ähnlich verhalten, dabei jedoch intonatorisch stark divergieren. Dies trifft beispielsweise auf Linksversetzungen vs. Hanging Topics und Question Tags vs. Comment Clauses zu. Alle vier Konstruktionen sind aus syntaktischer Sicht herausgestellte Ausdrücke, die sprachübergreifend ein Komma lizenzieren. Sowohl im radikalen „Waisen-Ansatz" (u.a. Haegeman 1991), der für eine völlige syntaktische Isolation dieser Herausstellungen plädiert, als auch in Arbeiten, die für eine besondere Form der Adjunktion für diese Herausstellungen argumentieren (z.B. CommaP bei Potts 2005 oder ParP bei de Vries 2007), sollten diese herausgestellten Ausdrücke eine separate IP konstituieren.

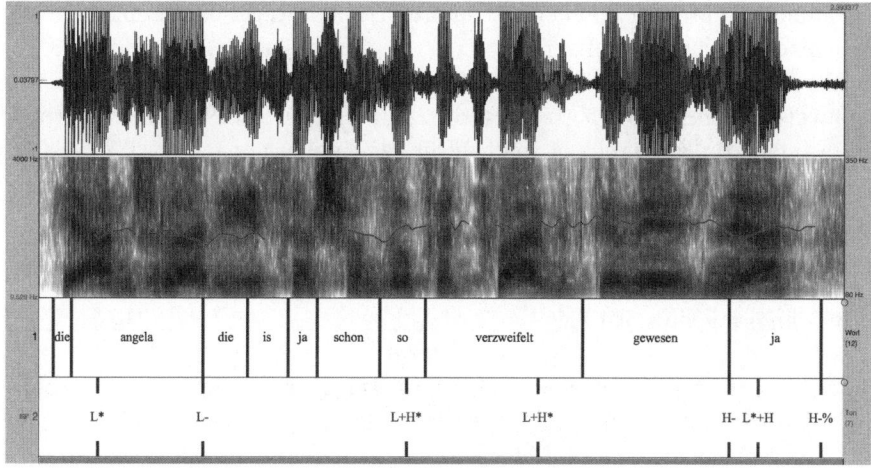

Abb. 2: Praat-Analyse einer typischen Linksversetzung

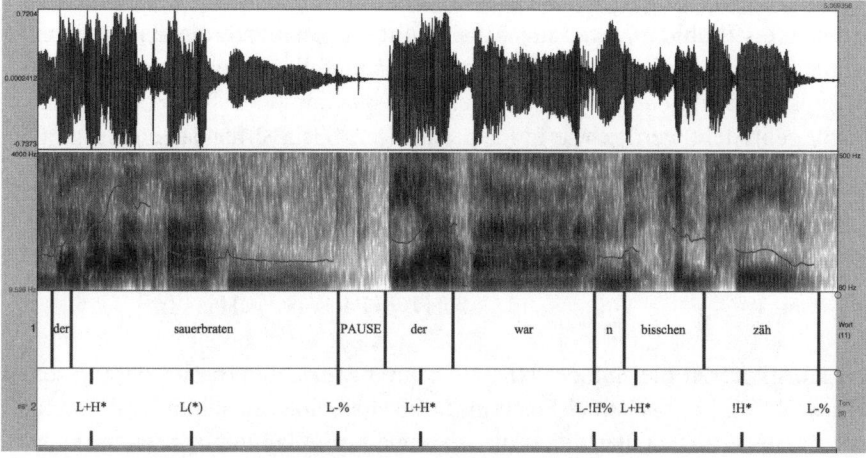

Abb. 3: Praat-Analyse eines typischen Hanging Topics

Die Abbildungen (2) und (3) zeigen phonetische Darstellungen und prosodische
Analysen einer Linksversetzung und eines Hanging Topics, die mit dem Programm
Praat (entwickelt von Paul Boersma und David Weenik) ausgewertet wurden.[7]
Dewald (2013) zeigt, dass Hanging Topics wie in Abbildung (3) im Deutschen ob-
ligatorisch eine eigene IP konstituieren (in der Praat-Analyse am tiefen Grenzton
L-% und einer deutlichen Sprechpause erkennbar), Linksversetzungen wie in Abbil-

---

[7] An dieser Stelle bedanke ich mich ganz herzlich bei Anika Dewald, Martine Grice und
Horst Lohnstein, die mir aus ihrem DFG-Projekt „Degrees of Activation and Focus-Back-
ground Structure in Spontaneous Speech – The Relation between Prosodic Marking and
Syntactic and Semantic Structure Building" (DASS) die Analysen in (2) und (3) zur Verfügung gestellt haben (vgl. auch Dewald 2013).

dung (2) hingegen prosodisch integriert sind, d.h. in der Regel weder einen Grenzton noch eine Sprechpause aufweisen.

Für die Intonation von Comment Clauses wie in (22a) und Question Tags wie in (22b) weisen Dehé (2009: 580) und Dehé & Braun (2013: 129) in einer Korpusstudie im International Corpus of English für das Englische nach, dass 73 % aller Question Tags aber nur 19 % aller Comment Clauses eine separate IP (nicht-rekursive Struktur) bilden.

(22)   a. John, I think, came later than Sue.
       b. John is a genius, isn't he.

Das Intonationsmodell des Kommas müsste diesen Korpusergebnissen in Abbildung (2) und (3) und (22) folgend ein Komma für Hanging Topics und Question Tags lizenzieren, jedoch nicht für Linksversetzungen sowie Comment Clauses. Dies trifft jedoch weder für das deutsche noch für das englische Kommasystem zu. Damit liefert das Intonationsmodell des Kommas auch für diese Konstruktionen falsche Vorhersagen.

Ein weiteres Problem zeigen nicht-dislozierte Subjekte auf, die als Topik realisiert sind. Topiks liefern eine Antwort auf eine Frage des Typs „Was ist mit X?". Diese Topiks konstituieren in vielen Fällen eine separate IP, insbesondere wenn sie kontrastiv gebraucht werden wie in (23) (Büring 2003: 512 für das englische Beispiel und Peters 2009: §128 für das deutsche Beispiel).

(23)   a. What about Fred and Mary?   {FRED} {ate the beans}
       b. Was ist mit Maria?   {Maria} {ist eine Heidelbergerin}
                                      LH*LH% L→   H*   L   L%

In (23) konstituieren die Subjekt-NPs (*Fred* und *Maria*) unter einer kontrastiven Lesart sowohl im Englischen als auch im Deutschen eine selbständige IP (hier und an anderer Stelle angedeutet durch die geschweiften Klammern). Bereits Jackendoff (1972) weist für das Englische darauf hin, dass kontrastive Topiks durch eine fallend-steigend-Kontur realisiert werden (sog. *B-accent*) und intonatorisch desintegriert sind. Aufgrund dieser Annahme formuliert Selkirk (2005: 39) die Alignmentbeschränkung Align R (FOCUS, IP), welche besagt, dass der rechte Rand einer FOCUS-markierten Konstituente (in unserem Beispiel *Fred* und *Maria*) mit einer IP-Grenze zusammenfällt. Diese Beschränkung sollte im vorgeschlagenen Intonationsmodell des Kommas sprachübergreifend ein Komma lizenzieren. Dies ist jedoch meines Wissens nie der Fall: Keine mir bekannte Sprache lizenziert systematisch ein Komma zwischen einem nicht-herausgestellten Subjekt und dem Prädikat.

Neben die bislang diskutierten problematischen Fälle für das Intonationsmodell des Kommas tritt jedoch noch ein allgemeineres Problem: In nahezu allen Sprachen findet man eine große intonatorische Variation. Man muss lediglich alltägliche Äußerungen von Sprechern beobachten, um festzustellen, dass ein und derselbe Sprecher einzelne Phrasen und ganze Sätze höchst unterschiedlich intonieren kann. Ein besonders extremer Fall findet sich in (24) (Fuhrhop & Peters 2013: 158).

(24) {Maria} {spielt} {Blockflöte} {Saxofon} {und} {Posaune}
      L*HH% L*HH% L*H   H% L*H H% L*HH% H*!H*LL%

In diesem Beispiel liegt eine sogenannte Diktatintonation vor, die sich dadurch auszeichnet, dass jedes Wort einer Äußerung eine eigene IP konstituiert. Obwohl diese Intonation nicht alltäglich ist, ist sie dennoch möglich. Angesichts dieser Tatsache ist es besonders wichtig hervorzuheben, dass ein Komma trotz möglicher IP-Grenze sprachübergreifend zwischen *Maria* und *spielt* oder zwischen *spielt* und *Blockflöte* unter keinen Umständen lizenziert ist. Das Intonationsmodell macht also auch in diesen Fällen falsche Vorhersagen und Übergeneralisierungen.

Doch auch bei alltäglicheren Strukturen wie beispielsweise die im mündlichen Sprachgebrauch häufig verwendeten Rechtsversetzungen beobachten wir eine erhebliche Variation. In einer Produktionsstudie untersuchen Kalbertodt, Primus & Schumacher (2015) u. a. die Intonation von Rechtsversetzungen. Dabei zeigen sie, dass kommatierte Rechtsversetzungen höchst unterschiedliche intonatorische Markierungen hervorrufen. So verteilen sich ca. ein Drittel der Tokens jeweils auf Intonationsphrasen (IP), Intermediärphrasen (iP) und keine intonatorischen Phrasengrenzen. Ein eindeutig präferiertes intonatorisches Muster für Rechtsversetzungen kann nicht festgestellt werden.

Die neuere Intonationsforschung diskutiert durchaus das Phänomen der großen intonatorischen Variation. Im Folgenden bespreche ich zwei Modelle, die mit dieser Variation umzugehen versuchen. Fodor (2002) nimmt in ihrer prosodischen Analyse des stillen Lesens eine sogenannte prosodische Standardkontur an, die sie in ihrer Implicit Prosody Hypothesis (IPH) berücksichtigt (Fodor 2002: 112):

> In silent reading, a default prosodic contour is projected onto the stimulus, and it may influence syntactic ambiguity resolution. Other things being equal, the parser favors the syntactic analysis associated with the most natural (default) prosodic contour for the construction.

Fodor sähe eine Intonation wie in (24) demnach eher als unnatürlich an, die einer besonderen Motivation – wie in diesem Fall eines Diktats – bedarf. Eine zweite – noch tiefergehende – Analyse der intonatorischen Variation bietet Dehé (2009), die den Gedanken von Fodors Standardkontur indirekt berücksichtigt. Sie unterscheidet in ihrem Modell zwei unterschiedliche Strukturebenen, die in (25) illustriert sind (vgl. auch Kirchhoff 2016: 407).

(25)   Intonatorische Oberflächenstruktur

                    ↑   (Restrukturierung)

      Zugrundeliegende intonatorische Struktur

In diesem Modell werden auf einer zugrundeliegenden Ebene mithilfe der bereits diskutierten Alignment- und Matchingbeschränkungen intonatorische und syntaktische Phrasengrenzen miteinander abgeglichen. Auf dieser Ebene entspricht einer syntaktischen Grenze auch eine intonatorische Grenze (z.B. IP). Im Laufe der Derivation zu einer intonatorischen Oberflächenstruktur kommt es aufgrund verschiedener (nicht-syntaktischer) Faktoren wie beispielsweise Konstituentenlänge, Sprechgeschwindigkeit oder Stil zu einer Restrukturierung der IP-Grenzen (vgl. dazu bereits Nespor & Vogel 2007: Kapitel 7.2). Diese Restrukturierung bewirkt dann in vielen Fällen eine Auflösung intonatorischer Grenzen zugunsten von intonatorischer Integration. So zeigen beispielsweise Dehé (2009) und Peters (2006) einen Zusammenhang zwischen Konstituentenlänge und prosodischer Phrasierung auf: Je kürzer eine Konstituente ist, desto eher wird sie in die vorangehende oder nachfolgende Konstituente inkorporiert oder mit dieser klitisiert. Dehé argumentiert deshalb, dass kürzere Phrasen eher einer Restrukturierung unterzogen werden als lange Phrasen.

Dehés Modell legt die Vermutung nahe, dass ein Intonationsmodell des Kommas möglicherweise bessere Vorhersagen macht, wenn die Kommasetzung mit der prosodischen Phrasierung auf der zugrundeliegenden Struktur korrelierte. Dies würde jedoch auch bedeuten, dass Kommasetzung, Intonation und Syntax sehr eng miteinander verbunden sind, da zugrundeliegend mithilfe der diskutierten Matchingbeschränkungen prosodische Phrasen mit syntaktischen Phrasen abgeglichen werden. Diese Annahme deckt sich mit neueren Erkenntnissen der Neurolinguistik. In einer häufig zitierten Studie von Steinhauer & Friederici (2001) zeigen die Autoren, dass Kommaperzeption während des stillen Lesens ein ähnliches neuropsychologisches Korrelat, den Closure Positive Shift (CPS), erzeugt wie an IP-Grenzen in der gesprochenen Sprache. Einer direkten Beziehung zwischen IPs und Kommas widersprechen beispielsweise Kerkhofs et al. (2008). Das Komma kann ihren Ergebnissen folgend nicht als overtes prosodisches Schriftzeichen interpretiert werden. Vielmehr zeigen ihre Daten, dass IPs und Kommas ganz parallele Funktionen als syntaktische Grenzmarkierer innerhalb ihres jeweiligen Mediums erfüllen. Gestützt werden die Daten durch eine Spracherwerbsstudie von Männel & Friederici (2011), in der die Autorinnen eine starke Korrespondenz zwischen Syntax- und Prosodieerwerb aufzeigen. So konnte beispielsweise bei Kindern erst ein Closure Positive Shift gemessen werden, sobald sie über ein fortgeschrittenes syntaktisches Wissen verfügten.

3.4 Zusammenfassung

Die in zahlreichen Arbeiten dargestellte Nähe zwischen Interpunktion, insbesondere dem Komma, und einer direkten phonologischen Repräsentation wurde in diesem Kapitel kritisch beleuchtet. Insbesondere die häufig angeführten Sprechpausen sind mit Blick auf neuere Intonationsmodelle kaum haltbar bzw. erweisen sich als ein eher untergeordnetes Kriterium bei der Konstitution von intonatorischen Phrasen. Aus diesem Grund wurde ein Intonationsmodell des Kommas vorgeschlagen, das die Kommasetzung mit intonatorischen Phrasen (v.a. IP) in Verbindung setzt. Dieses Modell erwies sich jedoch bei genauerer Prüfung von kommarelevanten Konstruktionen sowohl für das englische als auch für das deutsche Kommasystem als problematisch. Die beobachtete intonatorische Oberflächenvariation erschwert eine Vorhersage der Kommasetzung. Aber auch unter der (nicht unproblematischen) Annahme einer Standardkontur können wesentliche Aspekte der Kommaverwendung im Deutschen und Englischen – zweier für die Kommatypologie repräsentativer Sprachen – nur teilweise erfasst werden. Probleme, die sprachenübergreifend auftreten, sind kontrastive Topiks, die eine IP bilden, aber nicht kommatiert werden, sofern sie eine kanonisch subordinierte Phrase beinhalten; ferner systematische intonatorische Kontraste zwischen Linksversetzung und Hanging Topic sowie Question Tags und Comment Clauses, obwohl alle diese Herausstellungen ein Komma lizenzieren.

4 Syntaxmodell der Kommasetzung

„Die Funktionen des Kommas in der geschriebenen deutschen Literatursprache sind – im Gegensatz zur Funktion der meisten übrigen Satzzeichen – vielgestaltig und schwer überschaubar" (Nerius 2007: 247). Diese häufig zitierte Bemerkung spiegelt die Mehrheitsmeinung vieler Schriftsystemforscher des Deutschen und anderer Sprachen wider. Im Folgenden soll entgegen dieser Auffassung gezeigt werden, dass der Kernbereich der Kommasetzung des Deutschen und Englischen – und vieler weiterer europäischer Sprachen – mithilfe von lediglich drei rein syntaktischen Kommabedingungen (Primus 1993, 2007a, Bredel & Primus 2007, Fuhrhop 2009, Fuhrhop & Peters 2013, Kirchhoff & Primus 2014, 2016b) beschrieben werden kann, ohne dabei auf ein Intonationsmodell des Kommas zurückgreifen zu müssen. In dem in Abschnitt 1.3 vorgestellten Gesamtsystem der Interpunktion gehört das Komma aufgrund seiner formalen und graphotaktischen Eigenschaften zu der Klasse der syntaktischen Klitika. Wie bereits weiter oben dargestellt, konzentriert sich diese Arbeit v.a. auf die Verwendung des Kommas bzw. dessen historische Vorläufer, da es neben dem Punkt das mit Abstand am häufigsten verwendete Satzzeichen ist und – wie im Folgenden gezeigt wird – auch aus typologischer Sicht das variationsreichste Zeichen darstellt. Die in den folgenden Abschnitten diskutierten syntaktischen Kommabedingungen sollen daher die methodische Grundlage für die Analyse der historischen Texte in den Kapiteln 6 bis 8 bilden.

4.1 Syntaktische Schwesternschaft

Die zentrale Idee der in (26) aufgeführten ersten Kommabedingung nach Primus (1993, 2007a) und Kirchhoff & Primus (2014, 2016b) besteht darin, dass das Komma nur zwischen syntaktischen Einheiten verwendet werden kann, die als syntaktische Schwestern miteinander verbunden sind. Der Begriff der syntaktischen Einheit bezieht sich dabei sowohl auf satzwertige als auch auf nicht-satzwertige Einheiten. Satzwertig wird hierbei vorläufig sehr weit definiert, d.h. wir zählen jede sententielle Einheit dazu, sei es ein Hauptsatz oder ein subordinierter Nebensatz, sei es ein finiter oder infiniter Satz.

(26) **1. Kommabedingung: Syntaktische Schwesternschaft**
Wenn zwei syntaktische Einheiten keine syntaktische Schwesternschaft eingehen, dann werden sie nicht von einem Komma getrennt.

Diese Bedingung untersagt in modernen Kommasystemen die Kommaverwendung zwischen syntaktischen Einheiten, die auf syntaktischer Ebene nicht miteinander verbunden sind. Für unsere Belange müssen wir insbesondere drei Formen der syntaktischen Schwesternschaft hervorheben: Subordination, Koordination (häufig auch Parataxe) und Herausstellung (bzw. auch Dislokation oder Supplementation). Sie werden weiter unten einzeln diskutiert. Aus der Bedingung in (26) folgt nun, dass a) die Kommaverwendung auf ein satzinternes Vorkommen eingeschränkt ist, dass b) das Komma von satzschließenden Zeichen wie dem Punkt, dem Fragezeichen und dem Ausrufezeichen abgesondert wird und dass c) einer satzinitialen Majuskel (bei Kirchhoff & Primus 2014 Interpunktionsmajuskel genannt) kein Komma vorangehen darf. Damit kann die Kommabedingung in (26) beispielsweise die Ungrammatikalität von *Tim kam, Sie ging* erklären. Zusammenfassend können wir festhalten, dass ein Komma lediglich zwischen Einheiten stehen kann, die auf irgendeiner Konstituentenebene miteinander eine syntaktische Schwesternschaft eingehen.

4.2 Nicht-Subordination

Die im vorherigen Abschnitt diskutierte erste Kommabedingung schränkt das Komma auf eine satzinterne Verwendung zwischen syntaktischen Schwestern ein. Es stellt sich aber nun die Frage, welche Verbindung normalerweise zwischen syntaktischen Schwestern besteht. Betrachten wir dazu das Ausgangsbeispiel in (27):

(27) Sven tanzt.

In diesem Beispiel können wir die zwei syntaktischen Konstituenten *Sven* und *tanzt* identifizieren, die eine syntaktische Schwesternschaft eingehen. Moderne Grammatiktheorien betrachten die Verbindung der Konstituenten in solch einem Beispiel normalerweise als eine subordinative bzw. unterordnende Relation (z.B. Cristofaro 2003). Dieses Verknüpfungsverfahren wird als syntaktische Dependenz definiert, bei der ein Element als Kopf (hier *tanzt*) identifiziert und das zweite Element (z.B. Argument oder Modifizierer; in diesem Beispiel das Argument *Sven*) diesem Kopf bzw. seiner phrasalen Projektion untergeordnet wird. Dies ist allerdings nicht die einzige mögliche syntaktische Schwesternschaft. Es lassen sich zahlreiche Beispiele finden, in denen syntaktische Schwestern keine subordinative bzw. unterordnende Relation eingehen und gerade deshalb ein Komma lizenzieren. Dies erfasst die zweite syntaktische Kommabedingung in (28) (siehe auch Primus 2007a, Kirchhoff & Primus 2014 und Kirchhoff 2016: 410).

(28) **2. Kommabedingung: Nicht-Subordination**
      Wenn zwei syntaktische Schwestern syntaktisch nicht-subordinativ miteinander verknüpft sind, werden sie mit einem Komma getrennt.

Was bedeutet es aber nun, dass zwei syntaktische Schwestern nicht subordinativ miteinander verbunden sind? Dies betrifft insbesondere zwei syntaktische Verknüpfungen, die sprachübergreifend auftreten und systematisch kommatiert werden: Koordinationen (vgl. (29a) und Herausstellungen (vgl. 29b).

(29)   a. Sven tanzt, Vera singt.
       b. Vera, Sven tanzt!

In beiden Fällen zeigt das Komma dem Leser eine Abweichung von der syntaktischen Standardverarbeitung an. Es fordert ihn auf, die links und rechts vom Komma stehenden Einheiten nicht-subordinativ miteinander zu verknüpfen. Die beiden folgenden Unterkapitel diskutieren ausführlich das Zusammenspiel der ersten beiden Kommabedingungen und zeigen, dass diese auf unterschiedliche Kommasysteme (z.B. Deutsch und Englisch) angewendet werden können.

4.2.1   Koordination

Betrachtet man die neuere Literatur zu Koordinationen (z.B. Lang 1991, Büring & Hartmann 1998, Stassen 2001, Pasch et al 2003, Culicover & Jackendoff 2005, de Vries 2005, Ehrich et al 2009 oder Eisenberg 2013), wird Koordination meist als Gegenpart zur Subordination diskutiert.[8] Nach Lang (1991: 600) tragen koordinierte Strukturen „alle wesentlichen Merkmale einer auf Parallelität der Konjunkte (in allen relevanten Dimensionen) beruhenden genuin symmetrischen Strukturbildung." Damit unterscheiden sie sich grundlegend von subordinierten Strukturen, die alle wesentlichen Merkmale einer „inhärent asymmetrischen Strukturbildung" aufweisen. Lang versteht Koordination nicht als lokales, sondern als ein generell wirksames Strukturbildungsprinzip, das er als transgrammatisch bezeichnet. Für unsere Belange ist wichtig hervorzuheben, dass wir nicht nur Satzkoordinationen berücksichtigen wollen wie in (a und b), sondern jede Form der Koordination, z.B. auch Nominalphrasenkoordinationen wie in (30c und d).

(30)   a. Vera tanzte(,) und Martin sang.
       b. Vera danced, and Martin sang.
       c. Vera, Sven und Martin tanzten.
       d. Vera, Sven(,) and Martin danced.

Die in (30) kommatierten Einheiten sind eindeutige Fälle einer nicht-subordinativen Verknüpfung. Sie sind koordiniert. Diese Beispiele führen allerdings auch vor Augen, dass zwischen syndetischer Koordination, d.h. einer Koordination mit einer koordinierenden Konjunktion wie *und*, *oder* etc. (wie zwischen *Sven* und *Martin* in

---

[8]   Adordinierende Konjunktion wie in *Dieser Schriftsteller arbeitet als Kundenberater* (Eisenberg 2013: 194) und asymmetrische Koordination wie in *You drink another can of beer and I'm leaving* (Culicover & Jackendoff 1997: 197) möchte ich an dieser Stelle nicht weiter verfolgen. Für eine syntaktische Analyse von asymmetrischer Koordination im Rahmen des Minimalistischen Programms sei auf Weisser (2014) verwiesen.

30c und d), und asyndetischer Koordination, d.h. einer Koordination ohne koordinierender Konjunktion (wie zwischen *Vera* und *Sven* in 30c und d), getrennt werden muss. Die Lizenzierung eines Kommas ist von dieser Unterscheidung betroffen. In Absenz einer Konjunktion (asyndetische Koordination) ist das Komma in allen von Primus (2007a) untersuchten Sprachen obligatorisch. In syndetischen Koordinationen gibt es hingegen Sprachvariationen. Das moderne Deutsche verzichtet auf die doppelte Markierung der Koordination mit koordinierender Konjunktion und zusätzlichem Komma bei nicht-satzwertigen Einheiten (z.B. NP-Koordination), stellt jedoch die Kommatierung bei satzwertigen Koordinationen (Parataxe) mit zwei verschiedenen Prädikaten und zwei verschiedenen Subjekten frei. Lang (1991: 599) bezeichnet dies als „stilistische Reduktion". Das moderne Englisch hingegen erlaubt diese Redundanz auch bei nicht-satzwertigen Einheiten. Davon zeugen die unterschiedlichen Kommatierungsempfehlungen in Styleguides der beiden Verlage Cambridge (vgl. Butcher, Drake & Leach 2006) und Oxford (vgl. Ritter 2012) für die Koordination mit der Konjunktion *and*. Im Gegensatz zu den Anweisungen des Cambridge-Verlags empfiehlt der Oxford-Verlag das Komma bei syndetischen Koordinationen mit mindestens drei Konjunkten wie in *Peter, Paul, and Mary are dancing*. Diese und andere nicht-syntaktische Faktoren für die Kommaverwendung sollen in Abschnitt 10.3 ausführlich diskutiert werden.

Fassen wir zwischenzeitlich zusammen: Konjunktionslose Koordinationen sind sprachübergreifend kommarelevante Konstruktionen. Eine Variation finden wir bei syndetischer Koordination, die sich möglicherweise auf stilistische Gründe zurückführen lässt (Vermeide Redundanz!). Für die hier diskutierten syntaktischen Kommabedingungen ist jedoch viel entscheidender, dass bei asyndetischen Koordinationen in allen untersuchten Sprachen das Komma aufgrund der nicht-subordinativen Verknüpfung (siehe Kommabedingung in 28) gesetzt werden muss.

Diese Ergebnisse unterstützen das syntaxzentrierte architektonische Kommamodell. Syntaktisch koordinierte Einheiten werden in der Regel auch semantisch als solche interpretiert und konstituieren zudem auch prosodisch häufig eine eigene IP. Allerdings können wir auch zahlreiche Fälle beobachten, in denen sowohl die prosodische Phrasierung erheblich variiert als auch die semantische Interpretation (vgl. z.B. den grundsätzlichen Unterschied in der Interpretation von *und* und *oder*). Die Markierung einer Koordination mithilfe einer eigenen Konjunktion oder eines Kommas ist aus Leserperspektive hilfreich. Sie zeigt dem Leser an, dass er von seiner Standardverarbeitung (Subordination) abweichen soll. Diese Abweichung von einer Standardverarbeitung spiegelt sich auch in grammatischen Beschreibungen der Koordination, insbesondere der syndetischen Koordination mit *und*, beispielsweise im Rahmen der Generativen Grammatik. Seit Beginn der 1960er-Jahre steht dabei die Frage im Mittelpunkt, inwiefern Koordination überhaupt als einheitliches grammatisches Strukturbildungsphänomen beschrieben werden kann. So ziehen beispielsweise Lobin (1993) und Wiese (1980) eine strukturelle Handhabbarkeit der Koordination in Zweifel. Dabei werden v.a. zwei Fragen kritisch beleuchtet (siehe dazu auch die Diskussion in Eisenberg 2013: Kapitel 6.2): a) Sind die Konjunkte einer Koordination kategorial identisch und

b) welche Position besetzt die Konjunktion in einer syndetischen Koordination?[9] In der Regel sind die Konjunkte einer Koordination kategorial identisch. Problematisch verhalten sich jedoch sogenannte asymmetrische Koordinationen wie *Aus fertigungstechnischen und Kostengründen wird der Fachbereich Germanistik geschlossen* (Eisenberg 2013: 201; vgl. dazu auch Büring & Hartmann 1998, Culicover & Jackendoff 2005 und Weisser 2014). Spielt in solchen Fällen tatsächlich die Kategorie der Konjunkte eine Rolle oder steht hierbei vielmehr semantische Verträglichkeit im Vordergrund? Auf die zweite oben formulierte Frage b) werden meist Mehrfachkoordinationen ins Feld geführt. Dies betrifft sowohl die Reihung mit ein und derselben Konjunktion wie *Vera und Sven und Martin…* als auch die Koordination mit komplexen Konjunktionen wie *Sowohl Vera als auch Sven als auch Martin…* Aus Sicht der Generativen Grammatik stellt sich die Frage nach dem Kopf der Phrase(n). Liegen in diesen Beispielen mehrere Köpfe innerhalb einer Nominalphrase oder mehrere Nominalphrasen mit jeweils einem Kopf vor? Ist die Konjunktion in eines der Koordinationsglieder integriert? Müssen wir bei einer Koordination von einer tenären, quartenären, quinären usw. Verzweigung, sprich von einer Verletzung des Binäritätsprinzips ausgehen? Ganz egal, wie diese Fragen beantwortet werden: Die Analyse der Koordination innerhalb des X-bar-Schemas bleibt problematisch und unbefriedigend, da die strukturelle Gleichwertigkeit der Konjunkte nicht adäquat dargestellt werden kann. All diese Beobachtungen stärken die These, dass es sich bei jeglicher Form der Koordination um ein nicht dem *default* folgendes Verknüpfungsverfahren handelt, das schriftsprachlich mithilfe des Kommas eine besondere Markierung erfährt.

4.2.2 Herausstellung

Die zweite wesentliche Gruppe nicht-subordinativer Relationen bilden Herausstellungskonstruktionen. Im Gegensatz zur ersten Gruppe, den Koordinationen, stellen Herausstellungen jedoch eine weitaus heterogenere Gruppe dar. Das größte Problem besteht darin, Herausstellungen als einheitliche Erscheinung zu definieren. Je nach Herausstellungsart – z.B. Vokative, Links- und Rechtsversetzungen, After Thoughts, Hanging Topics, Parenthesen etc. – schwanken die herausgestellten Einheiten zwischen syntaktischer, intonatorischer und diskurssemantischer Isolation und Teilintegration im Verhältnis zum Trägersatz (vgl. u.a. Altmann 1981; Espinal 1991; Haegeman 1991; Potts 2005; Arnold 2007; Dehé 2009, 2014). Bevor ich einige Formen der Herausstellung und ihre Kommarelevanz näher diskutiere, möchte ich Folgendes vorläufig festhalten: Der wesentliche gemeinsame Nenner von Herausstellungskonstruktionen besteht darin, dass sie nie vollständig in den Trägersatz integriert (subordiniert) sind, sondern eher lose mit diesem verknüpft sind (vgl. Primus 2008). Führen wir uns dies an einem Beispiel vor Augen: In der Linksversetzungskonstruktion *Den Peter, den kann*

---

[9] Für eine ausführliche Diskussion im Rahmen der Generativen Syntax vgl. de Vries (2005) oder Weisser (2014).

ich nicht leiden (vgl. Altmann 1981: 48) kann das unterstrichene Element nicht in den Trägersatz subordiniert werden, da bereits das Korrelat *den* im Trägersatz die syntaktische Funktion des Objekts blockiert. Auf den ersten Blick spricht dies für eine syntaktische Isolation. Auf den zweiten Blick fällt jedoch das obligatorische Kasusmatching zwischen dem herausgestellten Element und dem Korrelat auf (vgl *Der Peter, den kann ich nicht leiden*.). Dies wiederum spricht für einen gewissen Grad der syntaktischen Integration (vgl. ParenthesePhrase ParP bei de Vries 2007), d. h. sie bilden eine syntaktische Schwesternschaft (siehe Abschnitt 4.1). Das herausgestellte Element ist somit aus dem Matrixsatz herausgelöst und trotzdem über das Korrelat mit diesem verbunden.

In der neueren Forschung werden Herausstellungen häufig nicht als einheitliches Phänomen wahrgenommen. Dies spiegelt sich auch in den einzelnen Kommaregeln für die unterschiedlichen Herausstellungsarten wider. So umschreibt der Duden (2006) beispielsweise in zwölf unterschiedlichen Regeln die Kommaverwendung für Herausstellungen, ohne diese systematisch als einheitliches Phänomen zu benennen. Diese Vielzahl an Regeln ergibt sich daraus, dass der Duden jeweils eine eigene Regel für Ausrufe, Anreden, nachgestellte Zusätze, nachgestellte Erläuterungen usw. vorgibt. Dies verschleiert die zugrundeliegende syntaktische Verknüpfung von Herausstellungen; die Anzahl der Kommaregeln wird unnötig ausgeweitet. Ähnliches beobachten wir in vielen Stylesheets und Interpunktionsratgebern im Englischen. Auch hier wird für jede einzelne Form der Herausstellung eine separate Kommaregel formuliert (vgl. u. a. Meyer 1987; Greenbaum 2000; Carter and McCarthy 2006; Chicago Manual of Style 2010). Dies könnte einer der Gründe sein, weshalb das Komma auch im Englischen häufig als „the most ubiquitous, elusive and discretionary of all stops" (Jarvie 1992: 10) und als „probably the hardest of all punctuation marks to master" (Lukeman 2006: 32) bezeichnet wird.

Tabelle führt eine Auswahl der wichtigsten Herausstellungsarten auf, die für meine Arbeit relevant sein werden. In meiner Argumentation fokussiere ich insbesondere die syntaktische und intonatorische Integration, die in den vergangenen Jahren in der Fachliteratur verstärkt diskutiert wurde (u. a. Gussenhoven 2004; Truckenbrodt 2005; Birkner 2008; Primus 2008; Dehé 2009, 2014; Selkirk 2011, Dewald 2013; Griffiths & de Vries 2013; Frey & Truckenbrodt 2015; Huesmann 2015; Huesmann & Kirchhoff (i. E.); Kalbertodt, Primus & Schumacher 2015). Für jeden Herausstellungstyp lässt sich mit Hilfe der genannten Literatur ein annäherungsweiser Grad der syntaktischen und intonatorischen Integration (vgl. dazu bereits Kapitel 3) angeben.

Tabelle 2: Übersicht der wichtigsten Herausstellungsarten

Herausstellungsart	Beispielsatz	Grad der syntaktischen Integration / Subordination	Grad der intonatorischen Integration
Linksversetzung	*Den Peter, den kann ich nicht leiden.*	gering	hoch (keine separate IP, vgl. Dewald 2013)
Hanging Topic	*Apropos Peter, ich habe ihn lange nicht gesehen.*	sehr gering	gering (separate IP, vgl. Dewald 2013)
Vokativ	*Peter, komm doch mal her.*	sehr gering	hoch (Klitisierung, vgl. Gussenhoven 2004: 291)
Parenthese (z. B. appositiver Relativsatz)	*Mein Vater, der Sprachwissenschaftler ist, lebt in Köln.*	gering	sehr gering (separate IP, vgl. Dehé 2009, 2014 und Birkner 2008)
Rechtsversetzung	*Die spinnen, die Römer.*	gering	hoch (keine separate IP, vgl. Dewald 2013 und Kalbertodt, Primus und Schumacher 2015)
After Thought	*Ich habe ihn gesehen, ich meine den Peter.*	sehr gering	gering (separate IP, vgl. Dewald 2013 und Kalbertodt, Primus und Schumacher 2015)
Interjektionen	*Ach, das ist aber schade.*	sehr gering	gering (Klitisierung möglich, vgl. Gussenhoven 2004: 291, aber auch Huesmann 2015)
Question Tags	*John is a genius, isn't he.*	gering	gering (separate IP, vgl. Dehé 2009 und Dehé & Braun 2013)
Comment Clauses	*John, I think, came later than Sue.*	gering	hoch (keine separate IP, vgl. Dehé 2009 und Dehé & Braun 2013)
Herausgestellte Sätze	*Ich sehe es, dass Peter nicht da ist.*	gering	gering (separate IP, vgl. Dehé 2009, 2014)

Während sich die unterschiedlichen Herausstellungsarten – wie bereits weiter oben diskutiert – aus intonatorischer Sicht sehr heterogen verhalten, können wir aus syntaktischer Sicht festhalten, dass sämtliche Herausstellungen allenfalls einen geringen Grad der syntaktischen Integration bzw. der Subordination zu ihrem Trägersatz aufweisen, jedoch niemals vollständig subordiniert sind. Im Falle der Linksversetzung, der Rechtsversetzung oder bei appositiven Relativsätzen können wir zumindest eine morphosyntaktische Verbindung zwischen der herausgestellten Einheit und dem Korrelat im Trägersatz beobachten (Kasus- und Genusmatch; für eine ausführlichere Diskussion siehe weiter unten in diesem Abschnitt). Dies spricht für eine schwache syntaktische Integration. Ähnliches können wir für satzwertige (sentenzielle) Herausstellungskonstruktionen festhalten. Herausgestellte Subjekt-, Objekt- oder Adverbialsätze sind in der Regel ebenfalls leicht an einem overten syntaktischen Korrelat im Matrixsatz erkennbar (vgl. Zitterbart 2013). Im Satz *Ich sehe es, dass Peter nicht da ist.* blockiert *es* die syntaktische Integration (Subordination) des Nebensatzes. Einen Extremfall der syntaktischen nicht-Integration stellen Interjektionen dar. Sie sind aus syntaktischer Sicht höchstens sehr lose mit dem Trägersatz verbunden (vgl. dazu v.a. Huesmann & Kirchhoff i.E.). Genau diese nicht vollständige Subordination lizenziert nach der Kommabedingung in (28) sprachübergreifend ein Komma für alle genannten Herausstellungen.

In Kapitel 3 diskutierte ich bereits die unterschiedliche Kommaverwendung bei restriktiven und appositiven Relativsätzen im Deutschen und Englischen. Während das Deutsche sowohl restriktive als auch appositive Relativsätze (im Folgenden rRS bzw. aRS) mit einem Komma markiert, gilt dies im Englischen lediglich für den aRS. Birkner (2008: 41) stellt für deutsche Sprecher und Schreiber fest, dass „die Unterscheidung restriktiv/appositiv meist gar nicht bewusst [ist], da es keinen Kommareflex gibt. Dadurch wird dies auch gar nicht in der Schule unterrichtet." Illustrieren lässt sich die u.a. auch aus der Typologieforschung gut bekannte unterschiedliche Semantik der Relativsatztypen (z.B. Lehmann 1984, 1988) anhand eines englischen Beispielsatzes (vgl. Cook 2014: 96):

(31) a. My wife, who lives in New York, is called Sarah. aRS
      b. My wife who lives in New York is called Sarah.   rRS

Je nach Kommaverwendung ergibt sich im Englischen eine „monogame" (mit Kommas) oder „polygame" (ohne Kommas) Lesart. Diese unterschiedlichen Lesarten resultieren daraus, dass der rRS den Referenzumfang des Bezugsnominals einschränkt (in unserem Beispiel also aus der Menge aller Ehefrauen diejenige auswählt, die in New York lebt), während in der appositiven Lesart lediglich eine Zusatzinformation zum Nominal geliefert wird (in unserem Beispiel: Meine Frau heißt Sarah und im Übrigen lebt sie in New York) (vgl. u.a. Birkner 2007 und Blühdorn 2007). Auf der schriftsprachlichen Oberfläche wird diese semantische Unterscheidung im Englischen oder den Romanischen Sprachen mithilfe der unterschiedlichen Kommatierung markiert, im Deutschen, Russischen oder Finnischen hingegen nicht (vgl. Primus 2007a).

Aus syntaktischer Sicht kann diese Unterscheidung jedoch aufgelöst werden. In der modernen Syntaxforschung werden aRS zu den Herausstellungen gezählt, während rRS als syntaktisch subordiniert gelten (vgl. u.a. Espinal 1991, Cristofaro 2003 oder de Vries 2007). Erstaunlicherweise greifen diese Autoren jedoch auch bei der syntaktischen Unterscheidung der beiden Relativsatzarten mehrheitlich auf eher prosodische oder semantische Kriterien zurück wie den Gebrauch von Modalpartikeln, Skopus- und Bindungsphänomene oder den non-at-issue-content. Dies mag dadurch begründet sein, dass mithilfe der Topologie (v.a. Topikalisierung und Extraposition) kein Unterschied zwischen den beiden Relativsatzarten festgestellt werden kann (vgl. v.a. Arnold 2007). Für das hier vertretene syntax-zentrierte architektonische Modell der Kommasetzung ist diese Unterscheidung jedoch zentral, da sich die Unterscheidung in einigen Sprachen wie z.B. dem Englischen oder den Romanischen Sprachen in der Kommatierung niederschlägt. Aufgrund dessen haben Kirchhoff & Primus (2014) mithilfe einer Akzeptabili-tätsstudie ein rein morpho-syntaktisches Kriterium für die Unterscheidung von rRS und aRS aufgezeigt. Die beiden Autoren formulieren die Hypothese, dass ein Mismatch zwischen morpho-syntaktischem und biologischem Geschlecht zwischen Relativpronomen und Bezugsnomen im Matrixsatz in aRS signifikant besser bewertet wird als in rRS (vgl. auch Corbett 2006 und Thurmair 2006 für die Unterscheidung zwischen Kongruenz von morpho-syntaktischem und biologi-schem Geschlecht). Betrachten wir dazu die folgenden Minimalpaare in (32), die als kritische Items in der Studie verwendet wurden.

(32)   a. Restriktiver Relativsatz
       Ein Kind kam um die Ecke und ich sah <u>genau das</u> Mädchen, <u>das/die</u> ich seit langem kannte.
       b. Appositiver Relativsatz
       Ein Kind kam um die Ecke und ich sah <u>jenes</u> Mädchen, <u>das/die</u> ich <u>ja</u> schon so lange mochte.

Die Versuchsteilnehmer des Experiments waren 34 native Sprecher des Deutschen (davon 26 weiblich). Die Probanden waren allesamt Studenten an der Universität zu Köln. Wie in (32) illustriert, variierten die kritischen Testitems hinsichtlich der morpho-syntaktischen und der semantischen/biologischen Kongruenz im Ge-schlecht sowie im Relativsatztyp. Appositive Relativsätze wurden mit der Mo-dalpartikel *ja* und Demonstrativpronomen wie *jenes* oder *dieses* markiert. Die-se Verwendungen erzeugen eine nicht-intersektive Lesart und sind nur bei aRS möglich. RRs hingegen können keine Modalpartikel enthalten und wurden in der Studie mithilfe von *genau das* plus Nominal markiert. Die Teilnehmer sollten die Testitems, Kontrollitems und Filler auf einer vierstufigen Akzeptabilitätsskala von „nichts auszusetzen" (für die statistische Analyse in 3 übertragen) bis „eindeutig falsch" (für die statistische Analyse in 0 übertragen) bewerten. Die Ergebnisse sind in Abbildung (4) dargestellt.

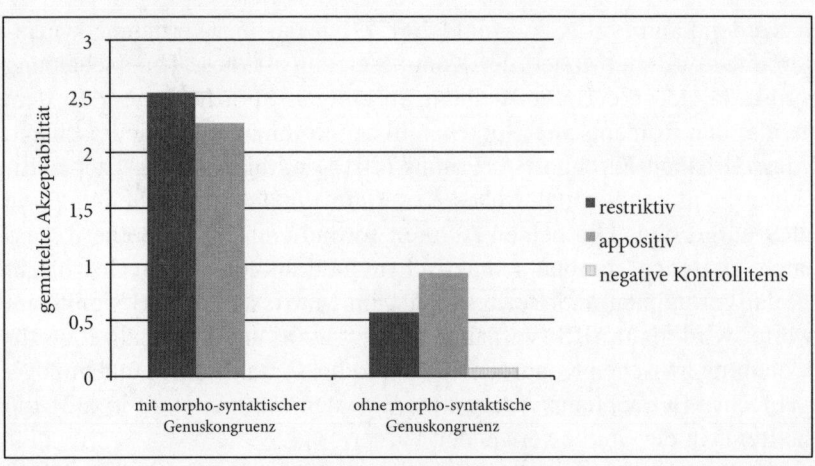

Abb. 4: Durchschnittliche Akzeptabilität für rRS und aRS mit und ohne grammatische Genuskongruenz

Abbildung (4) illustriert die gemittelte Akzeptabilität für restriktive und appositive Relativsätze mit und ohne morpho-syntaktische Genuskongruenz und zudem die gemittelte Akzeptabilität für die negativen Kontrollitems, die in der Studie sowohl ein grammatisches als auch ein semantisches Genusmismatch enthielten (z.B. *Ich sah genau das Mädchen, der…*). Vier Ergebnisse der statistischen Analyse (Chi-Quadrat-Test nach Pearson) sind besonders hervorzuheben: Erstens werden aRS ohne grammatische Genuskongruenz signifikant besser bewertet als rRS ($\chi^2 = 9.20$, df = 3, p = 0.0266). Dies ist für die in diesem Abschnitt geführte Diskussion von zentraler Bedeutung. Ein Genusmismatch wird anscheinend eher in herausgestellten Relativsätzen (dazu zählen die aRS) toleriert als in den subordinierten. Die syntaktische Schwesternschaft (Grad der Subordination) scheint bei rRS stärker zu sein als bei aRS. Dies unterstützt meine These, dass es neben den augenfälligen semantischen und intonatorischen Unterschieden auch einen syntaktischen Unterschied zwischen den vollständig subordinierten rRS und den nicht vollständig subordinierten, d.h. herausgestellten, aRS gibt. Diese syntaktische Unterscheidung wird weiter unten auf die Kommasetzung übertragen. Zweitens werden sowohl rRS als auch aRS ohne grammatische Genuskongruenz signifikant besser bewertet als die negativen Kontrollitems ($\chi^2 = 28.45$, df = 3, p < 0.0001 bzw. $\chi^2 = 49.77$, df = 3, p < 0.0001). Drittens werden rRS mit grammatischer Genuskongruenz signifikant besser bewertet als aRS mit grammatischer Genuskongruenz ($\chi^2 = 8.95$, df = 3, p = 0.0299). Viertens – und dies ist augenfällig – werden sowohl rRS als auch aRS mit grammatischer Genuskongruenz besser bewertet als rRS und aRS ohne grammatische Genuskongruenz. Dieses Ergebnis zeigt, dass sich die Probanden der Genuskongruenz bewusst waren und diese nicht einfach überlesen haben.

Diese Ergebnisse sind kompatibel mit Beobachtungen von Pittner (2003), dass subordinierte freie Relativsätze einer Kasusmatching-Beschränkung gehorchen müssen (**wer um die Ecke kommt, kenne ich*), während linksversetzte freie Relativsätze mit Korrelat (*wer um die Ecke kommt, <u>den</u> kenne ich*) für das Kasusmatching weniger beschränkt sind. Auch hier ist die morpho-syntaktische Kongruenz bei der herausgestellten Variante gelockert.

Fassen wir die Ergebnisse für die Relativsätze zusammen. Restriktive und appositive Relativsätze teilen einige syntaktische Eigenschaften (z. B. Topologie). Sie können jedoch auch mithilfe eines morpho-syntaktischen Kriteriums unterschieden werden. Ein Vergleich der beiden Relativsatztypen zeigt, dass der aRS die nicht-subordinierte Variante ist, wohingegen der rRS als vollständig subordiniert angesehen werden kann. Überträgt man diese Erkenntnis auf die Kommabedingung Nicht-Subordination in (28), dann kann erklärt werden, warum im Englischen und den Romanischen Sprachen der nicht-subordinierte aRS kommatiert werden muss, der rRS hingegen nicht. Die bisher diskutierten zwei Kommabedingungen erklären jedoch noch nicht, weshalb im Deutschen, Russischen oder Finnischen darüber hinaus auch die subordinierten rRS kommatiert werden. Diese typologische Variation des Kommas bei rRS und anderen subordinierten Nebensätzen ist Gegenstand des folgenden Abschnitts.

4.3   Subordinierte Nebensätze

In einigen Sprachen, zu denen u. a. das moderne Deutsche, Ungarische, Finnische, Russische und Polnische gehören, gilt eine dritte Kommabedingung, die in (33) formuliert ist (vgl. Primus 2007a, Kirchhoff & Primus 2014 und Kirchhoff 2016: 412).

(33)   **3. Kommabedingung: Satzinterne Satzgrenze**
Wenn zwei syntaktische Schwestern durch eine Satzgrenze getrennt sind, befindet sich zwischen ihnen ein Komma.

Satzinterne Satzgrenzen entstehen auch bei Satzkoordination (vgl. Abschnitt 4.2.1), jedoch erfasst die dritte Kommabedingung im Verbund mit der ersten Bedingung (Syntaktische Schwesternschaft) darüber hinaus auch das Komma für nicht-herausgestellte subordinierte Nebensätze. Dazu zählen wir v. a. restriktive Relativsätze sowie Subjekt- und Objektsätze ohne pronominale Kopie.

Im Englischen, Niederländischen und den Romanischen Sprachen gilt diese Bedingung dagegen nicht. Damit trennt die Kommabedingung Satzinterne Satzgrenze die genannten Sprachen in zwei unterschiedliche Kommasysteme, die entweder alle drei Kommabedingungen oder nur die ersten beiden Kommabedingungen (Syntaktische Schwestern und Nicht-Subordination) erfüllen. Diese typologische Variation lässt sich mit Beispielen für subordinierte Nebensätze aus unterschiedlichen Sprachen belegen. Betrachten wir dazu die folgenden restriktiven Relativsätze in (34) (vgl. Primus 2007a: 118), die jeweils die gleiche sprichwörtliche Bedeutung haben, und die Objektsätze in (35) (Laskowski 1972: 191; Fromm 1982: 179; Schwarze 1988: 361; Goedbloed 1992: 92).

(34) a. Modernes Deutsch:
Hunde, die bellen, beißen nicht.
b. Modernes Russisch:
Собаки, которые лают, не кусаются.
c. Modernes Englisch:
Dogs that bark don't bite.
d. Modernes Rumänisch:
Cîinele care latră nu muşcă.

(35) a. Modernes Polnisch
Nie wiem, dokąd ta ścieżka prowadzi.
Nicht weiß, wohin diese Weg(FEM) führt.
'Ich weiß nicht, wohin dieser Weg führt.'
b. Modernes Finnisch
Hän sanoo, että poika on löytänyt rahaa.
Er/Sie sagt, dass Junge hat gefunden Geld.
'Er/Sie sagt, dass der Junge Geld gefunden habe.'
c. Modernes Italienisch
Sono convinto che questa sia la soluzione migliore.
Bin überzeugt dass diese sei die Lösung bessere.
'Ich bin überzeugt, dass dies die bessere Lösung ist.'
d. Modernes Niederländisch
Ze wisten dat ze ongelijk hadden.
Sie wussten dass sie Unrecht hatten.
'Sie wussten, dass sie Unrecht hatten.'

Die Redewendung in (34), die lediglich eine restriktive Lesart zulässt, veranschaulicht die zwei skizzierten unterschiedlichen Kommasysteme. Während im modernen Deutschen und Russischen sämtliche (auch restriktive) Relativsätze mit einem Komma vom Matrixsatz abgetrennt werden, gilt dies im Englischen und den Romanischen Sprachen (hier Rumänisch) nur für herausgestellte appositive Relativsätze. Eine ähnliche Beobachtung stellen wir bei den subordinierten Objektsätzen in (35) fest. Während das Polnische und Finnische – wie das Deutsche – diese subordinierten Nebensätze kommatiert, gilt dies im Italienischen und Niederländischen nicht.

4.3.1 Infinitivkonstruktionen

Eine typologische Variation hinsichtlich der dritten Kommabedingung können wir mit Blick auf divergierende Kriterien zur Konstitution von Satzwertigkeit beobachten. Dies betrifft v.a. die Finitheit des Verbs oder das Auftreten einer nebensatzeinleitenden Konjunktion. Vielen Sprachbenutzern scheint im Deutschen v.a. die Kommatierung von Infinitivkonstruktionen enorme Schwierigkeiten zu bereiten. Diese Unsicherheiten wurden auch in den Reformbemühungen der letzten 20 Jahre für viele Sprachbenutzer nicht ausgeräumt. Für die Kommasetzung bei Infinitiv-konstruktionen lässt sich jedoch mit Gallmann (1997: 439) feststellen, dass

> die Probleme der bisherigen Regelung nicht so sehr in der Komplexität der grammatischen Sachverhalte selbst zu suchen sind, sondern in deren Beschreibung. Und bei der Beschreibung wiederum liegt das Problem nicht daran, daß dafür syntaktische Begriffe herangezogen werden müssen, sondern daran, daß die konkret herangezogenen syntaktischen Begriffe in der bisherigen Regelung ungeeignet waren.

Gallmann zielt mit dieser Aussage auf den seiner Meinung nach bei der Beschreibung der Kommatierung von Infinitivkonstruktionen vernachlässigten syntaktischen Parameter der Kohärenz[10] (vgl. dazu auch Eisenberg 2013 Kapitel 11; Grewendorf 1987 für eine Analyse im Rahmen der generativen Syntax und Primus 1993 für die Kommasetzung). Betrachten wir dazu drei unterschiedliche Infinitivverwendungen, die dem Rechtschreibduden (2006: K116 und K117) entnommen sind:

(36) a. Du scheinst heute schlecht gelaunt zu sein.
      b. Sie weigerte sich(,) uns zu helfen.
      c. Sie ging nach Hause, um sich umzuziehen.

Die unterschiedliche Kommatierung dieser drei Infinitivkonstruktionen ist keinesfalls willkürlich, sondern lässt sich auf die sprachliche Gegebenheit zurückführen, dass Infinitivkonstruktionen im Deutschen ihre Satzwertigkeit verlieren können, sobald sie kohärent mit dem Trägersatz verknüpft sind. Gallmann (1997: 440) formuliert die folgende orthographische Regel: „Inkohärente Infinitive werden mit dem Komma abgetrennt, kohärente nicht." Wie in vielen Bereichen der Orthographie stellt hier nicht die Regelbildung ein Problem dar, sondern vielmehr die grammatischen Begriffe, die dieser Regel zugrunde liegen. Für die hier diskutierten Fälle betrifft dies das Begriffspaar inkohärent vs. kohärent bzw. satzwertig vs. nicht-satzwertig. Es stellt sich nun die Frage, wann ein Infinitiv als satzwertig gilt – und damit die im Deutschen geltende dritte Kommabedingung erfüllt ist – und wann nicht.

Eine Infinitivkonstruktion verliert ihre Satzwertigkeit, wenn der Infinitiv als Argument/Komplement eines anderen Verbs dient und mit diesem eine Art komplexes Verb bildet. Infinitiv und finites Verb teilen sich die semantische Rolle und die syntaktische Funktion (vgl. Primus 1993). Dadurch entsteht eine sehr enge syntaktische Verbindung zwischen Matrixverb und subordiniertem Infinitivverb. Ein solcher Fall einer kohärenten (nicht-satzwertigen) Infinitivkonstruktion liegt beispielsweise in (36a) vor. Diese sogenannten Raising- bzw. Anhebungskonstruktionen (v.a. mit den Verben *scheinen, brauchen, pflegen*) werden weder im Deutschen noch in einer anderen Sprache kommatiert.

---

[10] Die Begriffe kohärent bzw. inkohärent gehen im Zusammenhang mit Infinitiven auf Bech (1955/1957) zurück und dürfen nicht mit den gleichlautenden Begriffen der Textanalyse verwechselt werden.

Satzwertig (inkohärent) erscheinen Infinitive dagegen v.a. in zwei Konstruktionen. Das erste Beispiel eines inkohärenten Infinitivs liegt in (36c) vor. Die Infinitivkonstruktion übernimmt in diesem Beispiel die Funktion einer valenzfreien Angabe. Diese werden meist durch *ohne zu, um zu* oder *anstatt zu* eingeleitet. Die zweite inkohärente Anbindung liegt in Konstruktionen mit einem Korrelat vor wie in *Er glaubte fest daran, in den Himmel zu kommen*. In diesem Beispiel verhindert das unterstrichene Korrelat die kohärente Anbindung zum Matrixsatz (siehe dazu auch das Kapitel zu den Herausstellungen).

Zwei Kriterien sind für die Unterscheidung von satzwertigen vs. nicht-satzwertigen Infinitivkonstruktionen besonders hervorzuheben (vgl. u.a. Gallmann 1997). Im Gegensatz zu nicht-satzwertigen Infinitiven können satzwertige Infinitive zum einen ausgeklammert werden (Nachfeldbesetzung): *Er hat fest daran geglaubt, in den Himmel zu kommen*. Zum anderen erlauben satzwertige Infinitive keine Satzverschränkung: **In den Himmel glaubte er fest daran zu kommen*.

Die bereits angesprochene Diskussion um die Kommatierung von Infinitivkonstruktionen haben v.a. Konstruktionen wie in (36b) ausgelöst, die sowohl satzwertig als auch nicht-satzwertig verwendet werden können (dies betrifft v.a. Kontrollverben *wie anfangen, beginnen, bitten, versuchen*, etc.). Hier übernimmt die Infinitivkonstruktion die Funktion eines direkten Objekts, das ohne Korrelat auftritt. Dem Schreiber ist in diesen Fällen das Komma freigestellt. Dabei ist jedoch wichtig festzuhalten, dass die Entscheidungsfreiheit nicht die Kommasetzung selbst betrifft, sondern vielmehr die Wahl der syntaktischen Konstruktion.

Viele Arbeiten verweisen bei der Kommatierung von fakultativ kohärenten Infinitiven auf Ambiguitäten, die durch nicht gesetzte Kommas entstehen können. So formuliert der Duden (2006) die Kommaregel K 116: „Infinitivgruppen kann man durch Komma[s] abtrennen, um die Gliederung des Satzes deutlich zu machen oder um Missverständnisse auszuschließen." Betrachten wir dazu folgende Minimalpaare (vgl. Bredel & Primus 2007: 112):

(37)   a. Er versprach mir das zu sagen.
       b. Er versprach mir, das zu sagen.
       c. Er versprach, mir das zu sagen.

Das Komma hilft dem Leser in den Sätzen (37b und c), die Satzgrenze und damit die Argumentstrukturen der beiden Verben eindeutig zu identifizieren. Das Komma verhindert in diesen Fällen ambige Lesarten. Im Englischen (vgl. 38a und b), Französischen (vgl. 38c und d) und Spanischen (vgl. 38e und f) hingegen hat der Leser keinerlei Schwierigkeiten die Argumentstruktur zu identifizieren (Bredel & Primus 2007: 112). Die Wortstellung gibt ihm bereits eindeutige Hinweise und macht eine zusätzliche Kommatierung der Satzgrenze überflüssig.

(38)   a. *He promised to me to   say   that.*
          Er versprach zu mir zu sagen das.
          'Er versprach mir, das zu sagen.'

b. *He promised to say that to me.*
Er versprach zu sagen das zu mir.
'Er versprach, mir das zu sagen.'

c. *Il m' a promis de le dire.*
Er mir-hat versprochen von das sagen.
'Er versprach mir, es zu sagen.'

d. *Il a promis de me le dire.*
Er hat versprochen von mir das sagen.
'Er versprach, es mir zu sagen.'

e. *Me ha prometido comunicarlo.*
Mir hat versprochen sagen-das.
'Er versprach mir, es zu sagen.'

f. *Ha prometido comunicármelo.*
Hat versprochen sagen-mir-das.
'Er versprach, es mir zu sagen.'

Halten wir für dieses Kapitel fest: Die typologische Variation der Kommasetzung bei subordinierten, nicht herausgestellten Nebensätzen kann mithilfe der dritten Kommabedingung Satzinterne Satzgrenze erklärt werden. Diese Bedingung teilt die genannten Sprachen in zwei Gruppen: Sie gilt für das Deutsche, Russische, Finnische oder Polnische, jedoch nicht für das Englische, die Romanischen Sprachen und das Niederländische. Aus der Leserperspektive können wir daher schließen, dass sich die Sprachen darin unterscheiden, ob sie satzinterne Satzgrenzen als besonders markierungsbedürftig betrachten oder nicht. Variation innerhalb der Gruppe, die über alle drei Kommabedingungen verfügt, können wir lediglich bei der Definition von Satzwertigkeit beobachten. Insbesondere die Paramter Finitheit des Verbs sowie das Vorhandensein einer nebensatzeinleitenden Konjunktion scheinen auf das Konzept von Satzwertigkeit großen Einfluss auszuüben.[11]

4.4 Zusammenfassung

In diesem Kapitel wurde entgegen der Mehrheitsmeinung vieler Linguisten argumentiert, dass die Kernbereiche der Kommasetzung sprachübergreifend mithilfe der drei rein syntaktischen Kommabedingungen Syntaktische Schwesternschaft, Nicht-Subordination und Satzinterne Satzgrenze erklärt werden können. Es konnte gezeigt werden, dass die offensichtlichen Unterschiede zwischen den Sprachen Deutsch, Englisch, Italienisch, Französisch, Rumänisch, Spanisch, Russisch, Finnisch und Polnisch auf die dritte Kommabedingung Satzinterne Satzgrenze zurück-

[11] Primus (2007a) fächert die dritte Kommabedingung in drei spezifischere Bedingungen auf, die diese Faktoren berücksichtigen. Damit kann sie neben den typologischen Variationen auch die orthographischen Veränderungen der Rechtschreibreformen im Deutschen zwischen 1996 und 2006 erklären.

führbar sind. Während sie im Englischen, den Romanischen Sprachen oder dem Niederländischen nicht gilt, verfügt das Deutsche, Russische, Finnische oder Polnische über diese Bedingung. Die ersten beiden Kommabedingungen dagegen scheinen universell zu gelten.

(39) Die zwei Kommasysteme

Ich schließe mich hier einer zum Teil performanzbasierten Erklärung an (v.a. Bredel 2008, 2011 und Bredel & Primus 2007), die das Komma als Abweichung von normalen, dem default entsprechenden Lesestrategien versteht. Zwei Abweichungen vom Strukturaufbau sind zu nennen: Entweder dürfen die links und rechts vom Komma stehenden syntaktischen Einheiten nicht subordinativ miteinander verbunden werden (siehe Kommabedingung Nicht-Subordination), d.h. sie müssen koordiniert oder eine der Einheiten disloziert werden, oder zwischen den links und rechts stehenden syntaktischen Einheiten verläuft eine satzinterne Satzgrenze (siehe Kommabedingung Satzinterne Satzgrenze).

Zusammenfassend lässt sich feststellen, dass der Kernbereich der unterschiedlichen Kommasysteme – auch der vermeintlichen intonatorisch-rhetorischen Systeme wie beispielsweise das Englische oder die Romanischen Sprachen – einer sehr systematischen und simplen syntaktischen Motivation folgt. Selbstverständlich finden wir in allen genannten Sprachen Ausnahmen, die möglicherweise auch durch nicht-syntaktische Faktoren determiniert sind. Dies soll an späterer Stelle in Abschnitt 10.3 ausführlich diskutiert werden.

Teil II

Historische Interpunktion

5 Historische Interpunktion

Im zweiten Teil meiner Arbeit zeichne ich auf Grundlage eines repräsentativen Korpus die Entwicklung der Interpunktion des Deutschen seit der Erfindung des Buchdrucks im 15. Jahrhundert bis in die Gegenwart nach. Der Fokus liegt dabei auf der Binnengliederung eines Satzes, d. h. vor allem auf der Entwicklung der aus heutiger Sicht klitischen satzinternen Interpunktionszeichen (v. a. Mittelpunkt, Virgel und Komma). Das wesentliche theoretische Beschreibungsmodell, das in dieser Arbeit auch der Analyse historischer Texte zugrunde gelegt werden soll, wurde mit den grammatisch-syntaktischen Kommabedingungen nach Primus bereits im vorangegangenen Kapitel vorgestellt. Während der Einfluss des grammatischen Prinzips auf die Kommasetzung des modernen Deutschen kaum noch in Zweifel gezogen wird, gehen die Meinungen für den historischen Sprachgebrauch auseinander. Daher möchte ich in den folgenden Kapiteln der Frage nachgehen, inwiefern die Interpunktion in historischen Texten mithilfe von syntaktischen Bedingungen erklärt werden kann.

5.1 Forschungspositionen

Betrachtet man die Forschungsliteratur zur Geschichte der Interpunktion im Deutschen (u. a. Reichmann 1978; Besch 1981, 1999; Höchli 1981; Stolt 1990; Meiß 1994; von Polenz 2000, 2009; Junghans 2007; Rinas 2012, 2015; Masalon 2014), dann ist augenfällig, dass die Autoren die Interpunktion in älteren Texten in der Regel rhythmisch-intonatorisch oder sogar als willkürlich beschreiben. So konstatiert beispielsweise von Polenz (2000: 248), dass „die Interpunktion […] erst sehr spät und begrenzt etwas mit unserem modernen System der Satzzeichen zu tun [hatte], sie war – im Sinne von Sprechpausen- und Sinngewichtungszeichen – noch vorwiegend vom rhetorisch-stilistischen Verfahren […] geprägt." Die Interpunktion wurde seiner Meinung nach flexibel und unsystematisch gesetzt (vgl. auch Junghans 2007). Dies spiegele sich insbesondere in dem Gebrauch der Virgel, einem „sehr flexibel gehandhabte[n] Universalzeichen" (von Polenz 2000: 249). Beim Gebrauch der Virgel ginge es vorrangig „um die Markierung von Atempausen, Phrasierungs-, Tempo- und Intonationseinschnitten, um Fokussierung nach der kommunikativen Informationsstruktur, nicht um Einschnitte zwischen Satzgliedern" (von Polenz 2000: 249). Und so hat sich erst „im Laufe des 18. Jh. – mit Ansätzen seit dem 16. Jh.; eher normativ gefestigt erst im 19. Jh. – […] ein grundsätzlich anderes Interpunktionsprinzip teilweise gegen das alte durchgesetzt." (von Polenz 2000: 249). Während die Virgel in den Lutherbibeln des 16. Jahrhunderts „meist nur satzphonetische Sprechabschnitte anzeigt" (von Polenz 2009: 95), ist das Komma in späteren Texten „mit einem ganz anderen Interpunktionsprinzip verbunden: der Gliederung nach logischen bzw. von Grammatikern und Schulmeistern als logisch aufgefassten Einheiten wie Nebensatz, asyndetische Reihung usw." (von Polenz 2009: 95). So vertritt auch Besch (1981: 190), „daß die heutige Kompliziertheit der Kommasetzung eine relativ späte 'Errungenschaft' ist und immer stärker vom ursprünglichen Sprechpausen-Prinzip weggeführt hat." Zusammenfassend lässt sich festhalten, dass die Mehrzahl der Autoren die Entwicklung der Interpunktion zwischen zwei Polen verortet: einem rhetorisch-intonatorischen Prinzip und einem grammatisch-syntaktischen Prinzip. Das Interpunktionssystem des Deutschen hat sich dieser traditionellen Auffassung nach im Laufe der Jahrhunderte von einem rhetorisch-intonatorischen System hin zu einem grammatisch-syntaktischen System entwickelt. Der Zeitraum zwischen dem 16. und dem 19. Jahrhundert wird dabei meist als (unsystematischer) Zwischenstatus dargestellt, der zwischen diesen beiden Polen positioniert werden muss. Eine besondere Rolle wird dem 16. Jahrhundert als wichtige Übergangsphase in der Entwicklung der Interpunktion des Deutschen eingeräumt, da sich in dieser Zeit aufgrund der ersten gedruckten Texte die europäischen Gesellschaften von einer Hör- zu einer Lesekultur entwickelt haben sollen (vgl. u.a. Besch & Wolf 2009).

Dieser traditionellen Ansicht zur Interpunktion liegt unter anderem die auch heute noch verbreitete Meinung zu Grunde, dass sie willkürlich sei und zudem bei Bedarf jederzeit reformiert werden könne. Diese Auffassung wird jedoch historisch gewachsenen Interpunktionssystemen nicht gerecht. Sie verwischt vielmehr den Unterschied zwischen Schriftsystem und orthographischem Normsystem und leistet einer normorientierten Herangehensweise Vorschub. So beschränkt sich beispielsweise Höchlis Geschichte der Interpunktion (1981) auf eine Wiedergabe und Interpretation von Aussagen über die Interpunktion, die sich bei frühen Grammatikern von Niklas von Wyle bis Johann Christoph Adelung finden. Dabei bemerkt Höchli nur am Rande, dass Gebrauch und Beschreibung in vielen Fällen auseinander gehen. Wie weit diese divergieren können, zeige ich im Folgenden anhand zweier Beispiele.

Erstens ist in frühen Texten mit einem sehr kleinen Inventar an Interpunktionszeichen der Unterschied zwischen initialem Großbuchstaben (Majuskel) und Kleinbuchstaben (Minuskel) ein Interpunktionsmittel, das jedoch in keiner zeitgenössischen Grammatikeraussage Erwähnung findet (vgl. Simmler 1994, 2003).[12] Der tiefe oder mittelhohe Punkt, in späteren Texten auch die Virgel, kann innerhalb oder am Ende eines selbständigen Satzes stehen. Die satzinterne Funktion wird durch die nachfolgende Minuskel, die satzschließende durch eine Majuskel (im Folgenden Interpunktionsmajuskel) signalisiert. Im frnhd. Wiegendruck von Conradus' Buch der Natur aus dem Jahr 1482 (vgl. Abbildung 5) können wir dieses Interpunktionsmittel exemplarisch beobachten.

---

[12] Selbst in neueren wissenschaftlichen Arbeiten bleibt dieses Mittel weitestgehend unbeachtet (vgl. z.B. Müller 2016).

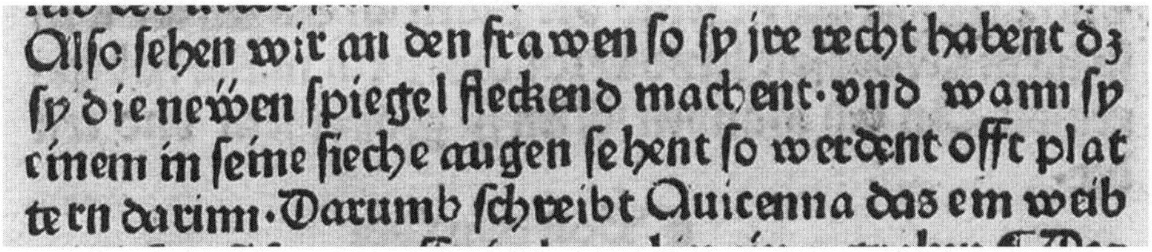

> Alfo fehen wir an den frawen fo fy jre recht habent dz
> fy die newen fpiegel fleckend machent·vnd wann fy
> cinem in feine fieche augen fehent fo werdent offt plat
> tern darinn·Darumb fchreibt Quicenna das ein weib

Abb. 5: Conradus (1482: Blatt 18). Digitalisat der Bayerischen Staatsbibliothek, urn:nbn:de: bvb:12-bsb00032393-4, Signatur 2 Inc.c.a 1181

Der Mittelpunkt ist in diesem Text das mit weitem Abstand am häufigsten verwendete Zeichen. Die satzinterne Funktion wird durch eine nachfolgende Minuskel (erste Mittelpunktverwendung in diesem Textauszug), die satzschließende Funktion durch eine nachfolgende Majuskel (zweite Mittelpunktverwendung in diesem Textauszug) angezeigt.

Zweitens tritt eine Diskrepanz zwischen Gebrauch und Norm auch hervor, wenn ein Grammatiker die Interpunktion intonatorisch beschreibt, jedoch grammatisch gebraucht. Dies lässt sich beispielhaft an Adelungs Beschreibung und Gebrauch des Kommas verdeutlichen, vgl. Abbildung (6).

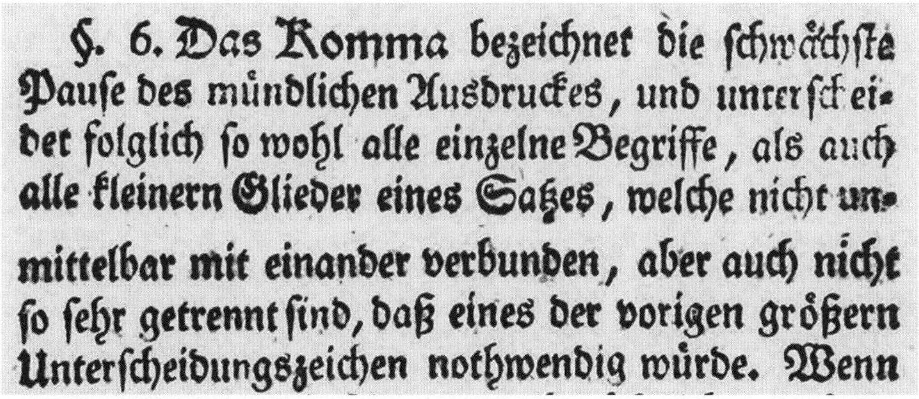

> §. 6. Das Komma bezeichnet die schwächfte
> Paufe des mündlichen Ausbruckes, und unterfcheidet folglich fo wohl alle einzelne Begriffe, als auch alle kleinern Glieder eines Satzes, welche nicht unmittelbar mit einander verbunden, aber auch nicht fo fehr getrennt find, daß eines der vorigen größern Unterfcheidungszeichen nothwendig würde. Wenn

Abb. 6: Beschreibung und Gebrauch des Kommas bei Adelung (1788: 383). Digitalisat der Bayerischen Staatsbibliothek, urn:nbn:de:bvb:12-bsb11104959-1, Signatur 999/Ling.452

Adelung beschreibt das Komma intonatorisch, verwendet es aber grammatisch. Erkennbar ist dies in diesem kurzen Textauszug vor dem mit *welche* eingeleiteten restriktiven Relativsatz (vgl. dazu die vorangegangenen Abschnitte). Welche Intonation restriktive Relativsätze zu Adelungs Zeiten aufwiesen, kann man zwar nicht überprüfen. Wie jedoch bereits weiter oben ausführlich diskutiert wurde, zeigen Studien zum Gegenwartsdeutschen, dass die intonatorische Integration das bevorzugte Muster von restriktiven Relativsätzen ist (vgl. Birkner 2008, 2012) und diese Kommaverwendung somit nicht rein intonatorisch motiviert sein kann.

Der intonatorisch geprägten Perspektive auf die Interpunktion in älteren Texten steht eine grammatisch orientierte Perspektive gegenüber, deren Vertreter davon ausgehen, dass die Interpunktionspraxis (nicht der Normdiskurs) in älteren Texten bereits vorrangig grammatischen Regularitäten unterlag (z.B. in Günther 2000; Simmler 2003; Primus 2007a; Slotta 2010; Hilgert 2012; Kirchhoff & Primus 2014). Der neutrale Beobachter wundert sich möglicherweise über die divergierenden Ansichten zur Interpunktion. Sie lassen sich jedoch – zumindest teilweise – dadurch erklären, dass die genannten Interpunktionsforscher beider Pole unterschiedliche Betrachtungsperspektiven einnehmen.[13] So ist entscheidend, ob man die historische Interpunktion aus Sicht von Grammatikeraussagen aus unterschiedlichen Jahrhunderten (Normdiskurs) oder den tatsächlichen Gebrauch (das System) der Interpunktionszeichen von kompetenten Schreibern (z.B. der tatsächliche Gebrauch durch die Grammatiker) ihrer Zeit analysiert. Wie weit Normdiskurs und Gebrauch auseinandergehen können, wurde oben gezeigt. Im Übrigen ist dies kein Spezifikum der Interpunktion. Aus anderen Bereichen der Schriftsystemforschung ist durchaus bekannt, dass die Urteile von Grammatikern ihrem eigenen Gebrauch teilweise entgegenstehen (für andere Bereiche der historischen Schriftsystemforschung vgl. u.a. die Arbeiten von Bergmann & Nerius 1998, Güthert 2005 und Voeste 2008). Mit Blick auf die Interpunktion tritt jedoch erschwerend hinzu, dass es im 15. bis 19. Jahrhundert noch gar keine Syntaxtheorie in unserem heutigen Verständnis gab, auf die sich die Frühgrammatiker hätten berufen können. Einerseits erfassen viele Grammatiker und Verfasser von Formularbüchern oder Sprachlehrschriften die syntaktischen Regularitäten der Interpunktion adäquat (siehe die zitierten Autoren in Günther 2000 und Simmler 2003), andererseits 'verfallen' sie dann in ihren Beschreibungen – wie an Adelungs Textauszug gezeigt – häufig der Rhetorik (vgl. dazu die Arbeiten von Rinas 2012, 2015, der eine Vielzahl an Sprachlehren aus dieser Zeit auf den Einfluss der klassischen rhetorischen Periodenlehre untersucht). Berücksichtigt man dabei die Ergebnisse aus Kapitel 3 zum Zusammenspiel von Kommasetzung und Intonation in modernen Systemen, ist dies aufgrund des häufig engen Verhältnisses von syntaktischen und intonatorischen Phrasen zunächst durchaus nachvollziehbar.

Deshalb ist es sehr wichtig hervorzuheben, dass beispielsweise eine vorrangig rhetorisch-intonatorische Erklärung der Interpunktion eines Frühgrammatikers ein implizites grammatisches Wissen und auch den grammatischen Gebrauch der Interpunktionszeichen keinesfalls ausschließt. Aussagen wie die folgende sind aus diesem Grund äußerst kritisch zu bewerten (Masalon 2014: 15):

> Gegen Primus' Annahme eines beim Schreiber bewusst oder unbewusst konstruktionsübergreifenden grammatischen Einflusses spricht z. B. die Tatsache, dass Normierer den Interpunktionsgebrauch lange Zeit semantisch und prosodisch erklären. Wenn Sprachgelehrte sich metasprachlich grammatisch nicht konkret ausdrücken bzw. die Vorstellung von Syntax eine ganz andere war als heute, stellt sich die Frage, wie dann (einfache) Drucker und Setzer in der Lage sind, Virgeln mitunter (nicht immer!) nach augenscheinlich grammatischen Kriterien zu setzen.

---

[13] Für wertvolle Hinweise dazu danke ich Hartmut Günther (persönliche Kommunikation).

Diese Argumentation lässt das implizite Wissen über sprachliche Strukturen unberücksichtigt. Wir können in vielen Bereichen des menschlichen Lebens beobachten, dass es uns schwerfällt, unbewusstes Wissen explizit auszudrücken. Wir können von einem Ort zu einem anderen gelangen, ohne anderen Menschen eine Wegbeschreibung desselben Weges geben zu können. Wir können die Melodie eines Liedes mitsingen, ohne den Melodieverlauf musiktheoretisch zu beschreiben. Wir haben eine Vorstellung von der Bedeutung von Wörtern wie *Glaube*, *Liebe* und *Hoffnung* und können sie doch nur schwer jemand anderem beschreiben (vgl. Löbner 2003: 4). Mit der Studie von Afflerbach (1997) liegen Ergebnisse vor, die nahelegen, dass sich das implizite Sprachwissen auch auf die Kommasetzung übertragen lässt. In ihrer Studie untersucht Afflerbach den Kommaerwerb von Kindern und Jugendlichen. Eines der wichtigsten Ergebnisse ist, dass Grundschulkinder bereits vor dem eigentlichen Kommaunterricht in ihren Texten Kommas setzen und diese zu ca. 80 % korrekt gesetzt sind.[14] Dies spricht bereits in jungen Jahren für ein ausgeprägtes implizites Wissen über den Gebrauch des Kommas im Deutschen. Ich möchte deshalb annehmen, dass auch Grammatiker und Drucker des 16. Jahrhunderts über ein implizites syntaktisches Wissen über Interpunktion verfügten und den Vorwurf in Masalon (2014: 6–7) zurückweisen:

> Viele Arbeiten beschränken sich darauf, „was in der syntaktischen Satzoberfläche abgeleitet werden kann, und versuchen sodann, etwaige Parallelen zu heute auch mit heutigen Parametern zu erklären. Eine Virgel an einer syntaktisch relevanten Stelle wird dann schnell als Indikator dafür gewertet, dass eine syntaktisch motivierte Interpunktion schon immer gegeben war.“

Masalon (2014) schließt in seiner Arbeit einen syntaktischen Einfluss der Interpunktion in älteren Texten nicht aus, argumentiert jedoch für eine multikausale Erklärung der Kommasetzung, bei der weitere Faktoren wie Sprechpausen, Semantik, Signalwörter und mit Blick auf moderne Texte auch didaktische Faktoren wie Explizitheit der Aufgabenstellung bei Schülerinnen und Schülern eine zentrale Rolle spielen (vgl. auch Müller 2007 und Sappok 2011). Ich schließe den Einfluss solcher Faktoren nicht vollständig aus (vgl. die weiterführende Diskussion in Abschnitt 10.3), vertrete jedoch im Folgenden einen syntaxzentrierten Ansatz, der sich – wie im vorangegangenen Kapitel gezeigt hat – für die Beschreibung der satzinternen klitischen Interpunktionszeichen, insbesondere der Kommasetzung, bewährt und sich im Gegensatz zu einem intonatorischen Ansatz als beschreibungs- und erklärungsadäquat erwiesen hat. Dabei steht die Frage im Mittelpunkt, inwiefern moderne interpunktionsrelevante Domänen wie Koordinationen, Herausstellungsstrukturen

---

[14] Dieses Ergebnis veranlasste Afflerbach zudem dazu, die Kinder zu fragen, weshalb sie in ihren Texten Kommas verwendeten. Ein Junge antwortete darauf mit der durchaus verblüffenden Generalisierung: „Ich setze ein Komma immer dann, wenn ich zu faul bin *und* zu schreiben" (Afflerbach 1997: 99). Diese Aussage spiegelt ein ausgeprägtes implizites grammatisches Wissen über die Verwendung des Kommas wider.

oder Satzgrenzen (vgl. Kapitel 4) bereits in älteren Sprachstufen des Deutschen interpungiert wurden.

5.2   Das Korpus: Datengrundlage

„Moderne Interpunktion wird als Lesehilfe eingeführt" (Schulze & Grosse 2011: 909). Diese unscheinbare Aussage eröffnet das Kapitel „Generelle Regelungen bei der Umsetzung der handschriftlichen Schreibung" der aktuellsten mittelhochdeutsch-neuhochdeutschen Edition des Nibelungenliedes aus dem Reclam-Verlag und führt uns ein generelles Problem der Edition älterer Texte vor Augen. So ist es bis zum heutigen Tag gängige Praxis, ohne ausführliche Begründung die Interpunktion in älteren Texten modernen Regeln anzupassen. Infolgedessen finden wir in der ansonsten sehr handschriftennahen Edition des Nibelungenliedes wie selbstverständlich die modernen Interpunktionszeichen Komma, Punkt, Doppelpunkt, Anführungszeichen oder auch das Ausrufezeichen, obwohl in der Originalhandschrift lediglich der Punkt auf der Mittel- und Unterlinie verwendet wird. Gärtner (1988) macht auf die Gefahr eines allzu leichtsinnigen Interpunktionseingriffs in den Text aufmerksam, plädiert jedoch gleichzeitig für eine Editionspraxis im Sinne Lachmanns, „den heutigen lesern das verständniß des dichters so [zu] erleichtern wie sie es aus gedruckten büchern aller sprachen gewohnt sind und daher auch verlangen können […] darum schien mir eine sorgfältige interpunction nicht verwegen, sondern ein erstes erforderniß einer ganz gewöhnlichen ausgäbe zu sein, und ich fürchtete, wenn sie unterbliebe, den gerechten vorwurf der trägheit" (Lachmann 1926: VIII).

Diese sorglose Editionspraxis bezüglich der Interpunktion setzt sich bei vielen elektronischen Korpora wie beispielsweise dem Bonner Frühneuhochdeutsch Korpus fort. Trotz ansonsten äußerst gewissenhafter und umfangreicher Annotation der älteren Texte liegt in diesem so bedeutenden historischen Korpus weder eine Suchfunktion für Interpunktionszeichen vor, noch wurde die Form bzw. das Inventar der Interpunktionszeichen bei der Annotation berücksichtigt. So finden sich auch in diesem Korpus beispielsweise in der Edition von Wilhelm Durandus' Rationale von 1384[15] wie selbstverständlich die Zeichen Komma, Doppelpunkt, Anführungszeichen und Fragezeichen, obwohl diese in der Originalhandschrift nicht verwendet wurden.

Diese problematische Editionspraxis bezüglich der Interpunktion in älteren Texten macht die Arbeit mit den bestehenden historischen Korpora wie beispielsweise dem Bonner Frühneuhochdeutsch Korpus für die hier verfolgten Fragestellungen unbrauchbar. Um die Entwicklung der Funktion, der Form und des Inventars der Interpunktionszeichen seit dem 15. Jahrhundert adäquat beschreiben zu können, musste daher ein eigenes Korpus erstellt werden, das ich im Folgenden vorstelle.

---

[15]   http://www.korpora.org/Fnhd/ Stand: 13.05.2015.

Mein Korpus umfasst 19 gedruckte Texte aus dem Zeitraum zwischen 1482 und 1984. Es handelt sich bei diesen Drucken um Bibeln (v.a. Matthäusevangelien), Sprachlehren bzw. Grammatiken und um andere Sachtexte wie mathematische und technische Abhandlungen, die an unterschiedlichen Orten (aber v.a. im ober- und mitteldeutschen Raum) gedruckt wurden (vgl. die bibliographischen Angaben aller Texte in Tabelle 3). Somit stellt das Korpus einen breiten zeitlichen, räumlichen und textsortenübergreifenden Querschnitt dar.

Bei der Auswahl der Texte wurden folgende Kriterien berücksichtigt:

(40) a. Es handelt sich bei den Texten um Drucke.
      b. Die Autoren waren kompetente Schreiber ihrer Zeit.
      c. Druckort und Zeitpunkt sind sicher datierbar.
      d. Die Texte liegen als Digitalisat oder Faksimile vor.
      e. Die Texte haben eine ausreichende Länge (mindestens 12.000 Wörter, das entspricht mindestens 30–40 gedruckten Seiten).
      f. Es handelt sich bei den Texten um keine literarische Prosa oder Versdichtung (Vermeidung von Einflussfaktoren des mündlichen Vortrags, insbesondere Metrik).

Tabelle 3: Bibliographische Angaben der ausgewerteten Texte

Jahr	Verfasser	Titel	Druckort	Texttyp	Digitalisat bereitgestellt von
1482	Conradus	Buch der Natur	Augsburg	Sachtext	Bayerische Staatsbibliothek
1482	Anonym	Plenarium	Reutlingen	Bibel	Bayerische Staatsbibliothek
1540	Walther Hermann Ryff	Warhafftige, künstliche und gerechte underweisung wie alle Träume, Erscheinungen und Nächtliche gesicht erklärt werden mögen	Straßburg	Sachtext	Bayerische Staatsbibliothek
1540	Fabian Franck	Orthographia	Straßburg	Sprachlehre	Bayerische Staatsbibliothek
1545	Martin Luther	Biblia: Das ist: Die gantze heillige Schrifft	Wittenberg	Bibel	Digitalisierte Faksimileausgabe von 1983 (Deutsche Bibelgesellschaft)
1598	Lazarus Ercker und Kollegen	Beschreibung, Aller furnemisten Mineralischen Ertz unnd Bergwercks arten	Frankfurt a.M.	Sachtext	Bayerische Staatsbibliothek
1621	Martin Luther	Biblia, Das ist: Die gantze Heillige Schrifft	Wittenberg	Bibel	Universitätsbibliothek Köln

Jahr	Verfasser	Titel	Druckort	Texttyp	Digitalisat bereitgestellt von
1641	Justus Georg Schottel	Teutsche Sprachkunst	Braunschweig	Sprachlehre	Sächsische Landesbibliothek Dresden
1682	Matthias Ramelov	Hochnützliche, heilsame Wasser- und Brunen-Betrachtung	Kassel	Sachtext	Bayerische Staatsbibliothek
1718	Johannn Ludwig Andreae	Mathematische und Historische Beschreibung des gantzen Weltgebäudes	Nürnberg	Sachtext	Bayerische Staatsbibliothek
1720	Martin Luther	Biblia, Das ist: Die gantze Heil. Schrift	Halle	Bibel	Universitäts- und Landesbibliothek Sachsen-Anhalt
1723	Johann Bödiker	Grundsätze der Deutschen Sprache	Berlin	Sprachlehre	Google Books
1749	Johann Christoph Gottsched	Grundlegung einer deutschen Sprachkunst	Leipzig	Sprachlehre	Bayerische Staatsbibliothek
1812	Johann Christoph Adelung	Völlständige Anweisung zur Deutschen Orthographie	Leipzig	Sprachlehre	Google Books
1847	Martin Luther	Die Bibel oder die ganze Heilige Schrift	Leipzig	Bibel	Bayerische Staatsbibliothek
1909	Alfred Lichtwark	Park- und Gartenstudien	Berlin	Sachtext	Universitäts- und Landesbibliothek Düsseldorf
1909	Wilhelm Wilmanns	Deutsche Grammatik	Straßburg	Sprachlehre	Eigenes Digitalisat der Straßburger Ausgabe des Trübner-Verlags
1912	Martin Luther	Die heilige Schrift	Stuttgart	Bibel	Eigenes Digitalisat der Stuttgarter Jubiläums-Bibel
1984	Martin Luther	Die Bibel	Stuttgart	Bibel	Eigenes Digitalisat nach der Ausgabe der Deutschen Bibelgesellschaft

Tabelle 4 stellt die ausgewerteten Texte in chronologischer Abfolge nach Textsorten geordnet dar. Sie decken die Epochen des Frühneuhochdeutschen (vgl. u.a. Besch 1981, Hartweg 2000, Hartweg & Wegera 2005), des frühen Neuhochdeutschen (Spätbarock) (vgl. u.a. von Polenz 2000) und des Neuhochdeutschen ab (vgl. u.a. von Polenz 2000).

Tabelle 4: Längs- und Querschnittübersicht der ausgewerteten Texte

	Bibel	**Sprachlehre/Grammatik**	**Weiterer Sachtext**
I.	1482: Plenarium		1482: Conradus
II.	1545: Luther	1540: Franck	1540: Ryff
			1598: Ercker
	1621: Luther		
		1641: Schottel	
			1682: Ramelov
III.	1720: Luther	1723: Bödiker	1718: Andreae
		1749: Gottsched	
		1812: Adelung	
IV.	1912: Luther	1909: Wilmanns	1909: Lichtwark
	1984: Luther		

Die Auswahl dieser Texte ermöglicht sowohl eine Querschnittanalyse, bei der zu einem ähnlichen Zeitpunkt entstandene Drucke unterschiedlicher Textsorten miteinander verglichen werden, als auch eine Längsschnittanalyse, bei der (innerhalb einer Textsorte) zu unterschiedlichen Zeitpunkten entstandene Drucke miteinander verglichen werden.

Für die Querschnittanalyse (in Kapitel 9) sollen die folgenden vier Zeitpunkte (vgl. I–IV in Tabelle 4) betrachtet werden: die Jahre um 1482, 1540, 1720 und 1910 (jeweils um +/– 5 Jahre). In den bisher durchgeführten diachronen Studien zur Interpunktion (vgl. z.B. Günther 2000 und Masalon 2014) wurden diese Zeitpunkte als Meilensteine in der Entwicklung der Interpunktion des Deutschen betrachtet. Aus der frühneuhochdeutschen Epoche werden zwei Zeitpunkte (I: 1482[16] und II: 1540) ausgewählt, da die Bedeutung dieses Zeitraums in nahezu jeder sprachgeschichtlichen Einführung des Deutschen ganz besonders hervorgehoben wird (siehe u.a. Besch & Wolf 2009 und von Polenz 2000). So wird das 15. und 16 Jahrhundert – bedingt durch die Erfindung des Buchdrucks – als wichtige Übergangsphase von einer Hör- zu einer Lesekultur begriffen. Als Konsequenz dessen wird für die Interpunktion häufig angenommen, dass sich in dieser Zeit das grammatisch-syntaktische Prinzip allmählich gegen das rhythmisch-intonatorische Prinzip der Interpunktion (siehe die ausführliche Diskussion im vorangegangenen Abschnitt) durchzusetzen beginnt (u.a. Besch 1981 und Höchli 1981 für das Deutsche). Die erste Hälfte des 16. Jahrhunderts kann darüber hinaus auch als Meilenstein der Standardisierung der deutschen Sprache angesehen werden, die mit Martin Luthers Übersetzung des neuen Testaments (Septembertestament) 1522 ihren Anfang nahm und mit der Ge-

---

[16] Für den Zeitraum um 1480 konnten leider keine deutschsprachigen Grammatiken gefunden werden. Entweder waren die zeitgenössischen Sprachlehren zum Deutschen auf Latein verfasst oder sie erfüllen nicht das Längenkriterium von mindestens 12.000 Wörtern. Letzteres ist beispielsweise bei der ersten bekannten deutschsprachigen Interpunktionsanweisung von Niklas von Wyle (1478) der Fall, die nur ca. sechs gedruckte Seiten umfasst.

samtübersetzung der Bibel 1534 einen vorläufigen Höhepunkt erreichte (Schilling 2012).

Für eine Korpusanalyse von Texten aus dem 16. Jahrhundert ist eine Bibelübersetzung Martin Luthers unverzichtbar, da Luther als einer der bedeutendsten Schreiber seiner Zeit gilt. In seinen Bibelübersetzungen legte er größten Wert auf Orthographie und arbeitete mit den bedeutendsten Schreibern, Druckern und Schriftsetzern zusammen, die in ihrer Zeit für hervorragende Arbeit bekannt waren. Zudem war er mit der vorreformatorischen Übersetzungtradition theologischer Texte (v. a. den Plenarien des ausgehenden 15. Jahrhunderts) vertraut. Es ist sicherlich verfehlt, Luther als 'Schöpfer' des Hochdeutschen zu bezeichnen (für eine kritische Diskussion vgl. Hartweg & Wegera 1989: 61 f.). Dennoch muss Martin Luther im deutschsprachigen Raum im 16. Jahrhundert als eine der wichtigsten sprachlichen Autoritäten angesehen werden. Ebert (1983) schätzt, dass bei Luthers Tod im Jahr 1546 etwa jeder fünfte Haushalt in Deutschland eine Lutherbibel besaß – in der Regel das einzige Buch im ganzen Haushalt (vgl. bereits Burdach 1924). Darüber hinaus war Luthers Einfluss über die Grenzen Deutschlands hinweg bereits im 16. und 17. Jahrhundert unbestritten. So übten die Bibelübersetzungen von 1522, 1534 und 1545 großen Einfluss auf den englischen Theologen William Tyndale aus, der die Bibel ins Englische übersetzte. Die Übersetzung Tyndales gilt wiederum als Vorläufer der King James Bible, einer der wichtigsten englischsprachigen Bibelübersetzungen. In meinem Korpus berücksichtige ich das Matthäusevangelium in der Lutherübersetzung von 1545. Dabei handelt es sich um die letzte von Luther selbst kurz vor seinem Tod im Jahr 1546 überarbeitete Fassung seiner Bibel.

Die Stadt Wittenberg bildete im 16. Jahrhundert ein Zentrum des Bibeldrucks. Zwischen 1522 und 1546 entstanden dort alleine zehn Auflagen der Vollbibel sowie rund 80 Teilausgaben (vgl. Besch & Wolf 2009: 70). In dieser Zeit stellten die Bibeldrucke die überwältigende Mehrheit aller gedruckten Texte dar. Allerdings bedingten in dieser Aufbruchsphase des gedruckten Wortes die wachsenden Stückzahlen der Bibel auch den Ausbau anderer Textformen (vgl. Reichmann & Wegera 1988). Dies spiegelt sich in den ersten umfangreicheren deutschsprachigen Sprachlehren (z.B. im untersuchten Text von Fabian Franck) oder in anderen Sachtexten wie Kanzleischriften und wissenschaftlichen Abhandlungen (z.B. in Walther Hermann Ryffs Abhandlung zur Traumdeutung) wider.

Die erste Hälfte des 17. Jahrhunderts wurde durch den ganz Europa einnehmenden 30-jährigen Krieg (1618–1648) bestimmt. In dieser Zeit nahm die Produktion von Bibeln und anderen Texten ab und das ehemalige Druckzentrum Wittenberg verlor allmählich seine Vorrangstellung. In der zweiten Hälfte des 17. Jahrhunderts und insbesondere zu Beginn des 18. Jahrhunderts erreichte die Bibelverbreitung jedoch einen neuen Höhepunkt. Mit der Einführung des sogenannten Stehsatzes, bei dem die Druckplatten aufbewahrt und für mögliche weitere Auflagen wiederverwendet wurden, konnte der Kaufpreis einer Bibel deutlich gesenkt werden. Eine der wichtigsten Druckereien befand sich nun mit der Cansteinischen Bibelanstalt in Halle an der Saale (vgl. Besch & Wolf 2009).

Ein weiterer Einschnitt wird in der Querschnittanalyse (III) um das Jahr 1720 gemacht, der zweifach begründet werden kann. Einerseits stellt die erste Hälfte des 18. Jahrhunderts einen neuen Höhepunkt in der Produktion gedruckter Texte dar (vgl. Besch & Wolf 2009), andererseits können wir in dieser Phase eine entscheidende Ausdifferenzierung des Interpunktionsinventars und der Form der Interpunktionszeichen beobachten. So zeigt bereits Günther (2000), dass in dieser Zeit das bis dahin wichtigste und am häufigsten verwendete Interpunktionszeichen, die Virgel </> durch das moderne Komma <,> ersetzt wurde und neue satzinterne Interpunktionszeichen wie etwa das Semikolon auftreten.

Einen letzten Einschnitt nehme ich in der Querschnittanalyse (IV) um das Jahr 1910 vor. Diesem Zeitpunkt geht im 19. Jahrhundert ein starkes Bestreben nach Vereinheitlichung der Schreibung des Deutschen voraus, das in die beiden Orthographie-Konferenzen von 1876 und 1901 mündete. Bereits 1880 veröffentlichte Konrad Duden, selbst Teilnehmer der Konferenzen, sein „Vollständiges Orthographisches Wörterbuch der deutschen Sprache", das in der folgenden Zeit zu einem orthographischen Musterbuch wurde (Besch & Wolf 2009: 75) und das die Grundlage für das im Rahmen der zweiten Orthographie-Konferenz beschlossene amtliche Regelwerk bildete. 1903 erschien dann der sogenannte Buchdruckerduden, der erstmals auch ein Kapitel zur Interpunktion enthielt.

Neben dieser Querschnittanalyse, die die Jahre um 1482, 1540, 1720 und 1910 betrachtet, bietet das angelegte Korpus darüber hinaus auch die Möglichkeit einer Längsschnittuntersuchung innerhalb der drei Textsorten. Ein besonderer Fall liegt mit den Lutherübersetzungen des Matthäusevangeliums vor. Hierbei bleibt die Textgrundlage über mehrere Jahrhunderte weitestgehend konstant. Dies erlaubt eine hervorragende Vergleichbarkeit zwischen den Texten im Hinblick auf Veränderungen der Interpunktion (vgl. auch die Diskussion der Vorteile einer Paralleltextanalyse in Cysouw & Wälchli 2007 und in Wälchli 2010). Aus diesem Grund wird diese Form der Korpusanalyse für viele Forschungszwecke gewählt (vgl. im Bereich der Interpunktion auch Günther 2000 sowie Behr 2014 zu anderen sprachstrukturellen und textlinguistischen Phänomenen im frnhd. Prosaroman „Melusine" im Zeitraum vom 15. bis 17. Jahrhundert). Bei einer Paralleltextanalyse von Lutherbibeln aus unterschiedlichen Jahrhunderten müssen jedoch auch die möglichen Nachteile eines solchen Vorgehens benannt werden. Sonderegger (1998: 230) beispielsweise macht auf den „lutherischen Filter" aufmerksam, der auf die gesamte nachfolgende deutsche Bibelübersetzung wirkte und dem man sich als Übersetzer kaum entziehen konnte. Im Falle der Neuauflagen und Überarbeitungen der letzten Fassung aus Luthers Hand von 1545 könnte dies bedeuten, dass die nachfolgenden Generationen diesen 'heiligen' Text nur mit äußerster Behutsamkeit und sehr konservativ bearbeitet haben, was die als Vorteil der Paralleltextanalyse genannte starke Kontrastierung der parallelen Texte verwischen lässt. Die Gefahr einer Vorlagenabhängigkeit ist in unserem Fall nicht von der Hand zu weisen (für ähnliche Probleme zur Melusine-Tradition vgl. Behr 2014), jedoch verweisen Besch & Wolf (2009: 71) darauf, dass bei den lutherischen Bibeltexten eine konservative Editionspraxis mit Blick auf die Syntax und v.a. den Wortschatz angewandt wurde, jedoch Anpassungsänderungen im Bereich der Orthographie im Laufe der Jahrhunderte als normal empfunden und entsprechend durchgeführt wurden.

Für die beiden anderen Textsortenkorpora – Sprachlehren und andere wissenschaftliche Abhandlungen – kann keine Paralleltextanalyse durchgeführt werden, da es sich dabei um unterschiedliche Texte von unterschiedlichen Autoren handelt. Eine Längsschnittanalyse innerhalb der jeweiligen Textsorte erscheint aber lohnenswert, da die Interpunktionspraxis vieler bedeutender Schreiber (u. a. Schottelius, Gottsched und Adelung) zu unterschiedlichen Zeitpunkten verglichen und der Frage nachgegangen werden kann, inwiefern man möglicherweise eine autorbedingte stilistische Interpunktionspraxis annehmen muss.

Es ist jedoch wichtig zu betonen, dass v. a. im 15. und 16. Jahrhundert nicht nur der Autor eines Textes, sondern ganz entscheidend auch alle in einer Offizin tätigen Personen, v. a. die Drucker und Setzer, Einfluss auf den gedruckten Text nahmen.[17] Dieser Einfluss führte bereits unter Zeitgenossen zu großem Unmut, der sich in der häufig zitierten Klage Martin Luthers widerspiegelt: „Vnd ist mir offt widerfahren, das ich der Nachdrucker druck gelesen, also verfelscht gefunden, das ich meine eigene Erbeit, an vielen Ort nicht gekennet" (zitiert nach Hartweg & Wegera 1989: 75). Da bei der Produktion eines gedruckten Textes viele Personen involviert waren und eine Standardisierung der deutschen Schriftsprache noch lange nicht abgeschlossen war, kann von hoher Varianz ausgegangen werden. Diese Varianz übertrug sich nach Behr (2014: 25) auf alle sprachlichen Ebenen der gedruckten Texte, teilweise auch innerhalb einer Sprachlandschaft, innerhalb einer Stadt, innerhalb einer Offizin und sogar innerhalb eines Druckes. Auch für viele der Texte in meinem Korpus muss der Einfluss von Druckern, Setzern und Lektoren angenommen werden. Wenn im Folgenden also bei der Diskussion der Interpunktionspraxis die Autoren dieser Texte als maßgebliche Verfasser genannt werden, muss stets die Beteiligung anderer Personen im Hintergrund mitbedacht werden.

Abschließend steht bei der Diskussion der Datengrundlage eines eigens erstellten Korpus die Frage nach dessen Repräsentativität im Raum. Die ideale Größe eines Korpus ist bekannterweise stark vom Untersuchungsgegenstand abhängig (für einen weiterführenden Überblick zur Repräsentativität von Korpora siehe Biber 1993 und Claridge 2008). Für eine Aussage über die Entwicklung der Interpunktion kann sicherlich ein wie bei Günther (2000) gewählter Textausschnitt von 144 Bibelversen (entspricht ca. sechs Seiten) des Matthäusevangeliums in der Luther-Übersetzung nicht ausreichen.[18] Möchte man in die Analyse auch die in der geschriebenen Sprache eher selten vorkommenden interpunktionsrelevanten Konstruktionen wie Infinitivkonstruktionen oder Herausstellungskonstruktionen aufnehmen, benötigt

---

[17] In ganz extremer Form lag dies bei sogenannten Raubdrucken vor, die ohne die Einwilligung der Autoren, in vielen Fällen Martin Luthers, und häufig ohne die namentliche Nennung des Autors an diversen Druckorten entstanden (für eine weiterführende Diskussion siehe Hartweg & Wegera 1989 und Schmitz 1990).

[18] Günther (2000) weist selbst auf das Problem der Repräsentativität seiner eigenen Studie hin.

man eine größere Datengrundlage als in den Studien von Günther (2000) und Masalon (2014). Meine eigenen Vorarbeiten (vgl. Slotta 2010 und Kirchhoff & Primus 2014) haben gezeigt, dass ein Textausschnitt von mindestens 12.000 Wörtern (das entspricht mindestens ca. 30–40 gedruckten Seiten) nötig ist, um eine repräsentative Datengrundlage für alle interpunktionsrelevanten Konstruktionen zu erhalten. Weiterhin erhöhe ich die Repräsentativität der Studie auch durch den Einbezug unterschiedlicher Textsorten und der Berücksichtigung unterschiedlicher Entstehungszeiten und Druckorte.

5.3 Annotation der Daten

Das im vorangegangenen Abschnitt vorgestellte Korpus besteht aus einer Vielzahl unterschiedlicher Texte und Textsorten aus unterschiedlichen Jahrhunderten. Dies erschwert eine einheitliche Annotation. Aus diesem Grund musste für die in dieser Arbeit verfolgte Fragestellung im Vorfeld der Annotation der Korpustexte definiert werden, welche Faktoren quantitativ, qualitativ oder gar nicht berücksichtigt werden sollen.

Keine Berücksichtigung fanden in meiner Auswertung beispielsweise einige typographische Eigenschaften von Texten. So wurden bei der Annotation u.a. die Verwendung von Sonderzeichen (z.B. Absatzzeichen), von Schmuckinitialen bzw. anderen künstlerischen Hervorhebungen, Seitenumbrüchen, Fettdruck oder Kursivschreibung nicht berücksichtigt. Des Weiteren wurden weder fremdsprachliche Textauszüge und Zitate (in der Regel Latein) noch Überschriften quantitativ ausgewertet, da bei ersteren die Autorschaft unklar ist und bei letzteren ein anderer Textmodus zugrunde liegt. So übernimmt nach Bredel (2008: 32) im Listenmodus „der linear-suprasegmentale Raum, die Zeile, syntaktische Strukturierungsfunktion." Damit einher gehen zusätzliche bzw. andere Funktionen von einigen Interpunktionszeichen als im Textmodus (z.B. <->, <–> oder <·> als Aufzählungszeichen; vgl. für eine weitergehende Diskussion Reißig 2015).

Eine qualitative und quantitative Auswertung erfolgte dagegen für Interpunktionszeichen bzw. interpunktionsrelevante Domänen. In Abschnitt 1.2 diskutierte ich auf Grundlage der Arbeiten von Bredel (2008, 2011) das Inventar und das Gesamtsystem des modernen deutschen Interpunktionssystems. Besondere Beachtung fand dabei die Unterscheidung positioneller Formeigenschaften, die durch die zwei Klassen Klitika und Filler repräsentiert werden. Filler (wie z.B. der Apostroph, der Divis oder der Gedankenstrich) erlauben eine symmetrische Anknüpfung. Das heißt, dass auf beiden Seiten eines Fillers Buchstaben bzw. Leerzeichen stehen. Des Weiteren sind Filler nicht auf der Grundlinie positioniert. Schließlich zeichnen sich Filler dadurch aus, dass ihr Aufbauelement, falls überhaupt vorhanden, nicht vertikal angefügt ist. Klitika hingegen unterscheiden sich von Fillern in Bredels System in allen positionalen Parametern. Sie sind stets asymmetrisch an Buchstaben oder Leerzeichen angebunden. Das heißt, dass auf der einen Seite des Zeichens ein Buchstabe und auf der anderen Seite ein Leerzeichen stehen muss. Weiterhin ist ihr Grundelement auf der Grundlinie platziert und schließlich das Aufbauelement vertikal ausgerichtet. Diese Merkmale charakterisieren im heutigen System Punkt, Komma, Doppelpunkt, Semikolon, Fragezeichen, Ausrufezeichen, Klammern und Anführungszeichen. Historisch muss die Unterscheidung zwischen Filler und Klitika jedoch besondere Beachtung erfahren, wie wir beispielhaft in Abbildung (Abb. 7) erkennen können.

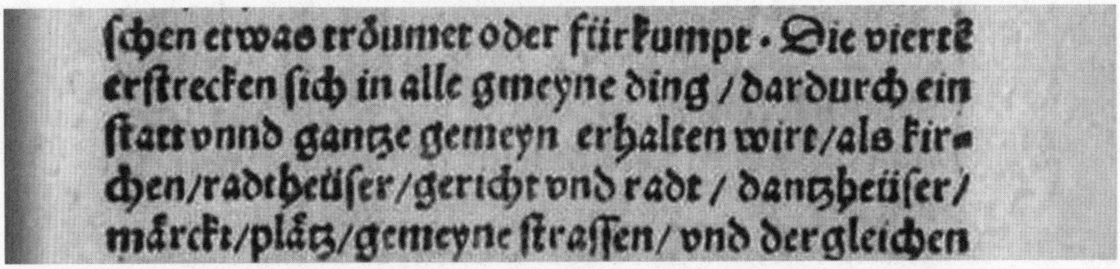
schen etwas tröumet oder fürkumpt · Die vierte
erstrecken sich in alle gmeyne ding / dardurch ein
statt vnnd gantze gemeyn erhalten wirt/als kir-
chen/radtheüser/gericht vnd radt / dantzheüser/
märckt/plätz/gemeyne strassen/ vnd dergleichen

Abb. 7: Positionale Eigenschaften der Virgel in Ryff (1540: Blatt 26). Digitalisat der Bayerischen Staatsbibliothek, urn:nbn:de:bvb:12-bsb11111717-7, Signatur 999/Philos.3089

In diesem kurzen Textauszug finden wir unterschiedliche positionale Eigenschaften der Virgel </>, dem Vorläufer des modernen Kommas. So finden wir hier sowohl symmetrische Anknüpfungen, bei denen rechts und links der Virgel Buchstaben stehen (*wirt/als*), symmetrische Anknüpfungen, bei denen rechts und links von der Virgel Leerzeichen stehen (*ding / dardurch*) als auch asymmetrische Anknüpfungen, bei denen links von der Virgel ein Buchstabe und rechts davon ein Leerzeichen steht (*strassen/ und*). Die in modernen Interpunktionssystemen stabilen positionalen Eigenschaften der Interpunktionszeichen sind bei Texten bis ins 18. Jahrhundert hinein noch nicht zu finden. Solch ein variabler Einsatz der Virgel legt die Funktion eines modernen Fillers nahe. Zudem erstreckt sich die Virgel bis in das Oberspatium hinein, womit im modernen System eine kommunikativ-pragmatische Funktion angezeigt wird. Im Folgenden soll geklärt werden, inwiefern die Virgel in älteren Texten auch eine solche Funktion innehatte; denn im kleinen Zeicheninventar älterer Texte hatte die Virgel, in Abwesenheit von Ausrufezeichen, Semikolon oder Gedankenstrich, eine Funktionsbreite, über die das moderne Komma nicht verfügt (Polyfunktionalität). Erst mit ihrer späteren Ersetzung durch das kurze, klitisch positionierte Komma <,> ist dies dem modernen System angemessen. Der Weg dieser Entwicklung und die Wechselwirkung mit anderen später usualisierten Zeichen soll in dieser Arbeit näher untersucht werden. Aus diesem Grund wird insbesondere für die frühesten Texte des Korpus eine qualitative Auswertung hinsichtlich der symmetrischen bzw. asymmetrischen Anknüpfung der Interpunktionszeichen (v.a. Mittelpunkt und Virgel) vorgenommen.

Eine qualitative Auswertung erfolgt darüber hinaus auch für die Interpunktionsmajuskel und für die aus moderner Sicht nicht-klitischen Interpunktionszeichen, d.h. für Filler, und für satzschließende klitische Interpunktionszeichen. Dazu zählen u.a. der Punkt auf der Unterlinie, das Frage- und Ausrufezeichen, sowie Divis oder Apostroph. Unter qualitativer Auswertung verstehe ich, dass in der Korpusauswertung lediglich vermerkt wird, ob das jeweilige Interpunktionszeichen in einer bestimmten Funktion (z.B. Markierung des Satzschlusses) innerhalb eines annotierten Textes belegt ist. Für die aus heutiger Sicht satzschließenden Interpunktionszeichen bedeutet dies beispielsweise, dass überprüft wird, ob diese Zeichen in Verbindung mit einer vollständigen bzw. abgeschlossenen Argumentstruktur und einer folgenden Majuskelschreibung verwendet wird und man aufgrund dessen von einem Satzschluss sprechen kann.

Eine quantitative Auswertung erfahren darüber hinaus die Interpunktionszeichen, die von Bredel als syntaktische, nicht-satzschließende Klitika definiert werden und die formalen Eigenschaften –Leer (d.h. mit Grundlinienkontakt) und –Vertikal aufweisen: Dies umfasst im heutigen System das Komma, den Doppelpunkt und das Semikolon. Das Komma und seine historischen Vorläufer Mittelpunkt und Virgel erfahren in dieser Arbeit dabei eine besondere Beachtung, da sie bereits in den frühesten Texten (noch vor dem Gebrauch des Doppelpunktes oder Semikolons) verwendet wurden und dort die am häufigsten verwendeten Interpunktionszeichen darstellen. Dabei greife ich auf den in Kapitel 4 gelegten theoretischen Rahmen der syntaktischen Kommabedingungen nach Primus (2007a, 2010) zurück. Ausgehend von diesen drei Kommabedingungen richte ich bei der quantitative Auswertung nun den Blick v.a. auf die in Tabelle 5 aufgeführten Domänen, die sich – wie in Kapitel 4 ausführlich dargelegt – als besondere satzinterne komma- bzw. interpunktionsrelevante Konstruktionen herausgestellt haben und auch aus rezeptionstheoretischer Sicht in einer Studie von Esslinger (2014, 2016) empirisch gestützt wurden.

Tabelle 5: Übersicht der wichtigsten annotierten Interpunktionsdomänen

	Konstruktion	Beispiel
Koordination (nicht-satzwertig)	asyndetische Koordination	*Peter, Maria und Anna gingen.*
	syndetische Koordination	*Peter und Maria gingen.*
Koordination (satzwertig)[19]	asyndetische Koordination	*Peter kam, Maria ging.*
	syndetische Koordination	*Peter kam und Maria ging.*
Herausstellung	Vokativ	*Peter, Maria geht.*
	Parenthese	*Peter, der Linguist, kam.*
	Links- und Rechtsversetzung	*Die Maria, die ging gerade.*
	Interjektion	*Ach, die Maria ging gerade.*
	herausgestellter Satz	*Ich habe es gesehen, dass Maria ging.*
	Sonstige	*Apropos Maria, die ging gerade.*

[19] Als satzwertige Koordinationen werden auch IP- und VP-Koordinationen wie in *Ich glaube, daß ɪᴘ{[die Kühe auf der Weide grasen] und [die Kaninchen im Stall schlafen]}* und in *Gestern hat Peter {ᴠᴘ[die Kühe gemolken] und [die Kaninchen geschlachtet]}* gewertet (vgl. Büring & Hartmann 1998: 172).

	Konstruktion	Beispiel
Nebensätze	subordinierter Subjekt- oder Objektsatz	*Ich habe gesehen, dass Maria gerade ging.*
	subordinierter Adverbialsatz	*Nachdem Peter kam, ging Maria.*
	restriktiver Relativsatz	*Eine Frau, die Peter kannte, kam.*
	appositiver Relativsatz	*Maria, die Peter ja seit seiner Kindheit kennt, kam gerade.*
	freier Relativsatz mit Korrelat	*Wer Maria kennt, der kann sich freuen.*
Infinitiv-konstruktionen	eindeutig inkohärent	*Peter ist gekommen, um Maria zu sehen.*
	eindeutig kohärent	*Peter scheint Maria zu sehen.*
	unklar bzw. ambig / fakultativ kohärent	*Peter freut sich, Maria zu sehen.*

Diese Konstruktionen werden in allen Korpustexten unabhängig vom Vorkommen eines Interpunktionszeichens annotiert.

Neben den in Tabelle 5 aufgeführten Konstruktionen werden selbstverständlich auch alle syntaktisch nicht-motivierten Verwendungen von Mittelpunkten, Virgeln, Kommas, Doppelpunkten und Semikolons gezählt, die in Konstruktionen wie in Tabelle 6 auftauchen.

Tabelle 6: Annotation von syntaktisch nicht-motivierten Interpunktionszeichen

syntaktisch nicht motivierte Zeichen	komplexe Vorfelder	*Nach einer schönen Feier mit vielen netten Gästen, ging Maria spät ins Bett.*
	Vergleichskonstruktionen	*Maria ist viel klüger, als Peter.*
	Sonstige	*Ich habe, den Peter gesehen.*

Die Annotation erfasst damit drei Arten der Interpunktion: a) die Markierung einer aus heutiger Sicht interpunktionsrelevanten Konstruktion, b) die nicht-Markierung einer aus heutiger Sicht interpunktionsrelevanten Konstruktion und c) die aus heutiger Sicht syntaktisch überflüssige Markierung einer Konstruktion.

Bei der Zählung der Daten muss auf zwei Dinge gesondert aufmerksam gemacht werden. Erstens wird jede interpunktionsrelevante Position gezählt und nicht eine Zählung pro Konstruktion. Betrachten wir dafür die Parenthese (Apposition) in (41):

(41)   Peter, der Linguist, kam.

In diesem Beispiel liegt eine parenthetische, d.h. innerhalb eines Satzes auftretende, Herausstellung vor, deren Anfang und Ende mit einem Komma markiert werden. In der Korpusauswertung werden solche Interpunktionsvorkommen zweimal gezählt, da den syntaktischen Kommabedingungen nach Primus (2007a) entsprechend sowohl zwischen *Peter* und *der* als auch zwischen *Linguist* und *kam* eine nicht-subordinative Verknüpfung zweier syntaktischer Schwestern stattfindet. Zweitens kam es bei der Korpusauswertung in einigen Fällen zu einem „Zusammenstoß" von unterschiedlichen Konstruktionen. Betrachten wir dazu einen Satz wie *Peter, der gestern erst spät nach Hause kam, und Maria fahren heute in den Urlaub.* Während das erste Komma in diesem Satz eindeutig durch den Beginn des Relativsatzes lizenziert ist, könnte das zweite Komma durchaus doppelt motiviert sein. Hier fällt das Ende des Relativsatzes mit einer syndetischen Koordination zusammen. Im modernen Deutschen würden wir wahrscheinlich die Kommaverwendung ausschließlich auf die Relativsatzgrenze zurückführen. In anderen modernen Sprachen – wie z.B. im Englischen (siehe Abschnitt 4.2.1) – und wie im Folgenden noch zu zeigen sein wird auch in älteren Sprachstufen des Deutschen werden syndetische Koordinationen aber durchaus interpungiert, sodass in unserer Korpusauswertung eine solche Kommaverwendung doppelt gezählt wird – als Relativsatz und als syndetische Koordination.

Problematisch gestaltet sich die Annotation von syntaktisch unklaren Konstruktionen. Dabei hebe ich einige Konstruktionen besonders hervor: Relativsätze, Nachfeldbesetzungen, enge Appositionen, exklamative Imperative, Infinitivkonstruktionen und sonstige unklare Konstruktionen. Diese möchte ich nun einzeln diskutieren.

Es ist ein in der Literatur zu Relativsätzen bekanntes Problem (vgl. u.a. Blühdorn 2007 oder Eisenberg 2013 zum Deutschen), dass sich auch mithilfe von Kontextwissen nicht immer eindeutig entscheiden lässt, ob eine restriktive oder eine appositive Lesart vorliegt. Solche Vorkommen wurden im Korpus gesondert gezählt und werden in den Übersichtsdarstellungen im Anhang unter der Rubrik unklare Fälle aufgeführt. In früheren Sprachstufen des Deutschen muss darüber hinaus aber auch auf zwei weitere syntaktische Besonderheiten bei Relativsätzen aufmerksam gemacht werden. So ist beispielsweise erstens bekannt, dass Relativsätze mit den Verben *heißen* oder *nennen* im Frnhd. häufiger mit Verb-Zweit-Stellung realisiert werden wie *in eine Stadt in Galilea, die heisst Nazareth* (vgl. Ebert et al 1993: Kapitel 8.2). Fraglich ist in solchen Sätzen, ob das initiale *d*-Pronomen (hier *die*) als Relativ- oder Demonstrativpronomen gewertet werden muss. Während für das Neuhochdeutsche angenommen wird, dass es sich bei solchen V2-Relativsätzen um selbständige Sätze (*root*-Sätze) handelt, die mit dem Matrixsatz parataktisch verbunden sind (u.a. Gärtner 2001, 2002), ist der syntaktische Status dieser V2-Sätze im Frühneuhochdeutschen unklar. Deshalb werden solche relativischen Konstruktionen von der Korpusauswertung ausgeschlossen.

Zweitens sind bis ins 16. Jahrhundert vereinzelt asyndetische Relativsätze ohne einleitendes Element belegt, wie beispielsweise in *den ersten fisch du fehist, den nym* (zitiert nach Ebert et al. 1993: 444). Da auch in diesen Fällen der syntaktische Status der relativischen Konstruktion unklar ist, schließe ich auch solche Belege von der Korpusauswertung aus.

Weiterhin werden Nachfeldbesetzungen bzw. Ausklammerungen und enge Appositionen wie in (42) von der Korpusauswertung ausgeschlossen.

(42)　a. Luther (1545: Mt. 24,14)
　　　Vnd es wird geprediget werden das Evangelium vom Reich / in der gantzen
　　　Welt.
　　　b. Luther (1545: Mt. 27,37)
　　　Dis ist Jhesus der Juden König.

In (42a) folgen die beiden Konstituenten *das Evangelium vom Reich / in der gantzen
Welt* dem Verb in der rechten Satzklammer. Diese Form von Nachfeldbesetzung
bzw. Ausklammerung ist im Frühneuhochdeutschen noch häufig belegt (vgl. u.a.
Ebert et al. 1993, Fleischer & Schallert 2011, Coniglio & Schlachter 2015). Auch
im modernen Deutsch finden wir noch – insbesondere im mündlichen Sprachgebrauch – solche Nachfeldbesetzungen (vgl. 43).

(43)　TV-Kommentar von Tom Bartels am 13.07.2014 bei dem Fußballspiel
　　　Deutschland gegen Argentinien in der 113. Spielminute
　　　Da ist gekommen der eine große Moment.

Der Status als Herausstellungskonstruktion von solchen Nachfeldbesetzungen ist
jedoch unklar (vgl. u.a. Altmann 1981), weshalb diese Fälle aus dem Korpus ausgeschlossen werden.

　　Das Beispiel in (42b) illustriert eine enge Apposition mit einem Eigennamen. Die
Appositionsbeziehung zwischen den beiden Nominalen in einer engen Apposition wird
in der Forschungsliteratur kontrovers diskutiert (vgl. Eisenberg 2013: 257f. für einen
Forschungsüberblick). Auch in diesem Fall ist der Status als Herausstellungskonstruktion unklar, weshalb diese Fälle der Apposition im Korpus unberücksichtigt bleiben.

　　Einen weiteren syntaktischen Zweifelsfall stellen in den Texten des frühen 16.
und 17. Jahrhunderts exklamative Imperative (v.a. *siehe*) wie in *Vnd sihe/ da trat-
ten die Engel zu jm* (Luther 1545: Mt. 4,11) dar. Der Status dieser Konstruktion als
Herausstellungsform kann nicht zweifelsfrei geklärt werden, da in diesen Fällen rein
formal betrachtet die auf *sihe* folgende Konstituente als Objektsatz fungieren könnte. Diese Belege werden daher in der Korpusauswertung weder als Herausstellung
noch als Nebensatz gezählt, sondern in der Gesamtauswertung aller Texte (vgl. den
Anhang dieser Arbeit) als unklare Fälle aufgeführt.

　　In Abschnitt 4.3.1 habe ich am modernen deutschen Interpunktionssystem gezeigt,
dass sich die Kommaverwendung bei Infinitivkonstruktionen mithilfe der Kohärenzrestriktion beschreiben lässt. Inkohärente (satzwertige) Infinitivkonstruktionen
werden im modernen Deutschen kommatiert, kohärente (nicht-satzwertige) Infinitivkonstruktionen dagegen nicht (vgl. u.a. Gallmann 1997). Die Kohärenzrestriktion
wurde in den vergangenen Jahren auch auf die diachrone Analyse von Infinitivkonstruktionen übertragen (vgl. u.a. Demske 2001, 2008, 2015; Maché & Abraham 2011;
Speyer 2015). Auf Grundlage dieser Arbeiten möchte ich folgende Kriterien für die

Bestimmung von eindeutig kohärenten (nicht-satzwertigen bzw. mono-sententialen) Infinitivkonstruktionen für die Korpusauswertung zugrundelegen.

(44) Kriterien für eindeutig kohärente Infinitivkonstruktionen
 a. Satzverschränkung: Matrix- und Infinitivverb teilen sich ein Satzglied
 b. Mittelfeldplatzierung: Infinitivkonstruktion befindet sich innerhalb der overten Satzklammer
 c. einfacher Infinitiv ohne zu

Eindeutig inkohärente (satzwertige bzw. bi-sententiale) Infinitivkonstruktionen liegen dagegen bei overt ausgeklammerten, adverbialen Konstruktionen ohne Satzverschränkung vor. Die eingeführten Kriterien zur Bestimmung der Kohärenzverhältnisse führen allerdings auch dazu, dass sich einige Infinitivkonstruktionen nicht eindeutig einer der beiden Klasse zuordnen lassen. Diese Fälle werden separat ausgewiesen (siehe Übersichtstabellen im Anhang).

Darüber hinaus sei darauf verwiesen, dass insbesondere in den frühen Texten des 15. und 16. Jahrhunderts einige syntaktische Konstruktionen auftreten, die aus meiner Sicht nicht einzuordnen sind und bei denen der Interpunktionsgebrauch weder syntaktisch noch intonatorisch interpretierbar ist, da die Konstruktion selbst unklar ist.

Um die in den folgenden Kapiteln dargestellte Auswertung der untersuchten Texte besser nachvollziehbar zu machen und um einen Überblick über die annotationsrelevanten Konstruktionen zu geben, möchte ich an dieser Stelle die Annotation eines kurzen Textausschnittes exemplarisch diskutieren. Betrachten wir dazu den Textauszug in Abbildung (8) und die entsprechende Annotation in Tabelle 7.

Bei dem Textauszug in Abbildung (8) handelt es sich zusammen mit Conradus (1482) um den frühesten Text in meinem Korpus. Das Interpunktionsinventar ist in diesem Text auf die Virgel, den Mittelpunkt, den Punkt, den Divis als Worttrenner am Zeilenende und die Interpunktionsmajuskel beschränkt. Bevor der Text im folgenden Kapitel ausführlicher besprochen wird, kann man bereits mithilfe dieses kurzen Ausschnittes auf einige Besonderheiten und Schwierigkeiten für die Annotation aufmerksam machen. Zu allererst fällt der recht spärliche Gebrauch an Interpunktionszeichen auf. Viele der in Kapitel 4 vorgestellten interpunktionsrelevanten Konstruktionen können wir aber dennoch bereits in diesem kurzen Textausschnitt identifizieren, so z.B. verschiedene Formen der Koordination (z.B. in Zeile 14), Herausstellungskonstruktionen (z.B. der herausgestellte Adverbialsatz in Zeile 16) oder unterschiedliche Nebensatzarten (u.a. der subordinierte Objektsatz in Zeile 11–13). Einige dieser aus heutiger Sicht interpunktionsrelevanten Konstruktionen werden nicht interpungiert (z.B. die Relativsätze in Zeile 19–20 und 22 oder der Vokativ in Zeile 22). Andere Konstruktionen werden dagegen sehr heterogen interpungiert. So wird beispielsweise die Einleitung einer direkten Rede in Zeile 7 mit einem Mittelpunkt und einer folgenden Minuskel, in Zeile 10–11 mit einer Virgel und folgender Majuskel und in Zeile 21 mit einem Punkt und folgender Minuskel repräsentiert. Interpunktionszeichen, die aus heutiger Sicht überflüssig sind, können wir in diesem kurzen Textauszug hingegen nicht finden.

Text within the woodcut image:

Ewangelium

Cum audisset iohānes
in vinculis opera christi.
Mathei .xi.

In der zeit als iohānes   1
der tauffer gefangen lag in   2
herodes kercker vñ hozt   3
sagen von den werckē chzi   4
sti Do sandt er zwen vz sei   5
nen iüngern zü dem herzē   6
iesu vñ hieß fragen· bist du   7
der der da kunftig ist oder   8
beite wir eins andern· Do   9
spzach er zü den zweyen/   10
Geet hin vnd saget iohāni   11
was ir gesehen vnd gehozt   12
habent Die plinden gese·   13
hent/die lamen geen/die vssetzigen wirdent rein/die todtē steent vff/den   14
ärmen wirt verkündet das ewangelij. vñ selig ist d der in mir nit geärgertt 15
wirt· als die botte hin kamen. do spzach iesus zü d schar des volcks. War   16
vmb seind ir vfgangē in die wüste zü sehen ein roz das von dem wind be·   17
wegt wirt· vñ warumb seind ir vfgangē in die wüste zü sehen ein menschē   18
gekleidet mit weichen kleidern. Sehent die mit linden kleidern gekleydet   19
seind die seind in den heüsern d künig. Oder warumb seind ir vfgangen in   20
die wüste zü sehē ein propheten. Ich sag uch furwar. er ist mer dan ein pzo·   21
phet. Er ist der vō dem geschzibē ist. Sehendt ich send myn engel voz dym   22
antlütz d wirt bereiten dynen weg voz dir   Glosa   23

Abb. 8: Annotationsbeispiel: Plenarium (1482: Blatt 14). Digitalisat der Bayerischen Staatsbibliothek, urn:nbn:de:bvb:12-bsb00030596-0, Signatur 2 Inc.c.a1248

Textzeile und jeweilige Konstruktion des Annotationsbeispiels
(lateinischer Text am Anfang ausgeschlossen)

1	Adju.; enge App	9	MP nach Frage	17	Inf.; RS
2	enge App	10	dir. Rede	18	Koord.; Inf.
3	Koor.	11	Koord.; Obj.	19	Vok; RS
4		12	Koord.	20	RS
5	Adv. IM	13	IM	21	Inf.; dir. R; Vg.
6		14	mehrere Koord.	22	Vok; RS
7	Koor; dir. Rede	15	Koord.; RS	23	Koord.
8	RS; Koor.	16	Adv.		

76

Tabelle 7: Annotation: Plenarium (1482: Blatt 14)

Zeile	Konstruktion	Interpunktionszeichen
1	Adjunktion	keins
	Enge Apposition (Beginn)	keins
2	Enge Apposition (Ende)	keins
3	Syndetische VP-Koordination mit *und*	keins
4		
5	Nebensatzgrenze (Adverbialsatz mit Korrelat)	Interpunktionsmajuskel
6		
7	Syndetische VP-Koordination mit *und*	keins
	Einleitung direkte Rede	Mittelpunkt mit folgender Minuskel
8	Restriktiver Relativsatz (Anfang und Ende)	keins
	Syndetische Koordination mit oder	keins
9	Direkte Frage	Mittelpunkt
10	Einleitung direkte Rede	Virgel mit folgender Majuskel
11	Syndetische VP-Koordination mit *und*	keins
	Subordinierter Objektsatz (Anfang)	keins
12	Syndetische VP-Koordination mit *und*	keins
13	Subordinierter Objektsatz (Ende)	Interpunktionsmajuskel
14	Vier asyndetische VP-Koordinationen	Vier Virgeln
15	Syndetische VP-Koordination mit *und*	Punkt mit folgender Minuskel
	Restriktiver Relativsatz	keins
16	Herausgestellter Adverbialsatz mit Korrelat	Punkt mit folgender Minuskel
17	Infinitivkonstruktion (inkohärent)	keins
	Restriktiver Relativsatz	keins
18	Direkte Frage	Mittelpunkt
	Syndetische VP-Koordination mit und	Mittelpunkt
	Infinitivkonstruktion (inkohärent)	keins
19	Vokativ	keins
	Restriktiver Relativsatz mit Korrelat (Anfang)	keins
20	Restriktiver Relativsatz mit Korrelat (Ende)	keins
21	Infinitivkonstruktion (inkohärent)	keins
	Einleitung direkte Rede	keins
	Vergleichskonstruktion	keins
22	Restriktiver Relativsatz	keins
23	Asyndetische Koordination	keins

In den folgenden Kapiteln 6 bis 8 werden die zentralen Ergebnisse der Annotation für jeden der 19 untersuchten Texte dargestellt. Dabei gestaltet sich der Aufbau der Datendarstellung für alle Texte annähernd einheitlich: Nach einem Abschnitt mit den allgemeinen Informationen zum untersuchten Text (Verfasser, Druckort, Textlänge etc.) folgt die Zusammenfassung des Interpunktionsinventars und im Anschluss daran die Darstellung der quantitativen Ergebnisse zu den wichtigsten satzinternen syntaktischen Interpunktionsdomänen, d.h. v.a. Koordinationen, Herausstellungskonstruktionen, subordinierte Nebensätze und Infinitivkonstruktionen. Abschließend werden weitere Interpunktionsverwendungen (z.B. Markierung der direkten Rede oder die Markierung von Zitaten) diskutiert, bevor jeder Abschnitt mit der Auswertung aller syntaktisch überflüssigen Interpunktionszeichen und deren relativer Anteil an der satzinternen Gesamtinterpunktion abgeschlossen wird.

Aus Darstellungsgründen wird in den folgenden Abschnitten darauf verzichtet, für jeden Text eine tabellarische Übersicht der quantitativen Gesamtauswertung einzufügen. Diese kann jedoch im Anhang dieser Arbeit für jeden untersuchten Text eingesehen werden.

6 Die Bibeln von 1482 bis 1984

6.1 Plenarium (1482)

Bei Plenarien handelt es sich um liturgische Bücher, die im praktischen Gebrauch
während des Gottesdienstes, z.B. bei den Lesungen, Verwendung fanden. Inhalt
dieser Bücher sind Perikopen, die Evangelientexte und Episteln umfassen. Deutsch-
sprachige Plenarien sind seit dem 13. Jahrhundert belegt. Im späten 15. Jahrhundert
können die im süddeutschen Sprachraum gedruckten Plenarien als „Bestseller des
vorreformatorischen Buchdrucks" (Duntze 2007: 159 f.) angesehen werden (siehe
auch Pietsch 1927: 9–51 für eine Übersicht zur Druckgeschichte der Plenarien). Das
hier untersuchte Plenarium aus dem Jahr 1482 (Druckort: Reutlingen) gibt in wei-
ten Teilen das Evangelium nach Matthäus wieder. Der untersuchte Textausschnitt
umfasst die ersten Kapitel des Plenariums bis einschließlich des Abschnitts ‚An
dem obersten Abent Epistel'. Dies entspricht ca. 36 gedruckten Seiten, auf denen
folgende Interpunktionszeichen in absteigender Häufigkeit vorkommen: Punkt auf
der Unterlinie, Mittelpunkt (in vielen Fällen nur sehr schwer vom Punkt auf der
Unterlinie unterscheidbar), Virgel, Divis als Worttrenner am Zeilenende und Doppelpunkt (lediglich zwei Vorkommen). Hinzu treten zahlreiche Vorkommen der
Interpunktionsmajuskel, die in den allermeisten Fällen, wie in (45) illustriert, den
Satzschluss markiert.

(45)   Interpunktionsmajuskel (Plenarium 1482: Blatt 31)
        volg du mir nach Das ist d iunger der zeugnuß gibt von den dingen

Satzinterne Interpunktionsmajuskeln dagegen kann man im untersuchten Textausschnitt weitaus seltener beobachten. Sie sind v.a. auf zwei Erscheinungsformen
beschränkt: Erstens findet man sie in seltenen Fällen an Nebensatzgrenzen (nur
zwölf Belege). Zweitens sind sie bei der Markierung der direkten Rede nach einem verbum dicendi belegt. Insgesamt findet man 136 solcher Belege. Wie die
Grafik in (9) zeigt, wird die Einleitung der direkten Rede jedoch sehr unterschiedlich markiert.

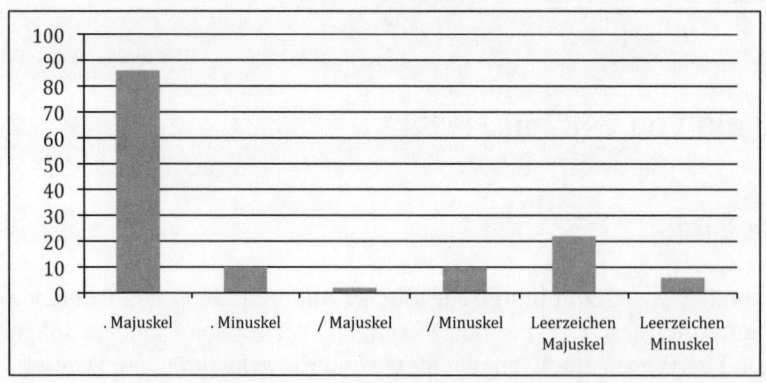

Abb. 9: Markierung der direkten Rede (in absoluter Häufigkeit)

In 63,24 % (86 von 136 Belegen) der Fälle wird die direkte Rede mit einem (Mittel-) Punkt und einer folgenden Majuskel eingeleitet wie im Beispielsatz *vnd sprach zu yn· Die geschrifft ist heut erfult in uwern oren* (Plenarium 1482: Blatt 6). Allerdings finden sich auch 22 (16,18 %) nicht-interpungierte Belege mit einer folgenden Majuskel wie in *er sprach In de anfang wz das wort* (Plenarium 1482: Blatt 32). Selbst einige nicht-interpungierte Belege mit folgender Minuskel sind nachgewiesen, wie in *er sprach ich will yn also lassen belyben* (Plenarium 1482: Blatt 31). Bemerkenswert ist, dass das aus heutiger Perspektive bedeutendste Interpunktionszeichen zur Markierung der direkten Rede, der Doppelpunkt, im vorliegenden Text für diese Konstruktion noch keine Verwendung findet, obwohl dieser im untersuchten Textausschnitt bereits belegt ist (jedoch nur zwei Mal). Insgesamt können wir für die Markierung der direkten Rede festhalten, dass 106 (79,41 %) der 136 Belege mit einem Punkt oder einer Virgel versehen sind und wir damit eine sehr hohe Interpunktionswahrscheinlichkeit feststellen können.

Betrachten wir nun der Reihe nach die in den vorangegangenen Kapiteln vorgestellten wichtigsten satzinternen syntaktischen Interpunktionsdomänen und beginnen mit der Interpunktion von Koordinationen, vgl. Abbildung (10).

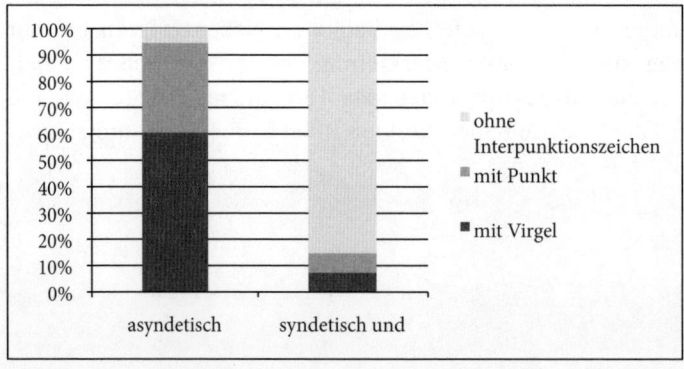

Abb. 10: Koordinationen

In dem untersuchten Textausschnitt findet man eine sehr systematische Interpunktion von asyndetischen Koordinationen wie in *Die plinden gesehent/ die lamen geen/ die ufsetzigen wirdent rein* (Plenarium 1482: Blatt 11). Von insgesamt 220 Konstruktionen werden 208 (94,54 %) interpungiert. Virgel und (Mittel-)Punkt werden dabei sowohl für satzwertige als auch für nicht-satzwertige asyndetische Koordinationen verwendet. Bei der syndetischen Koordination mit der koordinierenden Konjunktion *und* wie in *vnd stund vff vnd laß vnd ym ward geben das buch ysaie* (Plenarium 1482: Blatt 6) können wir dagegen ein umgekehrtes Ergebnis beobachten. Hier werden lediglich 100 (14,72 %) von 679 syndetischen Koordinationen interpungiert. Ähnlich wie im modernen Deutschen finden wir auch hier bei den Koordinationen eine annähernd komplementäre Verteilung von koordinierender Konjunktion und einem Interpunktionszeichen. Bemerkenswert ist jedoch, dass die Verwendung eines Interpunktionszeichens bei syndetischen Koordinationen von der Kategorie der koordinierten Konjunkte abhängt, vgl. Abbildung (11).

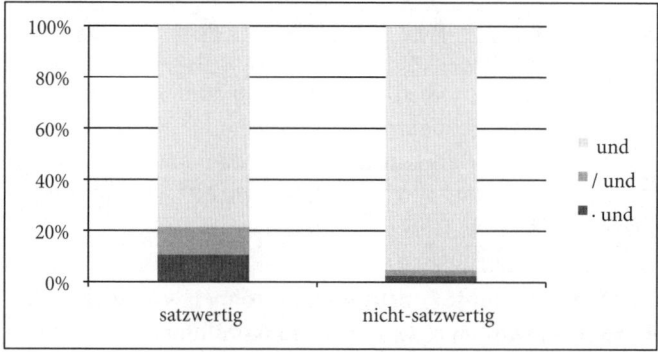

Abb. 11: Syndetische Koordinationen mit *und*

So können wir für syndetische Koordinationen mit der koordinierenden Konjunktion *und* beobachten, dass bei der Koordination satzwertiger Ausdrücke wie *die klarheit gotes vmgab die hirten/vnd die hirten waren in grosser vorscht* (Plenarium 1482: Blatt 21) 21,32 % aller Belege interpungiert werden, wohingegen lediglich 4,80 % aller syndetisch koordinierten nicht-satzwertigen Ausdrücke wie in *Es werden geschehen zewche an der sunnen vn an dem mon vnd an den stern* (Plenarium 1482: Blatt 8) mit einem (Mittel-)Punkt oder einer Virgel versehen werden. Damit werden satzwertige syndetische Koordinationen mit *und* statistisch signifikant häufiger interpungiert als nicht-satzwertige syndetische Koordinationen mit *und* ($\chi^2 = 35.41$, df = 1, p < 0.0001).[20]

Betrachten wir als nächstes die wichtigsten Herausstellungsstrukturen im vorliegenden Text (vgl. Abb. 12). Neben den bereits weiter oben in Abschnitt 4.2.2 ausführlich diskutierten nicht-satzwertigen Herausstellungen wie Parenthesen (darunter auch Appositionen), Vokative, Links- und Rechtsversetzungen (LV und RV) und sonstige Herausstellungen (u.a. Interjektionen, die in diesem Textausschnitt nur

---

[20] Hier und im Folgenden Chi-Quadrat-Test nach Pearson.

sehr selten auftreten), zeigt diese Grafik auch satzwertige Herausstellungen. Dazu zählen Subjekt-, Objekt- und Adverbialsätze, die mit einem resumptiven Pronomen wie in *Ich glaube es, dass Peter kommt* auftreten, sowie appositive und freie Relativsätze mit Korrelat, die in der Übersichtsdarstellung in Abbildung (12) als dislozierte Relativsätze zusammengefasst sind.

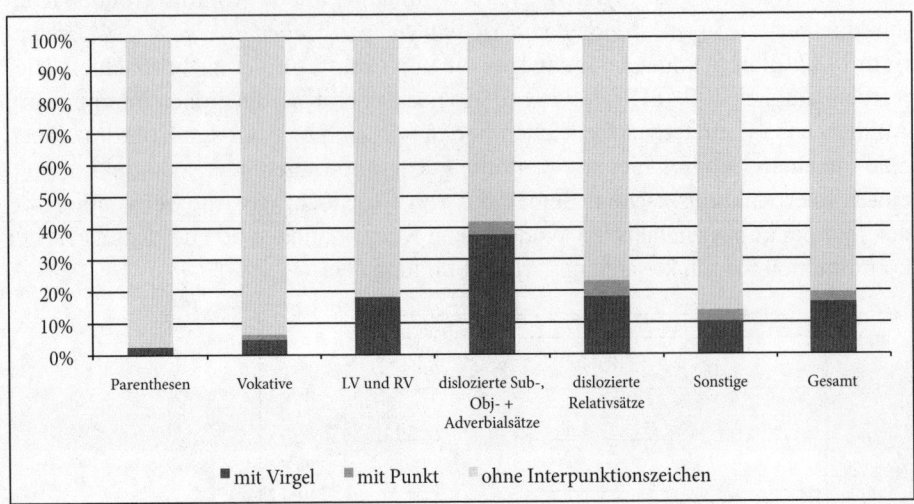

Abb. 12: Herausstellungskonstruktionen

Für die Interpunktion von Herausstellungskonstruktionen können wir zwei wichtige Ergebnisse festhalten: Erstens werden sämtliche Herausstellungsarten wie beispielsweise die Linksversetzung *dyn got der regieret die styrn* (Plenarium 1482: Blatt 23) oder die Apposition *Ich der herr hab yn geschaffen* (Plenarium 1482: Blatt 15) eher selten interpungiert (lediglich 19,49 % aller Strukturen). Allerdings können wir zweitens einen statistisch signifikanten Unterschied in der Interpunktion von satzwertigen Herausstellungen gegenüber nicht-satzwertigen Herausstellungen feststellen. Während lediglich zwölf (6,63 %) der 181 nicht-satzwertigen Herausstellungen interpungiert werden, finden wir bei satzwertigen Herausstellungen in 64 (30,62 %) von 209 Belegen ein Interpunktionszeichen (satzwertige vs. nicht-satzwertige Herausstellungen χ^2 = 35.58, df = 1, p < 0.0001), wie beispielsweise in *Do herodes gestorbe was/ do erschin der engel Joseph in de schlaff* (Plenarium 1482: Blatt 37).

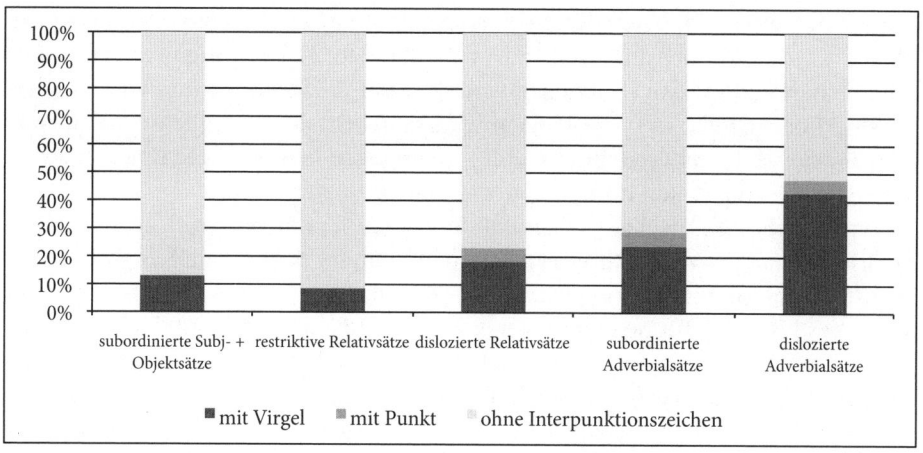

Abb. 13: Subordinierte vs. dislozierte Nebensätze

Wenn wir nun die unterschiedlichen Nebensatzarten betrachten (vgl. Abbildung 13), dann können wir einerseits festhalten, dass auch subordinierte Nebensätze wie restriktive Relativsätze (wie in *so seind etlich leud die das wort gottes vngern horen vnd verachten* Plenarium 1482: Blatt 18) und Subjekt- und Objektsätze (wie in *ich sag dz christus ein diener gewesen sey* Plenarium 1482: Blatt 7) kaum mehr als in 10 % aller Fälle interpungiert werden. Eine Ausnahme stellen hier lediglich subordinierte Adverbialsätze dar, die zu 29,01 % interpungiert werden (vgl. *so hat er nit vnderscheid von eine knecht/ wiewol er ir aller herr ist* Plenarium 1482: Blatt 34). Vergleicht man andererseits jeweils die Interpunktion der subordinierten mit der dislozierten Variante eines Nebensatztyps[21], dann fällt auf, dass die dislozierte Variante in jedem Fall statistisch signifikant häufiger interpungiert wird als die subordinierte (restriktive vs. dislozierte Relativsätze $\chi^2 = 12.29$, df = 1, p = 0.0004 und subordinierte vs. dislozierte Adverbialsätze c2 = 7.36, df = 1, p = 0.0066).

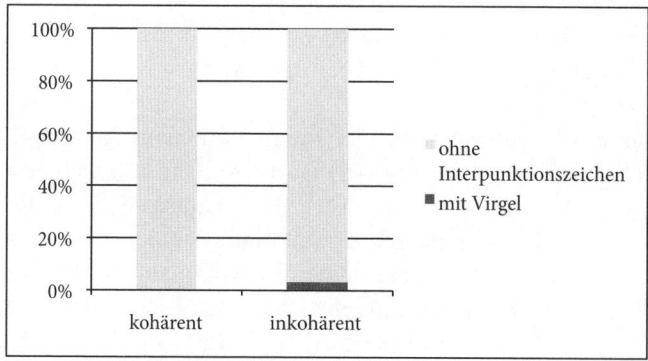

Abb. 14: Infinitivkonstruktionen

[21] Da im gesamten Korpus nicht ausreichend dislozierte Subjekt- oder Objektsätze gefunden wurden (siehe Anhang), kann an dieser Stelle keine statistische quantitative Aussage darüber getroffen werden.

Insgesamt konnten im untersuchten Textausschnitt 43 Infinitivkonstruktionen identifiziert werden, die sich auf zwei eindeutig kohärente, 31 eindeutig inkohärente und zehn unklare Infinitivkonstruktionen verteilen. Für die Interpunktion von Infinitivkonstruktionen (vgl. Abb. 14) können wir festhalten, dass lediglich ein eindeutig inkohärenter Beleg interpungiert wurde, wohingegen kein einziger Beleg einer interpungierten kohärenten Infinitivkonstruktion vorliegt.

Wie bereits im Forschungsüberblick in Kapitel 5 bemerkt, wird in zahlreichen Veröffentlichungen zur historischen Interpunktion ein hoher Anteil an syntaktisch überflüssigen Interpunktionszeichen in frühneuhochdeutschen Texten angenommen. Dies lässt sich für den hier untersuchten Text nicht bestätigen. Es konnten lediglich zwei Virgelsetzungen im gesamten Text gefunden werden, die nicht mithilfe der hier vorgestellten syntaktischen Bedingungen erklärt werden können. Eine solch verschwindend geringe Anzahl (<1 % der satzinternen Gesamtinterpunktion) kann als Performanzfehler eingeordnet werden.

6.2 Matthäusevangelium nach Luther (1545)

Bei dieser Bibelausgabe (Biblia Germanica) aus dem Jahr 1545 handelt es sich um die letzte von Martin Luther selbst für den Druck bestimmte und mehrfach von ihm und kompetenten Setzern und Lektoren korrigierte Fassung, die er nach fast dreißigjähriger Arbeit kurz vor seinem Tod im Jahr 1546 vorlegte. Sie entstand in der Wittenberger Druckerei des berühmten Druckers Hans Lufft. Das Matthäusevangelium umfasst 39 gedruckte Seiten. Darin werden neben der Virgel, dem mit Abstand häufigsten Interpunktionszeichen, lediglich der Punkt auf der Unterlinie, das Fragezeichen, Klammern und der Divis als Worttrenner am Zeilenende verwendet. Daneben finden wir wie im Plenarium von 1482 ebenfalls mehrere Vorkommen der Interpunktionsmajuskel:

(46)   Interpunktionsmajuskel (Luther 1545 Mt. 2,16)
        Da Herodes nu sahe/ Das er von den Weisen betrogen war

Auch in diesem Text kann die Virgel mit folgender Interpunktionsmajuskel zwischen zwei syntaktischen Schwestern stehen. In (46) ist die syntaktische Schwesternschaft dadurch garantiert, dass die Virgel das Verb des Hauptsatzes vom untergeordneten Objektsatz trennt. In modernen Interpunktionssystemen impliziert das Komma zwischen zwei Einheiten, dass diese beiden Einheiten auf irgendeiner syntaktischen Ebene der Konstituentenstruktur miteinander eine Schwesternschaft eingehen und damit eine folgende Interpunktionsmajuskel blockiert ist. Dies ist ein wichtiger Unterschied zwischen dem frühneuhochdeutschen Virgelgebrauch und der modernen Kommaverwendung.

Betrachten wir nun erneut der Reihe nach die wichtigsten satzinternen syntaktischen Interpunktionsdomänen und beginnen mit Koordinationen.

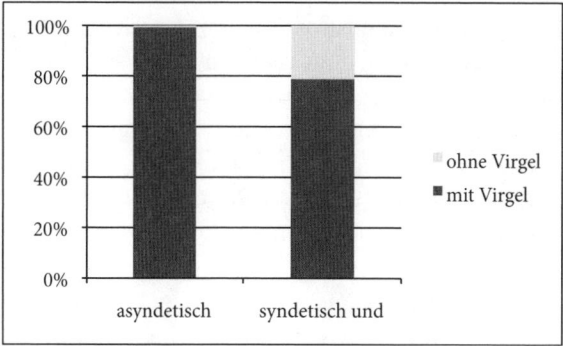

Abb. 15: Koordinationen

Im untersuchten Textausschnitt konnten insgesamt 1441 Koordinationen identifiziert werden. Den mit Abstand größten Teil davon bilden asyndetische Koordinationen (141 Belege) und syndetische Koordinationen mit der koordinierenden Konjunktion *und* (1247 Belege). Asyndetische Koordination wird dabei hochsystematisch in 99,29 % aller Belege mit der Virgel interpungiert. Im gesamten Korpus findet sich nur ein einziger nicht interpungierter Beleg. Bei der syndetischen Koordination lässt sich hingegen eine größere Variation beobachten. 265 (21,25 %) der 1247 Belege werden nicht interpungiert. Bemerkenswert ist dabei, dass der Gebrauch der Virgel in syndetischen Koordinationen mit *und* erheblich von der syntaktischen Kategorie der koordinierten Konjunkte abhängt (vgl. Abb. 16).

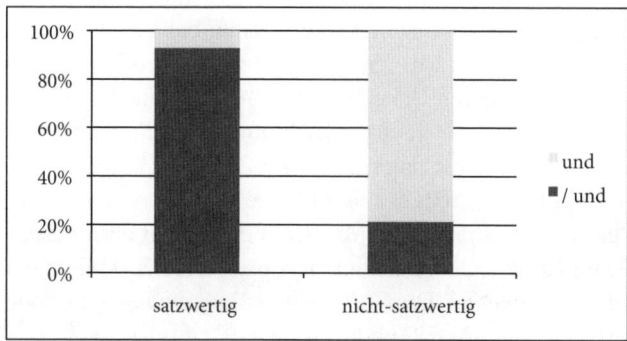

Abb. 16: Syndetische Koordination mit *und*

Während bei der syndetischen Koordination zweier satzwertiger Konjunkte (wie in *so salbe dein heubt/ vnd wassche dein angesicht* Luther 1545: Mt. 6,17) in 92,88 % aller Fälle eine Virgel gesetzt wird, werden 78,67 % der nicht-satzwertigen syndetischen Koordinationen wie die Koordination von Nominalphrasen in *und schenckten jm Gold/ Weyrauch vnd Myrrhen* (Luther 1545: Mt. 2,11) nicht gevirgelt. Bei genauerer Betrachtung zeigt sich also bereits in diesem frühneuhochdeutschen

Textauszug eine sich durchsetzende komplementäre Verteilung von Interpunktion und koordinierender Konjunktion bei nicht-satzwertigen Konjunkten, wie es sie im modernen Deutschen gibt.

Bei der Interpunktion von Herausstellungskonstruktionen zeigt sich ein gemischtes Bild (vgl. Abb. 17).

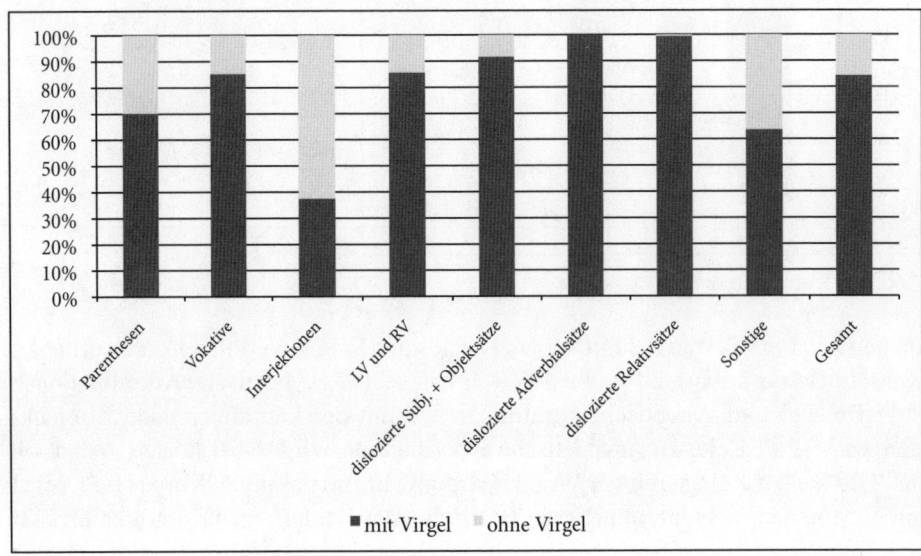

Abb. 17: Herausstellungskonstruktionen

Während alle dislozierten satzwertigen Strukturen zu weit mehr als 90 % gevirgelt werden, verhalten sich die nicht-satzwertigen Herausstellungen heterogener. Auf der einen Seite finden wir eine recht systematische Virgelsetzung bei Vokativen wie in *HErr / Herr / thu vns auff* (Luther 1545: Mt. 25,11). Von insgesamt 122 Belegen werden 85,25 % gevirgelt. Auf der anderen Seite lassen sich häufigere Virgelauslassungen in Parenthesen (lediglich 70,21 % gevirgelt) wie in *Vnd du Bethlehem im Jüdischenlande / bist mit nichte die kleinest unter den Fürsten Juda* (Luther 1545: Mt. 2,6), bei Interjektionen (lediglich 37,50 % gevirgelt) wie in *vnd sprachen / Ah du son David / erbarm dich unser* (Luther 1545: Mt. 9,27) oder nach dem epistemischen Modifizierer *wahrlich* (in der Übersicht unter sonstige Herausstellungen mitgezählt) wie in *Warlich ich sage euch / Die Zöllner vnd Huren mügen wol ehe ins himelreich komen* (Luther 1545: Mt. 21,32) beobachten.

Die Auswertung der subordinierten Nebensätze führt ebenfalls zu einem bemerkenswerten Ergebnis, vgl. Abbildung (18):

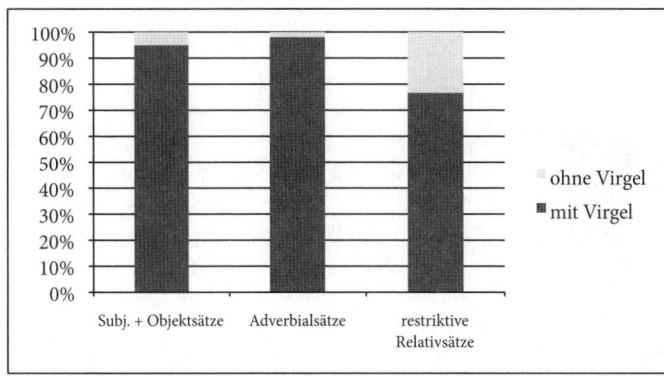

Abb. 18: Subordinierte Nebensätze

Während subordinierte Subjekt-, Objekt- und Adverbialsätze sehr systematisch zu weit über 90 % gevirgelt werden, können wir eine deutliche Variation bei restriktiven Relativsätzen beobachten. Von insgesamt 265 Belegen werden nur 203 (76,60 %) mit einer Virgel markiert. Vergleicht man darüber hinaus auch die Ergebnisse der restriktiven Relativsätze mit den Virgelsetzungen bei dislozierten Relativsätzen (appositive Relativsätze und freie Relativsätze mit Korrelat, vgl. Abbildung 19), dann fällt auf, dass die restriktiven Relativsätze statistisch signifikant seltener interpungiert werden (restriktive Relativsätze vs. subordinierte Subjekt-, Objekt- und Adverbialsätze χ^2 = 51.96, df = 1, p < 0.0001 und restriktive Relativsätze vs. dislozierte Relativsätze χ^2 = 44.00, df = 1, p < 0.0001).

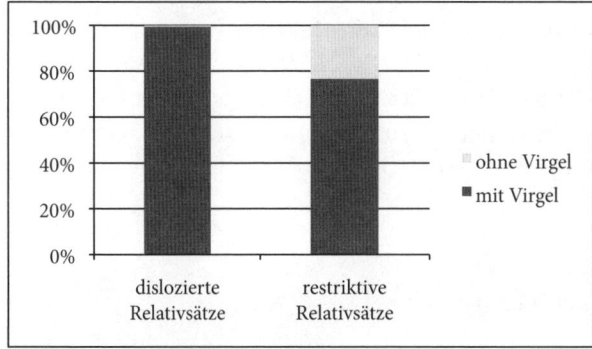

Abb. 19: Relativsätze

Im untersuchten Korpus konnten insgesamt 77 Infinitivkonstruktionen identifiziert werden. Diese verteilen sich auf zwei eindeutig kohärente, 50 eindeutig inkohärente und 25 unklare Infinitivkonstruktionen. Während kein kohärenter Beleg interpungiert wird, findet man in 60,00 % aller inkohärenten Belege eine Virgel, wie in *Denn des menschen Son ist kommen/selig zu machen* (Luther 1545: Mt. 18,11).

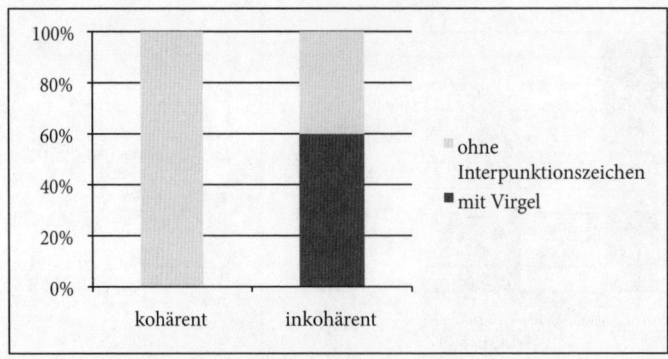

Abb. 20: Infinitivkonstruktionen

Die Virgel, das mit großem Abstand am häufigsten verwendete Interpunktionszeichen in diesem Text, wird jedoch nicht nur in den bislang vorgestellten Konstruktionen verwendet. Zum einen finden wir die Virgel darüber hinaus als Markierung der Einleitung einer direkten Rede wie in *Der Landpfleger sagete / Was hat er denn ubels gethan?* (Luther 1545: Mt. 27,23). Im Gegensatz zum Plenarium (1482) (vgl. vorangegangenes Kapitel) ist die Markierung der direkten Rede in diesem Text jedoch hochsystematisch. Alle direkten Reden werden mit einer Virgel und einer folgenden Majuskel markiert.

Zudem finden wir auch in diesem Textauszug Virgelsetzungen, die nicht mithilfe der in Kapitel 4 vorgestellten syntaktischen Kommabedingungen erklärt werden können. Dazu zählen u. a. sogenannte Vorfeldvirgeln wie in *Vnd von der sechsten Stunde an/ward ein Finsternis vber das gantze Land* (Luther 1545: Mt. 27,45) oder Virgelsetzungen in nicht-satzwertigen Vergleichskonstruktionen wie in *Du solt deinen Nehesten lieben/als dich selbs* (Luther 1545: Mt. 22,39). Die Korpusauswertung zeigt jedoch, dass lediglich 42 (und damit weniger als 1 % der satzinternen Gesamtinterpunktion des Textes) solcher nicht-syntaktisch motivierten Virgelsetzungen gefunden werden konnten. In Abschnitt 10.3 sollen diese Belege ausführlicher diskutiert werden.

6.3 Matthäusevangelium nach Luther (1621)

Bei dieser Bibelausgabe handelt es sich um eine Lutherbibel im Oktavformat aus dem Jahr 1621, die bei Zacharias Schürer in Wittenberg gedruckt wurde.[22] Das hier untersuchte Matthäusevangelium umfasst 41 gedruckte Seiten. Im Fließtext dieser Ausgabe finden sich die folgenden Interpunktionszeichen in absteigender Häufigkeit: Virgel, Punkt auf der Unterlinie, Doppelpunkt, Divis als Worttrenner am Zeilenende,

---

[22] Die Digitalisierung des Matthäusevangeliums konnte mit freundlicher Unterstützung der Universitätsbibliothek Köln (UB) in Auftrag gegeben werden. An dieser Stelle danke ich ganz herzlich Herrn Eschbach aus der historischen Sammlung der UB für seine Unterstützung.

Fragezeichen und Klammern. Zudem finden wir noch einige wenige Vorkommen der satzinternen Interpunktionsmajuskel wie in *Mercket ihr noch nicht / Daß alles was zum Munde eingehet/ das gehet in den Bauch* (Luther 1621: Mt. 15,17). Bemerkenswert ist darüber hinaus die Verwendung des Kommas in seiner modernen Form in Randkommentaren und Überschriften. Diese Verwendungen werden jedoch, wie in Abschnitt 5.3 dargelegt, nicht in der Korpusauswertung berücksichtigt.

Betrachten wir aber nun im Folgenden die Interpunktion der wichtigsten syntaktischen Interpunktionsdomänen: Koordinationen, Herausstellungskonstruktionen, Nebensätze und Infinitivkonstruktionen.

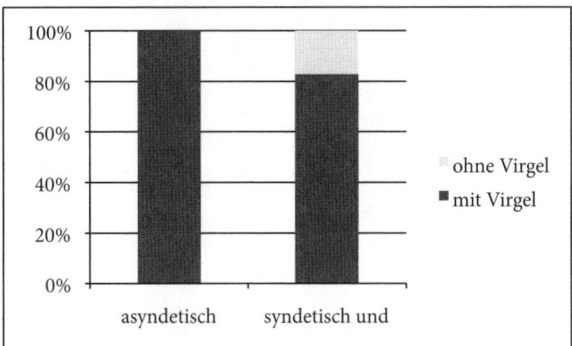

Abb. 21: Koordinationen

Im Matthäusevangelium der Lutherbibel von 1621 können insgesamt 1327 Koordinationen identifiziert werden. Dabei wurde keine einzige nicht-interpungierte asyndetische Koordination gefunden. Sämtliche asyndetischen Koordinationen sind mit einer Virgel markiert. Wie in den anderen bereits untersuchten Texten finden wir jedoch bei der syndetischen Koordination eine stärkere Variation. So sind 82,88 % aller syndetischen Koordinationen mit der koordinierenden Konjunktion *und* gevirgelt. Bemerkenswert ist, dass die Virgelsetzung bei syndetischen Koordinationen auch in diesem Text erheblich von der syntaktischen Kategorie der Konjunkte abhängt (vgl. Abb. 22).

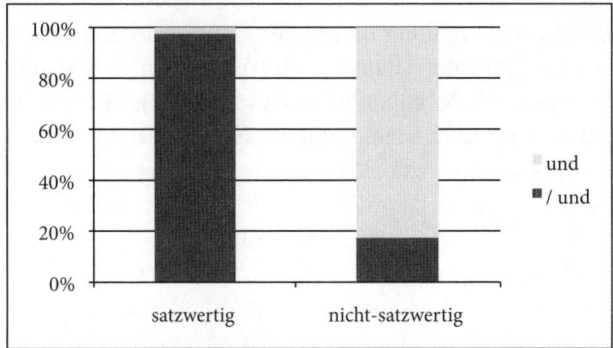

Abb. 22: Syndetische Koordination mit *und*

Während 97,54% der satzwertigen syndetischen Koordinationen mit der koordinierenden Konjunktion *und* wie in *Da traten sie hinzu/ vnd legten die händ an Jesum/ vnd griffen ihn* (Luther 1621: Mt. 26,50) gevirgelt sind, können wir eine Virgelsetzung nicht-satzwertiger asyndetischer Koordinationen wie in *Du solt Vater vnd Mutter ehren* (Luther 1621: Mt. 15,4) nur in 17,39% der Fälle beobachten. Satzwertige syndetische Koordinationen werden somit statistisch signifikant häufiger interpungiert als nicht-satzwertige syndetische Koordinationen ($\chi^2 = 698.71$, df = 1, p < 0.0001).

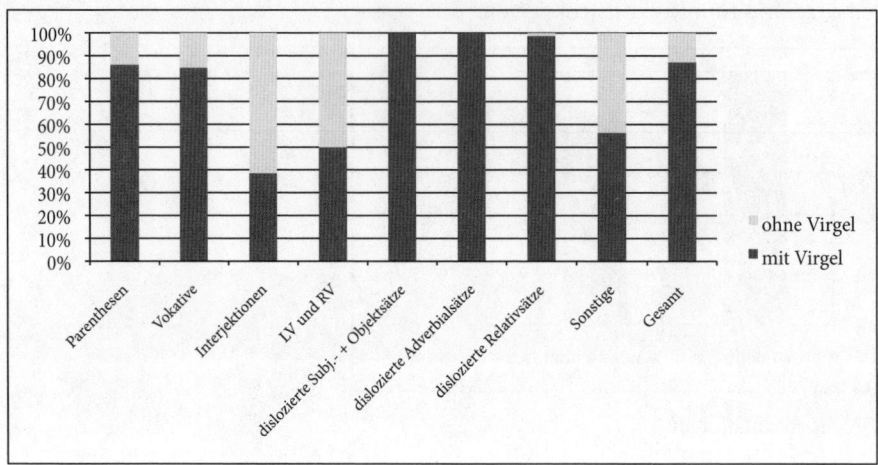

Abb. 23: Herausstellungen

Bei der Analyse der Herausstellungskonstruktionen offenbart sich auch in diesem Text ein unterschiedliches Bild der Interpunktion. Während alle satzwertigen Herausstellungskonstruktionen (d.h. dislozierte Subjekt-, Objekt-, Adverbial- und Relativsätze) zu über 98% mit einer Virgel markiert werden, verhalten sich die unterschiedlichen Formen der nicht-satzwertigen Herausstellungen heterogener. Während beispielsweise Vokative wie in *vnd sprach: Herr/ hilff mir* (Luther 1621: Mt. 14,31) mit 84,80% sehr regelmäßig interpungiert werden, finden wir u.a. systematische Virgelauslassungen bei Links- und Rechtsversetzungen wie in *Vnd seine Schwestern sind sie nicht alle bey uns?* (Luther 1621: Mt. 13,56) oder nach dem epistemischen Modifizierer *wahrlich* (in der Übersicht in Abb. 23 unter Sonstige aufgeführt) wie in *Warlich ich sage euch/Sie haben ihren Lohn dahin* (Luther 1621: Mt. 6,2). Dieses Bild setzt sich mit Blick auf subordinierte Nebensätze (Abb. 24) und die unterschiedlichen Relativsatzarten (Abb. 25) fort.

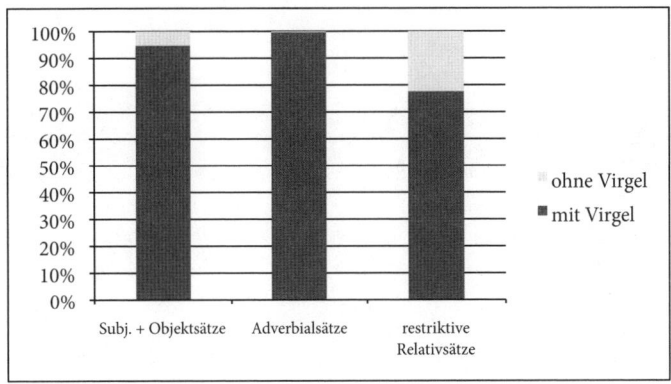

Abb. 24: Subordinierte Nebensätze

Auch in diesem Textauszug gibt es einen statistisch signifikanten Unterschied in der Interpunktion von subordinierten Subjekt-, Objekt- und Adverbialsätzen vs. restriktiven Relativsätzen ($\chi^2 = 67.89$, df = 1, p < 0.0001). Während von der ersten Gruppe 351 (98,04%) der 358 Belege gevirgelt werden, sind es bei der zweiten Gruppe der restriktiven Relativsätze lediglich 225 (77,59%) von 290 Belegen. Ein ähnliches Bild ergibt sich, wenn man die dislozierten Relativsätze (appositive Relativsätze und freie Relativsätze mit Korrelat) mit den restriktiven Relativsätzen vergleicht (vgl. Abb. 25). Auch hier werden die dislozierten Relativsätze mit 98,74% statistisch signifikant häufiger gevirgelt als die restriktiven Relativsätze ($\chi^2 = 36.20$, df = 1, p < 0.0001).

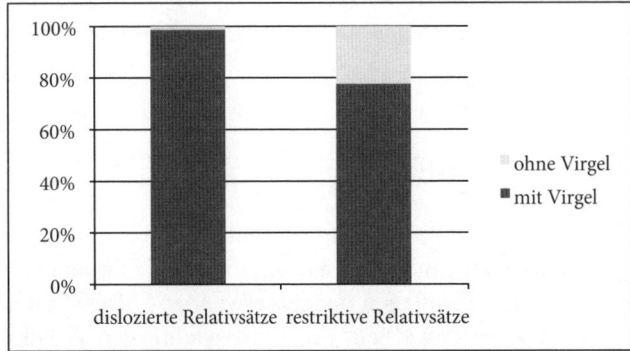

Abb. 25: Relativsätze

Im untersuchten Text konnten insgesamt 72 Infinitivkonstruktionen identifiziert werden (vgl. Abb. 26). Diese verteilen sich auf vier eindeutig kohärente, 47 eindeutig inkohärente und 21 unklare Infinitivkonstruktionen. Während kein kohärenter Beleg interpungiert wird, findet man bei 40,43% aller inkohärenten Belege eine Virgel, wie in *Vnd werden ihn vberantworten den heyden / zu verspotten* (Luther 1621: Mt. 20,19).

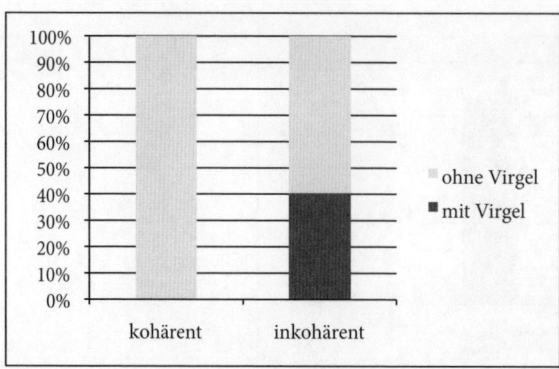

Abb. 26: Infinitivkonstruktionen

Bei der Interpunktion der Einleitung von direkten Reden können wir im Matthäus-evangelium von 1621 eine Veränderung zur Ausgabe von 1545 feststellen. Die Virgel wird in der neueren Fassung bei dieser Konstruktion systematisch (zu über 95 %) durch den Doppelpunkt mit einer folgenden Majuskel ersetzt wie in *in Jesus aber sprach zu ihm: Du solst lieben Gott deinen Herrn* (Luther 1621: Mt. 22,37).

Wir können jedoch auch in diesem Text Virgelsetzungen finden (insgesamt 18 Belege; weniger als 1 % der satzinternen Gesamtinterpunktion), die sich einer syn-taktischen Erklärung entziehen und in Kapitel 10 ausführlicher diskutiert werden sollen. Dazu zählen auch hier Virgelsetzungen nach komplexen Vorfeldern wie in *Aber von den tagen Johannis des Täufers biß hieher / leidet das himmelreich ge-walt* (Luther 1621: Mt. 11,12) oder bei Vergleichskonstruktionen wie in *Es wird Tyro vnd Sydon träglicher ergehen am jüngsten Gerichte/ denn euch* (Luther 1621: Mt. 11,22).

6.4 Matthäusevangelium nach Luther (1720)

Zu Beginn des 18. Jahrhunderts erreicht die Verbreitung der Lutherbibel einen neuen Höhepunkt. Mit der Einführung des sogenannten Stehsatzes, bei dem die Druckplat-ten aufbewahrt und für mögliche weitere Auflagen wiederverwendet werden, kann der Kaufpreis einer Bibel deutlich gesenkt werden. Eines der wichtigsten Druck-zentren liegt nun in Halle an der Saale (vgl. Besch & Wolf 2009). Die Lutherbibel aus dem Jahr 1720 wurde in der Waisenhausdruckerei in Halle unter der Förderung der Cansteinischen Bibelanstalt gedruckt, die zu den wichtigsten Verlags- und Ver-triebsanstalten für religiöse Texte der damaligen Zeit zählte.

Das hier untersuchte Matthäusevangelium umfasst 39 gedruckte Seiten, auf wel-chen die folgenden Interpunktionszeichen in absteigender Häufigkeit vorkommen: Komma, Punkt, Doppelpunkt, Semikolon, Fragezeichen, Klammern, Ausrufezei-chen, Virgel. Hinzu kommt der Divis als Worttrenner am Zeilenende und nur noch sehr wenige Belege einer satzinternen Interpunktionsmajuskel wie in *wer es aber thut und lehret, Der wird groß heissen im himmelreich* (Luther 1720: Mt. 5,19).

Bemerkenswert ist zudem, dass es noch fünf Belege einer Virgelsetzung wie in Abbildung (27) gibt, obwohl – wie im Folgenden zu zeigen sein wird – das Komma in seiner (weitestgehend) modernen Form (siehe ebenfalls Abb. 27) die Funktion der Virgel in den meisten Fällen übernommen hat und in diesem Text das mit Abstand am häufigsten verwendete Interpunktionszeichen darstellt.

13. Gehet ein durch die *enge pfor=
te/ denn die pforte ist weit/ und der
weg ist breit, der zur verdammniß
abführet, und ihrer sind viel, die drauf
wandeln. *Luc.13,24.

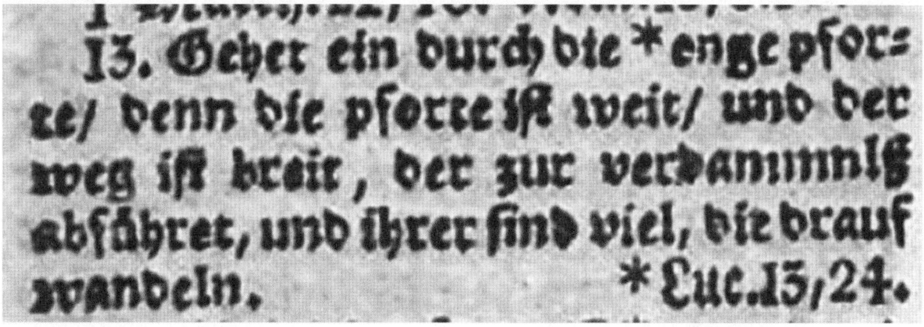

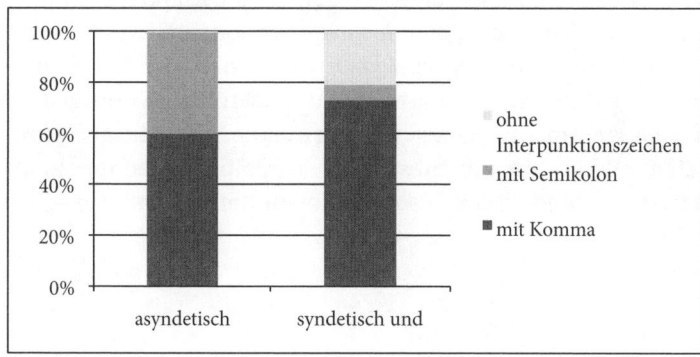

Abb. 27: Beispiel für Virgelsetzungen in Luther (1720: Mt. 7,13). Digitalisat der Universitäts- und Landesbibliothek Sachsen-Anhalt, urn:nbn:de:gbv:3:1-162353, Signatur VD18 10312145

Im gesamten Matthäusevangelium von 1720 können insgesamt 1394 Koordinationen identifiziert werden, die sich wie folgt verteilen: 1210 entfallen auf syndetische Koordinationen (davon alleine 1119 auf syndetische Koordinationen mit der koordinierenden Konjunktion *und*) und 184 auf asyndetische Koordinationen. Wie in Abbildung (28) illustriert, werden 99,45 % aller asyndetischen Koordinationen interpungiert (lediglich ein nicht interpungierter Beleg) und 79,00 % der syndetischen Koordinationen mit der koordinierenden Konjunktion *und*.[23] Der Unterschied in der Interpunktion von asyndetischen vs. syndetischen Koordinationen ist statistisch signifikant ($\chi^2 = 44.58$, df = 1, $p < 0.0001$).

Abb. 28: Koordinationen

23 Exkl. der vier Belege mit einer Virgelsetzung

Bemerkenswert ist, dass wir in diesem Text erstmals im untersuchten Korpus den Gebrauch des Semikolons finden. Von den insgesamt 183 Belegen eines Semikolons entfallen 180 Belege auf die Markierung von Koordinationen. Auffällig ist, dass sowohl alle Semikolonverwendungen einer syndetischen Koordination (107 Belege) als auch alle Belege einer Verwendung als asyndetische Koordination (73 Belege) auf die Koordination satzwertiger Konjunkte entfallen wie in *Es ist Elias schon kommen; und sie haben ihn nicht erkannt* (Luther 1720: Mt. 17,12) oder wie in *Aber viel volcks breitete die kleider auf den weg; die anderen hieben zweige von den bäumen* (Luther 1720: Mt. 21,8).

Doch auch der Gebrauch des Kommas in syndetischer Koordination hängt erheblich von der syntaktischen Kategorie der koordinierten Konjunkte ab (vgl. Abb. 29).

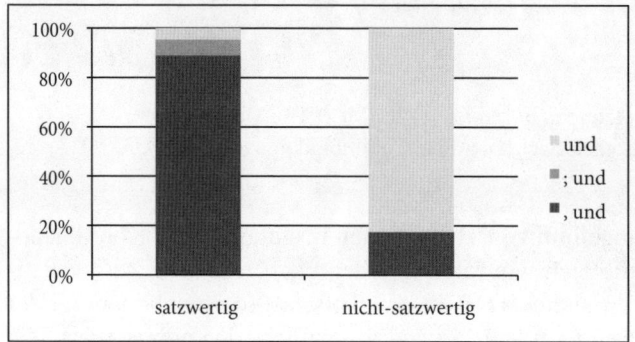

Abb. 29: Syndetische Koordination mit *und*

Während 95,36 % aller satzwertigen syndetischen Koordinationen mit dem Koordinator *und* wie in *Da kamen seine Jünger, und nahmen seinen leib, und begruben ihn, u. kamen, und verkündigten das JEsu* (Luther 1720: Mt. 14,12) mit einem Komma oder einem Semikolon markiert werden, finden wir die Markierung durch das Komma nur in 17,49 % aller beobachteten nicht-satzwertigen syndetischen Koordinationen mit *und* wie in *Und man wird euch vor fürsten und könige führen* (Luther 1720: Mt. 10,18). Das Semikolon wird bei syndetischer Koordination nicht-satzwertiger Konjunkte sogar in keinem Fall verwendet. Satzwertige syndetische Koordinationen mit *und* werden damit statistisch signifikant häufiger kommatiert als nicht-satzwertige syndetische Koordinationen mit *und* ($\chi^2 = 698.11$, df = 1, p < 0.0001).

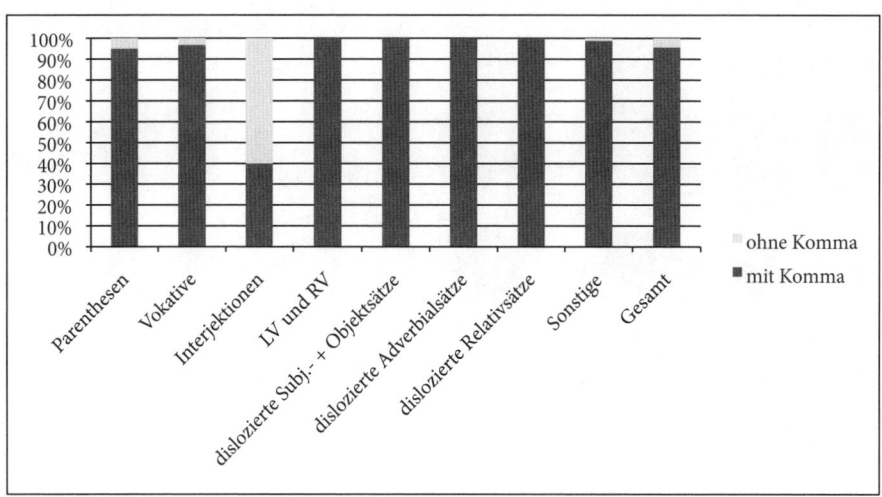

Abb. 30: Herausstellungen

Die Analyse aller Herausstellungskonstruktionen in diesem Text (vgl. Abb. 30) offenbart bis auf eine Ausnahme ein sehr einheitliches Bild der Interpunktion. Sowohl nicht-satzwertige Herausstellungen wie die Linksversetzung in *Und seine schwestern, sind sie nicht alle bey uns?* (Luther 1720: Mt. 13,56) oder die Apposition in *da kam Judas, der zwölfen Einer, und mit ihm eine grosse schaar* (Luther 1720: Mt. 26,47) als auch satzwertige Strukturen wie der herausgestellte Adverbialsatz mit einem Korrelat in *Da nun das kraut wuchs, und frucht brachte, da fand sich auch das unkraut* (Luther 1720: Mt. 13,26) werden systematisch in mindestens 95,00 % aller Fälle kommatiert. Interjektionen dagegen weichen von der systematischen Kommatierung der anderen Herausstellungskonstruktionen ab. Lediglich 10 (40,00 %) von 25 Belegen werden kommatiert. Viele Interjektionen wie in *Ach wollt ihr nun schlafen und ruhen?* (Luther 1720: Mt. 26,45) bleiben unkommatiert. Betrachtet man jedoch sämtliche Herausstellungsstrukturen, kann man festhalten, dass 568 (95,62 %) von 594 Belegen kommatiert werden und man in diesem Fall von einer sehr systematischen Interpunktion sprechen kann.

Die systematische Kommasetzung setzt sich bei den subordinierten Nebensätzen fort (vgl. Abb. 31). Sämtliche Nebensätze werden zu über 99 % kommatiert. Darüber hinaus ist kein Unterschied in der Kommasetzung von restriktiven und dislozierten Relativsätzen mehr erkennbar (vgl. Abb. 32). Beide werden systematisch kommatiert.

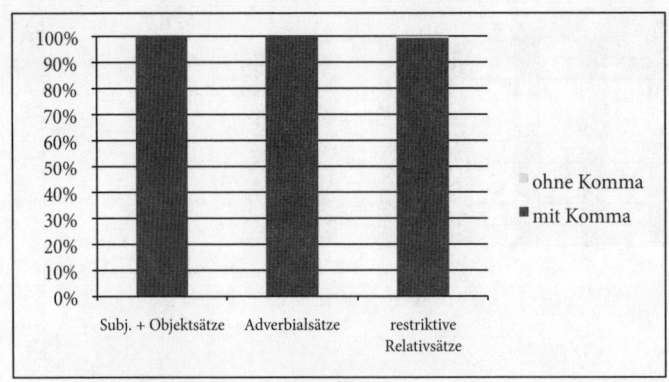

Abb. 31: Subordinierte Nebensätze

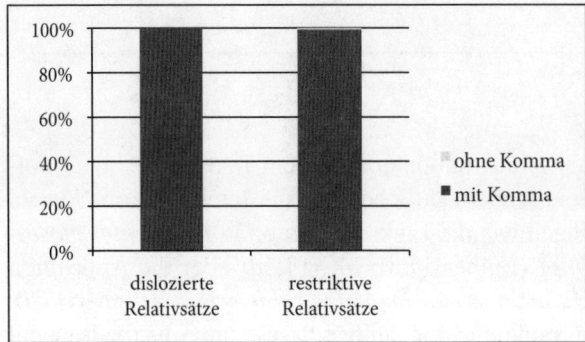

Abb. 32: Relativsätze

Weiterhin ist eine Auffälligkeit bei der Kommasetzung von Infinitivkonstruktionen erkennbar (vgl. Abb. 33). Insgesamt können im Textausschnitt 75 Infinitivkonstruktionen identifiziert werden. Diese verteilen sich auf drei eindeutig kohärente, 58 eindeutig inkohärente und 14 unklare Konstruktionen. Während 44,83 % aller inkohärenten Konstruktionen wie in *Da ging der könig hinein, die gäste zu besehen* (Luther 1720: Mt. 22,11) kommatiert werden, sind sämtliche kohärenten Konstruktionen unkommatiert.

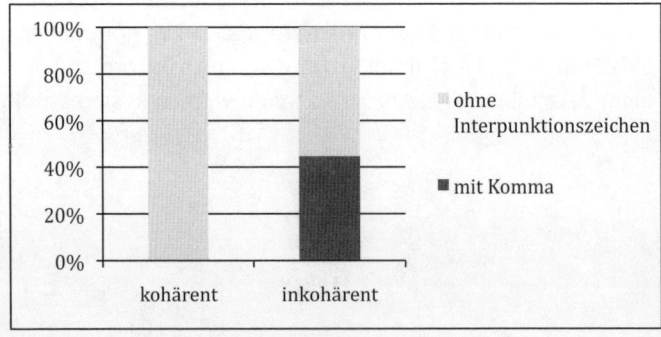

Abb. 33: Infinitivkonstruktionen

96

Auch in diesem Textausschnitt findet man 28 Kommasetzungen (weniger als 1 %
der satzinternen Gesamtinterpunktion), die sich einer syntaktischen Motivation entziehen und in Kapitel 10 ausführlicher diskutiert werden sollen. Dazu zählen vor
allem die Kommasetzung nach komplexen Vorfeldern wie in *Bald aber nach dem*
trübsal derselben zeit, werden sonne und mond den schein verlieren (Luther 1720:
Mt. 24,29) und Kommasetzungen in Vergleichskonstruktionen wie in *Ist nicht das*
leben mehr, denn die speise? (Luther 1720: Mt. 6,25).

6.5   Matthäusevangelium nach Luther (1847)

Bei der Lutherbibel von 1847 handelt es sich um eine von Philipp Reclam jun.
gedruckte und in Leipzig verlegte Ausgabe, die im Stereotypie-Verfahren gedruckt
wurde. Das Reclam-Verlagshaus nutzte seit der ersten Hälfte des 19. Jahrhunderts
dieses Druckverfahren, bei dem aus einer aus beweglichen Lettern gesetzten Buch-
seite durch Abformen einer Matrize, einer sogenannten Mater, stets neue Auflagen
gedruckt werden konnten.

Das Matthäusevangelium dieser Bibelausgabe umfasst 39 gedruckte Seiten, auf
denen die folgenden Interpunktionszeichen in absteigender Häufigkeit vorkommen:
Komma, Punkt, Doppelpunkt, Semikolon, Fragezeichen, Klammern, Ausrufezeichen. Hinzu kommt der Divis als Worttrenner am Zeilenende. Die Interpunktionsmajuskel wird nicht mehr verwendet.[24]

Im untersuchten Textausschnitt konnten 1401 Koordinationen identifiziert werden, die sich wie folgt verteilen: 1185 Belege entfallen auf syndetische Koordinationen (davon alleine 1078 auf syndetische Koordinationen mit der koordinierenden Konjunktion *und*) und 216 Belege auf asyndetische Koordinationen. Wie in
Abbildung (34) illustriert, werden sämtliche asyndetische Koordinationen entweder
mit einem Komma (60,19 %) oder mit einem Semikolon (39,81 %) interpungiert.
Syndetische Koordinationen mit *und* hingegen werden nur zu 77,27 % interpungiert
(71,15 % mit dem Komma und 6,12 % mit dem Semikolon). Der Unterschied in der
Interpunktion von syndetischen vs. asyndetischen Koordinationen ist statistisch signifikant ($\chi^2 = 60.55$, df = 1, p < 0.0001).

---

[24]   In dieser Bibelausgabe werden sämtliche Versanfänge mit einer Majuskel markiert. Da
nicht jedes Versende mit einem Satzschluss zusammenfällt, kommt es zu Fällen wie in
Da sie den Stern sahen, wurden sie hoch erfreuet; [Versende und neuer Absatz] Und gin-
gen in das Haus, und fanden das Kindlein mit Maria (Luther 1847: Mt. 2,10–11). Diese
Majuskelschreibungen wie bei *Und* werden hier jedoch nicht als Interpunktionsmajuskel
gewertet.

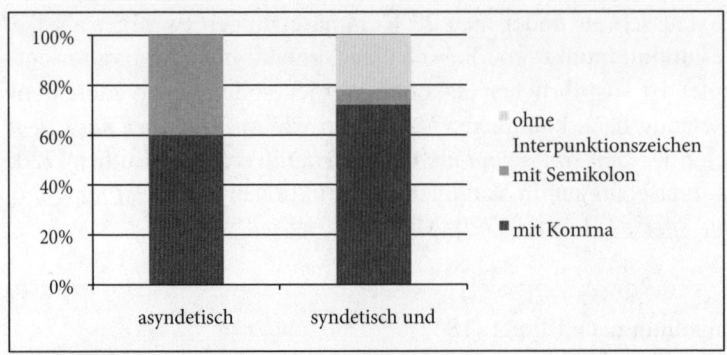

Abb. 34: Koordinationen

Bemerkenswert ist, dass der Gebrauch eines Interpunktionszeichens in syndetischen Koordinationen auch in diesem Text erheblich von der syntaktischen Kategorie der koordinierenden Konjunkte abhängt (vgl. Abb. 35).

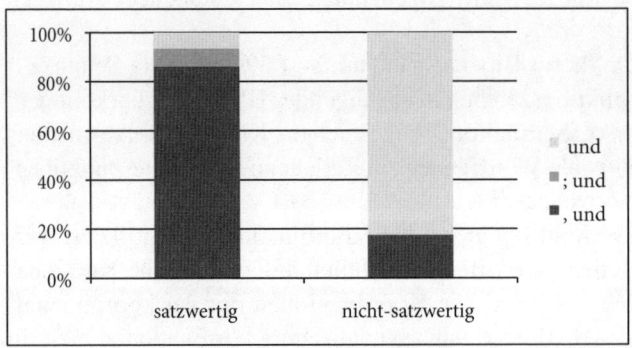

Abb. 35: Syndetische Koordination mit *und*

Während 93,49 % aller satzwertigen syndetischen Koordinationen mit der koordinierenden Konjunktion *und* wie in *Und sie nahmen ihn, und stießen ihn zum Weinberge hinaus, und tödteten ihn* (Luther 1847: Mt. 21,39) mit einem Komma oder einem Semikolon markiert werden, finden wir eine Markierung mit dem Komma lediglich in 17,49 % aller beobachteten nicht-satzwertigen syndetischen Koordinationen mit *und* wie *Darum wird ein Mensch Vater und Mutter verlassen* (Luther 1847: Mt. 19,5). Das Semikolon findet in nicht-satzwertigen syndetischen Koordinationen mit *und* sogar gar keine Verwendung. Satzwertige syndetische Koordinationen mit *und* werden damit statistisch signifikant häufiger interpungiert als nicht-satzwertige syndetische Koordinationen mit *und* ($\chi^2 = 585.07$, df $= 1$, p < 0.0001).

Betrachten wir nun die Ergebnisse zu den Herausstellungsstrukturen in diesem Text (vgl. Abb. 36).

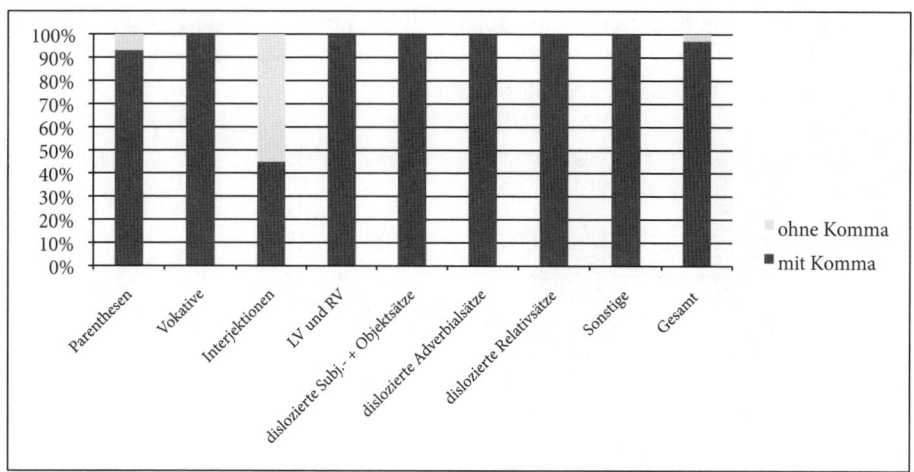

Abb. 36: Herausstellungen

Die Analyse aller Herausstellungskonstruktionen zeigt ein weitestgehend homogenes Bild der Interpunktion. Sowohl nicht-satzwertige Herausstellungen wie die Apposition in *Joseph aber, ihr Mann, war fromm* (Luther 1847: Mt. 1,19) als auch satzwertige Strukturen wie der dislozierte Objektsatz in *Und haben es gerne, daß sie gegrüßet werden auf dem Markt* (Luther 1847: Mt. 23,7) werden im Matthäusevangelium systematisch in über 93 % aller Fälle kommatiert. Interjektionen weichen dagegen von der systematischen Kommatierung ab. Lediglich 9 (45,00 %) von 20 Belegen werden kommatiert. Die Mehrheit der Fälle dieser Herausstellungsform wie *Ach Jesu, du Sohn Gottes, was haben wir mit dir zu thun?* (Luther 1847: Mt. 8,29) bleibt unkommatiert. Betrachtet man jedoch sämtliche Herausstellungsstrukturen, dann kann man feststellen, dass 498 (97,08 %) von 513 Belegen kommatiert sind und wir in diesem Fall von einer sehr systematischen Kommasetzung sprechen können.

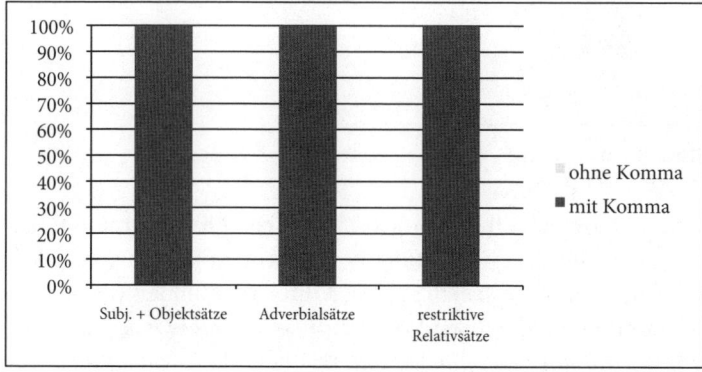

Abb. 37: Subordinierte Nebensätze

Diese systematische Kommasetzung setzt sich bei allen Nebensatzstrukturen fort. Wie die Abbildungen in (37) und (38) zeigen, werden im Matthäusevangelium von 1847 sämtliche Nebensatzgrenzen kommatiert.

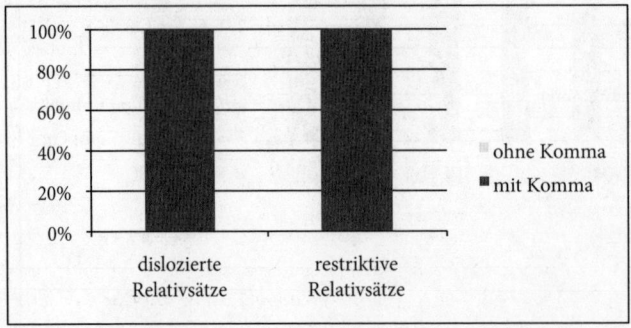

Abb. 38: Relativsätze

Die Auswertung der Infinitivkonstruktionen im untersuchten Textausschnitt liefert ein bemerkenswertes Ergebnis (vgl. Abb. 39). Insgesamt können 76 Infinitivkonstruktionen identifiziert werden. Diese verteilen sich auf zwei eindeutig kohärente, 56 eindeutig inkohärente und 18 unklare Infinitivkonstruktionen. Während 51,79 % aller inkohärenten Infinitivstrukturen kommatiert sind wie in *Denn des Menschen Sohn ist gekommen, selig zu machen, das verloren ist* (Luther 1847: Mt. 18,11), findet man keine interpungierte kohärente Infinitivkonstruktion.

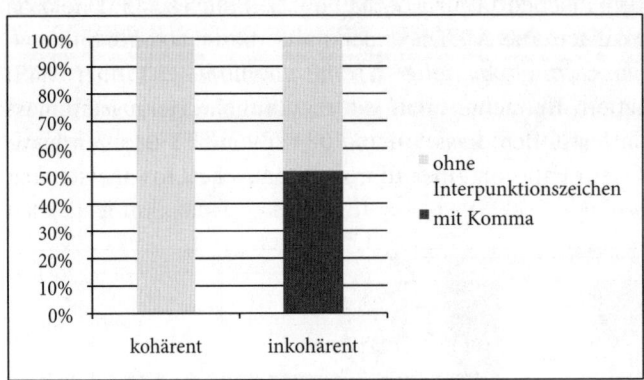

Abb. 39: Infinitivkonstruktionen

Insgesamt können im Matthäusevangelium von 1847 weit über 3000 Interpunktionszeichen identifiziert werden. Bei der Auswertung konnte jedoch kein aus syntaktischer Sicht überflüssiges Interpunktionszeichen (v. a. Komma) gefunden werden. So bleiben beispielsweise sämtliche komplexen Vorfelder wie in *Und von der sechsten Stunde an ward ein Finsterniß über das ganze Land* (Luther 1847: Mt. 27,45) oder alle nicht-satzwertigen Vergleichskonstruktionen wie in *Du sollst deinen Nächsten lieben als dich selbst* (Luther 1847: Mt. 22,39) unkommatiert.

Bemerkenswert ist demgegenüber die Verwendung des Ausrufezeichens. Die insgesamt wenigen Belege des Ausrufezeichens beschränken sich fast ausschließlich auf die Verwendung von Ausrufen in direkten Reden wie in *und sprach: Seyd getrost! Ich bin es; fürchtet euch nicht* (Luther 1847: Mt. 14,27) oder in *und sprach zu ihm: Du Schalk und fauler Knecht! wußtest du, daß ich schneide, da ich nicht gesäet habe* (Luther 1847: Mt. 25,26). Auffällig ist jedoch, dass – wie im zweiten Beispiel illustriert – nach dem Ausrufezeichen eine Minuskel folgen kann. Dies ist ein deutlicher Unterschied zum modernen Gebrauch des Ausrufezeichens.

6.6 Matthäusevangelium nach Luther (1912)

Bei der im Folgenden untersuchten Lutherbibel handelt es sich um die sogenannte Stuttgarter Bibelausgabe, die zum 100-jährigen Jubiläum der Württembergischen Bibelanstalt im Auftrag der Deutschen Evangelischen Kirchenkonferenz im Jahr 1912 gedruckt wurde. Dies war zu diesem Zeitpunkt die erste Lutherbibel mit durchgängigen Anmerkungen und Kommentaren auf Deutsch. Zudem handelt es sich bei dieser Lutherbibel um die erste Ausgabe, die nach der Zweiten Orthographischen Konferenz von 1901 erschienen ist.[25]

Das Matthäusevangelium umfasst 47 gedruckte Seiten[26], auf denen in absteigender Häufigkeit folgende Interpunktionszeichen auftreten: Komma, Punkt, Doppelpunkt, Semikolon, Fragezeichen, Ausrufezeichen, Anführungszeichen, Apostroph, Klammer und Gedankenstrich. Zudem findet der doppelte Divis <=> als Worttrenner am Zeilenende Verwendung.

Im untersuchten Textausschnitt konnten 1525 Koordinationen identifiziert werden, die sich wie folgt verteilen: 1265 Belege entfallen auf syndetische Koordinationen (davon alleine 1148 auf syndetische Koordinationen mit der koordinierenden Konjunktion *und*) und 260 Belege auf asyndetische Koordinationen. Die Grafik in (40) zeigt, dass sämtliche asyndetische Koordinationen entweder mit einem Komma (55,38 %) oder mit einem Semikolon (44,62 %) interpungiert werden. Syndetische Koordinationen mit der koordinierenden Konjunktion *und* hingegen werden zu 24,04 % interpungiert (15,59 % mit einem Komma und 8,45 % mit einem Semikolon). Der Unterschied in der Interpunktion von syndetischen vs. asyndetischen Koordinationen ist statistisch signifikant ($\chi^2 = 518.78$, df = 1, p < 0.0001).

---

[25] Für weitere Informationen zu dieser Bibelausgabe sei auf die Homepage der Deutschen Bibelgesellschaft verwiesen: https://www.dbg.de/navi/presse/detailansicht/article/stuttgarter-jubilaeumsbibel-von-1912.html Stand: 19.08.2015

[26] Um die Vergleichbarkeit mit den anderen Bibelausgaben zu gewährleisten, wurde auf die Auswertung der Kommentare verzichtet und – wie in den anderen Bibelausgaben auch – lediglich der Evangeliumstext analysiert.

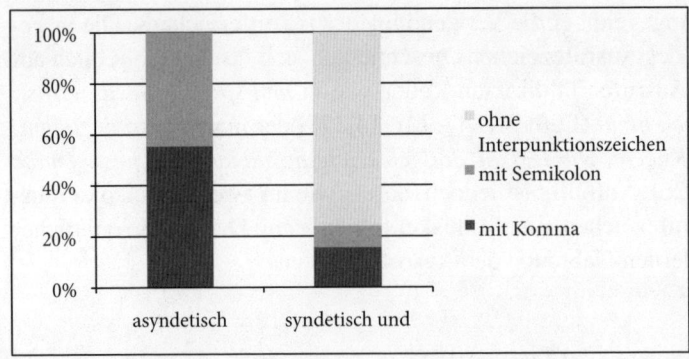

Abb. 40: Koordination

Auch in diesem Text hängt der Gebrauch eines Interpunktionszeichens in syndetischer Koordination von der syntaktischen Kategorie der koordinierenden Konjunkte ab (vgl. Abb. 41).

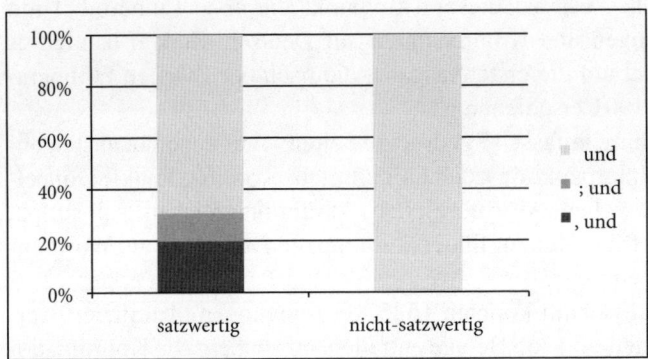

Abb. 41: Syndetische Koordination mit *und*

Während sämtliche nicht-satzwertige syndetische Koordinationen mit der koordinierenden Konjunktion *und* wie in *Denn dein ist das Reich und die Kraft und die Herrlichkeit in Ewigkeit* (Luther 1912: Mt. 6,13) nicht interpungiert werden, findet man das Komma in 19,91 % und das Semikolon in 10,79 % aller satzwertigen syndetischen Koordinationen wie in *Denn ich bin hungrig gewesen, und ihr habt mich gespeist* (Luther 1912: Mt. 25,35). Satzwertige syndetische Koordinationen mit *und* werden auch in diesem Text signifikant häufiger interpungiert als nicht-satzwertige syndetische Koordinationen mit *und* ($\chi^2 = 65.91$, df = 1, p < 0.0001).

Betrachten wir nun die Ergebnisse zu den Herausstellungskonstruktionen in diesem Text (vgl. Abb. 42):

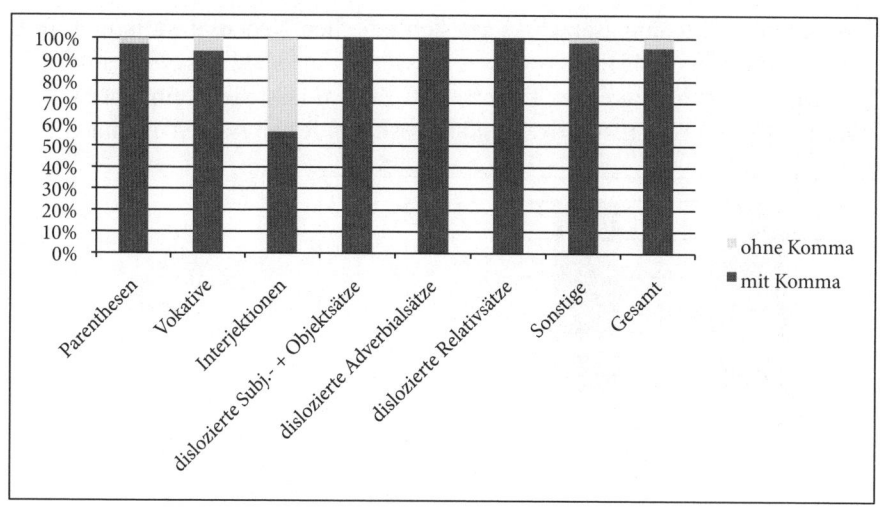

Abb. 42: Herausstellungen

Auch in diesem Evangeliumstext zeigen die unterschiedlichen Herausstellungskonstruktionen ein weitestgehend homogenes Bild. Sowohl nicht-satzwertige
Herausstellungskonstruktionen wie die Apposition in *Er aber, Johannes, hatte ein
Kleid von Kamelhaaren und einen ledernen Gürtel* (Luther 1912: Mt. 3,4) als auch
satzwertige Strukturen wie in *Da nun das Kraut wuchs und Frucht brachte, da fand
sich auch das Unkraut* (Luther 1912: Mt. 13,26) werden systematisch zu jeweils
über 97 % interpungiert. Interjektionen wie in *Ach wollt ihr nun schlafen und ruhen?*
(Luther 1912: Mt. 26,45) weichen dagegen als einzige Konstruktion von dieser systematischen Interpunktion ab. Lediglich 13 (56,52 %) der 23 Interjektionen werden
im Matthäusevangelium kommatiert. Insgesamt können wir jedoch mit Blick auf
alle Herausstellungskonstruktionen festhalten, dass 451 (95,55 %) von 472 Konstruktionen mit einem Komma markiert wurden und wir in diesem Fall von einer
sehr systematischen Interpunktion sprechen können.

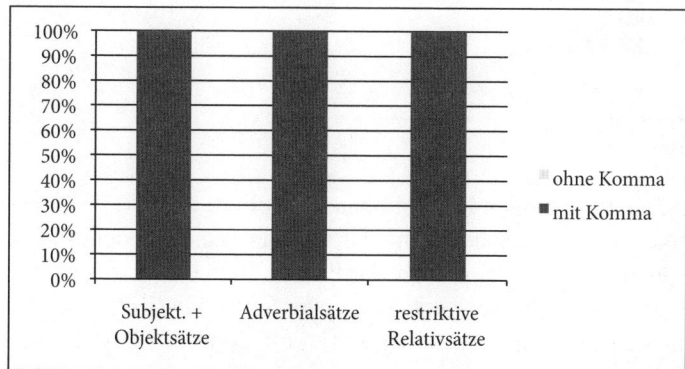

Abb. 43: Subordinierte Nebensätze

Diese systematische Kommasetzung setzt sich bei allen Nebensatzstrukturen fort. Wie die Abbildungen in (43) und (44) zeigen, werden im Matthäusevangelium von 1912 sämtliche Nebensatzgrenzen kommatiert. Zudem lässt sich kein Unterschied in der Kommasetzung bei restriktiven und appositiven Relativsätzen erkennen.

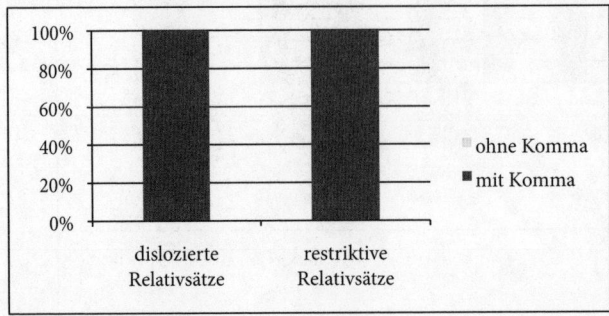

Abb. 44: Relativsätze

Die Analyse aller Infinitivkonstruktionen des Matthäusevangeliums legt ein beachtenswertes Ergebnis offen (vgl. Abb. 45). Insgesamt können 78 Infinitivkonstruktionen identifiziert werden. Diese verteilen sich auf vier eindeutig kohärente, 59 eindeutig inkohärente und 15 unklare Infinitivkonstruktionen. Während 79,66 % aller inkohärenten Konstruktionen wie in *Da ging der König hinein, die Gäste zu besehen* (Luther 1912: Mt. 22,11) kommatiert werden, bleiben sämtliche kohärente Infinitivkonstruktionen uninterpungiert.

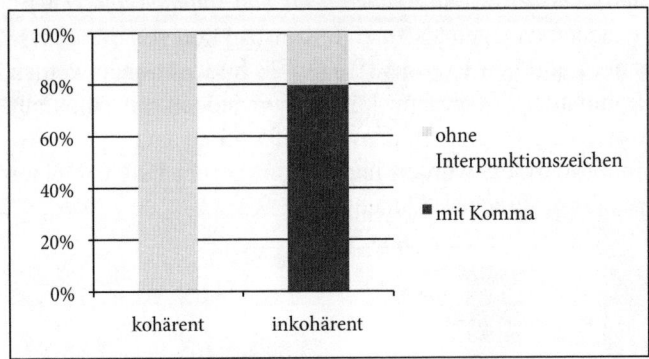

Abb. 45: Infinitivkonstruktionen

Mit Blick auf weitere Kommasetzungen im Matthäusevangelium von 1912 können wir feststellen, dass keine aus syntaktischer Sicht überflüssigen Zeichen identifiziert werden können. So bleiben beispielsweise auch sämtliche komplexe Vorfelder wie in *Und nach sechs Tagen nahm Jesus zu sich Petrus und Jakobus* (Luther 1912: Mt.17,1) oder alle nicht-satzwertigen Vergleichskonstruktionen wie in *Ein Prophet gilt nirgend weniger denn in seinem Vaterland und in seinem Hause* (Luther 1912: Mt. 13,57) unkommatiert.

Bemerkenswert sind dagegen die Verwendungen des Ausrufezeichens und des Fragezeichens. Ähnlich wie in der Fassung des Matthäusevangeliums von 1847 finden wir auch hier zahlreiche Belege eines Frage- und Ausrufezeichens mit einer folgenden Minuskel wie in *Ist nicht das Leben mehr denn die Speise? und der Leib mehr denn die Kleidung?* (Luther 1912: Mt. 6,25) oder in *O Weib, dein Glaube ist groß! dir geschehe, wie du willst* (Luther 1912: Mt. 15,28). Dies ist ein Unterschied zum modernen Gebrauch dieser Zeichen.

Im Unterschied zu früheren Ausgaben des Matthäusevangeliums fällt in diesem Text von 1912 ein größeres Inventar an Interpunktionszeichen auf. So finden wir im untersuchten Textausschnitt neben den bereits besprochenen Interpunktionszeichen auch erstmalig Anführungszeichen (82 Belege), Apostrophverwendungen (67 Belege) und Gedankenstriche (sieben Belege), die bereits die Form wie im modernen System haben. Die Anführungszeichen werden interessanterweise jedoch nicht – wie im modernen Gebrauch – zur Markierung einer direkten Rede nach einem verbum dicendi und einem Doppelpunkt verwendet, sondern als Markierung eines Zitats (meist aus dem Alten Testament). So finden wir Anführungszeichen in Belegen wie *Gott hat geboten: „Du sollst Vater und Mutter ehren; wer aber Vater und Mutter flucht, der soll des Todes sterben."* (Luther 1912: Mt. 15,4), aber nicht in *Und Jesus sprach zu ihnen: Seid ihr denn auch unverständig?* (Luther 1912: Mt. 15,16). Der Apostroph hingegen wird in diesem Matthäusevangelium wie im modernen Gebrauch verwendet, v.a. als Auslassungsapostroph (vgl. Bredel 2008, 2011) wie gleich zweimal in *sie sagen's wohl, und tun's nicht* (Luther 1912: Mt. 23,3). Die wenigen Belege des Gedankenstrichs zeigen einen reversiblen Textdefekt an wie in *Darum befiehl, daß man das Grab verwahre bis an den dritten Tag, auf daß nicht seine Jünger kommen und stehlen ihn und sagen zum Volk: Er ist auferstanden von den Toten, – und werde der letzte Betrug ärger denn der erste* (Luther 1912: Mt. 27,64). Diese Funktion des Gedankenstrichs ist auch im modernen System belegt (vgl. Bredel 2008, 2011). Der Gedankenstrich zur Markierung einer Parenthese ist dagegen nicht belegt.

6.7 Matthäusevangelium nach Luther (1984)

Bei dieser Bibel aus dem Jahr 1984 handelt es sich um die zurzeit noch am weitesten verbreitete und von der Evangelischen Kirche Deutschland (EKD) zum Gebrauch empfohlene Ausgabe der Lutherbibel. Sie folgte auf eine von der Öffentlichkeit heftig kritisierte Revision aus dem Jahr 1975 (vgl. Gutzen 2015). Zum Reformationsjubiläum im Jahr 2017 erschien kürzlich eine neu überarbeitete Ausgabe.

Das Matthäusevangelium der Ausgabe von 1984 umfasst 40 gedruckte Seiten, auf denen in absteigender Häufigkeit folgende Interpunktionszeichen verwendet werden: Komma, Punkt, Doppelpunkt, Semikolon, Fragezeichen, Ausrufezeichen, Klammern, Anführungszeichen, Apostroph, Gedankenstrich. Des Weiteren finden sich zahlreiche Verwendungen des Divis als Worttrenner am Zeilenende.

Im vorliegenden Text konnten insgesamt 1537 Koordinationen identifiziert werden, die sich wie folgt verteilen: 1312 Belege entfallen auf syndetische Koordinationen (davon alleine 1183 auf syndetische Koordinationen mit der koordinierenden Konjunktion *und*) und 225 auf asyndetische Koordinationen. Die Grafik in (46) veranschaulicht, dass sämtliche asyndetische Koordinationen entweder mit einem Komma (44,44 %) oder einem Semikolon (55,56 %) markiert werden. Syndetische Koordinationen mit der koordinierenden Konjunktion *und* werden dagegen in lediglich 16,57 % aller Fälle (9,55 % mit Komma und 7,02 % mit Semikolon) interpungiert. Dieser Unterschied zwischen syndetischen und asyndetischen Koordinationen ist statistisch signifikant ($\chi^2 = 627.82$, df = 1, p < 0.001).

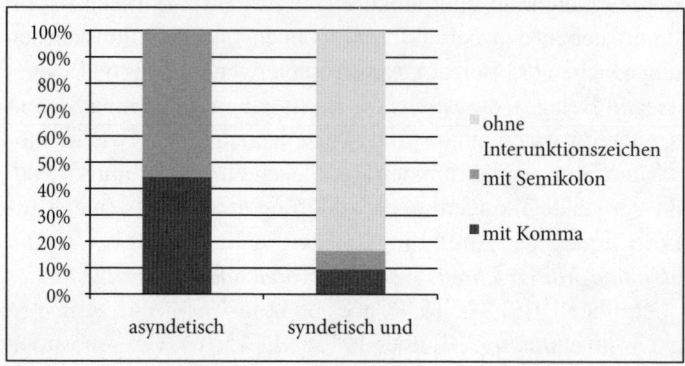

Abb. 46: Koordinationen

Auch in diesem untersuchten Textausschnitt können wir feststellen, dass die Verwendung eines Interpunktionszeichens in syndetischen Koordinationen von der syntaktischen Kategorie der koordinierenden Konjunkte abhängt (vgl. Abb. 47). Im Gegensatz zu den früheren Evangelientexten ist dieser Einfluss jedoch nicht mehr allzu groß.

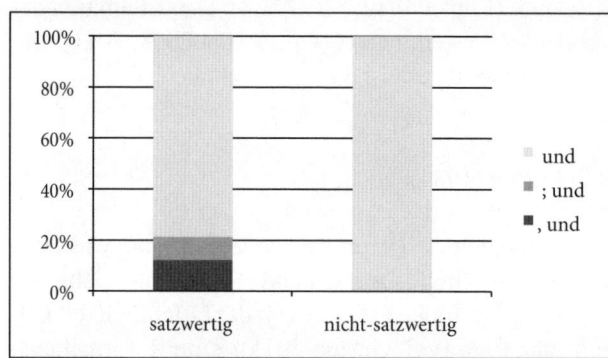

Abb. 47: Syndetische Koordination mit *und*

Während keine nicht-satzwertigen syndetischen Koordinationen mit der koordinierenden Konjunktion *und* wie in *da erschienen ihnen Mose und Elia* (Luther 1984: Mt 17,3) interpungiert werden, findet man das Komma in 12,31 % und das Semikolon in 9,04 % aller satzwertigen syndetischen Koordinationen mit *und*, wie beispielsweise in *Ich bin der Christus, und sie werden viele verführen* (Luther 1984: Mt. 24,5). Obwohl der Einfluss der syntaktischen Kategorie der koordinierten Konjunkte nicht

106

ganz so groß ist wie in den weiter oben besprochenen früheren Evangelientexten, können wir festhalten, dass auch in diesem Textauszug satzwertige syndetische Koordinationen mit *und* signifikant häufiger interpungiert werden als nicht-satzwertige syndetische Koordinationen mit *und* ($\chi^2 = 57.73$, df $= 1$, p < 0.001).

Betrachten wir nun die unterschiedlichen Formen der Herausstellungen in diesem Text.

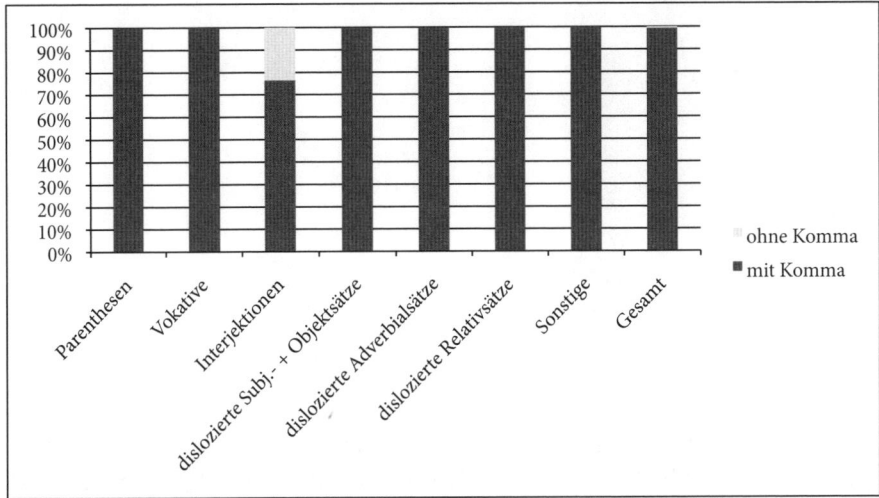

Abb. 48: Herausstellungen

Mit Ausnahme von Interjektionen (lediglich 76,47 % kommatiert) liegt im untersuchten Textausschnitt eine systematische Kommasetzung (jeweils zu 100 %) bei sämtlichen Herausstellungskonstruktionen vor. In Kapitel 10 soll ausführlich diskutiert werden, weshalb Interjektionen sich – nicht nur in diesem Text – auffällig verhalten.

Die systematische Kommasetzung setzt sich auch bei subordinierten Nebensätzen fort (vgl. Abb. 49). Sämtliche Nebensatzgrenzen werden im Evangeliumstext kommatiert. Dies entspricht den zu dieser Zeit und auch heute noch gültigen Normvorgaben des Duden.

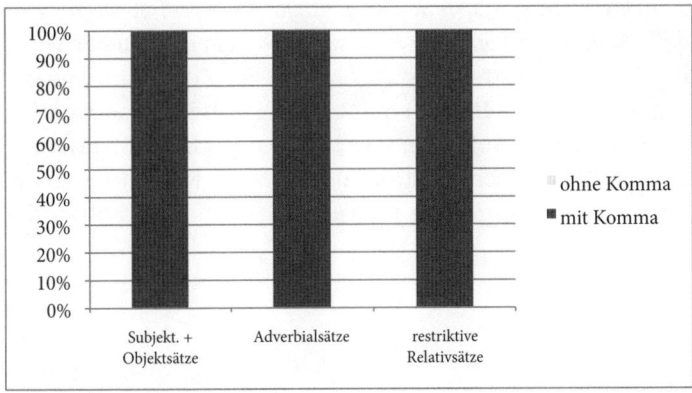

Abb. 49: Subordinierte Nebensätze

107

Insgesamt konnten im untersuchten Textausschnitt 86 Infinitivkonstruktionen identifiziert werden, die sich auf vier eindeutig kohärente, 57 eindeutig inkohärente und 25 unklare Infinitivkonstruktionen verteilen. Während 84,21 % aller inkohärenten Konstruktionen kommatiert werden, findet man keinen einzigen interpungierten Beleg einer eindeutig kohärenten Infinitivkonstruktion (vgl. Abb. 50).

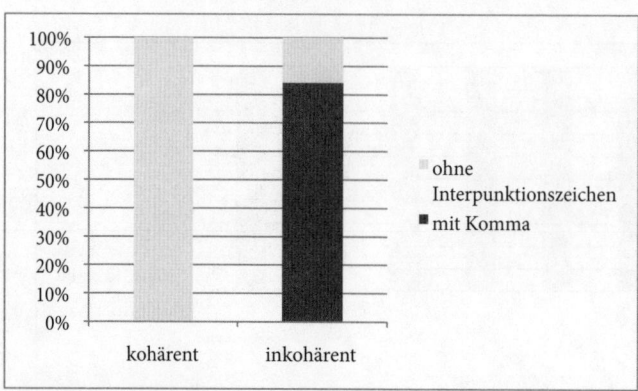

Abb. 50: Infinitivkonstruktionen

Neben den bereits besprochenen Kommasetzungen konnten keine weiteren (aus syntaktischer Sicht überflüssigen) Kommaverwendungen identifiziert werden. So bleiben beispielsweise auch sämtliche komplexe Vorfelder oder alle nicht-satzwertigen Vergleichskonstruktionen unkommatiert.

Richtet man den Blick darüber hinaus auf die anderen im Text verwendeten Interpunktionszeichen, lässt sich festhalten, dass deren Verwendung weitestgehend den normativen Vorgaben des Duden (1980) folgt. So wird der Apostroph beispielsweise in allen Belegen (insgesamt 72) in seiner Funktion als Auslassungszeichen wie in *Ist's erlaubt, am Sabbat zu heilen?* (Luther 1984: Mt. 12,10) verwendet. Sämtliche Doppelpunktverwendungen (insgesamt 516) entfallen auf die Einleitung einer direkten Rede bzw. eines Zitats. Klammern (86 Belege) dagegen werden für Quellenangaben der Zitate (meist aus dem Alten Testament) verwendet wie in *Denn es steht geschrieben (Sacharja 13,7): »Ich werde den Hirten schlagen, und die Schafe der Herde werden sich zerstreuen.«* (Luther 1984: Mt. 26,31). Dieser Beispielsatz illustriert darüber hinaus auch die Form und die Funktion der Anführungszeichen (82 Belege) in diesem Text. Bemerkenswert ist, dass diese wie schon im Matthäusevangelium von 1912 lediglich zur Markierung von Zitaten verwendet werden, jedoch nicht bei der direkten Rede nach einem *verbum dicendi* wie in *Und Jesus sprach zu ihnen: Glaubt ihr, dass ich das tun kann?* (Luther 1984: Mt. 9,28).

6.8 Zusammenfassung

Tabelle 8 stellt für alle ausgewerteten Bibeltexte jeweils das Interpunktionsinventar, den Gebrauch von Interpunktionsmajuskeln sowie die asymmetrische Anknüpfung der syntaktischen Interpunktionszeichen im Schreibraum dar.

Tabelle 8: Inventar und Graphotaktik der Bibeltexte

	Interpunktions-inventar	Interpunktions-majuskel	konsistente asymmetrische Anbindung der syntaktischen Interpunktionszeichen
Plenarium 1482	. · / : ≠	Ja	Nein
Luther 1545	/ . ? ()≠	Ja	Nein
Luther 1621	/ . : ? ()≠	Ja	Nein
Luther 1720	, . : ; ? () ! / ≠	Nein	Nein
Luther 1847	, . : ; ? () ! -	Nein	Ja
Luther 1912	, . : ; ? ! „" ' () – =	Nein	Ja
Luther 1984	, . : ; ? ! () « » ' – -	Nein	Ja

Wir können feststellen, dass sich das Interpunktionsinventar von anfänglich sehr kleinen Inventaren kontinuierlich ausgeweitet hat, bis es etwa zu Beginn des 20. Jahrhunderts den heutigen Stand erreichte. Einen besonderen Einschnitt in dieser Entwicklung markiert das Matthäusevangelium von 1720, in dem erstmals das Komma Gebrauch findet und die Interpunktionsmajuskel in der Funktion eines Interpunktionsmittels verschwindet. Mit der Lutherbibel von 1847 beobachten wir dann auch eine konsistente asymmetrische, d.h. klitische Anbindung der syntaktischen Interpunktionszeichen.

Ein besonderer Fokus wurde bei der Einzelanalyse der Bibeltexte auf die satzinternen Interpunktionsdomänen Koordinationen, Herausstellungen, subordinierte Nebensätze und inkohärente Infinitivkonstruktionen gelegt. Für die Textsorte Bibeltexte ließ sich nachweisen, dass dies bereits vom 15. Jahrhundert an die zentralen satzinternen interpunktionsrelevanten Strukturen sind. Abbildung (51) fasst die Ergebnisse im Längsschnitt zusammen.

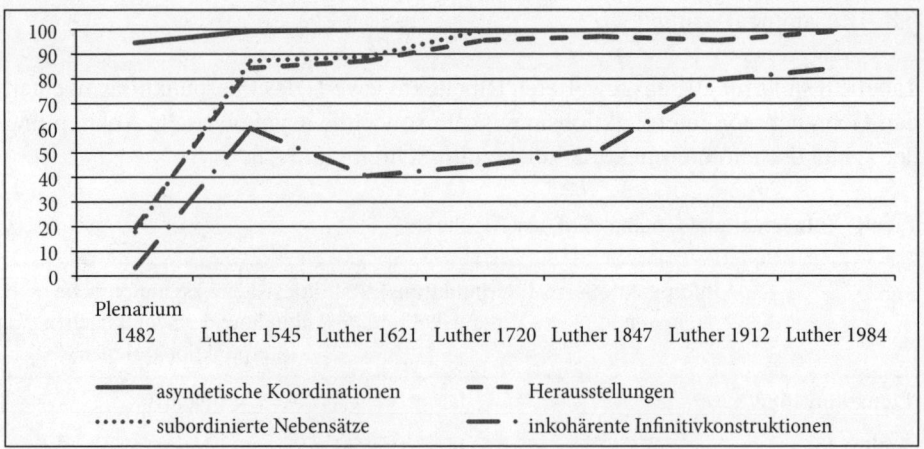

Abb. 51: Längsschnittanalyse der Bibeltexte nach Interpunktionsdomänen

Während asyndetische Koordinationen bereits ab dem späten 15. Jahrhundert in sämtlichen Texten systematisch (jeweils über 96 %) interpungiert werden (bevorzugt gevirgelt bzw. ab 1720 kommatiert), beobachtet man bei Herausstellungen, subordinierten Nebensätzen und inkohärenten Infinitivkonstruktionen in früheren Texten eine höhere Interpunktionsauslassung. Die unterschiedlichen Formen der Herausstellungen sowie subordinierte Nebensätze werden ab dem 16. Jahrhundert mehrheitlich und spätestens ab dem frühen 18. Jahrhundert systematisch, d.h. zu weit über 90 % interpungiert. Die Einzelanalysen der Texte haben jedoch gezeigt, dass sowohl in der Klasse der Herausstellungen als auch in der Klasse der subordinierten Nebensätze Variationen erkennbar sind (vgl. u.a. satzwertige vs. nicht-satzwertige Herausstellungen bzw. restriktive Relativsätze vs. adverbiale Nebensätze). Inkohärente Infinitivkonstruktionen unterliegen der größten Variation. Von einer systematischen Interpunktion dieser Konstruktion (über 80 %) lässt sich erst ab dem frühen 20. Jahrhundert sprechen.

Darüber hinaus wurden für jeden ausgewerteten Text auch die syntaktisch überflüssigen Komma- und Virgelverwendungen erfasst. Deren relativer Anteil an der satzinternen Gesamtinterpunktion ist in Abbildung (52) dargestellt.

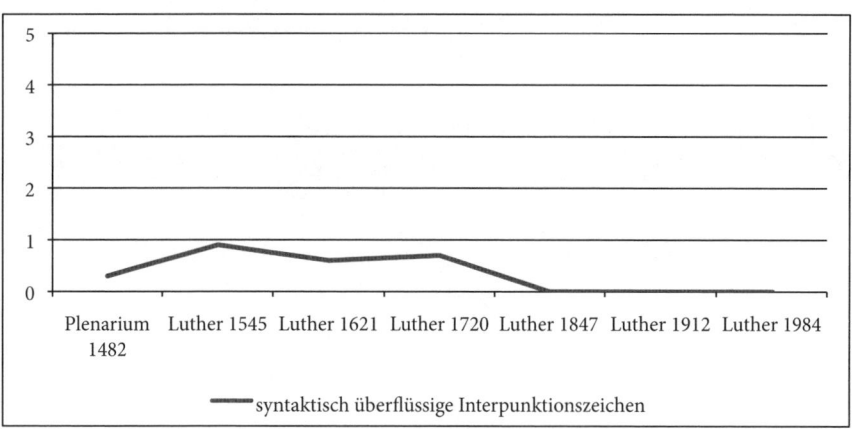

Abb. 52: Anteil syntaktisch überflüssiger Interpunktionszeichen in % gemessen an der satzinternen Gesamtinterpunktion

In Abschnitt 5.1 wurden Forschungspositionen vorgestellt, die von einem Primat des intonatorischen Prinzips für die Interpunktion in älteren Texten ausgehen. Ein zentrales Argument für diese Annahme besteht darin, dass in älteren Texten des Deutschen in überzufälliger Weise Komma- und Virgelverwendungen auftauchen, die sich einer syntaktischen Erklärung entzögen, jedoch rein intonatorisch erklärt werden könnten. Dieses Argument kann durch meine Korpusstudie relativiert, wenn nicht gar widerlegt werden. In keinem der untersuchten Bibeltexte liegt der relative Anteil syntaktisch überflüssiger Interpunktionszeichen über 1 % der Gesamtinterpunktion.

7 Sprachlehren von 1540 bis 1909

7.1 Franck (1540) Orthographia deutsch

Die ersten Grammatiken in deutscher Sprache verfassten Lehrer, Schreiber und Erzieher. Im Gegensatz zu den zeitgenössischen lateinischen Grammatiken konzentrierten sich die Autoren der deutschen Grammatiken zu Beginn des 16. Jahrhunderts v. a. auf das Problem der landschaftlichen Varianz im deutschen Sprachraum oder auf Anweisungen, wie Briefe aufgesetzt und welche Anreden für die jeweiligen Adressaten gewählt werden sollten. Erklärtes Ziel war in vielen Fällen die Aufwertung der Volkssprachen (für einen weiterführenden Überblick vgl. Gardt 1999: Kapitel 2). Die von dem schlesischen Lehrer Fabian Franck (auch Frangk genannt) verfasste Sprachlehre „Orthographia deutsch" gehört dabei zu den ersten und bedeutendsten Grammatiken dieser Art. Sie wurde erstmals 1531 in Wittenberg gedruckt. In den folgenden Jahren entstanden zahlreiche Nachdrucke.

In dieser Arbeit wird die gesamte Straßburger Ausgabe aus dem Jahr 1540 untersucht, die insgesamt 69 gedruckte Seiten mit zahlreichen Abbildungen enthält. Darin treten folgende Interpunktionszeichen in absteigender Häufigkeit auf: Virgel, Punkt, Klammer, Fragezeichen. Daneben finden sich zahlreiche Vorkommen des Divis als Worttrenner am Zeilenende und der Interpunktionsmajuskel wie vor dem Relativpronomen*Welche* in *als ã vnd é mit einé kromen virgel vberzeichnet/Welche auff ein besond frembde art aufgedruckt werden/* (Franck 1540: Blatt 13). Wie bereits ausführlich in den Evangelientexten des 15. bis 17. Jahrhunderts gezeigt, kann die Virgel mit folgender Majuskel auch in diesem Text zwischen zwei syntaktischen Schwestern stehen. Dies ist ein bedeutender Unterschied zu modernen Interpunktionssystemen.

Betrachten wir nun erneut der Reihe nach die wichtigsten satzinternen interpunktionsrelevanten Domänen. Im untersuchten Textausschnitt konnten insgesamt 1155 Koordinationen identifiziert werden, die sich auf 399 asyndetische und 756 syndetische Koordinationen (davon alleine 545 syndetische Koordinationen mit der koordinierenden Konjunktion *und*) verteilen.

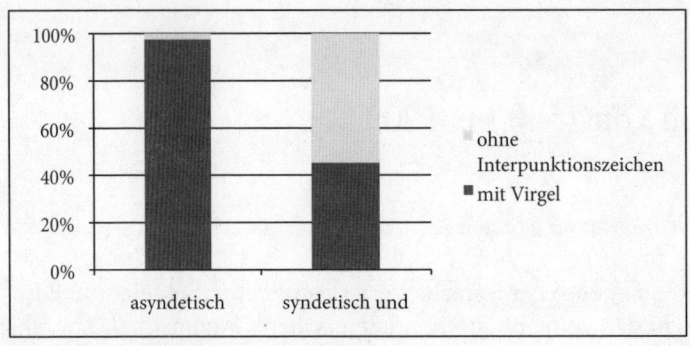

Abb. 53: Koordination

Die Grafik in (53) veranschaulicht, dass asyndetische Koordinationen sehr systematisch zu 97,49 % gevirgelt werden, während man bei syndetischen Koordinationen mit der koordinierenden Konjunktion *und* eine weitaus höhere Virgelauslassung (lediglich 45,32 % aller Fälle sind gevirgelt) feststellen kann. Hervorzuheben sind jedoch einige besondere Fälle von Virgelauslassungen in asyndetischen Koordinationen wie in *also ists auch von den duplierten Stymern/als au eu ei* (Franck 1540: Blatt 12). Im Text finden sich zahlreiche längere Auflistungen von Beispielen (häufig Laute, Buchstaben, Wörter etc.), die immer mit /*als* eingeleitet werden. Diese Markierung des Beginns einer Aufzählung ersetzt scheinbar wie in unserem Beispiel zu sehen die Virgelsetzung zwischen kurzen asyndetisch miteinander verbundenen Konjunkten und stellt damit einen Sonderfall dar, der in (53) bewusst nicht erfasst wurde. In Abschnitt 10.2.1 werde ich diese besondere Markierung der Koordination gesondert diskutieren.

Wenn wir die syndetischen Koordinationen mit *und* genauer betrachten, können wir auch in diesem Text feststellen, dass der Gebrauch der Virgel erheblich von der syntaktischen Kategorie der Konjunkte abhängt (vgl. Abb. 54).

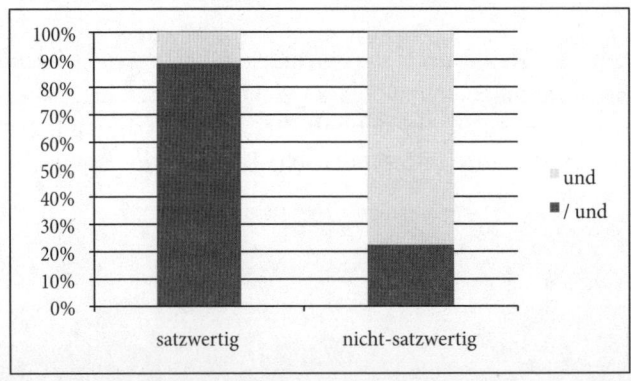

Abb. 54: Syndetische Koordination mit *und*

Im Beispielsatz *schütte denn das wasser rein ab / vnnd nimme gallen von großen fischen / reyb sie mit gummi vnnd eyer weyß/ vnnd brauchs nach deynem gefallen* (Franck 1540: 42) liegen zwei satzwertige und eine nicht-satzwertige syndetische Koordination mit *und* vor. Während die nicht-satzwertige Koordination *gummi vnnd eyer weyß* nicht interpungiert ist (im gesamten Text lediglich in 22,48 % aller Belege gevirgelt), finden wir bei den satzwertigen Koordinationen sowohl in diesem Beispiel als auch im gesamten Text in den meisten Fällen (88,66 %) eine Virgel. Dieser Unterschied zwischen satzwertigen und nicht-satzwertigen syndetischen Koordinationen ist statistisch signifikant ($\chi^2 = 237.19$, df = 1, p < 0.0001).

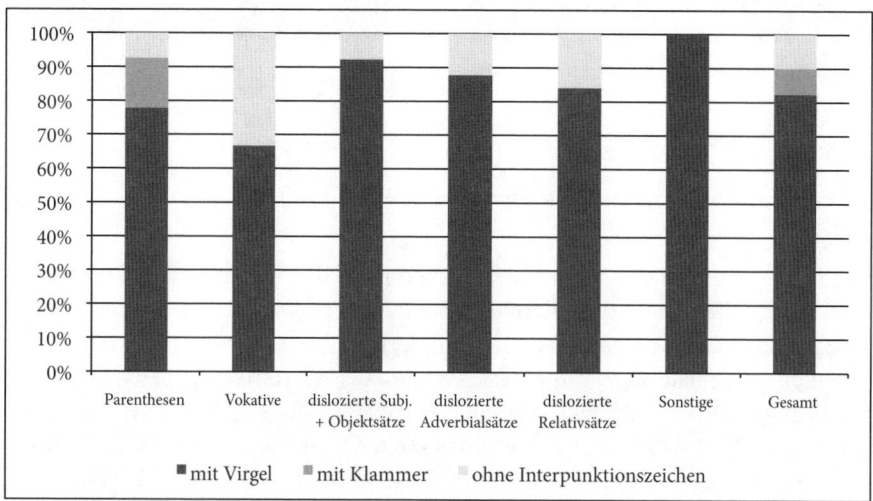

Abb. 55: Herausstellungen

Mit Blick auf die unterschiedlichen Herausstellungskonstruktionen können wir festhalten, dass sowohl nicht-satzwertige Herausstellungen wie die Parenthese in *Solch vnd andere mißbreuch/wie droben allenthalben angezeigt/werden* (Franck 1540: Blatt 30) als auch satzwertige Herausstellungen wie der dislozierte Adverbialsatz in *So aber du oder ein anderer das wil lesen/so nimb ein vierteyl einer maß lauter wasser* (Franck 1540: Blatt 52) in den meisten Fällen gevirgelt ist. Insgesamt sind 306 (90,00 %) von 340 Herausstellungsstrukturen interpungiert. Bemerkenswert sind 26 Belege von geklammerten Parenthesen wie in *So bin ich doch on zweifel/das er durch diese(aus dem gröbsten entworffne) vnderweisung* (Franck 1540: Blatt 4), die 14,77 % aller Parenthese-Belege ausmachen. Für die in den Evangelientexten zahlreich vorkommenden Interjektionen oder exklamative Imperative konnten in diesem Text keine Belege gefunden werden.

Betrachten wir nun im Vergleich dazu die Interpunktion von subordinierten vs. herausgestellten Nebensätzen (vgl. Abb. 56).

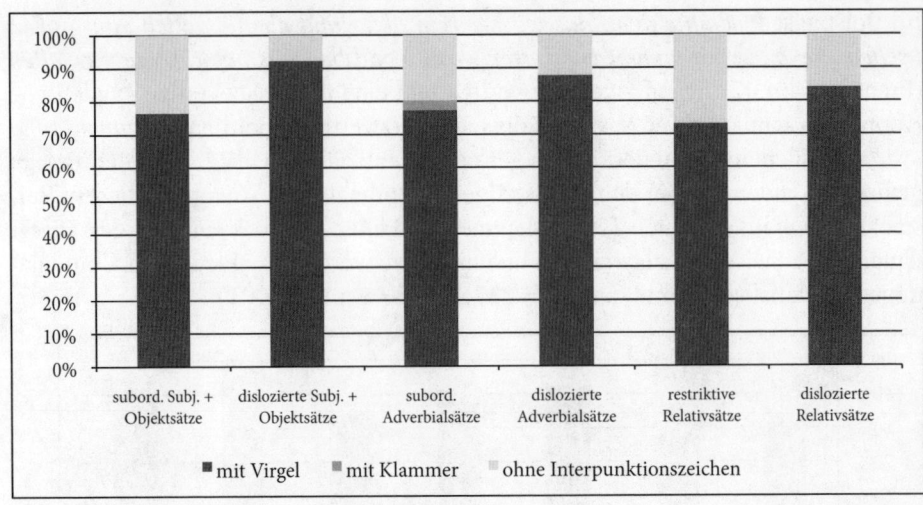

Abb. 56: Subordinierte vs. herausgestellte Nebensätze

Die Grafik in (56) stellt die subordinierten Varianten der Subjekt-, Objekt-, Adverbial- und Relativsätze ihren dislozierten Varianten gegenüber. In allen Fällen werden die dislozierten Varianten häufiger interpungiert als die subordinierten. So finden sich beispielsweise häufigere Virgelauslassungen bei restriktiven Relativsätzen wie in *Nym die blawen korn blumen die noch nit gar vff gangen sein/ vnd samle sie* (Franck 1540: Blatt 41) oder bei subordinierten Objektsätzen wie in *vnd bracht zuwegen das sie etlich scharmützel mit den Römern theten* (Franck 1540: Blatt 62). Fasst man sämtliche subordinierte und dislozierte Nebensätze zusammen, kommt man zu dem Ergebnis, dass 87,07 % aller dislozierten, aber nur 77,83 % aller subordinierten Nebensätze interpungiert werden. Dieser Unterschied ist statistisch signifikant ($\chi^2 = 5.64$, df = 1, p = 0.0174).

Die Analyse aller Infinitivkonstruktionen (vgl. Abb. 57) im untersuchten Text offenbart ebenfalls häufigere Auslassungen von Interpunktionszeichen.

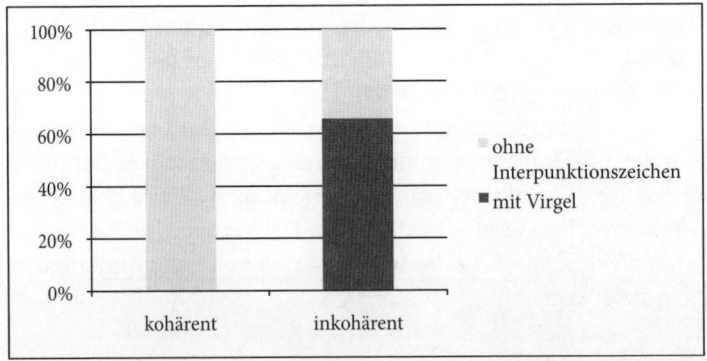

Abb. 57: Infinitivkonstruktionen

Insgesamt konnten im untersuchten Textausschnitt sieben eindeutig kohärente, 35 eindeutig inkohärente und 21 unklare Infinitivkonstruktionen identifiziert werden. Während sämtliche kohärente Konstruktionen uninterpungiert blieben, beobachtet man eine Virgelsetzung bei 65,71 % aller inkohärenten Konstruktionen wie beispielsweise in *so hat es mich von nöten bedeücht/ ettwas darvon die schreiber zuerinnern* (Franck 1540: Blatt 5).

Betrachten wir nun eine weitere bemerkenswerte Funktion der Virgel in diesem Text. In Abwesenheit des Doppelpunktes übernimmt die Virgel neben den bereits beschriebenen Funktionen auch diejenigen Funktionen, die in modernen Interpunktionssystemen der Doppelpunkt innehat. Insbesondere die Einleitung einer direkten Rede wie in *Es spricht der Oberlender / Betzal mir mein wein vnd gehe mir aus meim hause* (Franck 1540: Blatt 27) oder die Funktion der Ankündigung wie in *Sie haben zweierley geschrifft/Eine nennen sie heilig [...] /Die ander gemeyn* (Franck 1540: Blatt 53) ist dabei hervorzuheben.

Der untersuchte Text enthält insgesamt 1512 Virgeln. Im Gegensatz zu den bislang besprochenen Evangelien finden wir bei Franck jedoch eine deutlich höhere Anzahl an syntaktisch nicht motivierten Virgelsetzungen. Insgesamt wurden 141 Virgeln identifiziert, die sich nicht mithilfe der oben beschriebenen syntaktischen Bedingungen erklären lassen. Neben den bereits weiter oben besprochenen Virgelsetzungen bei nicht-satzwertigen Vergleichskonstruktionen wie in *Wo kann man aber das besser außerlernen/dann aus ihren eygenen schrifften?* (Franck 1540: Blatt 72) oder Virgeln nach komplexen Vorfeldern wie in *Sust andere zeichen der lengerug vnd erhöhung in gemein/find ich nit* (Franck 1540: Blatt 15) finden sich auch zahlreiche Belege von Virgelsetzungen, die nur schwer systematisierbar sind wie in *In der mitt/aber eins worts/werden sie duplirt* (Franck 1540: Blatt 17). Diese aus heutiger Sicht syntaktisch überflüssigen Virgeln nehmen 9,33 % der satzinternen Gesamtvirgelsetzung ein und werden im zusammenfassenden Kapitel 10 ausführlich diskutiert.

7.2   Schottel (1641) Teutsche Sprachkunst

Justus Georg Schottel (auch Schottelius genannt) war Mitglied der ersten frühneuzeitlichen deutschen Sprachakademie, der Fruchtbringenden Gesellschaft, und ein bedeutender Dichter und Grammatiker des 17. Jahrhunderts. Seine ‚Teutsche Sprachkunst‘ von 1641 (gedruckt bei Balthasar Grubern in Braunschweig), die an dieser Stelle untersucht werden soll, stellt zusammen mit der 1663 erschienene ‚Ausführliche Arbeit Von der Teutschen HaubtSprache‘ sein Hauptwerk dar. Der hier untersuchte Textausschnitt der ‚Teutschen Sprachkunst‘ von 1641 umfasst 69 gedruckte Seiten mit einigen Abbildungen, Auflistungen und zahlreichen lateinischen Zitaten. Es handelt sich dabei um die ersten drei (von insgesamt sieben!) Vorreden. Folgende Interpunktionszeichen finden sich in absteigender Häufigkeit in diesem Text: Virgel, Punkt, Komma, Doppelpunkt, Klammern, Semikolon, Fragezeichen, Ausrufezeichen. Hinzu kommen zahlreiche Divisverwendungen als Worttrenner am Zeilenende und zwei Belege einer Kompositatrennung wie in *formulen·bündlein* (Schottel 1641: Blatt 30), die mit einem Mittelpunkt markiert sind. Die Interpunktionsmajuskel ist nicht mehr belegt.

Besonders auffällig ist die Verwendung des Kommas <,> in seiner modernen Form. Dieses wird jedoch lediglich in lateinischen Zitaten verwendet, die darüber hinaus von der Frakturschrift abweichen und typographisch durch die Antiqua-Schrift hervorgehoben werden (vgl. Abb. 58). Die Virgel ist innerhalb dieser Zitate nicht zu finden.

es / was *Tacitus* meynet / da er im anfang von den
Teutschen saget. *Celebrant carminibus antiquis*
Tuitonem *Deum terra editum & filium ejus man-*
num, originem gentis conditoresq́;. Das ist: daß die
Teutschen in ihren alten Gesängen den Gott Tuit
oder Teut vnd dessen Sohn Mann noch rühmeten.

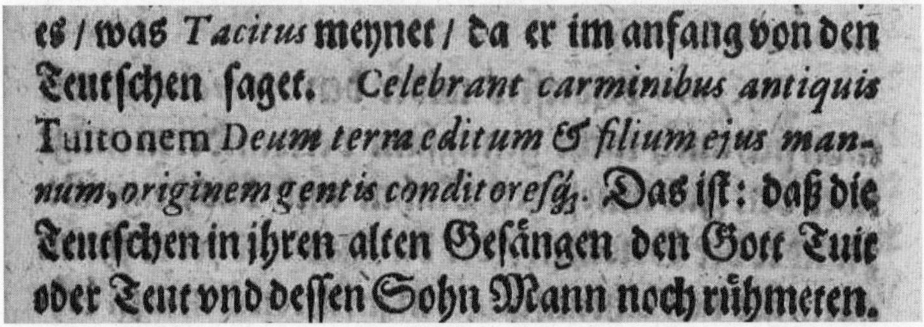

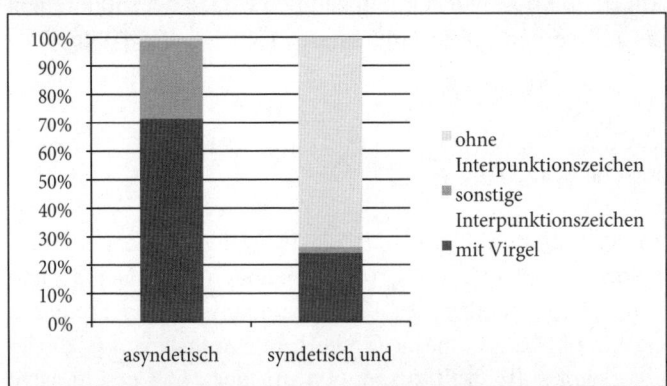

Abb. 58: Das Komma in lateinischen Zitaten (Schottel 1641: Blatt 83). Sächsische Landesbibliothek Dresden, urn:nbn:de:bsz:14-db-id3499827913, Signatur Ling.Germ.rec.204

Wie jedoch bereits weiter oben ausführlicher dargelegt, werden lateinische Zitate nicht in der Korpusauswertung berücksichtigt, sodass die Virgel auch in diesem Text das wichtigste satzinterne Interpunktionszeichen in der Korpusanalyse darstellt.

Abb. 59: Koordinationen

In dem untersuchten Textauszug der ‚Teutschen Sprachkunst' finden sich insgesamt 644 Koordinationen, die sich wie folgt verteilen: 154 dieser Belege entfallen auf asyndetische Koordinationen und 490 auf syndetische Koordinationen (davon alleine 436 auf syndetische Koordinationen mit der koordinierenden Konjunktion *und*). Während asyndetische Koordinationen hochsystematisch zu 98,70 % interpungiert werden, finden wir eine Interpunktion bei syndetischen Koordinationen mit *und* in lediglich 26,37 % aller Belege (vgl. Abb. 59).

Betrachtet man die Interpunktion bei syndetischen Koordinationen mit *und* näher, dann fällt auch in diesem Text auf, dass die syntaktische Kategorie der Konjunkte einen wesentlichen Einfluss auf die Interpunktion ausübt (vgl. Abb. 60).

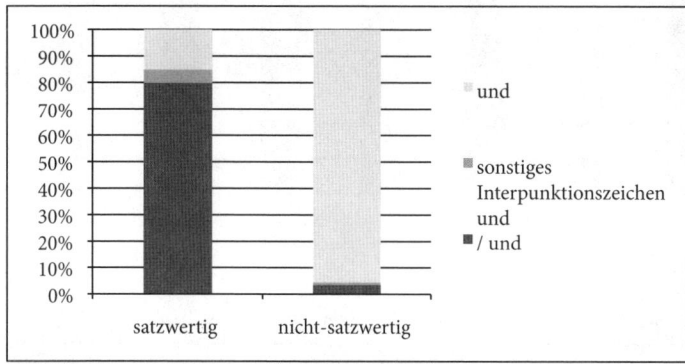

Abb. 60: Syndetische Koordination mit *und*

Während 84,87 % aller satzwertigen syndetischen Koordinationen mit der koordinierenden Konjunktion *und* wie in *wir sollen vielmehr im gegentheil unsere Muttersprach klüglich beschirmen/ und in der That den Verstand deroselben beschämen* (Schottel 1641: Blatt 57) interpungiert werden, bleiben 95,58 % aller nicht-satzwertigen syndetischen Koordinationen mit *und* wie in *wir erhalten dadurch Leib und Seel* (Schottel 1641: Blatt 7) uninterpungiert.

Die Analyse der Herausstellungsstrukturen (vgl. Abb. 61) offenbart bis auf eine Ausnahme ein weitgehend einheitliches Bild. Sowohl satzwertige Herausstellungen wie beispielsweise der herausgestellte Objektsatz in *Ich sage es wahrhafftiglich / daß es eben so unmöglich und närisch sey* (Schottel 1641: Blatt 30) als auch nicht-satzwertige Herausstellungsstrukturen wie der Vokativ in *Ermannet euch doch/ihr Teutschen/ mißgönnet doch ewren nachkomen nicht dasselbe* (Schottel 1641: Blatt 63) oder die Parenthese in *Die ausländer halten die Teutschen (was ihre Sprache betrifft) für grobe brummende Leute* (Schottel 1641: Blatt 5) werden systematisch (meist über 90 %) interpungiert. Die Virgel stellt dabei das bevorzugte Interpunktionszeichen dar, wobei wir auch einige Belege mit Klammern (wie im Beispielsatz der Parenthese) und wenige Verwendungen des Semikolons und des Doppelpunktes finden. Einzig Interjektionen verhalten sich in der Gruppe der Herausstellungskonstruktionen – wie auch schon in den weiter oben besprochenen Texten – auffällig. Diese werden lediglich zu 47,72 % interpungiert.

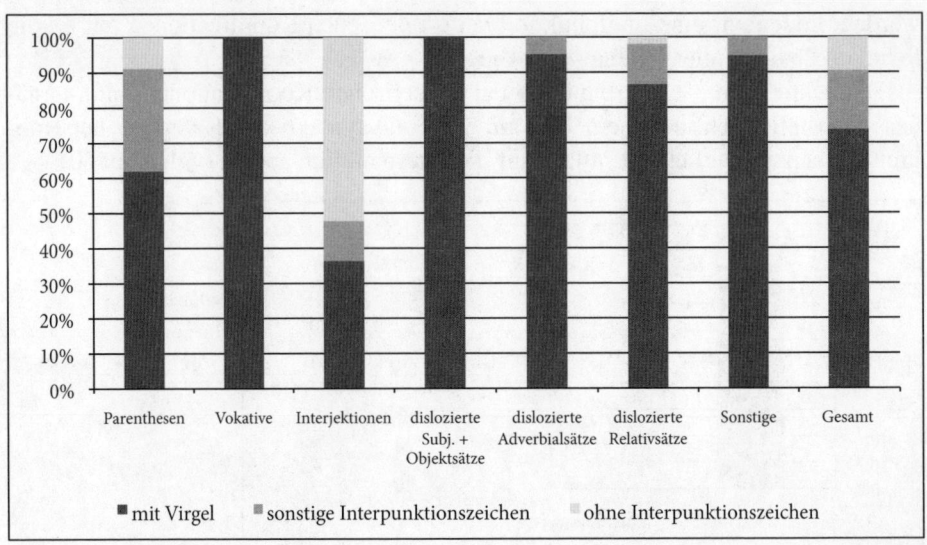

Abb. 61: Herausstellungskonstruktionen

Wenn wir nun die satzwertigen dislozierten Strukturen mit ihren subordinierten Varianten in Abbildung (62) vergleichen, können wir keinen statistisch signifikanten Unterschied hinsichtlich der Interpunktion feststellen.

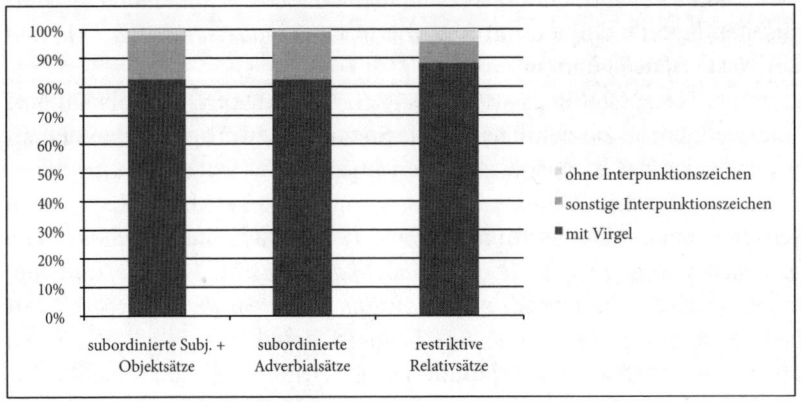

Abb. 62: Subordinierte Nebensätze

Sowohl subordinierte Subjekt- und Objektsätze als auch subordinierte Adverbialsätze und auch restriktive Relativsätze werden im untersuchten Textausschnitt systematisch zu über 95 % interpungiert. Auffällig ist dabei lediglich, dass bei allen drei Satzarten auch andere Interpunktionszeichen als die Virgel verwendet werden können wie beispielsweise das Semikolon in *So habe ich auch gar keine wichtige Uhrsache ersehen können / warumb ich die Griechischen und Lateinischen Terminos Grammaticales behalten solte ; denn man von Teutscher Sprach teutsch und nicht Griechisch oder Lateinisch reden soll* (Schottel 1641: Blatt 31).

Betrachten wir nun die Ergebnisse zu den Infinitivkonstruktionen (vgl. Abb. 63).

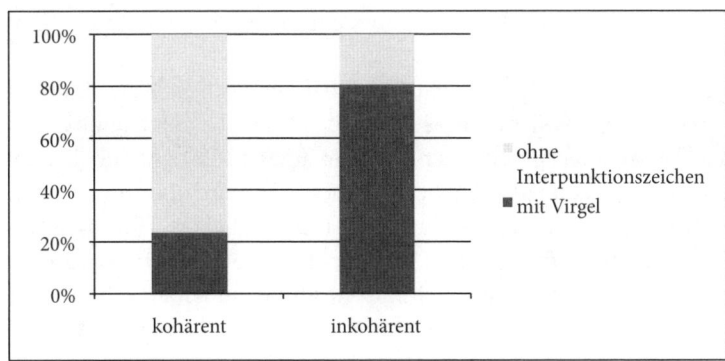

Abb. 63: Infinitivkonstruktionen

Insgesamt konnten 97 Infinitivkonstruktionen identifiziert werden, die sich auf 34 eindeutig kohärente, 36 eindeutig inkohärente und 27 unklare Infinitivkonstruktionen verteilen. Während kohärente Infinitivkonstruktionen lediglich in 23,53 % aller Fälle interpungiert werden, liegt der Wert bei inkohärenten Infinitivkonstruktionen wie in *man müchte die Gedancken gar wol von Ost biß Westen/von Suden biß Norden herumb jren lassen/umb solcher der Teutschen Würdigkeit irgends bey einem Volcke eine volle gleichheit hierin auffzusuchen.* (Schottel 1641: Blatt 4) bei 80,56 %. Dieser Unterschied ist statistisch signifikant ($\chi^2 = 22.81$, df = 1, p < 0.0001).

Darüber hinaus ist in diesem Text ein reicher Gebrauch des Doppelpunktes zu beobachten. Insgesamt konnten 114 Belege identifiziert werden. Neben einigen Verwendungen zur Markierung von Nebensatzgrenzen (vgl. dazu auch das Beispiel mit Semikolongebrauch weiter oben bei subordinierten Nebensätzen), die nicht dem heutigen Gebrauch des Doppelpunktes entsprechen, findet man jedoch zahlreiche Belege, in denen der Doppelpunkt die Funktion einer Ankündigung übernimmt (vgl. dazu Bredel 2011: 88) wie in *Denn dieses meine ich: Es sol und kan keiner nicht über unsere Sprache uhrtheilen* (Schottel 1641: Blatt 22) oder in *Dann wie Cicero sagt: das ist ein Recht der Natur* (Schottel 1641: Blatt 45). Dabei beobachtet man sowohl eine Majuskel- als auch eine Minuskelschreibung nach dem Doppelpunkt.

Im Textauszug der ‚Teutschen Sprachkunst' konnten 1048 Virgeln gezählt werden, von denen – wie oben gezeigt – 997 grammatisch-syntaktisch erklärt werden können. Lediglich 51 Virgelsetzungen (4,87 % der satzinternen Gesamtinterpunktion) müssen aus syntaktischer Sicht als überflüssig gewertet werden. Dazu gehören auch in diesem Text Virgelsetzungen nach komplexen Vorfeldern wie in *Auß erwehnten vielen herzlichen Zeugnissen nun/ kan ein jeder Teutscher unfehlbarlich ermessen* (Schottel 1641: Blatt 63) oder bei Vergleichskonstruktionen wie in *ich gleube/daß nicht eine Nation sey/die ihrer Wörter und Sprachen weniger Verstand und uhrsache wissen und geben können/dann die Teutschen.* (Schottel 1641: Blatt 53). Diese werden in Abschnitt 10.3 ausführlicher besprochen.

7.3 Bödiker (1723) Grundsätze der Teutschen Sprache

Johann Bödiker war einer der erfolgreichsten Grammatiker nach Schottel und bei Zeitgenossen hoch angesehen (von Polenz 2000: 155). Eines seiner Hauptwerke, die ‚Grundsätze der Teutschen Sprache‘, erschien erstmals 1690, wurde jedoch mehrfach neuaufgelegt und nachgedruckt. An dieser Stelle wird die von Johann Leonhard Frisch neubearbeitete Ausgabe aus dem Jahr 1723 (Druckort: Berlin) untersucht. Dabei wurde das gesamte erste Kapitel ‚Rechtschreibung, oder Orthographie‘ mit insgesamt 91 gedruckten Seiten berücksichtigt. Aufgrund einiger Abschnitte mit längeren Wortlisten, die nicht annotiert wurden, umfasst das hier ausgewertete Korpus ca. 63 gedruckte Seiten mit Fließtext. Im untersuchten Textausschnitt konnten folgende Interpunktionszeichen in absteigender Häufigkeit identifiziert werden: Komma, Punkt, Semikolon, Doppelpunkt, Klammern, Fragezeichen, Ausrufezeichen, Apostroph (lediglich ein Beleg). Neben einer Vielzahl an Divisverwendungen als Worttrenner am Zeilenende konnten auch 29 Belege einer Divisverwendung bei komplexen Kompositabildungen wie in *Mund-Art* (Bödiker 1723: 45) gefunden werden.

Wenden wir uns nun den wichtigsten satzinternen interpunktionsrelevanten Domänen zu.

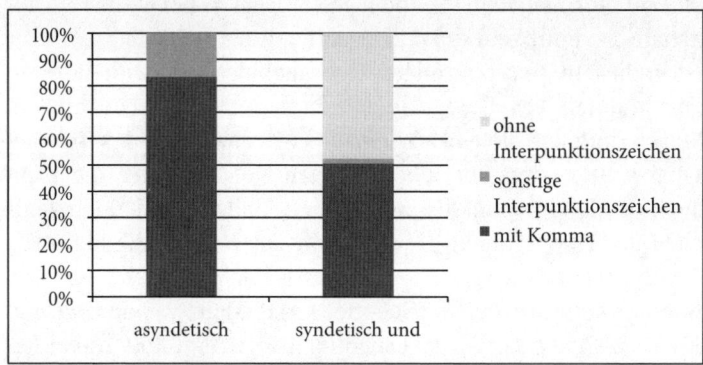

Abb. 64: Koordinationen

Insgesamt konnten im untersuchten Textausschnitt 619 Koordinationen identifiziert werden, die sich auf 302 asyndetische Koordinationen und 317 syndetische Koordinationen (davon 225 syndetische Koordinationen mit der koordinierenden Konjunktion *und*) verteilen. Sämtliche asyndetische Koordinationen werden interpungiert. Das Komma stellt dabei das bevorzugte Interpunktionszeichen dar (83,44 %). Bemerkenswert sind jedoch auch zahlreiche Belege einer Semikolonverwendung in asyndetischen Koordinationen wie in *Wann man diese Mittelthone mit der Französischen Aussprache vergleichen will, so lautet ä als ai in paix, maire; ö als eu in peu, meurs; ü als u in pu, mur* (Bödiker 1723: 26). In diesen Belegen übernimmt das Semikolon die Funktion einer Binnengliederung innerhalb einer längeren Koordination. Diese Funktion ist auch in modernen Interpunktionssystemen üblich. Wenn wir nun dagegen die Interpunktion bei syndetischen Koordinationen mit der koordinierenden Konjunktion *und* betrachten, dann fällt auf, dass diese lediglich in 52,45 % aller Fälle interpungiert werden. Wie die Grafik in (65) veranschaulicht, hängt auch in diesem Text die Interpunktion von syndetischen Koordinationen mit *und* erheblich von der syntaktischen Kategorie der koordinierten Konjunkte ab.

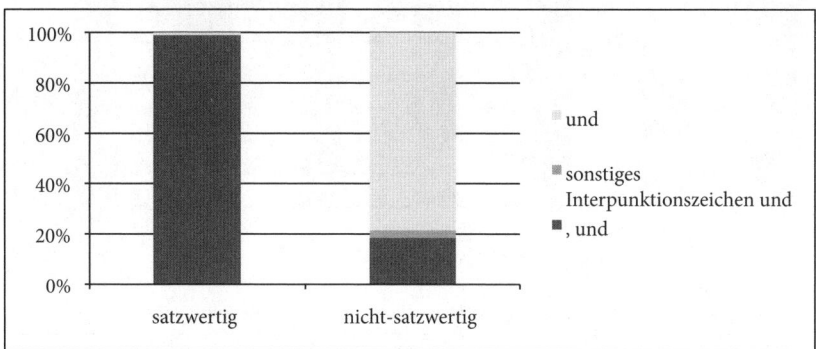

Abb. 65: Syndetische Koordination mit *und*

Satzwertige syndetische Koordinationen mit *und* wie in *diese behalten das Lateinische Wort, und verkrüppeln es nach ihrer Art* (Bödiker 1723: 41) werden in 98,89 % aller Fälle kommatiert, während lediglich 21,48 % (davon 18,52 % mit einem Komma) aller nicht-satzwertigen syndetischen Koordinationen mit *und* wie in *In den Oesterreichischen und benachbarten Ländern wird das e deutlich in ie ausgesprochen* (Bödiker 1723: 30) interpungiert werden. Dieser Unterschied ist statistisch signifikant ($\chi^2 = 129.73$, df = 1, p < 0.0001).

Die Auswertung aller Herausstellungskonstruktionen (vgl. Abb. 66) ergibt ein ähnliches Bild wie bei Schottel im vorangegangenen Abschnitt. Der größte Unterschied besteht lediglich darin, dass die Virgel durch das Komma in seiner modernen Form ersetzt wurde. Auch in diesem Text werden bis auf Interjektionen sowohl nicht-satzwertige Herausstellungskonstruktionen wie in *Es haben einige Ausfertigungen der Bücher, unter anderen auch die heil. Schrifft, angefangen den Nachdruck [...] zu bemerken* (Bödiker 1723: 82) oder in *Das meiste muß in der Rechtschreibung (Orthographie) aus der Lesung guter Bücher abgesehen werden.* (Bödiker 1723: 87) als auch satzwertige Herausstellungskonstruktionen wie in *Ob es gleich nicht ganz damit gehoben ist, so wird doch der unangenehmste Laut in vielen Wörtern dadurch geändert.* (Bödiker 1723: 19) bevorzugt kommatiert bzw. wie im zweiten Beispielsatz geklammert.

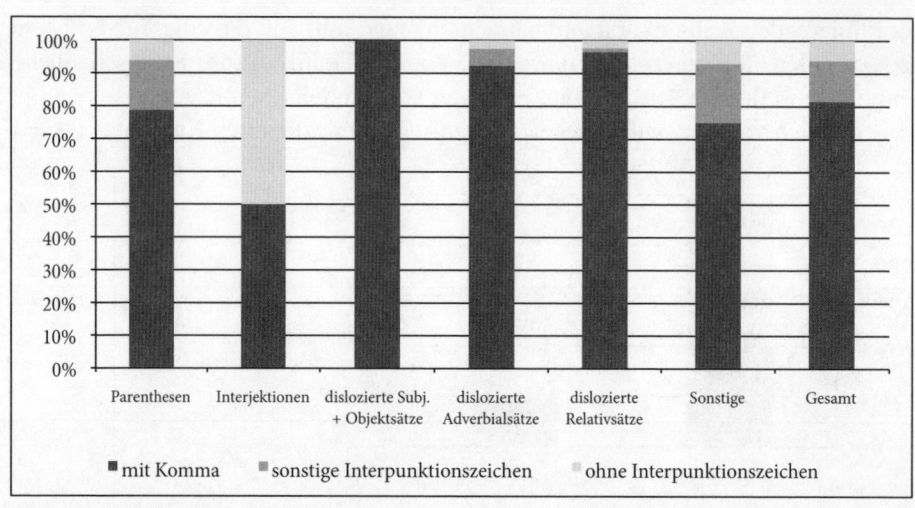

Abb. 66: Herausstellungskonstruktionen

Bemerkenswert erscheint in diesem Text darüber hinaus die Interpunktion bei der Aufzählung von Beispielen wie in *Die Franzosen haben das ie noch von den alten Franken, so daß man auch das e hört, als in mien, tien, fien.* (Bödiker 1723: 30). Hier werden die aufgezählten Beispiele *mien, tien, fien* als eine Herausstellung am rechten Satzrand (Nachtrag) realisiert, die in vielen Fällen – so auch in diesem Beispiel – mit einem Interpunktionszeichen + *als* eingeleitet werden. Diese Belege sind in der Grafik in (66) unter ‚Sonstige‘ gezählt und werden ebenfalls zu fast 93 % interpungiert. Zusammenfassend können wir festhalten, dass in der ‚Teutschen Grammatik‘ 507 (93,89 %) von 540 Herausstellungskonstruktionen interpungiert werden, sodass wir auch in diesem Text von einer systematischen Interpunktion bei Herausstellungskonstruktionen sprechen können.

Diese systematische Interpunktion setzt sich bei subordinierten Nebensätzen fort (vgl. Abb. 67).

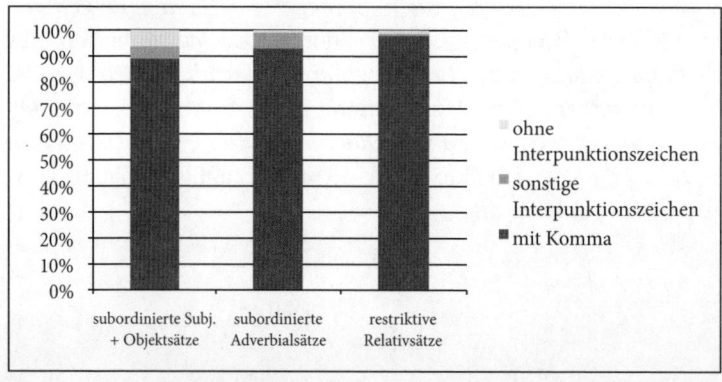

Abb. 67: Subordinierte Nebensätze

Die Auswertung ergibt, dass über 94 % aller subordinierten Nebensätze wie der subordinierte Objektsatz in *Die Anfänger können alsdann gleich wissen, daß sie Waise nicht lesen dörfen* (Bödiker 1723: 34) oder der restriktive Relativsatz in *So hört auch die Frag bei denen auf, die nur kleine Buchstaben vorn an die Substantiva setzen* (Bödiker 1723: 82) interpungiert werden. Das Komma ist dabei das bevorzugte Interpunktionszeichen. Es finden sich lediglich 16 Belege, in denen ein Semikolon oder ein Doppelpunkt erscheint wie beispielsweise in dem Beleg *Das u aber würde vor einem vocal in diesem Fall nur als ein gelindes w lauten; da es doch alsdann im Teutschen dem f näher kommt* (Bödiker 1723: 19).

Die Auswertung der Infinitivkonstruktionen in der ‚Teutschen Grammatik‘ offenbart dagegen einige Interpunktionsauslassungen. Im untersuchten Textausschnitt konnten insgesamt 51 Infinitivkonstruktionen identifiziert werden, die sich auf sechs eindeutig kohärente, 37 eindeutig inkohärente und acht unklare Infinitivkonstruktionen verteilen. Die Grafik in (68) veranschaulicht den Interpunktionsgebrauch für kohärente und inkohärente Strukturen.

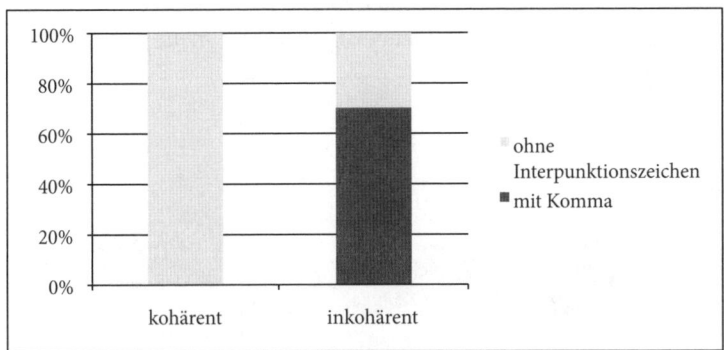

Abb. 68: Infinitivkonstruktionen

Während 70,27 % aller inkohärenten Infinitivkonstruktionen wie in *Es haben schon einige auf ein Mittel gedacht, auch in der grössern Figur des I einen Unterschied zu machen* (Bödiker 1723: 18) kommatiert werden, bleiben sämtliche kohärenten Strukturen uninterpungiert. Inkohärente Infinitivkonstruktionen werden damit in diesem Text signifikant häufiger interpungiert als kohärente Infinitivkonstruktionen ($\chi^2 = 10.66$, df = 1, p = 0.0011).

Wenden wir uns nun dem aus heutiger Sicht überflüssigen Gebrauch von Kommaverwendungen in der ‚Teutschen Grammatik‘ zu. Insgesamt konnten im untersuchten Textausschnitt 1368 Kommas gezählt werden, von denen – wie weiter oben gezeigt – 1274 syntaktisch erklärt werden können. Lediglich 94 (6,87 % der satzinternen Gesamtinterpunktion) Verwendungen müssen als syntaktisch überflüssig bewertet werden. Allein 67 (71,28 %) von diesen 94 Verwendungen entfallen auf Kommasetzungen in Vergleichskonstruktionen wie in *Nach den consonanten ist ck und tz so wenig nütze, als kk und zz* (Bödiker 1723: 80). Solche Verwendungen ließen sich bereits in anderen Texten beobachten. Bemerkenswerterweise konnten darüber hinaus keine Kommaverwendungen nach komplexen Vorfeldern gefunden werden. Lediglich neun Kommaverwendungen nach dem Ende einer längeren Koordination waren auffällig wie in *ä, ö, ü, sind keine Diphtonge* (Bödiker 1723: 23).

7.4 Gottsched (1749) Grundlegung einer deutschen Sprachkunst

Johann Christoph Gottsched (1700–1766) war einer der bedeutendsten Autoren und Sprachphilosophen in der Frühphase der Aufklärung. Sein linguistisches Hauptwerk, die ‚Grundlegung einer deutschen Sprachkunst‘, erschien erstmals 1748 in Leipzig und wurde mehrfach neu aufgelegt und überarbeitet. An dieser Stelle wird die zweite, im Jahr 1749 erschienene Auflage untersucht, die in Leipzig gedruckt und von Bernhard Christoph Breitkopf verlegt wurde. Der hier untersuchte Textausschnitt umfasst die Vorrede bzw. die Nachricht zur zweiten Auflage und die ersten drei Hauptstücke. Zieht man in diesen Abschnitten einige Seiten mit Wortlisten ab, die in dieser Korpusauswertung nicht berücksichtigt werden, verbleiben ca. 64 gedruckte Seiten, die annotiert wurden. Darin konnten folgende Interpunktionszeichen in absteigender Häufigkeit identifiziert werden: Komma, Punkt, Semikolon, Doppelpunkt, Fragezeichen, Klammern, Ausrufezeichen. Hinzu kommen zahlreiche Belege des Divis als Worttrenner am Zeilenende. Die Interpunktionsmajuskel ist nicht mehr belegt.

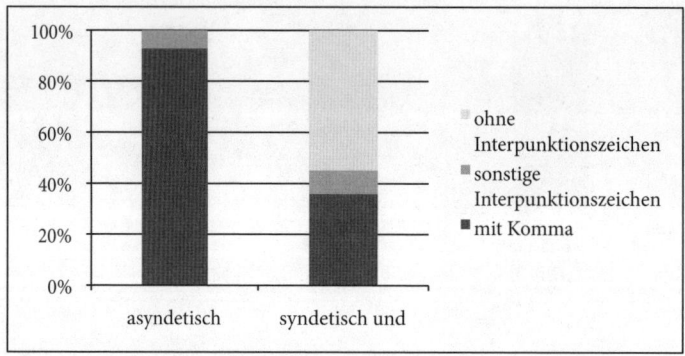

Abb. 69: Koordinationen

Im untersuchten Textausschnitt der Sprachkunst konnten insgesamt 994 Koordinationen identifiziert werden, die sich auf 512 asyndetische und 482 syndetische Koordinationen (davon alleine 405 syndetische Koordinationen mit der koordinierenden Konjunktion *und*) verteilen. Während sämtliche asyndetische Koordinationen interpungiert werden (davon 92,77 % kommatiert), finden wir in syndetischen Koordinationen mit *und* mehrheitlich Interpunktionsauslassungen: Lediglich 45,18 % aller Belege sind interpungiert (vgl. Abb. 69). Die Grafik in (70) veranschaulicht jedoch, dass der Interpunktionsgebrauch bei syndetischen Koordinationen mit *und* auch in diesem Text erheblich von der syntaktischen Kategorie der Konjunkte abhängt. Während sämtliche satzwertige syndetische Koordinationen interpungiert sind (davon 73,13 % kommatiert), finden wir nur in 18,99 % aller nicht-satzwertigen syndetischen Koordinationen ein Interpunktionszeichen. Diese Verteilung spiegelt beispielhaft der Satz *Sie studirn die Sprache aus Büchern, und üben sich in dem Umgange mit den Vornehmsten und Gelehrtesten* (Gottsched 1749: Vorrede 14) wider, der eine kommatierte satzwertige syndetische Koordination enthält und eine nicht-interpungierte nicht-satzwertige syndetische Koordination. Dieser Unterschied zwischen satzwertigen und nicht-satzwertigen syndetischen Koordinationen ist statistisch signifikant ($\chi^2 = 232.52$, df $= 1$, $p < 0.0001$).

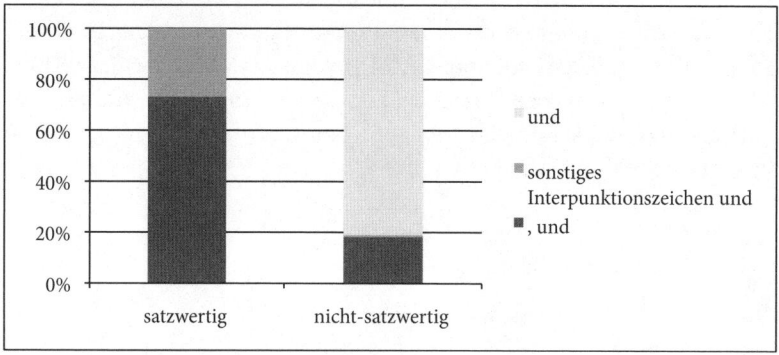

Abb. 70: Syndetische Koordination

Betrachten wir nun die unterschiedlichen Herausstellungsstrukturen in Gottscheds Sprachkunst von 1749 (vgl. Abb. 71).

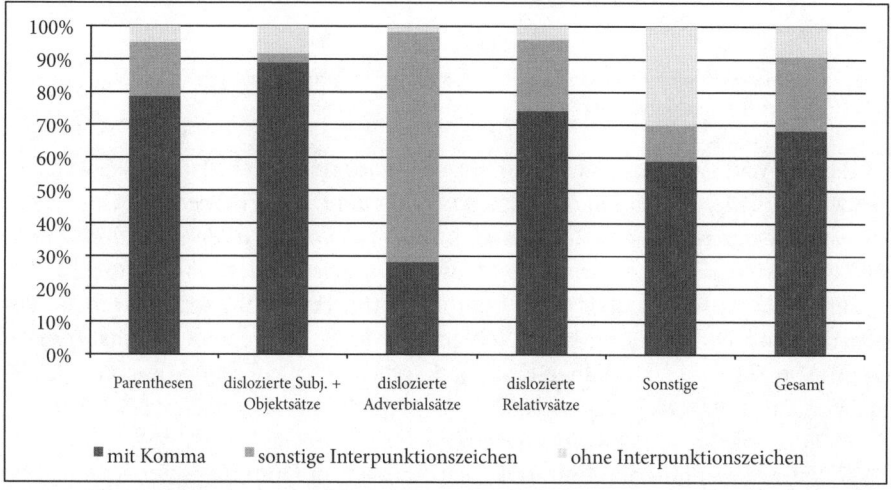

Abb. 71: Herausstellungsstrukturen

Zählt man sämtliche Herausstellunsgsstrukturen zusammen, dann können wir auch für diesen Text konstatieren, dass diese mit 90,81 % systematisch interpungiert werden. Die Grafik in (71) zeigt jedoch auch auf, dass eine Einzelanalyse der Herausstellungskonstruktionen bemerkenswerte Ergebnisse liefert. So können wir beobachten, dass nicht-satzwertige Parenthesen wie in *wenn dadurch nur der Zweck der Rede, nämlich die deutliche Erklärung der Gedanken, erhalten wird* (Gottsched 1749: 10) oder dislozierte Nebensätze wie der appositive Relativsatz in *Da wir nun im Deutschen das K auch haben, welches die Lateiner nicht hatten: so haben viele Sprachkenner lieber dem Ursprunge der Wörter folgen [...] wollen* (Gottsched 1749: 64) zu über 90 % interpungiert werden. Hervorzuheben ist dabei, dass insbesondere dislozierte Adverbialsätze bevorzugt ein Semikolon oder einen Doppelpunkt (70,18 % aller Belege) lizenzieren. Dieses Ergebnis wird an späterer Stelle diskutiert. Interpunktionsauslassungen finden wir dagegen bei einer besonderen Herausstellungsform am linken Satzrand, die in der Auswertung unter ‚Sonstige' geführt wird: *Allein es war dieses noch nicht so ausgemacht* (Gottsched 1749: 50). Insgesamt konnten 24 Belege der letzteren *Allein*-Konstruktion identifiziert werden, von denen nur drei (12,50 %) interpungiert wurden.

Die systematische Interpunktion setzt sich auch bei subordinierten Nebensätzen fort wie die Grafik in Abbildung (72) verdeutlicht.

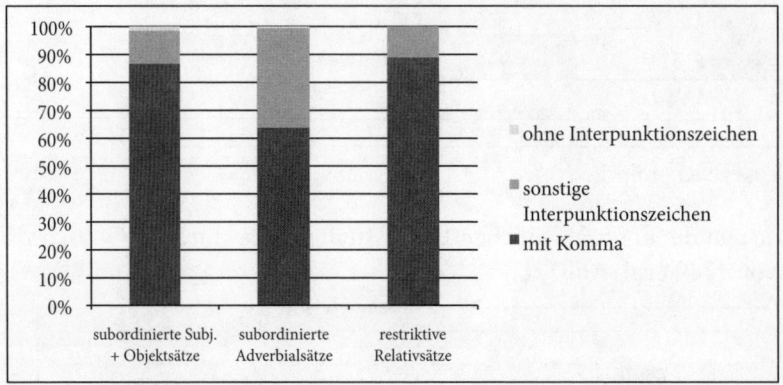

Abb. 72: Subordinierte Nebensätze

So zeigt die Analyse der Sprachkunst, dass subordinierte Nebensätze wie der Objektsatz in *ein jeder sieht, daß die letzteren vollkommener seyn werden* (Gottsched: 1749: 9) oder der restriktive Relativsatz in *Diejenigen, die allen doppelten Buchstaben gram sind, mögen es einmal mit diesen Wörtern versuchen* (Gottsched 1749: 58) sehr systematisch zu über 98 % interpungiert werden. Bemerkenswert ist dagegen, dass für die Markierung der Nebensatzgrenzen (siehe auch die dislozierten Sätze in Abb. 71) in vielen Fällen ein Doppelpunkt oder ein Semikolon verwendet wird, wie beispielsweise in *doch behielt der attische vor den übrigen den Vorzug; weil Athen die meisten Scribenten hervorbrachte* (Gottsched 1749: 46).

Wenden wir uns nun den Infinitivkonstruktionen in Gottscheds Sprachkunst zu (vgl. Abb. 73).

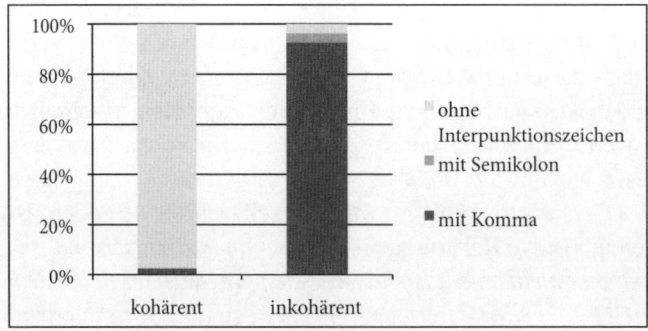

Abb. 73: Infinitivkonstruktionen

Auch in diesem Text beobachten wir eine unterschiedliche Interpunktion hinsichtlich satzwertiger (inkohärenter) und nicht-satzwertiger (kohärenter) Infinitivkonstruktionen. Insgesamt konnten 120 Infinitivkonstruktionen identifiziert werden, die sich auf 38 eindeutig kohärente, 54 eindeutig inkohärente und 28 unklare Konstruktionen verteilen. Während 52 (96,30 %) von 54 inkohärenten Infinitivkonstruktionen wie in *die übrigen dörfen nur ihrem Exempel folgen, ohne sich auf die Ursache einzulassen* (Gottsched 1749: 64) interpungiert sind (davon 92,59 % kommatiert), finden wir überwiegende Interpunktionsauslassungen bei kohärenten Infinitivkonstruktionen wie in *Indem ich diese Schwierigkeiten begreiflich zu machen suche* (Gottsched 1749: Vorrede 2): Lediglich ein Beleg ist interpungiert. Dieser Unterschied hinsichtlich der Interpunktion von eindeutig kohärenten vs. eindeutig inkohärenten Infinitivkonstruktionen ist statistisch signifikant ($\chi^2 = 80.12$, df = 1, p < 0.0001).

Im untersuchten Textausschnitt der Sprachkunst konnten insgesamt 1456 Kommas identifiziert werden, von denen 1344 (92,31 %) syntaktisch erklärt werden können. Lediglich 112 Kommaverwendungen müssen aus syntaktischer Sicht als überflüssig bewertet werden. So finden sich auch in diesem Text Kommaverwendungen nach komplexen Vorfeldern wie in *Alle diese Regeln von geschickter Verbindung der Wörter, machen den dritten Theil der Sprachlehre aus* (Gottsched 1749: 17) oder bei nicht-satzwertigen Vergleichskonstruktionen wie in *welches ja nicht unwürdig ist, seine Muttersprache etwas besser und richtiger schreiben zu lernen, als seine Mägde* (Gottsched 1749: Vorrede 7). Zudem kann man acht Belege beobachten, bei denen ein kontrastives Topik (im Beispiel am Topikmarker *aber* erkennbar) mit einem Komma abgetrennt wurde wie in *so machet allemal die größte Anzahl übereinstimmender Exempel eine Regel aus; die davon abweichenden Exempel aber, geben die Ausnahmen an die hand* (Gottsched 1749: 4).

7.5   Adelung (1812) Vollständige Anweisung zur Deutschen Orthographie

Johann Christoph Adelung war ein bereits zu Lebzeiten hoch angesehener Schriftsteller, Lexikograph und Grammatiker, der sämtliche Grammatiker des 19. Jahrhunderts maßgeblich geprägt hat (von Polenz 2000: 164). Besondere Bedeutung wird u. a. seinen Hauptwerken ‚Grammatisch-kritisches Wörterbuch der hochdeutschen Mundart' (1774–1786), ‚Umständliches Lehrgebäude der deutschen Sprache' (1782) und der ‚Vollständigen Anweisung zur Deutschen Orthographie' (1788) zugeschrieben. Letztere soll im Folgenden in der 3. Auflage aus dem Jahr 1812 (gedruckt in der Weygandschen Buchhandlung in Leipzig) untersucht werden.[27] Annotiert wurden die Einleitung und die ersten drei Kapitel dieses Werkes. Dies entspricht ca. 60 gedruckten Seiten, auf denen die folgenden Interpunktionszeichen in absteigender Häufigkeit gefunden werden konnten: Komma, Punkt, Semikolon, Klammern, Dop-

---

[27]   Leider stand die Erstauflage von 1782 nicht als Digitalisat oder Faksimiledruck zur Verfügung, weshalb hier auf eine spätere Ausgabe zurückgegriffen werden muss, die jedoch in derselben Druckerei entstand.

pelpunkt, Fragezeichen und Apostroph. Zudem konnten zahlreiche Belege des Divis als Worttrenner am Zeilenende und als Bindestrich bei Kompositabildungen wie in *Current=Schrift* (Adelung 1812: 23) identifiziert werden.

Betrachten wir nun erneut der Reihe nach die wichtigsten satzinternen interpunktionsrelevanten Konstruktionen, beginnend mit den Ergebnissen der Koordinationen, vgl. Abbildung (74).

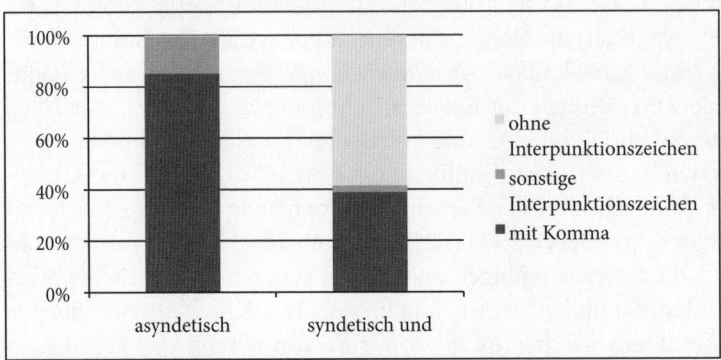

Abb. 74: Koordinationen

Im untersuchten Textausschnitt konnten 680 Koordinationen identifiziert werden, die sich wie folgt verteilen: 236 entfallen auf asyndetische und 444 auf syndetische Koordinationen (davon alleine 383 auf syndetische Koordinationen mit der koordinierenden Konjunktion *und*). Während lediglich eine asyndetische Koordination uninterpungiert blieb (0,42 %), finden wir eine größere Interpunktionsauslassung bei syndetischen Koordinationen mit *und* (vgl. Abb. 74). Hier werden lediglich 41,51 % aller Belege interpungiert (davon 38,90 % kommatiert). Die Grafik in (75) veranschaulicht, dass die Lizenzierung eines Interpunktionszeichen bei syndetischen Koordinationen mit *und* auch in diesem Text von der Satzwertigkeit der koordinierten Konjunkte abhängt.

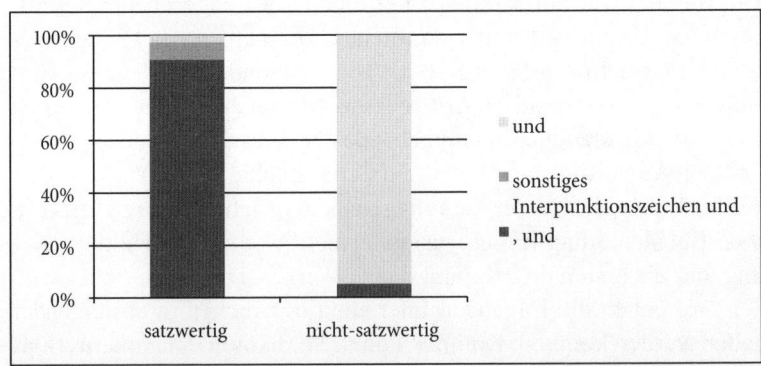

Abb. 75: Syndetische Koordination mit *und*

Während 97,35 % aller satzwertigen syndetischen Koordinationen mit der koordinierenden Konjunktion *und* wie in *Die Schönheit setzt die Richtigkeit voraus, und kann nur von ihr ausgehen* (Adelung 1812: 7) interpungiert werden, finden wir das Komma lediglich in 5,17 % aller Belege einer nicht-satzwertigen syndetischen Koordination mit *und*.

Die Analyse aller Herausstellungskonstruktionen offenbart ein sehr einheitliches Bild, vgl. (76).

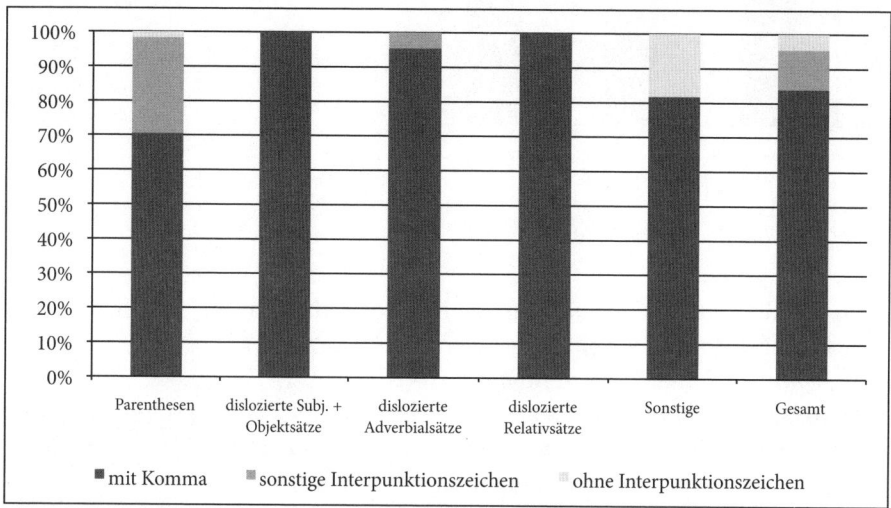

Abb. 76: Herausstellungskonstruktionen

Sowohl nicht-satzwertige Parenthesen wie in *In allen diesen Ländern, die Niederlande allein ausgenommen, war die Landessprache mit der Römischen vermischt* (Adelung 1812: 24) oder in *Wer sich die Mühe nehmen will, die Geschichte der Orthographie Einer dieser Sprachen, z. B. der Französischen, nur seit einem Jahrhundert zu untersuchen* (Adelung 1812: 31) als auch satzwertige Herausstellungsstrukturen wie der dislozierte Adverbialsatz in *Da sie viele Jahrhunderte lang bloß geschrieben ward, so war sie dadurch tausend Veränderungen ausgesetzt* (Adelung 1812: 22) werden systematisch zu über 90 % interpungiert, v. a. bevorzugt kommatiert. Lediglich eine Konstruktion, die in der Grafik in (76) unter Sonstige geführt wird und deren Status als Herausstellungsform an späterer Stelle kritisch diskutiert werden soll, verhält sich auffällig: *Allein es lässt sich leicht beweisen* (Adelung 1812: 29). Insgesamt konnten 19 Belege einer solchen *Allein*-Konstruktion identifiziert werden, bei denen *allein* am linken Satzrand herausgestellt wird. Lediglich neun (47,37 %) dieser Belege wurden kommatiert.

Betrachten wir nun die Interpunktion bei subordinierten Nebensätzen (vgl. Abb. 77).

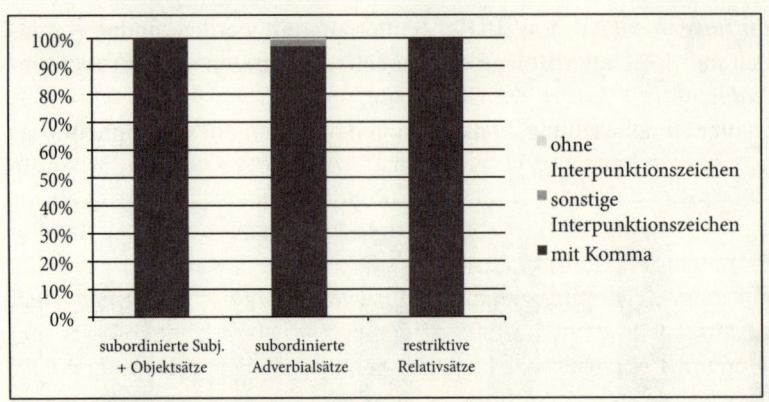

Abb. 77: Subordinierte Nebensätze

Die Analyse des untersuchten Textausschnittes zeigt, dass nahezu sämtliche subordinierte Nebensätze wie beispielsweise der Objektsatz in *Ich habe oben bemerket, daß unser Alphabet ursprünglich Römisch ist* (Adelung: 1812: 40) oder der restriktive Relativsatz in *Da nun in einer solchen Sprache alles das zerstöret wird, was dieses dunkele Gefühl leiten könnte, so ist sie auch immer sehr großen Veränderungen ausgesetzt* (Adelung 1812: 30) interpungiert werden.

Die Analyse der Infinitivkonstruktionen in Adelungs Traktat hingegen offenbart häufigere Kommaauslassungen, vgl. Abbildung (78). Insgesamt konnten im untersuchten Textausschnitt 122 Infinitivkonstruktionen identifiziert werden, die sich auf 37 eindeutig kohärente, 59 eindeutig inkohärente und 26 unklare Infinitivkonstruktionen verteilen. Während 96,61 % aller inkohärenten Konstruktionen wie in *Ich kann diesen Gegenstand nicht verlassen, ohne noch etwas von diesen Fehlern zu sagen* (Adelung 1812: 55) kommatiert werden, findet man keinen interpungierten Beleg einer eindeutig kohärenten Infinitivkonstruktion. Dieser Unterschied ist statistisch signifikant (χ^2 = 87.98, df = 1, p < 0.0001).

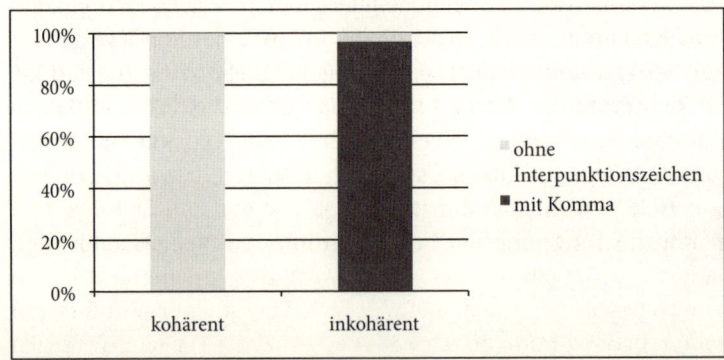

Abb. 78: Infinitivkonstruktionen

Die Annotation des untersuchten Textausschnittes legte insgesamt 1195 satzinterne Interpunktionszeichen offen, von denen lediglich ein Beleg als aus syntaktischer

132

Sicht überflüssig bewertet werden muss: *Die Römische Current=Schrift hatte in den blühenden Zeiten Roms, schon die schöne runde Gestalt* (Adelung 1812: 22). Diese Kommaverwendung kann als Performanzfehler betrachtet werden. Bemerkenswert sind dagegen einige Klammer- und Kommaverwendungen bei der Übersetzung oberdeutscher Sprachbeispiele in Abbildung (79).

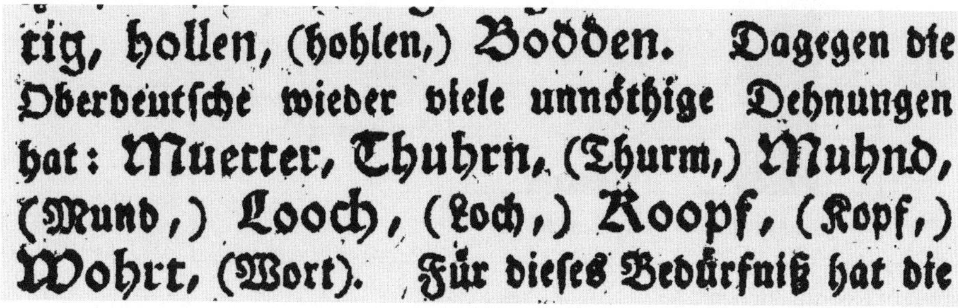
tig, hollen, (hohlen,) Bodden. Dagegen die
Oberdeutsche wieder viele unnöthige Dehnungen
hat: Muetter, Thuhrn, (Thurm,) Muhnd,
(Mund,) Looch, (Loch,) Koopf, (Kopf,)
Wohrt, (Wort). Für dieses Bedürfniß hat die

Abb. 79: Klammerverwendung in Adelung (1812: 60)

Aus heutiger Sicht erwarten wir bei der asyndetischen Reihung nach dem Doppelpunkt erstens keine Kommas innerhalb der Klammern und zweitens keine Kommas zwischen den oberdeutschen Ausdrücken und deren geklammerten Übersetzungen. In Kapitel 10 sollen diese und andere besondere Markierungsformen bei Koordinationen gesondert diskutiert werden.

7.6 Wilmanns (1909) Deutsche Grammatik

Wilhelm Wilmanns war Professor für historische Sprachwissenschaft an der Universität Bonn und Mitglied der Preußischen Akademie der Wissenschaften. Zusammen mit Konrad Duden war er der einzige Linguist, der sowohl an der ersten als auch an der zweiten orthographischen Konferenz teilnahm, deren Ergebnisse maßgeblich zur Vereinheitlichung der deutschen Orthographie beitrugen. An dieser Stelle soll die von ihm verfasste ‚Deutsche Grammatik' aus dem Jahr 1909 analysiert werden, die im Verlag von Karl Trübner in Straßburg gedruckt wurde. Bei dem untersuchten Textausschnitt handelt es sich um die ‚Dritte Abteilung: Flexion', der die Seiten 317 bis 375 umfasst. Von der Annotation wurden – wie schon in den weiter oben diskutierten Texten – sämtliche im Text befindliche Tabellen und längere Wortlisten ausgeschlossen. Der Textausschnitt enthält die folgenden Interpunktionszeichen in absteigender Häufigkeit: Komma, Punkt (auch als Abkürzungspunkt), Klammern, Semikolon, Doppelpunkt, Gedankenstrich, Fragezeichen und Ausrufezeichen. Zudem finden sich zahlreiche Verwendungen des Divis <-> als Trennstrich zur Worttrennung am Zeilenende, als Bindestrich in Kompositabildungen und als Ergänzungsstrich wie in *Im Hochdeutschen gehen beide Kasus auf -en oder auf -in aus* (Wilmanns 1909: 347).

Beginnen wir nun die Korpusanalyse mit den Ergebnissen zu Koordinationen (vgl. Abb. 80).

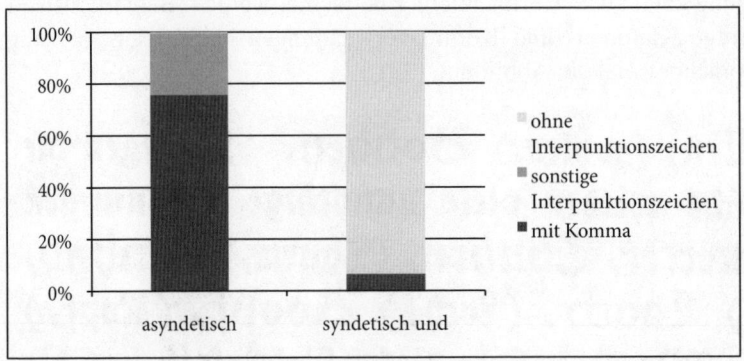

Abb. 80: Koordinationen

Im genannten Textausschnitt der Deutschen Grammatik konnten insgesamt 903 Koordinationen identifiziert werden, die sich wie folgt verteilen: 498 entfallen auf asyndetische und 405 auf syndetische Koordinationen (davon allein 323 auf syndetische Koordinationen mit der koordinierenden Konjunktion *und*). Die Abbildung in (80) veranschaulicht, dass auch in diesem Text asyndetische Koordinationen hochsystematisch in 99,60 % aller Fälle interpungiert werden (davon 75,70 % kommatiert), während syndetische Koordinationen mit der Konjunktion *und* nur in 6,50 % aller Fälle kommatiert werden. Hervorheben sollte man, dass in asyndetischen Koordinationen neben dem Komma in 23,90 % aller Belege auch ein anderes Interpunktionszeichen (überwiegend das Semikolon) gewählt wurde wie in *Der Vokativ ist im Gotischen nicht belegt, im Hd. stimmt er mit dem Nom. überein; welche Vokalstufe er ursprünglich voraussetzte, ist nicht zu erkennen* (Wilmanns 1909: 340). Bemerkenswert ist aber darüber hinaus auch, dass in diesem Text erneut ein starker Interpunktionseinfluss hinsichtlich des Faktors Satzwertigkeit der mit *und* koordinierten Konjunkte in syndetischen Koordinationen erkennbar ist, vgl. (81).

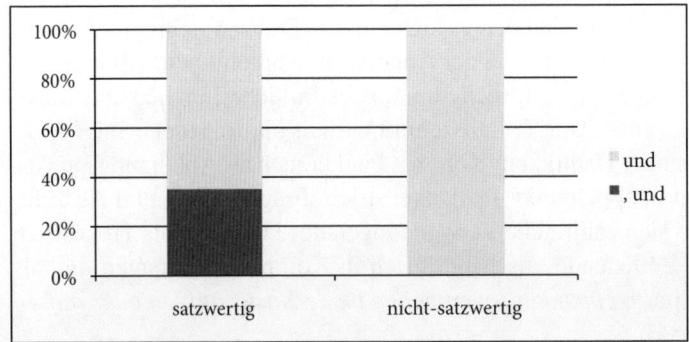

Abb. 81: Syndetische Koordination mit *und*

Obwohl insgesamt nur 21 syndetische Koordinationen mit *und* kommatiert wurden, fällt bei genauerer Betrachtung auf, dass 20 dieser Belege auf Koordinationen mit satzwertigen Konjunkten entfallen wie in *Schon im Idg. wurden o-Stämme vielfach zu n-Stämmen erweitert, und dies Verhältnis setzt sich in den germ. Sprachen fort* (Wilmanns 1909: 364) und nur ein Beleg auf eine nicht-satzwertige Koordination mit *und*. Dieser Unterschied ist statistisch signifikant (χ^2 = 93.04, df = 1, p < 0.0001). Betrachten wir nun die unterschiedlichen Herausstellungsstrukturen, vgl. Abbildung (82).

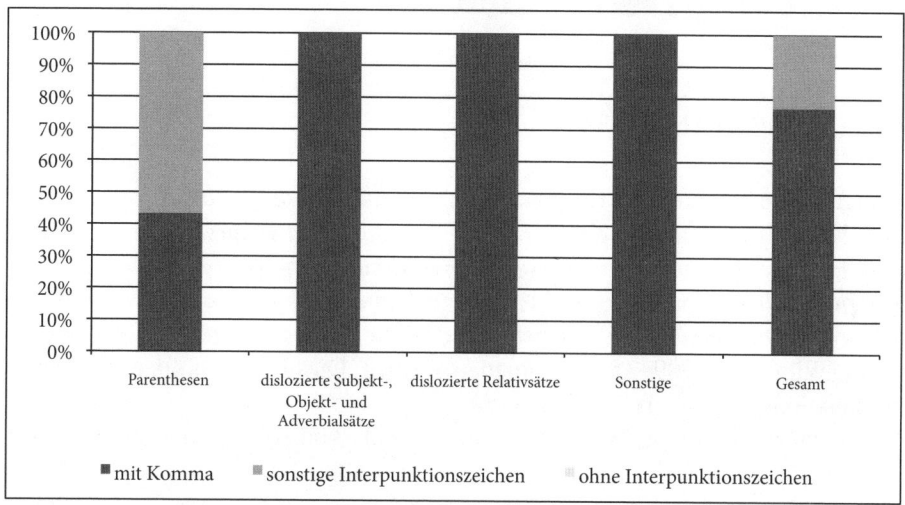

Abb. 82: Herausstellungskonstruktionen[28]

Das bemerkenswerteste Ergebnis ist, dass sämtliche Herausstellungsstrukturen im untersuchten Textausschnitt interpungiert wurden, sowohl nicht-satzwertige als auch satzwertige Strukturen. Auffällig ist lediglich, dass wir bei der Markierung von Parenthesen unterschiedliche Interpunktionszeichen vorfinden, wie beispielsweise das Komma in *Die io-Stämme, besonders die kurzsilbigen, zeigen im Gotischen fast ganz dieselben Flexionsendungen* (Wilmanns 1909: 327), Gedankenstriche wie in *Sehr auffallend aber bildet das Fem. g. haims Dorf – in anderen germ. Sprachen ist das Wort Mask. oder Neutrum – den Plural nach der o-Deklination* (Wilmanns 1909: 341) oder Klammern wie in *Vor -in begegnet vereinzelt in sehr alten Quellen auch Umlaut (henin, menin); doch wird er früh durch Ausgleich beseitigt* (Wilmanns 1909: 347)[29].

Diese systematische Interpunktion setzt sich bei subordinierten Nebensatzstrukturen (vgl. Abb. 83) fort.

---

[28] In dieser Abbildung wurden dislozierte Subjekt-, Objekt- und Adverbialsätze aufgrund der geringen Belegzahlen im untersuchten Text zusammengefasst.

[29] Darüber hinaus konnten im Text zahlreiche Klammerverwendungen bei Literaturangaben gefunden werden, die jedoch hier nicht als Parenthesen gewertet werden.

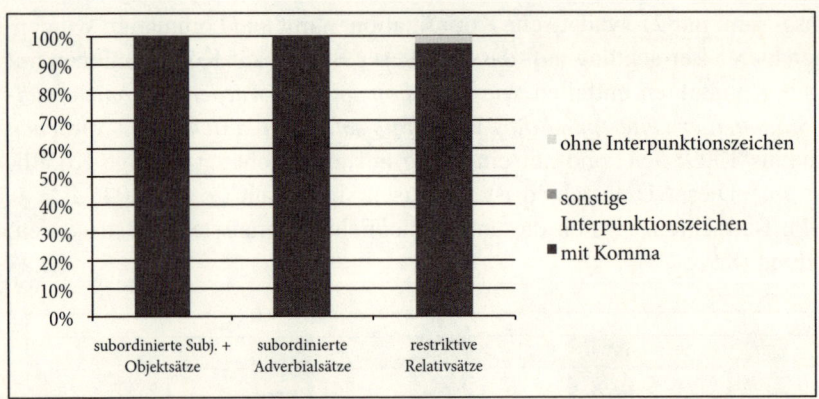

Abb. 83: Subordinierte Nebensätze

So zeigt die Auswertung des Korpus, dass sämtliche subordinierte Subjekt-, Objekt-
und Adverbialsätze wie beispielsweise der Subjektsatz in *Denn dass diesen einander so nahe stehenden Formen verschiedene Bildungen zugrunde liegen sollten, ist
nicht glaublich* (Wilmanns 1909: 347) und auch über 97 % aller restriktiven Relativsätze wie in *Die Stämme, die vor dem n-Suffix ein j haben, flektieren zum Teil ganz
ebenso* (Wilmanns 1909: 351) kommatiert werden. Dies entspricht dem modernen
Interpunktionsgebrauch bei diesen Strukturen.

Betrachten wir nun die Auswertung aller Infinitivkonstruktionen (vgl. Abb. 84).

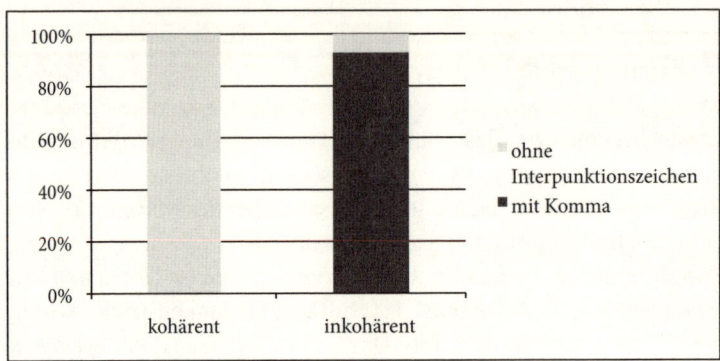

Abb. 84: Infinitivkonstruktionen

Insgesamt konnten im ausgewerteten Textausschnitt 40 Infinitivkonstruktionen
identifiziert werden, die sich auf zehn eindeutig kohärente, 14 eindeutig inkohärente und 16 unklare Konstruktionen verteilen. Während 13 (92,86 %) von 14 inkohärenten Infinitivkonstruktionen wie in *Nur nach dem schwächsten Laut war das
Gewicht der Endung stark genug, um sich behaupten zu können* (Wilmanns 1909:
329) kommatiert werden, finden wir keinen interpungierten Beleg einer eindeutig kohärenten Konstruktion. Der Unterschied zwischen eindeutig kohärenten und
eindeutig inkohärenten Infinitivkonstruktionen ist statistisch signifikant ($\chi^2 = 20.26$,
df = 1, p < 0.0001).

Im untersuchten Textausschnitt konnten darüber hinaus 46 Doppelpunktverwendungen identifiziert werden wie in *Nach dem Themavokal der Substantiva unterscheidet man im Germanischen vier Hauptdeklinationen: a-, o-, i- und u-Deklination* (Wilmanns 1909: 324). Sämtliche Doppelpunktverwendungen können – wie dieses Beispiel illustriert – auf eine Ankündigungsfunktion zurückgeführt werden, wie sie auch in modernen Interpunktionssystemen gebräuchlich ist (vgl. u.a. Gallmann 1985 und Bredel 2011). Der Gebrauch des Gedankenstrichs hingegen weicht in einigen Fällen vom modernen Gebrauch ab. So wird dieser in der Deutschen Grammatik häufig zwischen zwei vollständig abgeschlossenen Sätzen verwendet wie in *Vor -in begegnet vereinzelt in sehr alten Quellen auch Umlaut (henin, menin); doch wird er früh durch Ausgleich beseitigt. – Dass die Doppelheit von -en und -in in der Verschiedenheit der ursprünglichen Kasussuffixe begründet sei, ist nicht anzunehmen* (Wilmanns 1909: 347). Anders jedoch als in modernen Interpunktionssystemen kennzeichnet dieser Gedankenstrich keinen Sprecher- oder Themenwechsel, wie ihn beispielsweise Bredel (2011: 44) für die Verwendung in *Was, ich? – Ja, du!* annimmt.

Insgesamt konnten in Wilmanns Grammatik 1173 satzinterne Interpunktionszeichen identifiziert werden, deren Gebrauch – wie in diesem Kapitel gezeigt – nahezu sämtlich erklärt werden konnte. Es konnte darüber hinaus kein aus syntaktischer Sicht überflüssiges Komma gefunden werden.

7.7 Zusammenfassung

Tabelle 9 fasst für alle ausgewerteten Sprachlehren jeweils das Interpunktionsinventar, den Gebrauch von Interpunktionsmajuskeln sowie die asymmetrische Anknüpfung der syntaktischen Interpunktionszeichen im Schreibraum zusammen.

Tabelle 9: Inventar und Graphotaktik der Sprachlehren

	Interpunktions- inventar	Interpunktions- majuskel	konsistente asymmetrische Anbindung der syntaktischen Interpunktionszeichen
Franck 1540	/. () ? ⚡	Ja	Nein
Schottel 1641	/. , : () ; ? ! · ⚡	Nein	Nein
Bödiker 1723	, . ; : () ? ! ' ⚡	Nein	Nein
Gottsched 1749	, . ; : ? () ! ⚡	Nein	Ja
Adelung 1812	, . ; () : ? ' ⚡	Nein	Ja
Wilmans 1909	, . () ; : – ? ! -	Nein	Ja

Wir können beobachten, dass sich das bei Franck (1540) noch recht kleine Interpunktionsinventar innerhalb eines Jahrhunderts schnell ausdifferenzierte. So verwendet Schottel (1641) bereits die aus heutiger Sicht wichtigen syntaktischen Zeichen Doppelpunkt und Semikolon. Das Komma wiederum findet man bei Schottel nur in lateinischen Zitaten (durch Antiqua-Schrift hervorgehoben). Es setzt sich jedoch wenig später um das Jahr 1720 endgültig gegen die Virgel durch und wird zum wichtigsten satzinternen Interpunktionszeichen. Während die Interpunktionsmajuskel als Interpunktionsmittel bereits seit Schottel (1641) keine Verwendung mehr findet, stabilisiert sich die asymmetrische Anbindung der syntaktischen Zeichen (v. a. des Kommas) erst in der Mitte des 18. Jahrhunderts.

Ein besonderer Fokus wurde bei der Einzelanalyse der Sprachlehren auf die satzinternen Interpunktionsdomänen Koordinationen, Herausstellungen, subordinierte Nebensätze und inkohärente Infinitivkonstruktionen gelegt. Auch für diese Textsorte konnte nachgewiesen werden, dass dies die bereits vom 16. Jahrhundert an zentralen satzinternen interpunktionsrelevanten Strukturen sind. Die Ergebnisse dazu sind längsschnittartig in Abbildung (85) zusammengefasst.

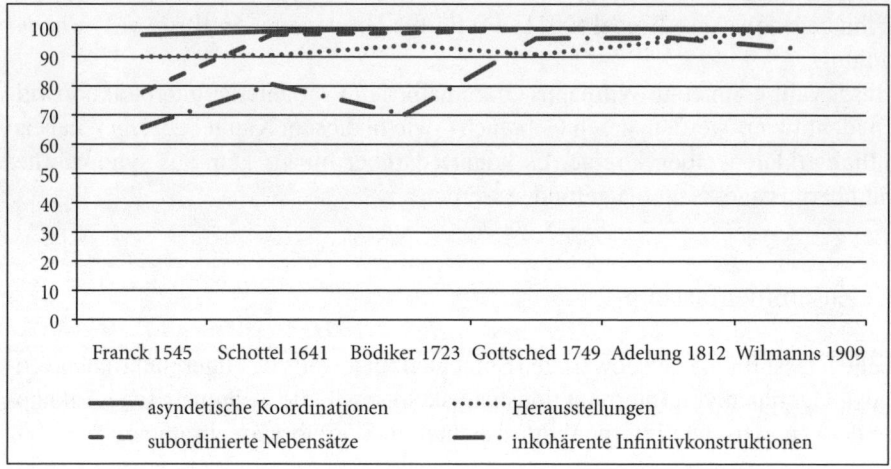

Abb. 85: Längsschnittanalyse der Sprachlehren nach Interpunktionsdomänen

Während asyndetische Koordinationen von Beginn an in sämtlichen Texten systematisch (jeweils über 97 %) interpungiert werden (bevorzugt gevirgelt bzw. ab 1723 kommatiert), beobachtet man bei Herausstellungen, subordinierten Nebensätzen und inkohärenten Infinitivkonstruktionen zeitweise eine höhere Interpunktionsauslassung. Die unterschiedlichen Formen der Herausstellungen sowie die subordinierten Nebensätze werden schon im 16. Jahrhundert mehrheitlich, jedoch erst ab dem 17. Jahrhundert bei Schottel (1641) systematisch, d. h. zu weit über 90 % interpungiert. Die Einzelanalysen der Texte haben dabei jedoch gezeigt, dass sowohl in der Klasse der Herausstellungen als auch in der Klasse der subordinierten Nebensätze Variationen erkennbar sind (vgl. u. a. satzwertige vs. nicht-satzwertige Herausstellungen bzw. restriktive Relativsätze vs. adverbiale Nebensätze). Inkohärente Infinitivkonstruktionen unterliegen auch bei dieser Textsorte der größten Variation. Von einer systematischen Interpunktion dieser Konstruktion (über 90 %) lässt sich erst ab dem 18. Jahrhundert mit Gottsched (1749) sprechen.

138

Darüber hinaus wurden für jeden ausgewerteten Text auch die syntaktisch überflüssigen Komma- und Virgelverwendungen erfasst. Deren relativer Anteil an der
satzinternen Gesamtinterpunktion ist in Abbildung (86) dargestellt.

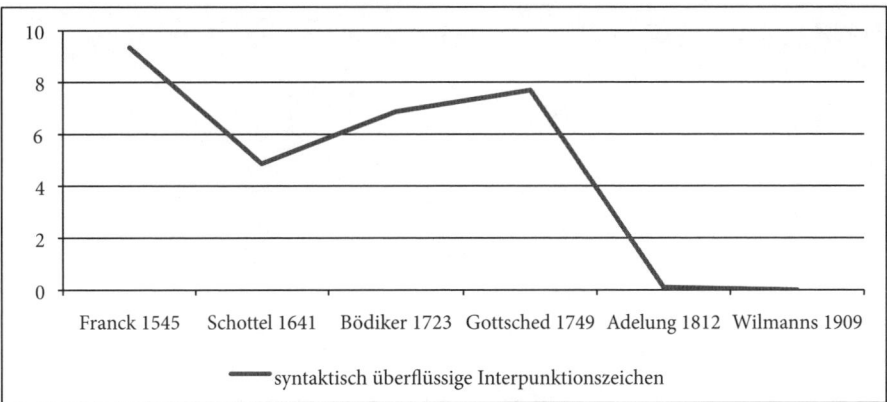

Abb. 86: Anteil syntaktisch überflüssiger Interpunktionszeichen in % gemessen an der
satzinternen Gesamtinterpunktion

Im Gegensatz zu den ausgewerteten Bibeltexten (vgl. die Zusammenfassung in Abschnitt 6.8) beobachten wir in den Sprachlehren des 16. bis 18. Jahrhunderts einen
höheren Anteil syntaktisch überflüssiger Interpunktionsverwendungen. Dieser Wert
liegt jedoch in keinem der Texte über 10 % gemessen an der Gesamtinterpunktion
(vgl. Abb. 86). Auch die Einzelanalyse der Sprachlehren hat gezeigt, dass insbesondere drei Konstruktionen immer wieder interpungiert werden: komplexe Vorfelder,
nicht-satzwertige Vergleichskonstruktionen und kontrastive Topiks. In Abschnitt
10.3 sollen diese Fälle ausführlich diskutiert und der Einfluss nicht-syntaktischer
Faktoren bei der Interpunktion hinterfragt werden.

8 Weitere Sachtexte von 1482 bis 1909

8.1 Conradus (1482) Buch der Natur

Das ‚Buch der Natur‘ von Konrad von Megenberg (auch genannt Conradus) ist eine naturgeschichtliche Enzyklopädie, die um 1350 entstand. Es gilt als eine der ersten größeren wissenschaftlichen Abhandlungen in deutscher Sprache überhaupt. Das Werk fand bis ins 16. Jahrhundert großen Absatz. Es entstanden zahlreiche Abschriften und seit der zweiten Hälfte des 15. Jahrhunderts auch mehrere Drucke dieses Textes. Bei der im Folgenden untersuchten Ausgabe handelt es sich um einen in Augsburg entstandenen Druck aus dem Jahr 1482. Bei der Annotation wurden die ersten 39 gedruckten Seiten bis zum Abschnitt *Von des menschen antlütz* annotiert. In diesem Textauszug finden sich lediglich die drei Interpunktionszeichen Mittelpunkt <·>, Virgel </> (lediglich zwölf Belege) und der Divis in seiner historischen Form <⸗> als Worttrenner am Zeilenende.

Das in diesem Text mit Abstand wichtigste Interpunktionszeichen, der Mittelpunkt, wird sowohl formal als auch funktional unterschiedlich verwendet. Betrachten wir zunächst die formalen Eigenschaften, vgl. dazu die Abbildung (87).

wärt doctores der erczney·Als Augustinū·Ambrosiū
Ari/totilem·Basilium·Ysidorum·Plinium·Galienū·
Auicennam ꝛc·vnd vil ander meyster vnd lerer·Auß

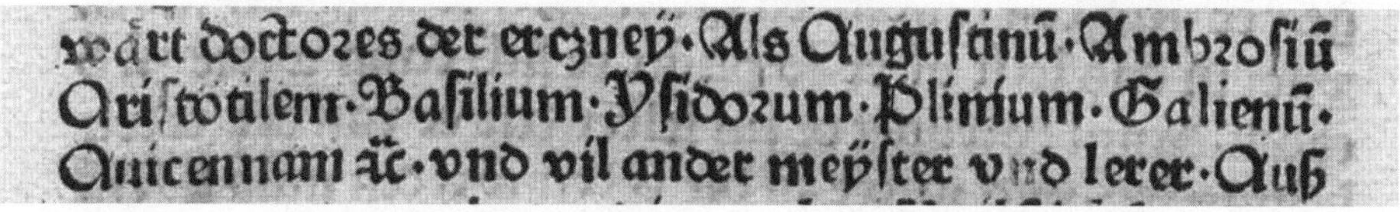

Abb. 87: Punkt auf der Mittellinie vs. Punkt auf der Unterlinie in Conradus (1482: Blatt 8). Digitalisat der Bayerischen Staatsbibliothek, urn:nbn:de:bvb:12-bsb00032393-4, Signatur 2 Inc.c.a.1181

Bei genauerer Betrachtung dieses kurzen Ausschnittes mit insgesamt neun Mittelpunktverwendungen fällt auf, dass der Mittelpunkt erstens leicht variabel in der Höhe verwendet wird (so weicht beispielsweise der Punkt nach *Plinium* in der zweiten Reihe leicht nach unten ab) und zweitens in der Dicke variiert (vgl. den Mittelpunkt nach *Basilium* vs. nach *erzney*). Diese beiden Faktoren wurden in der folgenden Auswertung nicht berücksichtigt, da sie sich nur sehr schwer formalisieren lassen. Ob es einen Zusammenhang beispielsweise zwischen Platzierungshöhe oder Stärke des Punktes und satzinterner vs. satzschließender Funktion des Punktes gibt, kann an dieser Stelle nicht sicher geklärt werden. Diese Frage muss auf zukünftige Forschungen verschoben werden. Wie aber bereits schon an früherer Stelle an einem Beispiel aus Conradus (1482) ausführlicher diskutiert (vgl. Abb. 5), finden wir in diesem Text erneut die Interpunktionsmajuskel. So kann in unserem Beispiel in (87) die satzschließende Funktion des ersten Mittelpunktes aufgrund der folgenden Majuskelschreibung von *Als* abgeleitet werden. In Ermangelung weiterer

Interpunktionszeichen ist dies auch in diesem Text eine systematische Markierung des Satzendes bzw. des Satzanfangs.

Bemerkenswert sind die wenigen Belege (insgesamt zwölf) einer Virgelsetzung im untersuchten Textausschnitt. Fünf von zwölf dieser Virgelsetzungen entfallen dabei auf Worttrennungen am Zeilenende wie in *au/[Zeilenende]gen* (Conradus 1482: Blatt 46) und lediglich sieben Belege auf satzinterne Verwendungen wie in *Die kel die ist nur in den menschen·in den schweine·vnd in den vöglen/vn in den tieren die den gleich seind* (Conradus 1482: Blatt 22). Diese sieben satzinternen Virgelbelege entfallen sämtlich auf syndetische Koordinationen und deuten schon in diesem frühen gedruckten Text auf eine der wichtigsten Funktion der Virgel im folgenden Jahrhundert hin (vgl. u. a. die bisherigen Korpusauswertungen der Lutherbibel von 1545 oder die Sprachlehrschrift von Fabian Franck aus dem Jahr 1540).

Richten wir aber nun unser Augenmerk auf das in diesem Text am häufigsten gebrauchte Satzzeichen, den Mittelpunkt, und beginnen die Korpusauswertung der wichtigsten satzinternen interpunktionsrelevanten Domänen erneut mit Koordinationen.

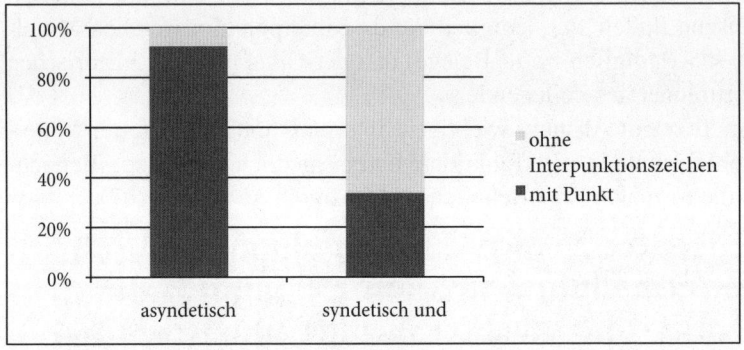

Abb. 88: Koordinationen[30]

Im 39 Seiten umfassenden Textausschnitt konnten insgesamt 861 Koordinationen identifiziert werden, die sich wie folgt verteilen: 265 entfallen auf asyndetische Koordinationen und 596 auf syndetische Koordination (davon allein 507 syndetische Koordinationen mit der koordinierenden Konjunktion *und*). Während asyndetische Koordinationen, wie in Abbildung (87) zu erkennen, in 92,45 % aller Fälle sehr systematisch interpungiert werden[31], findet sich lediglich in 33,53 % aller Belege einer syndetischen Koordination mit *und* ein Mittelpunkt. Die Grafik in (89) veranschaulicht jedoch, dass der Mittelpunktgebrauch bei syndetischen Koordinationen mit *und* bereits in diesem frühen Text erheblich von der Satzwertigkeit der koordinierten Konjunkte abhängt.

---

[30] Aufgrund der geringen Belegzahl (insgesamt sieben) wurde die Virgelsetzung bei syndetischen Koordinationen mit *und* in diesem Diagramm nicht berücksichtigt.

[31] Die wenigen nicht-interpungierten Fälle (insgesamt 7,55 %) entfallen häufig auf Interpunktionsauslassungen am Zeilenende, vgl. z. B. das fehlende Interpunktionszeichen zwischen *Ambrosiu* und *Aristotilem* in Abbildung (87).

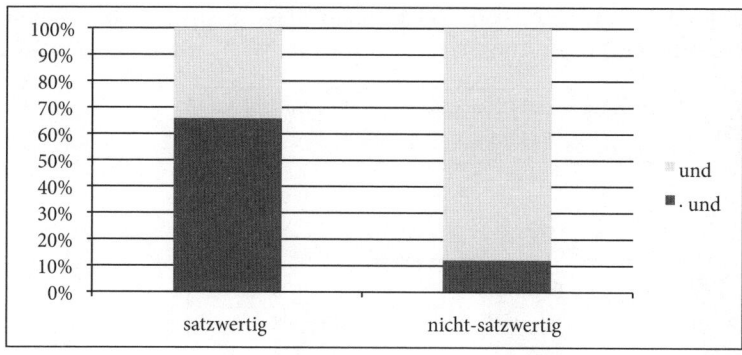

Abb. 89: Syndetische Koordination mit *und*

Während nicht-satzwertige syndetische Koordinationen wie in *Die gall ist heyß vn trucken vnd feürer natur* (Conradus 1482: Blatt 31) lediglich in 12,13 % aller Fälle interpungiert werden, findet man den Mittelpunkt in 65,84 % aller satzwertigen syndetischen Koordinationen mit *und* wie in *Das mensch hat ey grösser hirn nach seiner grösse den kein ander tier·vnd der man hat ein grösser hirn dann die fraw* (Conradus 1482: Blatt 12). Dieser Unterschied ist statistisch signifikant ($\chi^2 = 157.28$, df = 1, p < 0.0001).

Betrachten wir nun die Ergebnisse zu den Herausstellungsstrukturen (vgl. Abb. 90). Im Buch der Natur konnten insgesamt 58 nicht-satzwertige und 165 satzwertige Herausstellungsstrukturen identifiziert werden, die in beiden Fällen mehrheitlich nicht interpungiert werden. So werden lediglich 18,97 % der nicht-satzwertigen Herausstellungen wie die Linksversetzung in *Des menschen gesicht das bedarff liechtes* (Conradus 1482: Blatt 14) oder die Apposition in *Clemens d meister spricht · das die leber darumb in der gerechten seyten lig* (Conradus 1482: Blatt 31) und nur 29,70 % der satzwertigen Herausstellungskonstruktionen wie der appositive Relativsatz in *das ist das ersten von des herzen wegen das in der prust siezt* (Conradus 1482: Blatt 27) interpungiert. Der Unterschied zwischen satzwertigen und nicht-satzwertigen Herausstellungsformen ist jedoch statistisch nicht signifikant ($\chi^2 = 2.51$, df = 1, p = 0.1129).

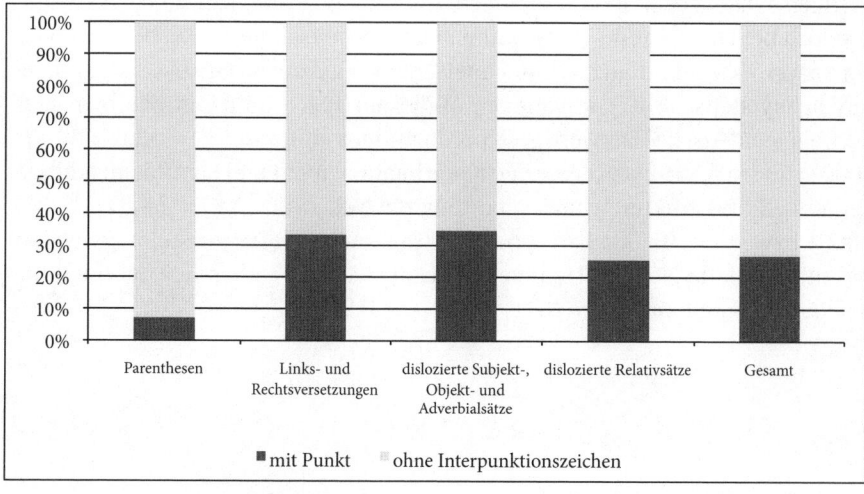

Abb. 90: Herausstellungsstrukturen

Auch mit Blick auf subordinierte Nebensätze fällt auf, dass mehrheitlich auf eine Interpunktion verzichtet wird (vgl. Abb. 91).

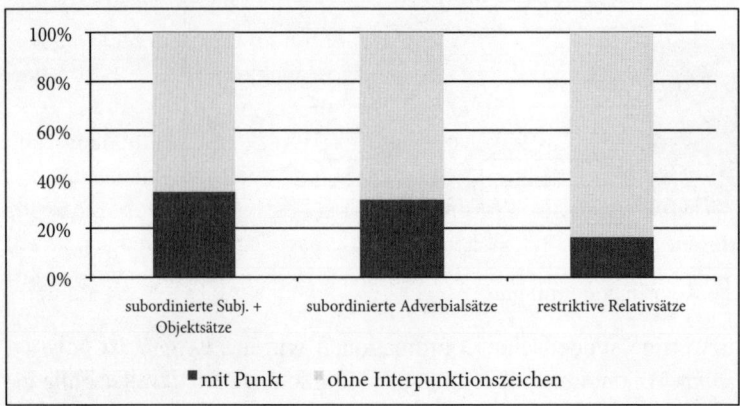

Abb. 91: Subordinierte Nebensätze

Die Ergebnisse entsprechen weitestgehend den Zahlen bei Herausstellungskonstruktionen. So werden subordinierte Subjekt- und Objektsätze wie in *Plinius spricht das keyn tier schlaff das nit hirn hab* (Conradus 1482: Blatt 12) nur in 34,97 % aller Fälle, subordinierte Adverbialsätze wie in *Wann ein fraw schwanger ist worde · wiltu wissen ob sy ein knäblin trag* (Conradus 1482: Blatt 42) nur in 31,78 % aller Fälle und restriktive Relativsätze wie gleich in zwei Fällen in *Das hertz ist das erst das an de tier lebt in der mutter leib vnd ist das letst das do stirbt wann das do stirbt* (Conradus 1482: Blatt 29) sogar nur in 16,33 % aller Fälle interpungiert.

Wenn wir nun die bisher diskutierten Konstruktionen einmal zusammenfassen (vgl. Abb. 92), dann fällt ein erheblicher Unterschied im Interpunktionsgebrauch zwischen den Konstruktionen auf. Während asyndetische Koordinationen hochsystematisch zu über 90 % interpungiert werden, finden wir den Mittelpunkt bei satzwertigen syndetischen Koordinationen mit *und* immerhin noch in ca. 65 % aller Fälle, jedoch bei Herausstellungsstrukturen und bei subordinierten Nebensätzen nur noch in knapp 30 % aller Fälle. Diese Unterschiede sind auch statistisch signifikant. So werden asyndetische Koordinationen in diesem Text signifikant häufiger interpungiert als syndetische satzwertige Koordinationen mit *und* ($\chi^2 = 52.62$, df = 1, p < 0.0001) und syndetische satzwerige Koordinationen mit und signifikant häufiger als Herausstellungsstrukturen und subordinierte Nebensätze ($\chi^2 = 64.81$, df = 1, p < 0.0001 bzw. $\chi^2 = 101.60$, df = 1, p < 0.0001). Lediglich Herausstellungsstrukturen und subordinierte Nebensätze unterscheiden sich hinsichtlich der Interpunktion statistisch nicht signifikant ($\chi^2 = 0.01$, df = 1, p = 0.9879).

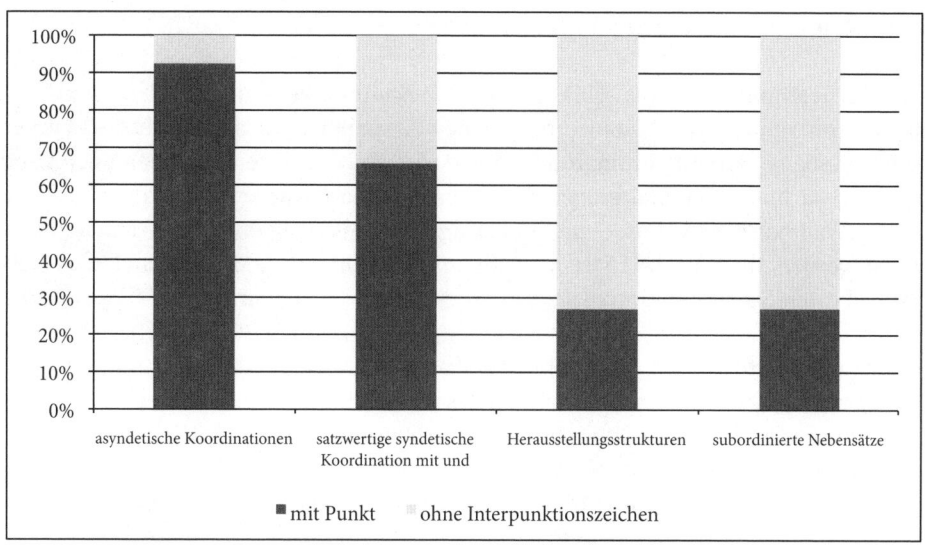

Abb. 92: Zusammenfassung der Ergebnisse

Leider kann an dieser Stelle keine quantitative Analyse der Infinitivkonstruktionen im Buch der Natur ausgeführt werde, da im untersuchten Textausschnitt lediglich sieben Infinitivkonstruktionen (davon vier eindeutig inkohärente und drei unklare) identifiziert werden können. Diese sind jedoch sämtlich nicht interpungiert.

In Abwesenheit anderer Interpunktionszeichen wie dem Doppelpunkt, dem Semikolon oder der Klammer übernimmt der Mittelpunkt die moderne Funktion dieser Zeichen mit. Wir können daher auch in diesem frühen Druck von einer Polyfunktionalität des Mittelpunktes sprechen (vgl. dazu schon die Ausführungen zum Zusammenspiel des Mittelpunktes mit der Interpunktionsmajuskel in Abschnitt 5.1). Augenfällig wird diese Funktion darüber hinaus auch bei der Einleitung einer direkten Rede nach einem verbum dicendi wie in *also spricht Plinius·das verstee ich also das d schlaff ist ein einzug der werck d aufwendigste krefft* (Conradus 1482: 13).

Insgesamt konnten im 39 Seiten umfassenden Textausschnitt 672 Mittelpunkte identifiziert werden, die auf eine satzinterne Verwendung schließen lassen. Lediglich vier Mittelpunktverwendungen können nicht syntaktisch erklärt werden. Dazu zählt u. a. eine einzige Vergleichskonstruktion (*so ist der mesch nicht als böß· aber er ist ein grösser thor.dann der mit de kleinen augen* Conradus 1482: Blatt 47) und drei unklare Konstruktionen wie in *Springt aber der sam auß dem gerechten zeüglin·in die lincken seiten so werd darauß ein weibisch man* (Conradus 1482: Blatt 42). Weitere Vergleichskonstruktionen wie in *Der schlaf ist nicht anders dann ein einzug d sel auf sich selber* (Conradus 1482: Blatt 13) oder auch kontrastive Topiks wie in *Die stim seind zweierley · eine ist hinlauffent · die ander ist widerlauffent·Die hinlauffent ist die vo dem gestimten thier geet hindan· Die widerlauffent heyst zu latein Echo* (Conradus 1482: 20) blieben sämtlich uninterpungiert.

145

8.2 Ryff (1540) Underweisung der Träume

Walther Herrmann Ryff (ca. 1500–1548) war ein Apotheker aus Straßburg und Verfasser von zu seiner Zeit sehr erfolgreichen Arzneibüchern. In den letzten Jahren seines Lebens verfasste er mehr als 35 verschiedene Schriften, die auch noch über seinen Tod hinaus in zahlreichen Auflagen publiziert wurden. Im Folgenden soll seine ‚Wahrhafftige/ gewisse/ und unbetrügliche vnderweisung' der Träume untersucht werden, die im Jahr 1540 in Straßburg gedruckt wurde. Dabei handelt es sich im weitesten Sinne um eine deutsche Übersetzung der ‚Oneirokritika' des Artemidor aus dem 2. Jahrhundert (für einen Überblick vgl. Gantet 2010: 77 f.). Der untersuchte und annotierte Textausschnitt beinhaltet die Vorrede, die Einleitung und die ersten neun Kapitel des ersten Buches. Dies entspricht ca. 46 gedruckten Seiten. Darin konnten die folgenden Interpunktionszeichen in absteigender Häufigkeit gefunden werden: Virgel, Mittelpunkt, Klammer, Fragezeichen. Hinzu treten zahlreiche Belege des Divis <⸗> als Worttrenner am Zeilenende und der Interpunktionsmajuskel wie in *Einem andern hat weiter tröumet/wie er seinen eygnen namen vergessen vnd verloren habe/ Disem ist nu allein kurtzlich hernach sein sun gestorben* (Ryff 1540: 26). Sämtliche Mittelpunktverwendungen lassen sich auf die Markierung des Satzendes zurückführen.

Betrachten wir nun der Reihe nach die wichtigsten satzinternen Interpunktionsdomänen.

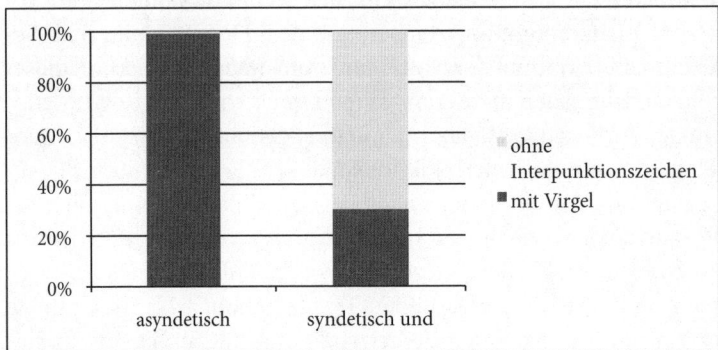

Abb. 93: Koordinationen

In Ryffs Traumdeutung konnten insgesamt 962 Koordinationen bestimmt werden, die sich wie folgt verteilen: 364 entfallen auf asyndetische und 598 auf syndetische Koordinationen (davon allein 487 auf syndetische Koordinationen mit der koordinierenden Konjunktion *und*). Asyndetische Koordinationen werden in 99,18 % aller Fälle und damit nahezu sämtlich gevirgelt. Bei syndetischen Koordinationen finden wir dagegen eine erhöhte Virgelauslassung. Lediglich 30,18 % aller syndetischen Koordinationen mit *und* werden gevirgelt. Dabei ist die Virgelsetzung jedoch erheblich davon abhängig, ob es sich bei den mit *und* koordinierten Konjunkten um satzwertige oder nicht-satzwertige Konjunkte handelt (vgl. Abb. 94).

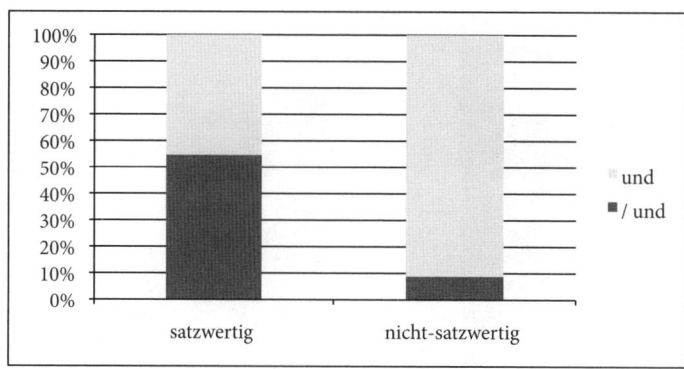

Abb. 94: Syndetische Koordinationen mit *und*

So zeigt die Auswertung aller syndetischen Koordinationen mit der koordinierenden Konjunktion *und*, dass satzwertige syndetische Koordinationen wie *vnd nach drey tagen wirt Pharao dein haupt erheben/vnd dich an den liechten galgen hencken/ vnnd die vögel werden dein fleysch verzören* (Ryff 1540: Blatt 11) signifikant häufiger ($\chi^2 = 120.52$, df = 1, p < 0.0001) gevirgelt werden (54,63 % aller Belege werden gevirgelt) als nicht-satzwertige syndetische Koordinationen wie *mich bedunckte die Sun vnd der Mon* (Ryff 1540: Blatt 10) (nur 8,85 % aller Belege werden gevirgelt).

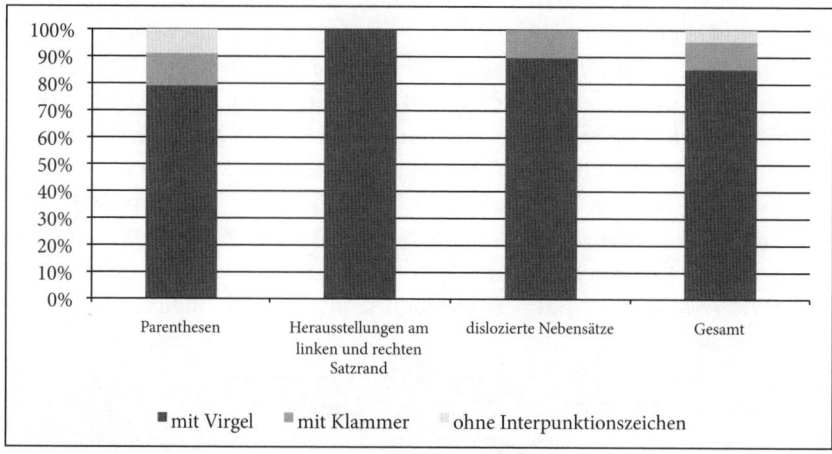

Abb. 95: Herausstellungskonstruktionen

Herausstellungskonstruktionen (vgl. Abb. 95) werden im untersuchten Textausschnitt mehrheitlich und systematisch interpungiert (bevorzugt gevirgelt). Sowohl nicht-satzwertige Herausstellungen wie die Apposition in *Das aber dise gewisse/ warhafftige/ vnd götliche kunst/vo vnseren vorfahren/den eltesten Juden vnd Heyde/ bey vns gar in verachtung kummen ist/acht ich* (Ryff 1540: Blatt 12) als auch satzwertige Herausstellungskonstruktionen wie der appositive Relativsatz in *wie der abgot Mercurius ein schalen voll bluts/ die er in seiner rechte hand hielt/auff die erden gossen hab* (Ryff 1540: Blatt 6) werden in mindestens 90 % aller Fälle interpungiert.

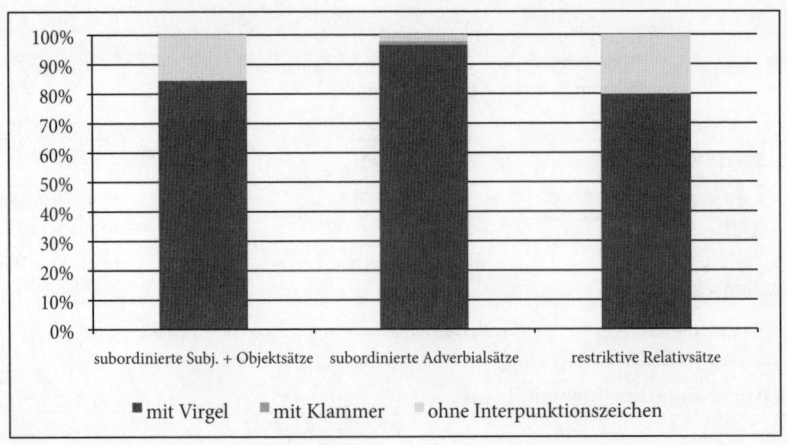

Abb. 96: Subordinierte Nebensätze

Die Auswertung der subordinierten Nebensatzstrukturen (vgl. Abb. 96) liefert dagegen ein bemerkenswertes Bild. Während subordinierte Adverbialsätze wie in *da das seinem vatter vnd seinen brüdern gesagt ward/strafft jn sein vatter* (Ryff 1540: Blatt 10) sehr systematisch in 97,74 % aller Fälle interpungiert werden (davon 96,61 % gevirgelt), finden wir erhöhte Interpunktionsauslassungen bei subordinierten Subjekt- und Objektsätzen wie in *so bedeüt er das jm ein sun geboren werde* (Ryff 1540: Blatt 37) und bei restriktiven Relativsätzen wie in *Das aber solchs geschehen und ergangen ist/weyßt ein yeder wol der in der Römischen Chronik oder geschichtbüchern ein wenig belesen ist* (Ryff 1540: Blatt 5). Dies ist auch statistisch nachweisbar. So werden sowohl subordinierte Subjekt- und Objektsätze als auch restriktive Relativsätze signifikant weniger häufig interpungiert als subordinierte Adverbialsätze ($\chi^2 = 18.71$, df = 1, p < 0.0001 bzw. $\chi^2 = 28.65$, df = 1, p < 0.0001).

Dieses Ergebnis lässt sich auf dislozierte Nebensätze ausweiten. Die Grafik in (97) veranschaulicht, dass auch dislozierte Nebensätze – wie hier am Beispiel der dislozierten Relativsätze illustriert – signifikant häufiger interpungiert werden als restriktive, d.h. subordinierte Relativsätze ($\chi^2 = 18.28$, df = 1, p < 0.0001).

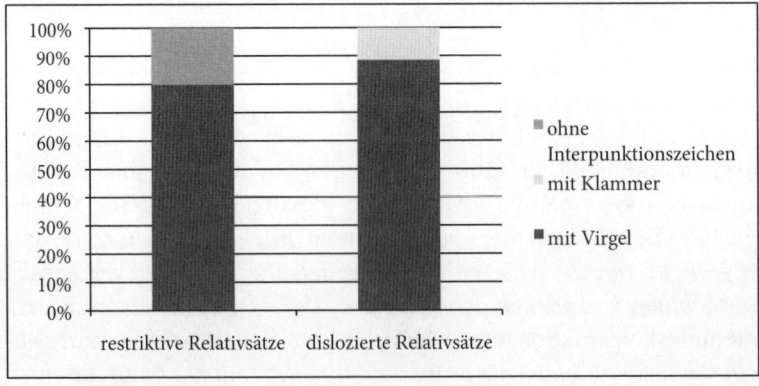

Abb. 97: Relativsätze

148

Im untersuchten Textausschnitt der Traumdeutung können insgesamt 37 Infinitiv-konstruktionen bestimmt werden, die sich auf fünf eindeutig kohärente, 19 eindeutig inkohärente und 13 unklare Infinitivkonstruktionen verteilen. Während eindeutig inkohärente Konstruktionen wie in *Diser ist bald hernach ausgezogen/etwas auszurichten* (Ryff 1540: Blatt 25) mit 73,68 % aller Fälle mehrheitlich gevirgelt werden, findet man keinen interpungierten Beleg einer eindeutig kohärenten Konstruktion (vgl. Abb. 98). Der Unterschied zwischen eindeutig kohärenten und eindeutig inkohärenten Infinitivkonstruktionen ist statistisch signifikant ($\chi^2 = 8.84$, df = 1, p = 0.0029).

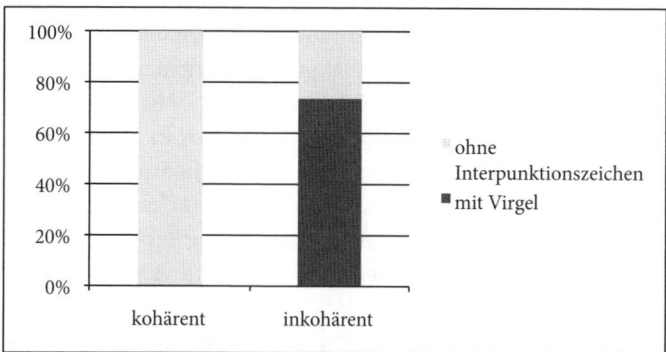

Abb. 98: Infinitivkonstruktionen

In Abwesenheit der modernen satzinternen Interpunktionszeichen Semikolon und Doppelpunkt lässt sich auch in diesem Text eine polyfunktionale Verwendung des wichtigsten Interpunktionszeichens, der Virgel, beobachten. Neben der satzschließenden Funktion (siehe die Ausführungen zur Interpunktionsmajuskel weiter oben) findet man einige Verwendungen, in denen in modernen Systemen der Doppelpunkt Verwendung fände. So beobachten wir z.B. – ähnlich wie in der Lutherbibel von 1545 – eine systematische Virgelsetzung als Einleitung der direkten Rede nach einem verbum dicendi wie in *sprach er zu Joseph / mir hat auch tröumt/wie ich drey körb voll gebackens brot auff meinem haupt truge* (Ryff 1540: Blatt 11).

Gleichwohl können im untersuchten Textausschnitt auch 34 syntaktisch überflüssige Virgelsetzungen beobachtet werden. In Anbetracht der satzinternen Gesamtvirgelzahl von 1192 machen diese überflüssigen Verwendungen mit 2,85 % jedoch eher einen marginalen Anteil aus. Dennoch lohnt sich ein genauerer Blick auf diese Belege. So lassen sich auch in diesem Text fast alle überflüssigen Belege auf die Markierung von komplexen Vorfeldern wie in *Durch den andern gemeyneren teyl diser letsten vnderschidung/ werden alle tröum auch in vier teyl getheylet* (Ryff 1540: Blatt 28) oder auf die Markierung von nicht-satzwertigen Vergleichskonstruktionen wie in *Er had dan ein befehl od ansehens/als ein öberster hauptman* (Ryff 1540: Blatt 25) zurückführen. Diese Verwendungen durchziehen bisher alle ausgewerteten Texte und werden an späterer Stelle in Kapitel 10 ausführlich diskutiert.

8.3 Ercker (1598) Beschreibung allerfürnimsten mineralischen Ertzt und Bergwercks Arten

Lazarus Ercker war ein bedeutender Silberbrenner und Münzmeister aus Böhmen, der sich einen Namen als sogenannter Probierer im Bergbau gemacht hat, d.h. als Prüfer im Hüttenwerk bzw. der Edelmetallindustrie. Nachhaltiges Ansehen erhielt Ercker insbesondere durch sein Werk ‚Beschreibung allerfürnimsten mineralischen Ertzt und Bergwercks Arten‘, das erstmals 1574 in Prag erschien und in der Folgezeit mehrfach neu gedruckt wurde (dann jedoch in Frankfurt a.M.). Im Folgenden wird die in Frankfurt a.M. gedruckte Ausgabe aus dem Jahr 1598 untersucht. In die Korpusauswertung wurden die Vorrede, die Einleitung sowie die ersten neun Kapitel des ersten Buchs (bis einschließlich des Kapitels ‚Von den Gewichten die zu dem Ertz vnd Silber Proben gebraucht werden‘) aufgenommen. Dies entspricht ca. 31 gedruckten Seiten, auf denen die folgenden Interpunktionszeichen in absteigender Häufigkeit verwendet werden: Virgel, Punkt auf der Unterlinie, Klammern.[32] Hinzu treten zahlreiche Verwendungen des Divis <⸗> als Worttrenner am Zeilenende und einige Belege der Interpunktionsmajuskel wie in *das thu so lang biß das Wasser keine scherpff mehr hat⌐Darnach geuß wider ein rein Wasser auff die Aschen* (Ercker 1598: Blatt 26).

Betrachten wir nun der Reihe nach die wichtigsten satzinternen interpunktionsrelevanten Konstruktionen, beginnend mit den Koordinationen.

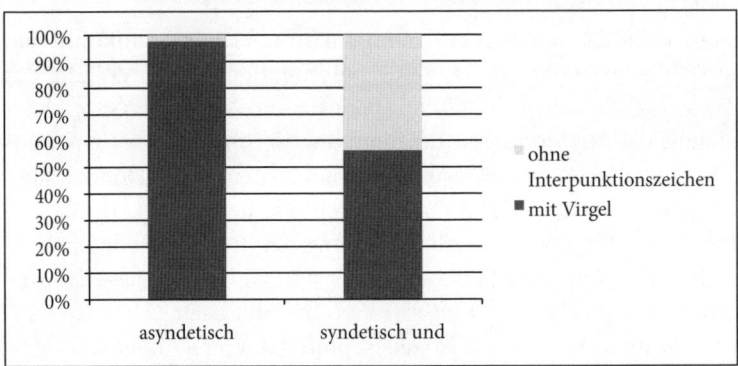

Abb. 99: Koordinationen

In Erckers Bergbauabhandlung können insgesamt 739 Koordinationen identifiziert werden, die sich auf 210 asyndetische und 529 syndetische Koordinationen (davon alleine 430 syndetische Koordinationen mit der koordinierenden Konjunktion *und*) verteilen. Während asyndetische Koordinationen in 97,62 % aller Belege und damit hochsystematisch gevirgelt werden, beobachten wir bei syndetischen Koordinationen mit der koordinierenden Konjunktion *und* eine erhöhte Virgelauslassung (le-

---

[32] Darüber hinaus können einige wenige Kommaverwendungen in lateinischen Zitaten beobachtet werden, die jedoch – wie weiter oben ausführlich begründet – nicht annotiert wurden.

diglich 56,28 % aller Belege sind gevirgelt), vgl. dazu die Abbildung in (99). Diese Virgelauslassung ist jedoch auch in diesem Text über die Satzwertigkeit der mit *und* koordinierten Konjunkte erklärbar, vgl. Abbildung (100).

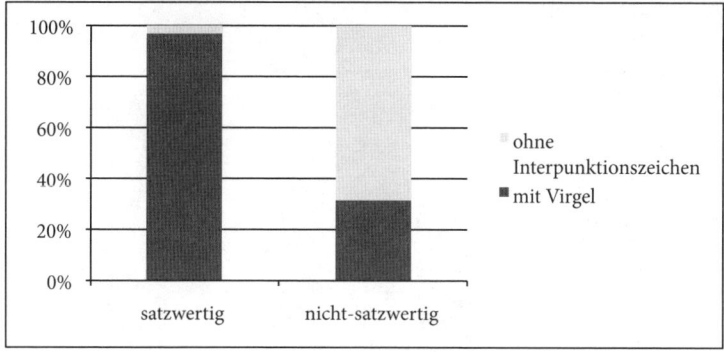

Abb. 100: Syndetische Koordination mit *und*

So beobachten wir in 96,93 % aller satzwertigen syndetischen Koordinationen mit *und* wie in *vnd schüt die in ein Sieblein/ vnd geuß Wasser darauff* (Ercker 1598: Blatt 26) eine Virgelsetzung, wohingegen nur 31,46 % aller nicht-satzwertigen syndetischen Koordinationen wie in *Die Silber Erz werden von mancherley Art vnnd Farben gefunden* (Ercker 1598: Blatt 13) gevirgelt werden. Dieser Unterschied ist statistisch signifikant ($\chi^2 = 170.22$, df = 1, p < 0.0001).

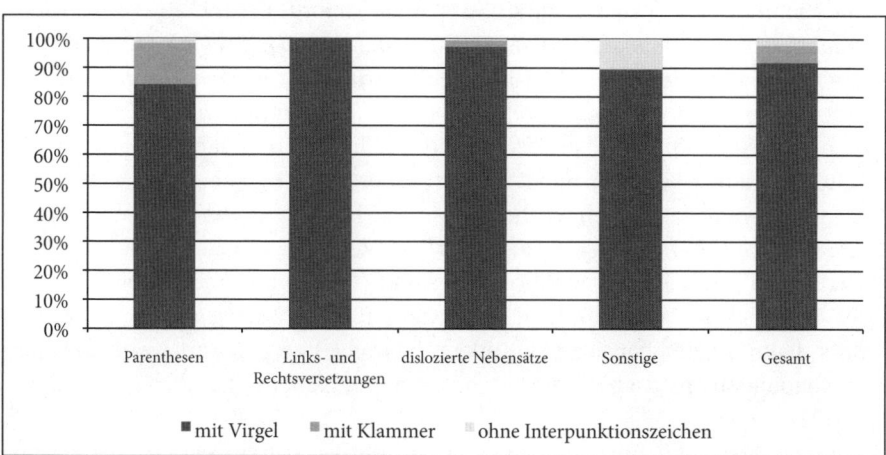

Abb. 101: Herausstellungskonstruktionen

Die Grafik in (101) illustriert, dass auch die unterschiedlichen Herausstellungskonstruktionen im untersuchten Textausschnitt systematisch interpungiert werden. So finden sich sowohl in Linksversetzungen wie in *Kupffer oder Berckgrün/ vnnd Kupfferglaß/ die halten eines theils auch Silber* (Ercker 1598: Blatt 15) als auch in Parenthesen wie in *Es nemen aber auch etliche Probirer/ an stat der Aschen von leichtem holtz gebrandt/ Weinrebenholtz Aschen* (Ercker 1598: Blatt

26) als auch in dislozierten Nebensätzen wie im dislozierten Objektsatz in *Aber das sol man gleichwol wissen/ daß in einem Probirofen das Feuwer besser zu regieren / heiß vnd kalt zuthun ist* (Ercker 1598: Blatt 17) in jeweils weit über 90 % aller Belege ein Interpunktionszeichen (in der überwiegenden Mehrheit aller Belege die Virgel).

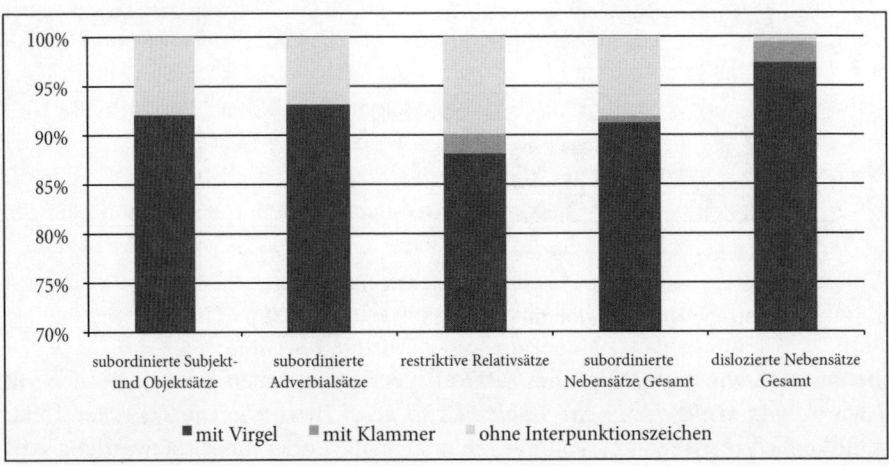

Abb. 102: Subordinierte vs. dislozierte Nebensatzstrukturen

Auch mit Blick auf subordinierte Nebensatzstrukturen (vgl. Abb. 102) beobachten wir eine mehrheitliche Virgelsetzung. So werden subordinierte Objektsätze wie in *Man findet auch gar vielmals/ daß diese Ertz vntereinander brechen* (Ercker 1598: Blatt 14) oder subordinierte Adverbialsätze wie in *Deßgleichen sol auch so viel spacium hinden im Ofen seyn/damit der Windt dardurch in Ofen hinauff gehen/vnnd das Feuwer treiben kan* (Ercker 1598: Blatt 20) in jeweils knapp über 90 % aller Fälle interpungiert. Allerdings findet man bei subordinierten Nebensätzen auch einige Interpunktionsauslassungen wie beispielsweise im restriktiven Relativsatz *Darzu nym Bein die kein Marck oder Kern haben/ vnd bren die* (Ercker 1598: Blatt 27). Vergleicht man nun die Interpunktion von sämtlichen subordinierten Nebensätzen mit der Interpunktion von sämtlichen dislozierten Nebensatzstrukturen, dann fällt auf, dass dislozierte Nebensätze signifikant häufiger interpungiert werden (Klammerverwendungen eingeschlossen) als subordinierte Nebensätze ($\chi^2 = 13.36$, df = 1, p = 0.0002).

Betrachten wir nun die Ergebnisse der Infinitivkonstruktionen in Abbildung (103).[33]

---

[33] Da in dem 31 Seiten umfassenden Textausschnitt keine ausreichende Anzahl an Infinitivkonstruktionen gefunden werden konnte, wurde der Untersuchungsausschnitt für Infinitivkonstruktionen um 15 weitere Kapitel (bis einschließlich das Kapitel ‚Folgen andere nützliche Stück') des ersten Buchs erweitert. Damit umfasst das annotierte Korpus für Infinitivkonstruktionen in Erckers Bergbau-Abhandlung insgesamt ca. 70 gedruckte Seiten.

152

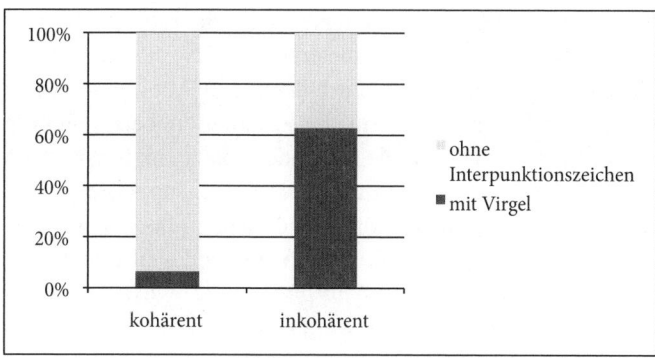

Abb. 103: Infinitivkonstruktionen

Im erweiterten Textausschnitt können insgesamt 100 Infintivkonstruktionen identifiziert werden, die sich auf 31 eindeutig kohärente, 43 eindeutig inkohärente und
26 unklare Infinitivkonstruktionen verteilen. Die Auswertung zeigt, dass auch in
diesem Text inkohärente Infinitivkonstruktionen wie in *wiewol es nit vndienstlich
gewest wer/solches alles alhie im eingang ein wenig ausfürlicher zumachen* (Ercker 1598: Blatt 11) signifikant häufiger (χ^2 = 23.99, df = 1, p < 0.0001) gevirgelt
werden als kohärente Infinitivkonstruktionen wie in *so pflegen etliche dieselbige
in einem reinen Wasser zu schlemen* (Ryff 1540: Blatt 29). So werden 27 (62,79 %)
von 43 inkohärenten, aber nur zwei (6,45 %) von 31 kohärenten Infinitivkonstruktionen gevirgelt.

Betrachten wir abschließend weitere Funktionen der Virgel. Einerseits beobachtet man in Absenz von Doppelpunkt und Semikolon auch in diesem Text eine
polyfunktionale Verwendung dieses Interpunktionszeichens. So lassen sich einige
Belege identifizieren, in denen die Virgel die Funktion des modernen Doppelpunktes übernimmt, v.a. die Ankündigungsfunktion wie beispielsweise in *Diesen Fluß
oder Bleyglaß aber bereit also/Nim Kießlingstein der schön weiß ist* (Ercker 1598:
Blatt 31). Andererseits beobachtet man in Erckers Abhandlung einige syntaktisch
überflüssige Virgelsetzungen. Insgesamt konnten 113 syntaktisch überflüssige Virgelsetzungen wie in *Oder nimb an stat deß gebrenten Kießlings/ guten geschlemb-
ten Läim* (Ercker 1598: Blatt 32) oder in *aber es wirt nichts mehr damit ausgericht/
als sonst mit einem gemeinen Ofen* (Ercker 1598: Blatt 17) gezählt werden. In Relation zur Gesamtvirgelzahl von 1260 annotierten Virgeln können damit 8,97 % aller
Virgelsetzungen syntaktisch nicht erklärt werden.

8.4 Ramelov (1682) Hochnützliche/ heilsame Wasser⸗ und Brunen⸗Betrachtung

Matthias Ramelov war ein angesehener Arzt und Verfasser mehrerer bedeutender
medizinischer Traktate in der zweiten Hälfte des 17. Jahrhunderts. Im Folgenden
soll das im Jahr 1682 in Kassel (gedruckt bei Johann Heinrich Stock) entstandene
Traktat ‚Hochnützliche/ heilsame Wasser⸗ und Brunen⸗Betrachtung‘ analysiert

werden, bei dem auch der Mediziner Georg Bollmann mitgearbeitet hat. Die hier diskutierte Auswertung umfasst die Dedicatio und die ersten vier Kapitel dieser Abhandlung. Dies entspricht ca. 65 gedruckten Seiten mit einigen Abbildungen und mehreren fremdsprachlichen Zitaten, die nicht in der Annotation berücksichtigt wurden. Im untersuchten Textausschnitt treten die folgenden Interpunktionszeichen in absteigender Häufigkeit auf: Virgel, Punkt auf der Unterlinie, Doppelpunkt, Semikolon, Klammern, Anführungszeichen und Fragezeichen. Hinzu beobachtet man die Verwendung des Divis <⸗> als Worttrenner am Zeilenende und als Ergänzungs- und Bindestrich in Kompositabildungen wie in *Nahrungs⸗und Heyl⸗Brunen* (Ramelov 1682: Blatt 13). Die Interpunktionsmajuskel hingegen tritt nur noch in sehr wenigen Belegen auf wie in *daß solche Sauer⸗Brunnens Tractätlein Jemand von neuem möchte wiederum auffegen und drucken lassen/Deren Begehren dan ein Genügen zuthun* (Ramelov 1682: Blatt 16). Bemerkenswert ist darüber hinaus das Vorkommen des Kommas, des Divis und auch des Ausrufezeichens in seinen modernen Formen <, – !> in lateinischen Zitaten, die typographisch durch die Antiqua-Schrift hervorgehoben sind, jedoch wie schon in anderen Texten (vgl. z.B. Schottel 1641) nicht annotiert wurden.

Betrachten wir nun auch für diesen Text die wichtigsten interpunktionsrelevanten satzinternen Domänen und beginnen mit Koordinationen.

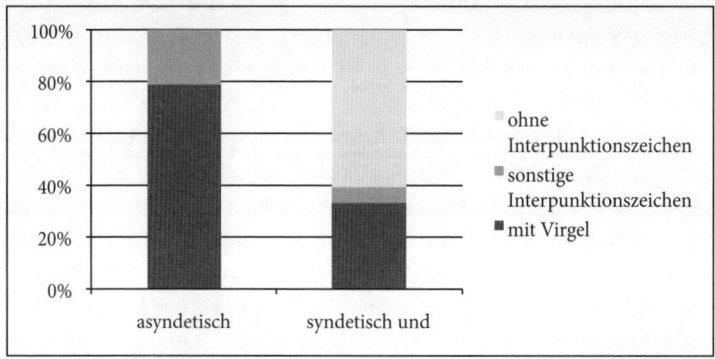

Abb. 104: Koordinationen

In Ramelovs Brunnenbetrachtung können insgesamt 837 Koordinationen identifiziert werden, die sich auf 212 asyndetische und 625 syndetische Koordinationen (davon alleine 544 syndetische Koordinationen mit der koordinierenden Konjunktion *und*) verteilen. Sämtliche asyndetische Koordinationen werden interpungiert. Die Virgel stellt dabei das bevorzugte Interpunktionszeichen dar (78,77% aller Belege), jedoch findet man auch zahlreiche Belege der Semikolonverwendung v.a. in asyndetischer Koordination von satzwertigen Konjunkten wie in *Jene werden betrogen; Diese verachtet* (Ramelov 1682: Blatt 26).[34] Bei der syndetischen Koordination – in der Abbildung in (104) am Beispiel der syndetischen Koordination mit

---

[34] Bei dieser Form der asyndetischen Koordination satzwertiger Konjunkte ist bemerkenswert, dass in allen Fällen auf das Semikolon eine Majuskel folgt.

der koordinierenden Konjunktion *und* illustriert – finden wir dagegen eine häufigere Interpunktionsauslassung. Lediglich 39,34 % aller Belege sind interpungiert (davon 33,09 % gevirgelt). Die Verwendung eines Interpunktionszeichens in syndetischen Koordinationen hängt jedoch erneut maßgeblich von der syntaktischen Kategorie der koordinierten Konjunkte ab, vgl. Abbildung (105).

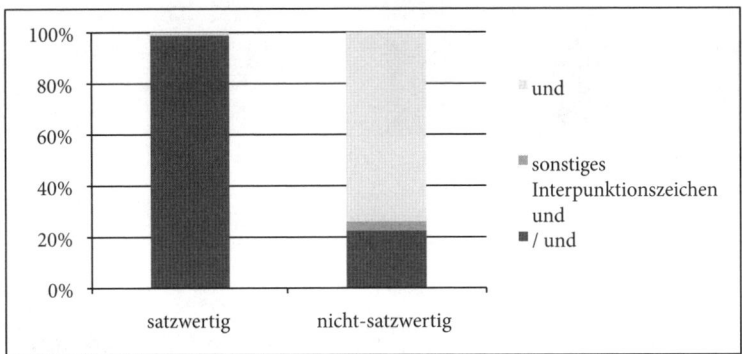

Abb. 105: Syndetische Koordination mit *und*

Sobald es sich bei der syndetischen Koordination um satzwertige Konjunkte wie in *von solchen rede ich itzo/ und schliess derhalben die andern Rechtschaffene keines weges auß* (Ramelov 1682: Blatt 39) handelt, sind beinahe sämtliche Belege (98,76 %) gevirgelt. Bei der syndetischen Koordination von nicht-satzwertigen Konjunkten wie gleich zweimal in *Viele hochtrabende und großsprechende Leute werden unter den Artisten und Umläuffern gefunden* (Ramelov 1682: Blatt 52) beobachtet man dagegen lediglich in 26,06 % aller Fälle ein Interpunktionszeichen vor der koordinierenden Konjunktion *und*. Dieser Unterschied zwischen satzwertigen vs. nicht-satzwertigen syndetischen Koordinationen ist statistisch signifikant ($\chi^2 = 154.91$, df = 1, p < 0.0001).

Die Auswertung aller Herausstellungskonstruktionen in Ramelovs Traktat lässt eine sehr systematische Interpunktion bezüglich dieser Konstruktionen erkennen. Sowohl nicht-satzwertige Herausstellungsformen wie die Parenthese in *Wil dessen etliche wenig Wort/ von Herrn D.Rappio in Teutsch versetzet/hieher fügen* (Ramelov 1682: Blatt 64) als auch satzwertige Herausstellungsformen wie der dislozierte Nebensatz in *An den Ort/da sie herfliessen/ da fliessen sie wieder hin* (Ramelov 1682: Blatt 7) oder der dislozierte Relativsatz in *Wer diesem Ding nachdencken wil/ der nehme ihm vor die oben berührte Terram magneticam* (Ramelov 1682: Blatt 64) werden zu über 90 % interpungiert (überwiegend gevirgelt). Von insgesamt 356 herausgestellten Elementen werden lediglich 9 (2,53 %) nicht interpungiert (vgl. Abb. 106).

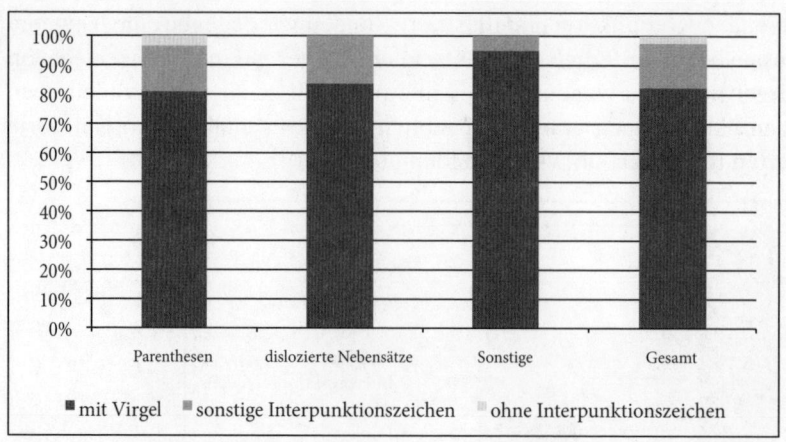

Abb. 106: Herausstellungskonstruktionen

Diese systematische Interpunktion setzt sich bei subordinierten Nebensätzen fort (vgl. Abb. 107).

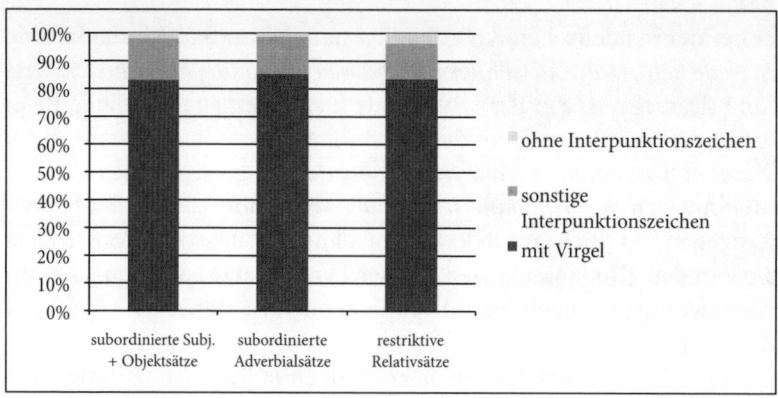

Abb. 107: Subordinierte Nebensätze

Auch hier beobachten wir eine sehr konsistente Interpunktion, v. a. Virgelsetzung, wie beispielsweise bei dem subordinierten Objektsatz in *Doch sol man aber wissen/ daß bey solchen Curen der Medicus wohl Achtung gebe* (Ramelov 1682: Blatt 52), dem subordinierten Adverbialsatz in *Dieser brunn ist anfänglich nicht an demselben Ort entsprungen/ da er heutiges Tages eingefasset/ gefunden und getruncken wird* (Ramelov 1682: Blatt 34) oder dem restriktiven Relativsatz in *Vor etlichen Jahren sol in meiner Abwesenheit ein Medicus zu Wildungen gewesen seyn/ der nicht allein dazumahlen vor sich die opinion foviret* (Ramelov 1682: Blatt 60). Von insgesamt 460 subordinierten Nebensätzen sind lediglich zehn Belege (2,17 %) nicht interpungiert.

Wie bereits weiter oben schon bei Erckers Abhandlung konstatiert, konnte im untersuchten Textausschnitt in Ramelovs Traktat ebenfalls keine aus statistischer Sicht ausreichende Belegzahl an Infinitivkonstruktionen identifiziert werden. Deshalb wurde – wie bei Ercker – der Textausschnitt um ein weiteres Kapitel (Kapitel 5 ‚Von der Krafft und Würckung der Wildunger Saurbrunnen') um ca. neun gedruckte Seiten erweitert.

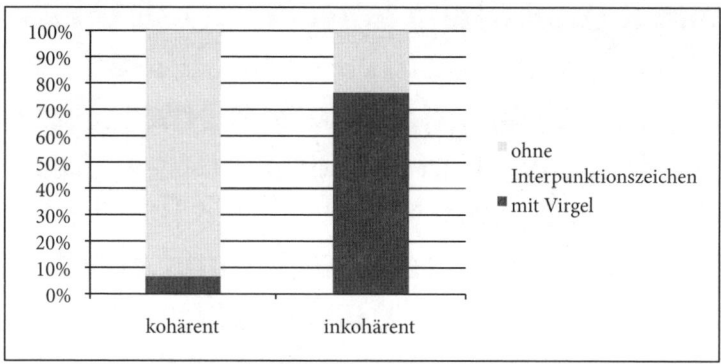

Abb. 108: Infinitivkonstruktionen

Im erweiterten Textausschnitt konnten insgesamt 82 Infinitivkonstruktionen identifiziert werden, die sich auf 30 eindeutig kohärente, 17 eindeutig inkohärente und 35 unklare Konstruktionen verteilen. Während 76,47 % aller inkohärenten Konstruktionen wie in *Ich habe hin und wieder nachgeforschet/ und embsig gesuchet/ die Gewisheit zu finden* (Ramelov 1682: Blatt 36) mit einer Virgel markiert sind, findet man nur in 2 (6,67 %) von 30 kohärenten Konstruktionen eine Virgel. Inkohärente Infinitivkonstruktionen werden damit statistisch signifikant häufiger interpungiert als kohärente ($\chi^2 = 24.33$, df = 1, p < 0.0001).

Betrachten wir abschließend einige bemerkenswerte Verwendungen des Doppelpunktes und der Anführungszeichen sowie Virgelsetzungen, die syntaktisch nicht motiviert sind. Letztere machen mit einer Gesamtzahl von 51 Belegen bei insgesamt 1161 Virgeln im untersuchten Text mit 4,39 % einen eher marginalen Anteil aus. Eine qualitative Auswertung der syntaktisch überflüssigen Virgelsetzungen zeigt auch für diesen Text, dass dabei 11 (21,57 %) von 51 Belegen auf die Virgelsetzung in Vergleichskonstruktionen wie in *wiewohl ichs billicher thun könte/ als andere* (Ramelov 1682: Blatt 24) entfallen.

Der Doppelpunkt übernimmt in Ramelovs Traktat weitestgehend die Funktionen, die er auch in modernen Systemen besitzt: Einerseits eine Ankündigungsfunktion wie in *Der Stadt⸗Brunn: hat den Namen darum bekommen / weiln er der Stadt Wildungen der nechste* (Ramelov 1682: Blatt 33) und andererseits als Einleitung der direkten Rede nach einem verbum dicendi wie in *Salomon spricht: Alle Wasser laufen ins Meer* (Ramelov 1682: Blatt 7). Bemerkenswert ist dagegen die Verwendung der Anführungszeichen, vgl. Abbildung (109).

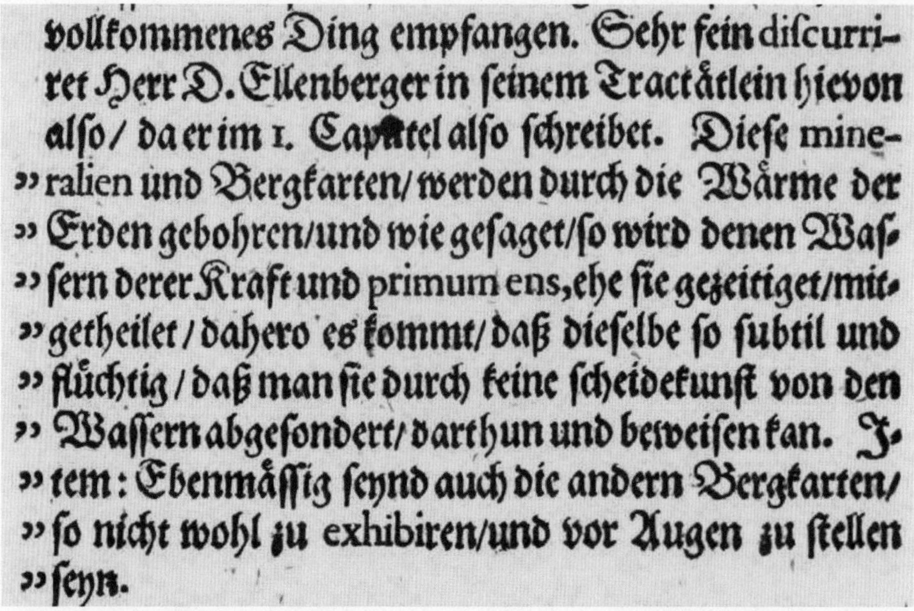

vollkommenes Ding empfangen. Sehr fein discurriret Herr D. Ellenberger in seinem Tractätlein hievon also / da er im 1. Capitel also schreibet. Diese mine-
" ralien und Bergkarten/ werden durch die Wärme der
" Erden gebohren/und wie gesaget/so wird denen Was-
" sern derer Kraft und primum ens,ehe sie gezeitiget/mit-
" getheilet / dahero es kommt/ daß dieselbe so subtil und
" flüchtig / daß man sie durch keine scheidekunst von den
" Wassern abgesondert/ darthun und beweisen kan. J-
" tem: Ebenmässig seynd auch die andern Bergkarten/
" so nicht wohl zu exhibiren/und vor Augen zu stellen
" seyn.

Abb. 109: Anführungszeichen (Ramelov 1682: Blatt 56). Digitalisat der Bayerischen Staatsbibliothek, urn:nbn:de:bvb:12-bsb10314857-3, Signatur M.med. 586#Beibd.2

An dieser Stelle zitiert Ramelov wörtlich aus einem Traktat von Ellenberger. Das wörtliche Zitat wird dabei mithilfe der Anführungszeichen <"> am linken Zeilenrand besonders hervorgehoben. Diese Form der Zitation ist in modernen Systemen nicht mehr belegt. Es erinnert jedoch an die in wissenschaftlichen Abhandlungen heute übliche Einrückung von längeren direkten Zitaten, bei dem ebenfalls der (in diesem Fall eingerückte) Zeilenrand die Zitation kennzeichnet.

8.5 Andreae (1718) Mathematische Beschreibung des Welt-Gebäudes

Johann Ludwig Andreae (1667–1725) war zu seinen Lebzeiten ein bedeutender Kartograph, Globenbauer und Astronom. Bekanntheit erlangte er zudem durch sein astronomisches Traktat ‚Mathematische und historische Beschreibung des gantzen Welt-Gebäudes' aus dem Jahr 1718 (gedruckt in Nürnberg bei Paul Lochner), das im Folgenden untersucht werden soll. Der annotierte Textausschnitt dieses Traktats umfasst die Vorrede und die erste Sectio mit insgesamt 11 Kapiteln. Dies entspricht ca. 48 gedruckten Seiten (inklusive einiger Abbildungen und Tabellen), auf denen die folgenden Interpunktionszeichen in absteigender Häufigkeit vertreten sind: Virgel, Punkt, Komma, Semikolon, Doppelpunkt, Klammern, Ausrufezeichen. Hinzu treten zahlreiche Divisverwendungen für die Worttrennung am Zeilenende und bei mehrteiligen Komposita wie in *Stern=Bilder* (Andreae 1718: 7). Die Interpunktionsmajuskel ist dagegen nicht mehr belegt.

Auffällig ist die parallele Verwendung von Virgel und Komma, vgl. Abbildung (110).

> VI. Circuli longitudinum heiſſen diejenige Circfel / welche durch die Polos Eclipticæ, und ein gewiſſes angegebenes Punct oder Stern am Himmel gezogen ſind / und dienen / daß man die Entfernung des Sterns von dem principio Eclipticæ, oder dem principio Signi V/ ſo man ſeine longitudinem nennet / damit meſſen / und das Punctum Eclipticæ anzeigen kan / welchen gegen über der Stern ſtehe. Es werden gemeiniglich auf denen Globis nicht

Abb. 110: Kommaverwendung (Andreae 1718: 8). Digitalisat der Bayerischen Staatsbibliothek, urn:nbn:de:bvb:12-bsb10806478-7, Signatur 4 Astr.u. 10a

Während in früheren Texten (vgl. z.B. Ramelov 1682) das Komma in seiner modernen Form <,> nur in längeren lateinischen Zitaten verwendet wurde, finden wir bei Andreae nun das Komma auch systematisch im Fließtext nach Fremdwörtern (vgl. die zweimalige Verwendung des Kommas nach *Eclipticae* in Abb. 110). Solche Kommaverwendungen wurden bei der Annotation nun ebenfalls ausgezählt und werden bei der folgenden Auswertung der Ergebnisse berücksichtigt.

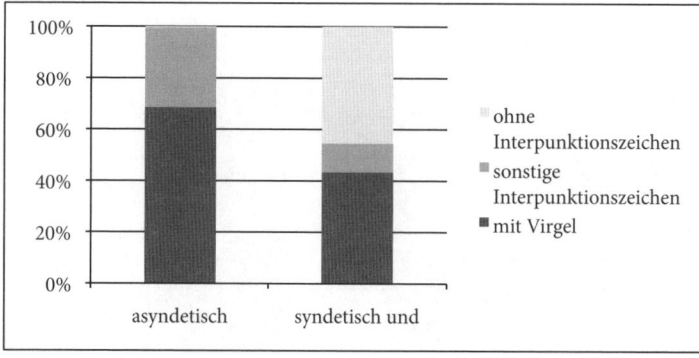

Abb. 111: Koordinationen

In untersuchten Textausschnitt von Andreaes Traktat können insgesamt 905 Koordinationen identifiziert werden, die sich auf 228 asyndetische und 677 syndetische Koordinationen (davon alleine 475 syndetische Koordinationen mit der koordinierenden Konjunktion *und*) verteilen. Während asyndetische Koordinationen hochsystematisch in über 99 % aller Fälle interpungiert werden[35], findet man bei syndetischen Koordinationen mit der koordinierenden Konjunktion *und* in 45,47 % aller Belege eine Interpunktionsauslassung, vgl. Abbildung (111). Diese ist jedoch auch in diesem Text über den Faktor Satzwertigkeit der Konjunkte erklärbar, vgl. Abbildung (112).

---

[35] 83,10 % der sonstigen Interpunktionszeichen entfallen dabei auf das Komma, 8,45 % auf das Semikolon und 8,45 % auf den Doppelpunkt.

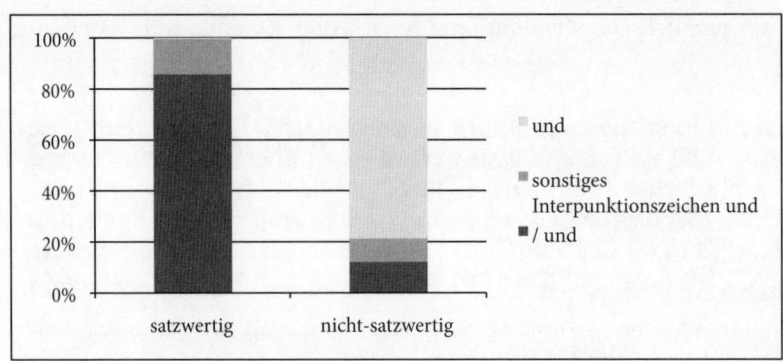

Abb. 112: Syndetische Koordination

So beobachten wir, dass fast sämtliche satzwertige syndetische Koordinationen mit *und* wie in *In diesem Raum nun bleiben alle Planeten in ihrem Lauff/ und überschreiten dessen Gränzen niemal* (Andreae 1718: 22) interpungiert werden (95,50 % aller Belege), wohingegen nicht-satzwertige syndetische Koordinationen mit *und* wie in *Erstlich sind unter dem Aequatore alle Täg und Nächte einander gleich* (Andreae 1718: 26) lediglich in 21,25 % aller Fälle interpungiert werden. Dieser Unterschied ist statistisch signifikant ($\chi^2 = 286.76$, df = 1, p < 0.0001).

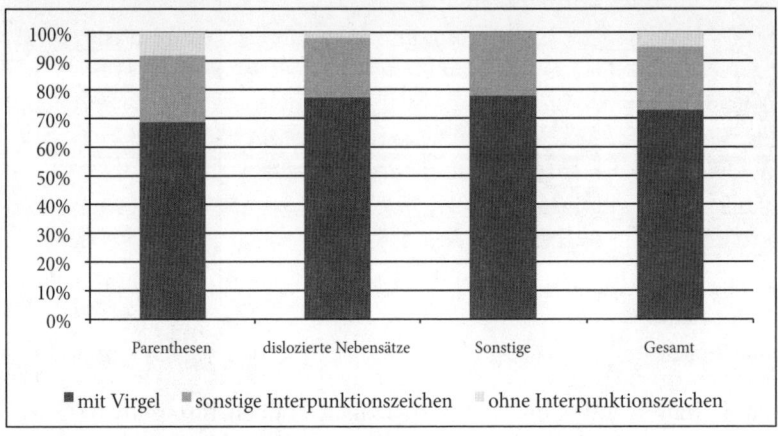

Abb. 113: Herausstellungskonstruktionen

Herausstellungskonstruktionen (vgl. Abb. 113) werden dagegen auch in diesem Text sehr systematisch interpungiert. Sowohl nicht-satzwertige Herausstellungen wie die Parenthese in *Indem nun die Poli dieser zweyen Cirkel/ wie oben gemeldt/ sehr weit voneinander abstehen* (Andreae 1718: 8) oder die Herausstellung am rechten Satzrand (in der Übersicht in 113 unter Sonstige gezählt) in *so gibt mir das productum die verlangte longitudem des Orts/ nemlich 60. Grad* (Andreae 1718: 15) als auch satzwertige Herausstellungskonstruktionen wie der herausgestellte Adverbialsatz in *wiewol Er nur 400. Sterne in Ordnung gebracht/ so werden doch seine Observationes für richtiger und fleissiger gehalten* (Andreae 1718: 41) werden jeweils in über 90 % aller Fälle interpungiert, insbesondere gevirgelt und kommatiert.

Die systematische Interpunktion setzt sich bei subordinierten Nebensätzen fort (vgl. Abb. 114).

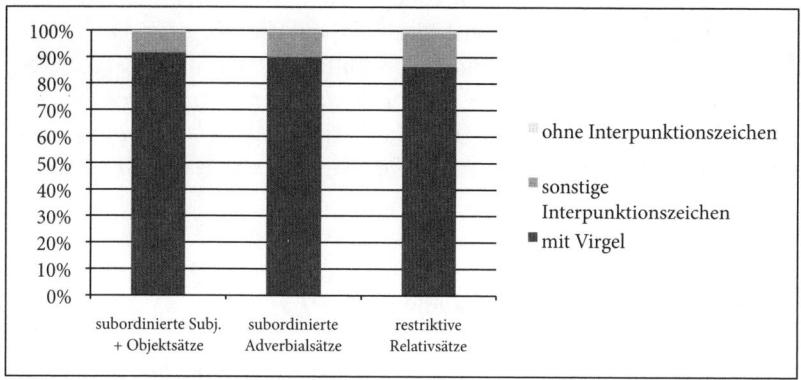

Abb. 114: Subordinierte Nebensätze

Von insgesamt 831 subordinierten Nebensätzen bleiben lediglich sechs Belege (0,72 %) uninterpungiert. Alle anderen Sätze wie beispielsweise der Subjektsatz in *Bey allen diesen Observationes ist wohl zu merken/ daß sie verstanden werden müssen* (Andreae 1718: 35) oder der restriktive Relativsatz in *Diejenigen/ so unter einem Polar-Cirkel wohnen/haben ihren längsten Tag und ihre längste Nacht* (Andreae 1718: 35) werden interpungiert (in der Regel gevirgelt oder kommatiert).

Betrachten wir nun die Interpunktion bei Infinitivkonstruktionen (vgl. Abb. 115).

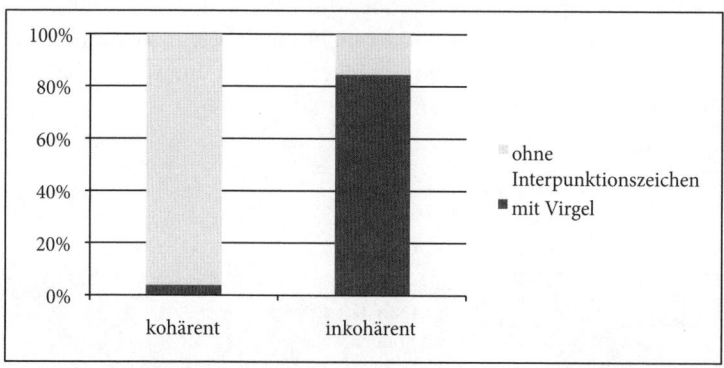

Abb. 115: Infinitivkonstruktionen

Insgesamt konnten im untersuchten Textausschnitt 108 Infinitivkonstruktionen identifiziert werden, die sich auf 26 eindeutig kohärente, 45 eindeutig inkohärente und 37 unklare Konstruktionen verteilen. Während 84,44 % aller inkohärenten Konstruktionen wie in *Weswegen man sich auch sehr bemühet/ diesen kleinen Gestirnen ihre Bewegung abzulernen* (Andreae 1718: 17) interpungiert werden, findet man nur einen Beleg (3,85 %) einer gevirgelten kohärenten Infinitivkonstruktion. Inkohärente Infinitivkonstruktionen werden damit statistisch signifikant häufiger interpungiert als kohärente ($\chi^2 = 43.24$, df = 1, p < 0.0001).

Im untersuchten Text konnten 2160 satzinterne Interpunktionszeichen identifiziert werden. Lediglich 65 (3,01 %) dieser Interpunktionszeichen können nicht den oben diskutierten syntaktischen Konstruktionen zugeordnet werden. Darunter fallen erneut v. a. nicht-satzwertige Vergleichskonstruktionen, auf die 35,38 % aller syntaktisch überflüssigen Interpunktionsverwendungen entfallen, wie in *Es werden gemeiniglich auf denen Globis nicht mehr exprimiret/ als nur bey Anfang eines jeden Signi* (Andreae 1718: 8) und komplexe Vorfelder wie in *Die Ursach dieser veränderlichen Jahrs-Zeiten/ ist [...] der Sonne fürnemlich zuzuschreiben* (Andreae 1718: 27).

8.6   Lichtwark (1909) Park- und Gartenstudien

Alfred Lichtwark war ein bedeutender Kunsthistoriker und Kunstpädagoge, der neben seiner Tätigkeit als Direktor an der Hamburger Kunsthalle auch durch zahlreiche kunsthistorische Veröffentlichungen Aufmerksamkeit erlangte. Im Folgenden soll sein im Jahr 1909 erschienenes Werk ,Park- und Gartenstudien: Die Probleme des Hamburger Stadtparks' analysiert werden, das im Bruno Caffirer Verlag in Berlin erschien. Der annotierte Textausschnitt umfasst die ersten fünf Kapitel, welche ca. 60 gedruckten Seiten entsprechen. Darin beobachtet man folgende Interpunktionszeichen in absteigender Häufigkeit: Komma, Punkt, Gedankenstrich, Anführungszeichen, Klammern, Fragezeichen, Doppelpunkt, Semikolon, Ausrufezeichen und Apostroph (die letzten drei mit jeweils nur einem Beleg). Hinzu treten zahlreiche Divisverwendungen <-> als Worttrenner am Zeilenende sowie in komplexen Komposita. Die Interpunktionsmajuskel ist nicht mehr belegt. Beginnen wir die Auswertung der satzinternen Interpunktionszeichen mit der Interpunktion von koordinierten Strukturen, vgl. Abbildung (116).

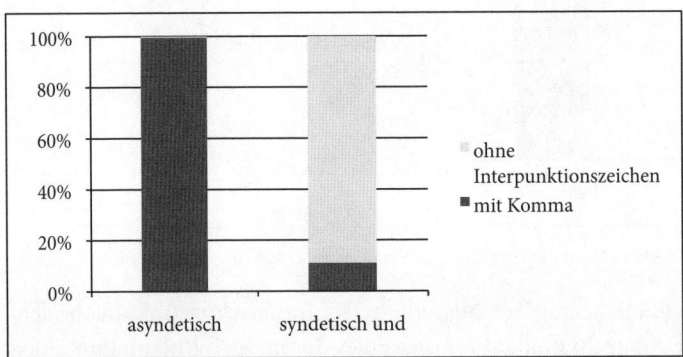

Abb. 116: Koordinationen

In Lichtwarks kunsthistorischer Abhandlung finden sich insgesamt 681 Koordinationen, die sich auf 213 asyndetische und 468 syndetische Koordinationen (davon alleine 390 syndetische Koordinationen mit der koordinierenden Konjunktion *und*) verteilen. Während asyndetische Koordinationen mit 99,53 % hochsystematisch kommatiert werden, findet man nur in 11,03 % aller syndetischen Koordinationen mit *und* ein Komma. Doch auch in diesem Text beeinflusst der Faktor Satzwertigkeit der Konjunkte die Interpunktion von syndetischen Koordinationen, vgl. Abb. (117).

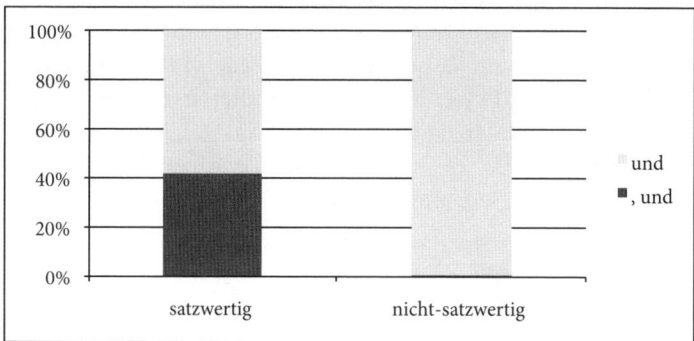

Abb. 117: Syndetische Koordination mit *und*

Sowohl satzwertige als auch nicht-satzwertige syndetische Koordinationen mit *und* werden mehrheitlich nicht interpungiert (satzwertige in 41,84 % aller Belege und nicht-satzwertige lediglich in 0,68 % aller Belege). Bemerkenswert ist jedoch, dass satzwertige syndetische Koordinationen wie in *Es ist sehr schön so, und das biß-chen Gemüseland kann von der Einhüterfamilie besorgt werden* (Lichtwark 1909: 15) statistisch signifikant ($\chi^2 = 126.66$, df = 1, p < 0.0001) häufiger kommatiert werden als nicht-satzwertige syndetische Koordinationen wie in *Mit den Blumen der Heide verhält es sich nicht viel anders als mit den Büschen und Ranken* (Lichtwark 1909: 35).

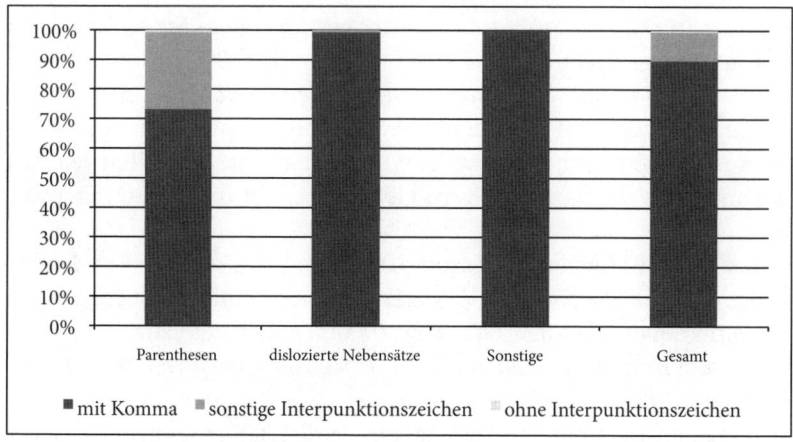

Abb. 118: Herausstellungskonstruktionen

Herausstellungskonstruktionen (vgl. Abbildung 118) dagegen zeigen auch in diesem Text weitestgehend ein systematisches Erscheinungsbild hinsichtlich der In-

163

terpunktion. Sowohl nicht-satzwertige Herausstellungen wie die Apposition in *Der verdiente Direktor unseres Friedhofes, Herr Cordes, hat gelegentlich noch auf manche andern Benutzungsarten hingewiesen* (Lichtwark 1909: 72) oder die Parenthese in *Wie in Urzeiten bei ersten Besiedelungen – und dies ist ja wirklich eine erste Besiedelung – gilt es zunächst, den Garten einzuhegen* (Lichtwark 1909: 24) als auch satzwertige Herausstellungskonstruktionen wie der dislozierte Adverbialsatz in *Läge das Schwergewicht beim Verstand, so würde nicht nur in der Kunst alles auf* Rädern gehen (Lichtwark 1909: 51) werden nahezu sämtlich in über 99 % aller Fälle interpungiert. Das Komma stellt dabei das bevorzugte Satzzeichen dar. Lediglich bei Parenthesen wie im zweiten Beispielsatz findet man darüber hinaus andere Interpunktionszeichen, insbesondere Gedankenstriche und Klammern.

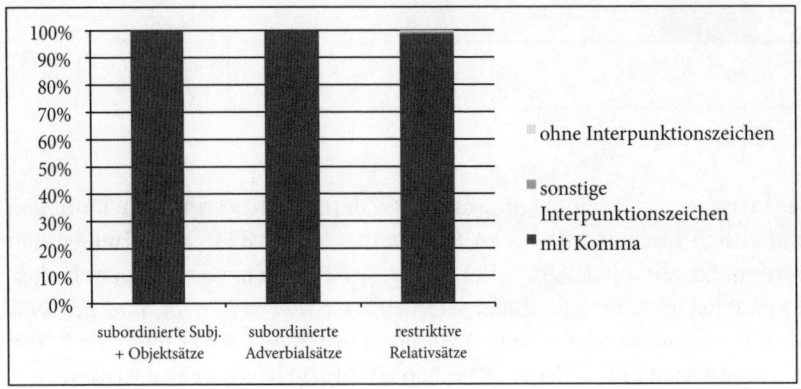

Abb. 119: Subordinierte Nebensätze

Diese systematische Interpunktion setzt sich bei subordinierten Nebensätzen (vgl. Abbildung 119) fort: Diese werden beinahe sämtlich kommatiert, wie der subordinierte Subjektsatz in *Daß ein großes Restaurant mit Sälen und Sitzen im Freien nötig sein wird, unterliegt kaum einem Zweifel* (Lichtwark 1909: 73) oder der restriktive Relativsatz in *und auf den Bänken lungern Leute, die den Gedanken an Verweilen unbehaglich machen* (Lichtwark 1909: 66) beispielhaft zeigen. Lediglich ein Beleg eines restriktiven Relativsatzes bleibt uninterpungiert; zwei Belege eines restriktiven Relativsatzes werden mit einem Gedankenstrich bzw. einem Doppelpunkt markiert.

In Lichtwarks Traktat konnten insgesamt 109 Infinitivkonstruktionen identifiziert werden, die sich auf 20 eindeutig kohärente, 60 eindeutig inkohärente und 29 unklare Konstruktionen verteilen. Während 95,00 % aller inkohärenten Infinitivkonstruktionen wie in *Es kommt kaum vor, daß Spaziergänger von dem Hauptwege abweichen, um auf den geschlängelten Nebenwegen Ruheplätze und Aussichten aufzusuchen* (Lichtwark 1909: 66) kommatiert werden, findet sich kein einziger Beleg einer interpungierten kohärenten Konstruktion (vgl. Abb. 120). Statistisch betrachtet werden damit inkohärente Infinitivkonstruktionen auch in diesem Text signifikant häufiger interpungiert als kohärente ($\chi^2 = 66.08$, df = 1, p < 0.0001).

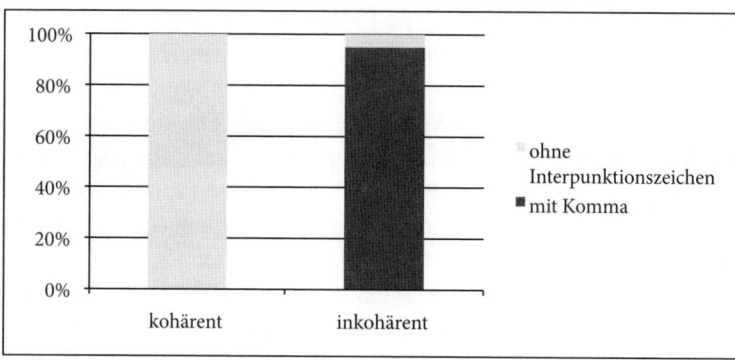

Abb. 120: Infinitivkonstruktionen

Insgesamt findet man im untersuchten Textausschnitt 1099 Kommas, von denen 1095 (99,64 %) grammatisch-syntaktisch erklärt werden können. Lediglich vier Belege müssen als syntaktisch überflüssig bezeichnet werden. Eine genauere Sichtung dieser vier Belege zeigt jedoch, dass es sich bei diesen überflüssigen Kommaverwendungen sämtlich um nicht-satzwertige Vergleichskonstruktionen wie in *Ich will es mit meiner Frau besprechen, vielleicht weiß sie aus diesen Vorschlägen mehr zu machen, als ich* (Lichtwark 1909: 45) handelt.

8.7 Zusammenfassung

Tabelle 10 fasst für alle ausgewerteten sonstigen Sachtexte jeweils das Interpunktionsinventar, den Gebrauch von Interpunktionsmajuskeln sowie die asymmetrische Anknüpfung der syntaktischen Interpunktionszeichen im Schreibraum zusammen.

Tabelle 10: Inventar und Graphotaktik der sonstigen Sachtexte

	Interpunktions-inventar	Interpunktions-majuskel	konsistente asymmetrische Anbindung der syntaktischen Interpunktionszeichen
Conradus 1482	· / ⸗	Ja	Nein
Ryff 1540	/· ( ) ? ⸗	Ja	Nein
Ercker 1598	/. ( ) ⸗	Ja	Nein
Ramelov 1682	/. : ; ( ) ” ? ⸗	Wenige Belege	Nein
Andreae 1718	/. , ; : ( ) ! ⸗	Nein	Nein
Lichtwark 1909	, . – „ “ ( ) ? : ; ! ' ⸗	Nein	Ja

Wir können erneut feststellen, dass sich das Interpunktionsinventar von anfänglich sehr kleinen Inventaren im 15. und 16. Jahrhundert kontinuierlich ausgeweitet hat, bis es etwa zu Beginn des 20. Jahrhunderts weitestgehend den modernen Stand erreichte. Für die Entwicklung des Kommas ist bemerkenswert, dass in Andreaes Abhandlung von 1718 noch die Virgel verwendet wird (mit Ausnahme von lateinischen Zitaten), obwohl fast zeitgleich in der Lutherbibel von 1720 und in Bödikers Sprachlehre von 1723 bereits das Komma Verwendung findet. Die Interpunktionsmajuskel in der Funktion eines Interpunktionsmittels verschwindet dagegen schon in Ramelovs Traktat von 1682 beinahe vollständig, wohingegen eine konsistente asymmetrische Anbindung der syntaktischen Interpunktionszeichen (v. a. des Kommas) erst bei Lichtwark (1909) vorliegt.

Ein besonderer Fokus wurde bei der Einzelanalyse der Textsorte der sonstigen Sachtexte erneut auf die satzinternen Interpunktionsdomänen Koordinationen, Herausstellungen, subordinierte Nebensätze und inkohärente Infinitivkonstruktionen gelegt. Auch für diese Textsorte konnte nachgewiesen werden, dass dies die bereits vom 15. Jahrhundert an zentralen satzinternen interpunktionsrelevanten Strukturen sind. Die Ergebnisse dazu sind längsschnittartig in Abbildung (121) zusammengefasst.

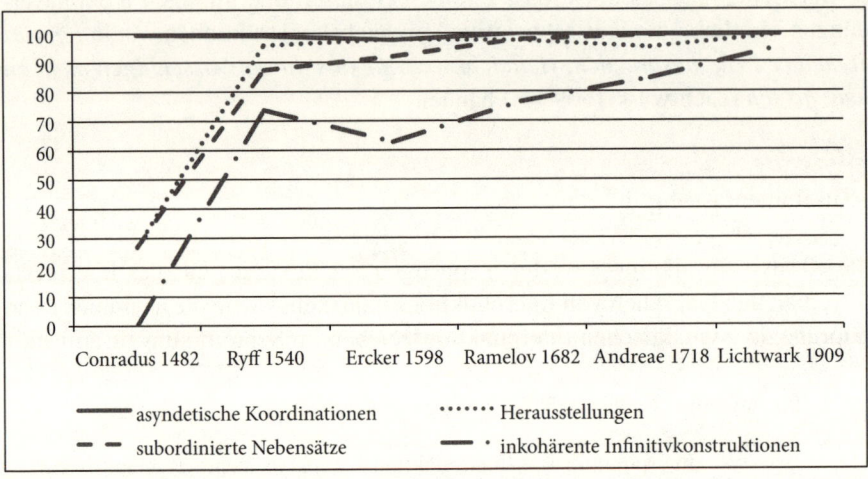

Abb. 121: Längsschnittanalyse der sonstigen Sachtexte nach Interpunktionsdomänen

Während asyndetische Koordinationen bereits ab dem späten 15. Jahrhundert in sämtlichen Texten durchgehend systematisch (jeweils zu über 97 %) interpungiert werden, beobachtet man bei Herausstellungen, subordinierten Nebensätzen und inkohärenten Infinitivkonstruktionen zeitweise eine höhere Interpunktionsauslassung. Die unterschiedlichen Formen der Herausstellungen sowie subordinierte Nebensätze werden ab dem 16. Jahrhundert in den untersuchten Sachtexten mehrheitlich und spätestens ab dem späten 17. Jahrhundert mit dem Traktat von Ramelov (1682) systematisch, d. h. zu weit über 90 %, interpungiert. Die Einzelanalysen der Sachtexte haben dabei jedoch offengelegt, dass wir sowohl in der Klasse der Herausstellungen als auch in der Klasse der subordinierten Nebensätze Variationen beobachten können (vgl. u. a. satzwertige vs. nicht-satzwertige Herausstellungen bzw. restriktive Relativsätze vs. adverbiale Nebensätze). Inkohärente Infinitivkonstruktionen

166

unterliegen auch in dieser Textsorte der größten Variation. Von einer systematischen Interpunktion dieser Konstruktion (über 90 %) lässt sich erst ab dem frühen 20. Jahrhundert bei Lichtwark (1909) sprechen.

Darüber hinaus wurden für jeden ausgewerteten Text auch die syntaktisch überflüssigen Komma- und Virgelverwendungen erfasst. Deren relativer Anteil an der satzinternen Gesamtinterpunktion ist in Abbildung (122) dargestellt.

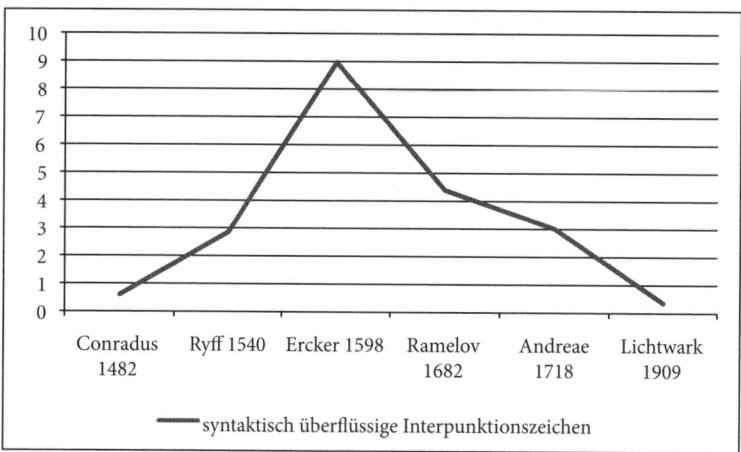

Abb. 122: Anteil syntaktisch überflüssiger Interpunktionszeichen in % gemessen an der satzinternen Gesamtinterpunktion

Ähnlich wie bei den im vorangegangenen Kapitel diskutierten Sprachlehren findet man auch bei den sonstigen Sachtexten zwischen dem 16. und 18. Jahrhundert einen erhöhten Anteil syntaktisch überflüssiger Interpunktionsverwendungen (insbesondere bei Ercker). Dieser Anteil liegt jedoch auch in dieser Textsorte in keinem der untersuchten Texte über 10 % gemessen an der satzinternen Gesamtinterpunktion. In einer ausführlichen Diskussion sollen in Abschnitt 10.3 dieser Arbeit die auffälligsten syntaktisch überflüssigen Interpunktionsverwendungen besprochen und der Einfluss nicht-syntaktischer Faktoren auf die Interpunktion untersucht werden.

9 Ergebnisse der Querschnittanalysen

Im Folgenden werden die wichtigsten Ergebnisse der Korpusauswertung für die vier Querschnittzeitpunkte um die Jahre 1482, 1540, 1720 und 1910 (jeweils +/– 5 Jahre) zusammengefasst. Bei dieser synchronen Analyse steht die Frage im Mittelpunkt, inwiefern sich graphotaktische Eigenschaften von Interpunktionszeichen sowie die funktionale Ausdifferenzierung der Zeichen zu etwa gleichen Zeitpunkten über unterschiedliche Textsorten hinweg gestalten. Lässt sich eine Homogenität zwischen den Textsorten erkennen, oder können große stilistische Variationen zwischen den einzelnen Verfassern der Texte beobachtet werden? Im darauffolgenden Kapitel 10 werden dann die aus der Querschnittanalyse und den Einzelanalysen gewonnenen Ergebnisse für eine umfangreiche Diskussion und Interpretation der Entwicklung der Interpunktion im Längsschnitt genutzt.

9.1 Frühneuhochdeutsch I (1482)

Die beiden untersuchten frühneuhochdeutschen Texte Plenarium (1482) und Conradus (1482) aus der Frühphase des Buchdrucks zeichnen sich durch ein sehr kleines Interpunktionsinventar aus (vgl. Tabelle 11). Conradus (1482) beispielsweise verwendet lediglich den Mittelpunkt, einige wenige Virgeln und den Divis als Worttrenner am Zeilenende. Im Plenariumstext finden sich darüberhinaus Virgelsetzungen und der Punkt auf der Unterlinie sowie zwei Belege eines Doppelpunktes. Das zu dieser Zeit wichtigste Interpunktionszeichen stellt der (Mittel-)Punkt dar. Dessen Kombination mit einer folgenden Interpunktionsmajuskel bzw. einer Minuskel entscheidet dabei über den Satzabschluss bzw. über die satzinterne Verwendung dieses Zeichens (vgl. die Ausführungen zur Interpunktionsmajuskel in Abschnitt 5.1). Auffallend ist darüber hinaus, dass die Virgel sich als wichtigstes satzinternes Interpunktionsmittel allmählich durchzusetzen beginnt und damit die Entwicklung des (Mittel-)Punktes hin zu einer satzschließenden Funktion ebnet. Was die graphotaktischen Eigenschaften der Interpunktionszeichen in dieser Phase angeht, können wir für keines der genannten Zeichen eine konsistente asymmetrische Anbindung wie in modernen Interpunktionssystemen feststellen.

Tabelle 11: Graphotaktik und Inventar um 1482

	Plenarium 1482	Conradus 1482
Interpunktionsinventar	<. · / ʒ :>	<· / ʒ>
Interpunktionsmajuskel	Ja	Ja
konsistente asymmetrische Anbindung der syntaktischen Interpunktionszeichen	Nein	Nein

Insgesamt fällt in diesem Zeitraum eine aus heutiger Sicht eher spärliche Interpunktion auf. Vergleicht man die in den vorangegangenen Kapiteln aufgezeigten unterschiedlichen satzinternen Interpunktionsdomänen, dann beobachtet man, dass bei Conradus (1482) und im Plenarium (1482) lediglich asyndetische Koordinationen systematisch zu über 92 % interpungiert werden (vgl. Abbildung 123). Alle anderen satzinternen Interpunktionsdomänen werden mehrheitlich nicht interpungiert. Bei genauerer Betrachtung der restlichen Domänen fallen jedoch trotzdem bemerkenswerte Ergebnisse auf. So lässt sich etwa mit Blick auf satzwertige syndetische Koordinationen mit der koordinierenden Konjunktion *und* feststellen, dass diese in beiden Texten signifikant häufiger interpungiert werden als nicht-satzwertige syndetische Koordinationen mit *und*. Bei Conradus (1482) ist der Unterschied auch relativ betrachtet noch deutlicher. Hier werden immerhin 65,84 % aller satzwertigen syndetischen Koordinationen mit *und* interpungiert.

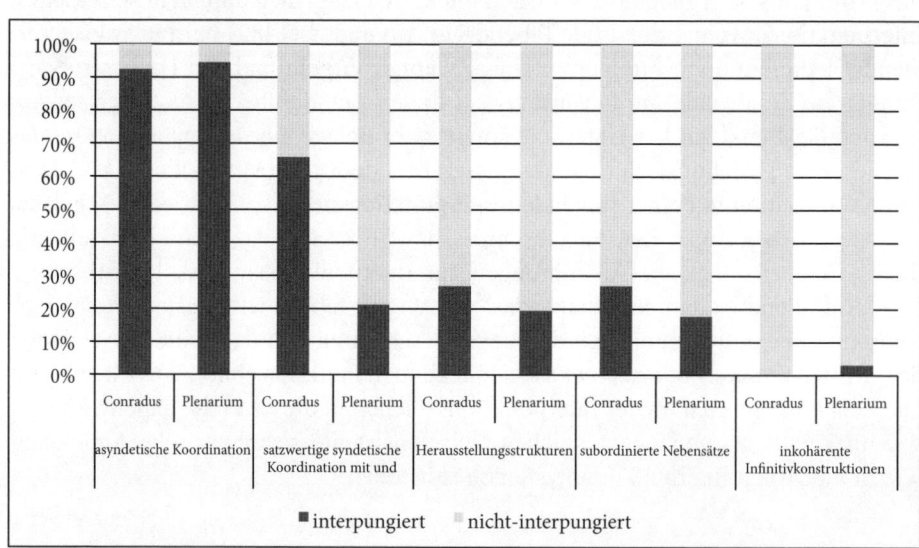

Abb. 123: Frnhd. I: Quantitative Auswertung der wichtigsten Interpunktionsdomänen

Herausstellungskonstruktionen werden dagegen in weniger als 30 % aller Belege interpungiert. Bemerkenswert ist hier, dass in beiden Texten satzwertige Herausstellungen (z.B. dislozierte Adverbialsätze oder appositive Relativsätze) häufiger interpungiert werden als nicht-satzwertige Herausstellungen wie beispielsweise Links- und Rechtsversetzungen oder Appositionen.

Vergleicht man nun die Interpunktionsverwendungen bei Herausstellungsstrukturen mit subordinierten Nebensätzen, dann lässt sich in beiden Texten kein signifikanter Unterschied zwischen diesen beiden feststellen. Sowohl Herausstellungsstrukturen als auch subordinierte Nebensätze werden jeweils in weniger als 30 % aller Fälle interpungiert. Der Vergleich von satzwertigen Herausstellungen und subordinierten Nebensätzen zeigt jedoch, dass subordinierte Nebensätze seltener interpungiert werden als herausgestellte Nebensätze. Für Infinitivkonstruktionen kann dagegen nur bedingt eine statistische Aussage getroffen werden. Diese kommen in den untersuchten Textausschnitten selten vor, werden jedoch auch nur in den seltensten Fällen interpungiert (bei Conradus sogar gar nicht).

Die Auswertung aller syntaktisch nicht motivierten satzinternen Interpunktionszeichen in den beiden frühneuhochdeutschen Texten offenbart ein bemerkenswertes Ergebnis. In beiden Texten konnten zusammen lediglich sechs überflüssige Interpunktionsverwendungen identifiziert werden (zwei überflüssige Virgeln im Plenarium und vier überflüssige Mittelpunkte in Conradus' Abhandlung). Dies entspricht in beiden Texten einem Anteil unter 1 % gemessen an der satzinternen Gesamtinterpunktion. Ein solches Ergebnis ist nicht kompatibel mit der zu Beginn des fünften Kapitels genannten traditionellen Auffassung einer weitestgehend rhetorisch-intonatorischen Interpunktionspraxis im Frühneuhochdeutschen. Dieser Annahme folgend müsste man überdurchschnittlich viele Interpunktionsverwendungen finden, die rein intonatorisch motiviert sind. Die hier präsentierten Ergebnisse bestätigen jedoch diese Annahme keineswegs. Im Gegenteil: Nahezu sämtliche satzinterne Virgel- und Mittelpunktverwendungen in den beiden untersuchten Texten lassen sich auf die oben genannten syntaktischen Interpunktionsdomänen zurückführen.

Zusammenfassend kann man festhalten, dass sich die beiden ausgewerteten Texte aus der Frühphase des Buchdrucks hinsichtlich der Interpunktion sehr ähnlich verhalten. Es konnte gezeigt werden, dass die für das moderne Deutsche aufgedeckten interpunktionsrelevanten Domänen bereits im späten 15. Jahrhundert angelegt sind und sich hier ein Interpunktionsverhalten ankündigt, wie wir es im modernen Deutschen systematisch beobachten können. Wir haben es keinesfalls mit rein intonatorischen oder gar willkürlichen Interpunktionssystemen zu tun. Im Gegensatz zum modernen Deutschen werden lediglich weniger Interpunktionszeichen verwendet.

9.2 Frühneuhochdeutsch II (1540)

Die drei um das Jahr 1540 entstandenen frühneuhochdeutschen Texte von Luther (1545), Franck (1540) und Ryff (1540) zeichnen sich im Gegensatz zu den beiden im vorangegangenen Abschnitt diskutierten Texten aus dem späten 15. Jahrhundert durch ein größeres Interpunktionsinventar aus (vgl. Tabelle 12). Die Virgel hat in allen drei Texten den (Mittel-)Punkt als wichtigstes satzinternes Interpunktionszeichen verdrängt. Der Punkt auf der Unterlinie bzw. der Mittelpunkt bei Ryff (1540) markiert in allen Texten mit einer folgenden Majuskel den Satzabschluss. Bemerkenswert ist darüber hinaus die erstmalige Verwendung des Fragezeichens (ebenfalls als Satzabschlusszeichen verwendet) und der Klammern in allen drei Texten. Die Verwendung der Interpunktionsmajuskel in der Funktion eines Interpunktionsmittels nimmt im Gegensatz zu den Texten des späten 15. Jahrhunderts ab und beschränkt sich vorrangig auf wenige satzinterne Verwendungen wie in *Da Herodes nu sahe/ Das er von den Weisen betrogen war* (Luther 1545 Mt. 2,16) und auf die Markierung der direkten Rede. Im Gegensatz zu modernen Interpunktionssystemen beobachtet man aber noch keine konsistente asymmetrische Anbindung der Virgel oder der (Mittel)Punkte im Schreibraum.

Tabelle 12: Graphotaktik und Inventar um 1540

	Luther 1545	Franck 1540	Ryff 1540
Interpunktionsinventar	</ . ? () ⸗>	</ . () ? ⸗>	</ · () ? ⸗>
Interpunktionsmajuskel	Ja	Ja	Ja
konsistente asymmetrische Anbindung der syntaktischen Interpunktionszeichen	Nein	Nein	Nein

Vergleichen wir nun die drei frühneuhochdeutschen Texte mit Blick auf die wichtigsten satzinternen Interpunktionsdomänen (siehe Abb. 124). Eine sehr systematische Interpunktion erkennen wir bei asyndetischen Koordinationen. In allen drei Texten werden diese in über 97 % aller Belege interpungiert (v.a. gevirgelt). Bei syndetischen Koordinationen mit der koordinierenden Konjunktion *und* finden wir dagegen eine höhere Interpunktionsauslassung. Auffällig ist dabei, dass satzwertige syndetische Koordinationen mit *und* in allen drei Textausschnitten signifikant häufiger interpungiert werden als nicht-satzwertige syndetische Koordinationen mit *und*. Damit beobachten wir in dieser Phase bei nicht-satzwertigen syndetischen Koordinationen eine sich allmählich durchsetzende komplementäre Verteilung von einer koordinierenden Konjunktion wie *und* und einem Interpunktionszeichen (in der Regel eine Virgel).

Die Auswertung sämtlicher Herausstellungsstrukturen in diesen frühneuhochdeutschen Texten liefert ein weitestgehend homogenes Bild. Herausstellungsstrukturen werden mehrheitlich zu über 84 % interpungiert. Bemerkenswert ist jedoch, dass satzwertige Herausstellungen häufiger interpungiert werden als nicht-satzwertige Herausstellungen wie z.B. Vokative oder Appositionen. Stellt man den satzwertigen Herausstellungsstrukturen ihre subordinierten Pendants entgegen, dann fällt auf, dass subordinierte Nebensätze seltener interpungiert werden als herausgestellte Nebensätze. Besonders deutliche Unterschiede konnten bezüglich der Interpunktion von restriktiven vs. appositiven Relativsätzen aufgezeigt werden.

Die höchsten Interpunktionsauslassungen können wir bei inkohärenten Infinitivkonstruktionen feststellen. Bei Luther (1545) und Franck (1540) werden weniger als 70 % dieser Konstruktionen interpungiert. Ein zentrales Ergebnis besteht darin, dass in allen drei Texten inkohärente Infinitivkonstruktionen signifikant häufiger interpungiert werden als kohärente Infinitivkonstruktionen.

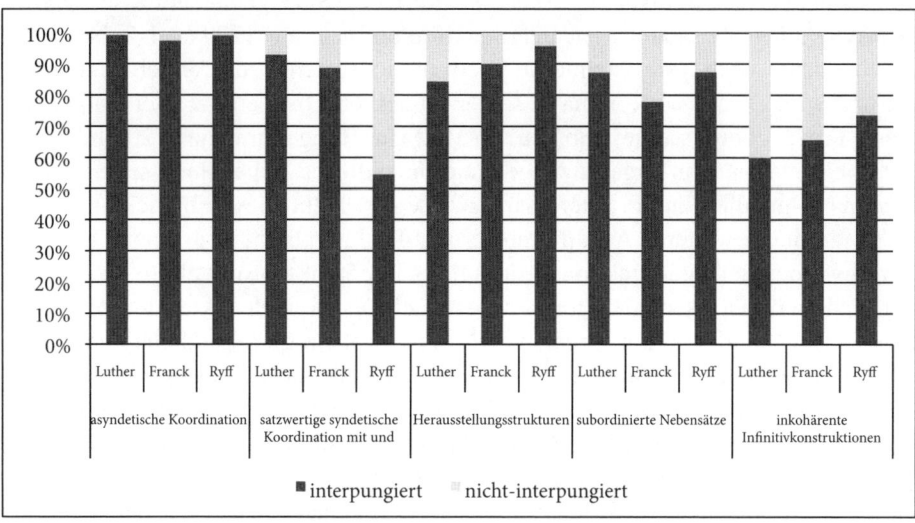

Abb. 124: Frnhd. II: Quantitative Auswertung der wichtigsten Interpunktionsdomänen

Eine weitere Auffälligkeit im Gegensatz zu modernen Interpunktionssystemen ist die Polyfunktionalität der Virgel. In Abwesenheit anderer satzinterner Interpunktionszeichen wie dem Semikolon oder dem Doppelpunkt hat die Virgel eine Funktionsbreite, die das moderne Komma nicht aufweist. So übernimmt die Virgel in allen drei Texten in Kombination mit einem vorangehenden verbum dicendi (und in vielen Fällen einer folgenden Interpunktionsmajuskel) die Markierung einer direkten Rede. In diesen frühen Systemen muss der Leser eine präzisere Deutung dieses Interpunktionsmittels damit aus dem Kontext rekonstruieren. Deshalb ließe sich argumentieren, dass frühe Systeme mit wenigen, funktional vagen Zeichen optimaler für den Schreiber als für den Leser sind. Die Entwicklung zu präziseren Zeichen und mithin zur Erweiterung des Interpunktionsinventars könnte man als Tendenz zur Leseoptimierung deuten.

Insgesamt konnten in den untersuchten Texten 217 syntaktisch überflüssige Virgeln identifiziert werden. Gemessen an der satzinternen Gesamtinterpunktion entspricht dies einem Anteil von 1,84 % bei Luther (1545), 9,33 % bei Franck (1540) und 2,85 % bei Ryff (1540). In Luthers Matthäusevangelium und Ryffs Abhandlung entsprechen diese Werte einem üblichen Performanzfehlerniveau. Lediglich bei Franck fällt ein erhöhter Wert auf. Dies sollte jedoch nicht darüber hinwegtäuschen, dass auch in diesem Text über 90 % aller Virgelsetzungen den syntaktisch motivierten Kommadomänen zugeordnet und mithilfe der drei syntaktischen Kommabedingungen erklärt werden können. Ich werde in Abschnitt 10.3 auf syntaktisch überflüssige Virgelsetzungen zurückkommen und mehrere Beispiele ausführlich diskutieren.

9.3 Frühes Neuhochdeutsch (1720)

Die synchrone Untersuchung der drei frühen neuhochdeutschen Textausschnitte von Luther (1720), Bödiker (1723) und Andreae (1718) zeigt eine umfassende Weiterentwicklung der satzinternen Interpunktion um das Jahr 1720 (vgl. Tabelle 13). Das bis dahin wichtigste satzinterne Interpunktionszeichen, die Virgel, verschwindet und wird durch das Komma in seiner modernen Form ersetzt. Bei Bödiker ist dieser Prozess bereits abgeschlossen, im Matthäusevangelium von 1720 findet man nur noch sehr wenige Virgelsetzungen und in Andreaes Abhandlung setzt sich das Komma allmählich durch. Interessanterweise geschieht diese Entwicklung Hand in Hand mit der weiteren Ausdifferenzierung des Interpunktionsinventars und dem Verschwinden der Interpunktionsmajuskel als Interpunktionsmittel. So beobachten wir in allen drei Texten einen reichen Gebrauch des Doppelpunktes und des Semikolons. Der Nachfolger der Virgel, das Komma, gibt einige wesentliche Funktionen der Virgel ab, z. B. die Markierung der direkten Rede nach einem verbum dicendi an andere Zeichen – in diesem Fall an den Doppelpunkt. Die Weiterentwicklung der Formen bedingt damit eine Weiterentwicklung der Funktionen. Einzig die systematische asymmetrische Anbindung von syntaktischen Interpunktionszeichen kann in diesen drei Texten noch nicht belegt werden. Hierin unterscheidet sich der Gebrauch der Zeichen in den frühen neuhochdeutschen Texten von modernen Interpunktionssystemen.

Tabelle 13: Graphotaktik und Inventar um 1720

	Luther 1720	Bödiker 1723	Andreae 1718
Interpunktionsinventar	‹ , . : ; ? ( ) ! / ⸘›	‹ , . ; : ( ) ? ! ' ⸘›	‹/ . , ; : ( ) ! ⸘›
Interpunktionsmajuskel	sehr wenige	Nein	Nein
konsistente asymmetrische Anbindung der syntaktischen Interpunktionszeichen	Nein	Nein	Nein

Vergleichen wir nun die drei frühen neuhochdeutschen Texte im Hinblick auf die wichtigsten satzinternen Interpunktionsdomänen (vgl. Abb. 125). Auch in diesen Texten beobachten wir eine hochsystematische Interpunktion von asyndetischen Koordinationen. In allen Texten werden diese in mindestens 98 % aller Belege interpungiert. Darüberhinaus findet man eine sehr systematische Interpunktion (jeweils über 95 %) bei satzwertigen syndetischen Koordinationen mit der koordinierenden Konjunktion *und*. Diese werden in allen Texten signifikant häufiger interpungiert als nicht-satzwertige syndetische Koordinationen mit *und*. Auffällig ist zudem der erstmalige Gebrauch des Semikolons zur Binnengliederung von komplexen Koordinationen.

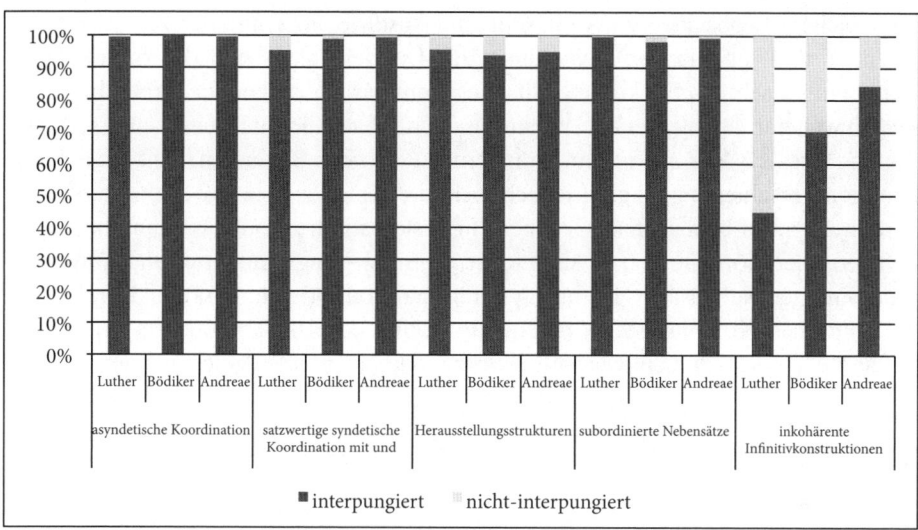

Abb. 125: Frühes Neuhochdeutsch: Quantitative Auswertung der wichtigsten Interpunktions-domänen

Die Auswertung aller Herausstellungskonstruktionen offenbart ebenfalls ein recht einheitliches und systematisches Bild: Mindestens 94 % aller Strukturen werden interpungiert. Dabei gibt es keinen signifikanten Unterschied bei der Interpunktion von satzwertigen vs. nicht-satzwertigen Herausstellungen mehr.

Für die Interpunktion von subordinierten Nebensätzen können wir in allen drei Texten feststellen, dass diese ebenfalls sehr systematisch zu über 98 % interpungiert (v.a. kommatiert) werden. Dies ist ein bedeutender Unterschied zu den frühneuhochdeutschen Texten, bei denen wir signifikante Unterschiede u.a. hinsichtlich der Interpunktion von subordinierten Nebensätzen im Vergleich zu dislozierten Nebensätzen feststellen konnten. Lediglich bei der Interpunktion von inkohärenten Infinitivkonstruktionen können wir nach wie vor häufigere Interpunktionsauslassungen feststellen. Bemerkenswert ist dabei jedoch für alle drei frühen neuhochdeutschen Texte, dass inkohärente Infinitivkonstruktionen signifikant häufiger interpungiert werden als kohärente Infinitivkonstruktionen.

Betrachten wir nun die syntaktisch überflüssigen Interpunktionsverwendungen. Insgesamt konnten in den drei Texten 167 syntaktisch überflüssige Kommas und Virgeln identifiziert werden. Relativ betrachtet belaufen sich diese Verwendungen auf 1,18 % (Luther), 6,87 % (Bödiker) und 3,01 % (Andreae) der Gesamtvirgel- und Kommasetzung in diesen Texten. Dies entspricht wie in den frühneuhochdeutschen Texten einem üblichen Performanzfehlerniveau. Wir können dementsprechend auch für diese Texte nicht feststellen, dass in überzufälliger Weise Virgeln oder Kommas verwendet werden, die sich einer syntaktischen Erklärung entziehen.

Fassen wir die wichtigsten Ergebnisse dieser drei frühen neuhochdeutschen Texte zusammen. Um das Jahr 1720 verdrängt das Komma in seiner modernen Form die Virgel. Neben dieser formalen Veränderung dieses wichtigen satzinternen Interpunk-

175

tionszeichens beobachten wir weiterhin eine Ausdifferenzierung des Interpunktionsinventars (v.a. erstmalige Verwendung des Doppelpunktes und des Semikolons).
Damit einher geht ein Funktionsverlust des Kommas gegenüber der Virgel. In Abwesenheit weiterer satzinterner Interpunktionszeichen hatte die Virgel ein Funktionsspekt-
rum, welches das Komma in seiner modernen Form von Beginn an nicht hatte. Diese
Funktionsverschiebung tangiert jedoch nicht die zentralen syntaktischen Interpunktionsdomänen. So beobachten wir eine sehr systematische Kommasetzung bezüglich
asyndetischer Koordinationen, sämtlicher Herausstellungsstrukturen und sämtlicher
subordinierter Nebensätze. Demnach kann man konstatieren, dass der Kernbereich
des deutschen Kommasystems bereits zu Beginn des 18. Jahrhunderts syntaktisch
fundiert war und sich nicht wesentlich vom modernen System unterscheidet.

9.4 Neuhochdeutsch (1910)

Die Auswertungen der drei neuhochdeutschen Texte Luther (1912), Wilmanns
(1909) und Lichtwark (1909) zeigen eine weitere Ausdifferenzierung des Interpunktionsinventars gegenüber den im vorangegangenen Abschnitt besprochenen
frühen neuhochdeutschen Texten (vgl. Tabelle 14). So treten beispielsweise in den
Texten des frühen 20. Jahrhunderts Gedankenstriche oder Anführungszeichen als
neue Interpunktionszeichen hinzu. Das Interpunktionsinventar hat damit weitestgehend den modernen Stand (vgl. das Inventar nach Bredel in Abschnitt 1.2) erreicht. Lediglich Auslassungspunkte sind nicht belegt. Zudem kann man fast keine
formalen oder typographischen Unterschiede mehr zu unserem heutigen Gebrauch
feststellen: Die Interpunktionsmajuskel als Interpunktionsmittel ist vollständig ver-
schwunden; sämtliche syntaktische Zeichen werden klitisch, d.h. asymmetrisch,
angebunden. Auch die in Bredels System sogenannten Filler wie beispielsweise der
Gedankenstrich verhalten sich graphotaktisch einheitlich. Sie erfahren sämtlich eine
symmetrische Anbindung im Schreibraum. Aus formaler Perspektive fällt leidglich
der Divis als Worttrenner am Zeilenende auf. Dieser wird in drei verschiedenen
formalen Ausprägungen verwendet, vgl. <= – ⸗>.

Tabelle 14: Graphotaktik und Inventar um 1910

	Luther 1912	Wilmanns 1909	Lichtwark 1909
Interpunktionsinventar	<,.:;?!„"'()–=>	<,.();:–?!->	<,.–„"()?:;!'⸗>
Interpunktionsmajuskel	Nein	Nein	Nein
konsistente asymmetrische Anbindung der syntaktischen Interpunktionszeichen	Ja	Ja	Ja

Vergleichen wir nun die drei Texte des frühen 20. Jahrhunderts im Hinblick auf die wichtigsten satzinternen Interpunktionsdomänen (vgl. Abbildung 126). Erneut beobachtet man eine hochsystematische Interpunktion (v.a. Kommasetzung) bei asyndetischen Koordinationen. In allen drei Texten werden diese in über 99 % aller Belege interpungiert. Eine bedeutende Veränderung können wir dagegen v.a. bei der Interpunktion von syndetischen Koordinationen beobachten. Nicht-satzwertige syndetische Koordinationen werden im Gegensatz zu den früheren Texten fast gar nicht mehr interpungiert. Um das Jahr 1910 setzt sich bei Koordinationen eine komplementäre Verteilung von einem Interpunktionszeichen (in der Regel das Komma) und einer koordinierenden Konjunktion (meist *und*) durch, wie wir es im heutigen System des Deutschen kennen. Gleichzeitig ist auffällig, dass in allen drei Texten nach wie vor satzwertige syndetische Koordinationen mit der koordinierenden Konjunktion *und* signifikant häufiger interpungiert werden als nicht-satzwertige syndetische Koordinationen mit *und*. Dabei können wir aber z.B. im Text von Lichtwark (1909) beobachten, dass das Komma in syndetischen Koordinationen nur dann gesetzt wird, wenn zwei vollständige Hauptsätze mit zwei unterschiedlichen finiten Prädikaten und zwei unterschiedlichen Subjekten miteinander koordiniert werden. In allen anderen Fällen syndetischer Koordination finden wir kein Interpunktionszeichen bei Lichtwark.

Die Auswertung aller Herausstellungsstrukturen und aller Nebensatzstrukturen offenbart ein sehr einheitliches Bild. In allen drei Texten werden diese Interpunktionsdomänen hochsystematisch interpungiert. Das Komma ist dabei das wichtigste und mit weitem Abstand am häufigsten gebrauchte Satzzeichen. Einzig bei Parenthesen lässt sich beobachten, dass neben dem Komma und der Klammer nun auch Gedankenstriche Verwendung finden.

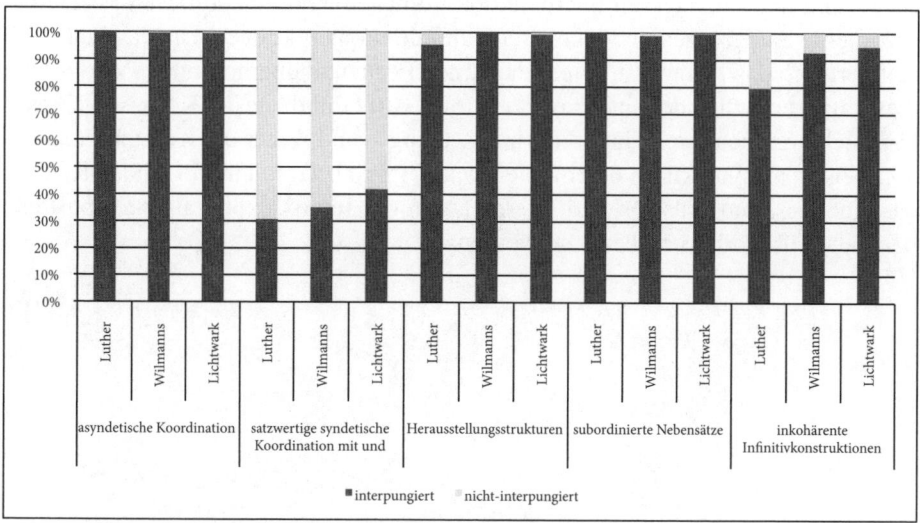

Abb. 126: Neuhochdeutsch: Quantitative Auswertung der wichtigsten Interpunktionsdomänen

Erstmalig werden nun auch inkohärente Infinitivkonstruktionen systematisch kommatiert (in allen drei Texten jeweils mindestens über 80 % aller Belege). Wie in den früheren Texten beobachtet man nach wie vor einen signifikanten Unterschied in der Kommasetzung von eindeutig inkohärenten vs. eindeutig kohärenten Infinitivkonstruktionen. Letztere werden in keinem der Texte interpungiert. Syntaktisch überflüssige Kommaverwendungen sind dagegen in den drei Texten nahezu nicht belegt. Lediglich in Lichtwarks Abhandlung finden sich vier solcher Belege.

Zusammenfassend können wir festhalten, dass die Ergebnisse der drei Texte aus dem frühen 20. Jahrhundert im Wesentlichen das Interpunktionssystem unserer Zeit widerspiegeln. Das System hat sich dementsprechend um 1910 stabilisiert und in den vergangenen 100 Jahren im Kernbereich kaum verändert.

9.5 Zusammenfassung

Die vier in diesem Kapitel vorgestellten Querschnittanalysen um die Jahre 1482, 1540, 1720 und 1910 deuten auf eine sehr geradlinige und homogene Entwicklung der Interpunktion hin. In den frühesten Texten beobachten wir noch ein sehr kleines Inventar von Interpunktionszeichen, das sich jedoch über den Untersuchungszeitraum hinweg kontinuierlich ausweitet. Die Virgel, das bis 1720 wichtigste satzinterne Interpunktionszeichen, wird dabei von allen Autoren polyfunktional verwendet. In Abwesenheit anderer satzinterner Interpunktionszeichen wie dem Doppelpunkt und dem Semikolon übernimmt sie deren heutige Funktionen (z.B. Einleitung der direkten Rede). Die wesentlichen Funktionen der Virgel konzentrieren sich jedoch schon ab dem späten 15. Jahrhundert auf die auch heute noch aus typologischer Sicht zentralen satzinternen Interpunktionsdomänen Koordination, Herausstellung, satzinterne Satzgrenzen und inkohärente Infinitivkonstruktionen. Um das Jahr 1720 etabliert sich das Komma in seiner modernen Form und übernimmt die Markierung dieser Interpunktionsdomänen von der Virgel. Auf Grundlage der Korpusergebnisse lässt sich argumentieren, dass die Virgelsetzung – und später die Kommasetzung – von Beginn an syntaktisch determiniert war. Diese These soll im folgenden Kapitel, das eine Gesamtdiskussion und Interpretation der Interpunktion aller Korpustexte beinhaltet, überprüft und bestätigt werden.

10 Diskussion und Interpretation der Korpusdaten: Entwicklung der Interpunktion

10.1 Graphotaktik und Inventar

In diesem Abschnitt werden die zentralen graphotaktischen und das Inventar betreffenden Ergebnisse der gesamten Korpusuntersuchung im Längsschnitt zusammengefasst und diskutiert. Tabelle 15 stellt für alle ausgewerteten Texte jeweils das Interpunktionsinventar, den Gebrauch von Interpunktionsmajuskeln als Interpunktionsmittel sowie die asymmetrische Anknüpfung der syntaktischen Interpunktionszeichen im Schreibraum dar.

Tabelle 15: Inventar und Graphotaktik aller ausgewerteten Texte

	Interpunktions-inventar	Interpunktions-majuskel	konsistente asymmetrische Anbindung der syntaktischen Interpunktionszeichen
Plenarium 1482	. · / : ⸗	Ja	Nein
Conradus 1482	· / ⸗	Ja	Nein
Franck 1540	/. ( ) ? ⸗	Ja	Nein
Ryff 1540	/· ( ) ? ⸗	Ja	Nein
Luther 1545	/. ? ( )⸗	Ja	Nein
Ercker 1598	/. ( ) ⸗	Ja	Nein
Luther 1621	/. : ? ( )⸗	Ja	Nein
Schottel 1641	/. , : ( ) ; ? ! · ⸗	Nein	Nein
Ramelov 1682	/. : ; ( ) " ? ⸗	Wenige Belege	Nein
Andreae 1718	/. , ; : ( ) ! ⸗	Nein	Nein
Luther 1720	, . : ; ? ( ) ! / ⸗	Nein	Nein
Bödiker 1723	, . ; : ( ) ? ! ' ⸗	Nein	Nein
Gottsched 1749	, . ; : ? ( ) ! ⸗	Nein	Ja
Adelung 1812	, . ; ( ) : ? ' ⸗	Nein	Ja
Luther 1847	, . : ; ? ( ) ! -	Nein	Ja
Wilmans 1909	, . ( ) ; : – ? ! -	Nein	Ja
Lichtwark 1909	, . – „ " ( ) ? : ; ! ' ⸗	Nein	Ja
Luther 1912	, . : ; ? ! „ " ' ( ) – =	Nein	Ja
Luther 1984	, . : ; ? ! ( ) « » ' – –	Nein	Ja

Für die Ausdifferenzierung des Interpunktionsinventars von 1482 bis 1984 lässt sich eine Entwicklungslinie nachzeichnen, die in ihren Grundzügen bereits von Bredel (2007) mithilfe einer qualitativen Auswertung einiger Texte aus diesem Zeitraum beschrieben wurde. Ihren Ergebnissen zufolge beschränken sich frühe Texte aus dem 15. Jahrhundert hauptsächlich auf die Markierung grammatischer Strukturen. Die Virgel und der (Mittel-)Punkt stellen dafür – zu Beginn v. a. in Kombination mit der Interpunktionsmajuskel – die bevorzugten Interpunktionszeichen dar. Innerhalb der frühen, zeichenarmen Systeme markieren diese Zeichen die Einheiten Satz sowie satzinterne grammatische Strukturen (vgl. die Diskussion im anschließenden Abschnitt). Hinzu tritt die Verwendung des Divis als Worttrenner am Zeilenende, der in dieser Position für die Stabilisierung der Einheit Wort zentral ist (vgl. dazu den kurzen historischen Abriss zur Entstehung des Spatiums aus der scriptio-continua-Schreibung in Abschnitt 2.1) und möglicherweise aus diesem Grund bereits in den frühesten Texten belegt ist.

In einem nächsten Schritt in der Interpunktionsentwicklung erfolgt im 16. Jahrhundert die Einführung von Zeichen, die (auch) eine kommunikative Funktion übernehmen; das sind in den untersuchten Texten v. a. das Fragezeichen und die Klammern (ab dem 17. Jahrhundert auch das Ausrufezeichen), die bereits in den Texten um das Jahr 1540 belegt sind. Darauf aufbauend beobachten wir weiterhin eine Ausdifferenzierung der syntaktischen Zeichen. In den untersuchten Texten des späten 17. und frühen 18. Jahrhunderts bereichern das Semikolon und der Doppelpunkt das System. Damit einher geht eine formale Veränderung der Virgel. Die Virgel wird einer Formreduzierung unterzogen und erscheint von nun an als Komma in seiner modernen Form <,>. Bredel (2007: 80) konstatiert, dass ab diesem Zeitpunkt zwischen Interpunktionszeichen mit und ohne Oberlinienkontakt (vgl. das Merkmal +/–VERTIKAL) unterschieden werden kann. Die Formreduzierung der Virgel zum Komma ist nach Bredel auf eine Systemstabilisierung zurückzuführen. Aufgrund der Einführung neuer Interpunktionszeichen mit kommunikativer Funktion tritt die Virgel diese kommunikativen Funktionen ab und muss nun als Komma auch formal der Klasse der „kleinen Klitika" angepasst werden. Dies erklärt die Merkmalsveränderung von [+ VERTIKAL] (Virgel) hin zu [–VERTIKAL] (Komma). Das Komma ist demnach kein völlig neu eingeführtes Zeichen, sondern eine systematische formale Weiterentwicklung der Virgel, die funktional begründet werden kann. Der Punkt auf der Unterlinie hat sich zu diesem Zeitpunkt bereits als satzschließendes Zeichen verfestigt, auf das immer eine Majuskel folgt. Die Interpunktionsmajuskel in der Funktion eines Interpunktionsmittels wird innerhalb dieser Systeme nicht mehr benötigt und ist folglich ab der ersten Hälfte des 17. Jahrhunderts nicht mehr belegt. Zu diesem Zeitpunkt hat sich damit das System der syntaktischen Interpunktionszeichen <, ; : .> aus formaler Sicht weitestgehend stabilisiert. Lediglich die in Bredels Gesamtsystem typische klitische, d.h. asymmetrische Anbindung dieser syntaktischen Zeichen an ein vorangehendes Stützzeichen (z.B. ein Buchstabe) kann auch um das Jahr 1720 noch nicht konsistent beobachtet werden. Während das Komma, der Doppelpunkt und das Semikolon in den untersuchten Texten dieser Zeit noch häufig symmetrisch angebunden auftauchen (d.h. zwischen zwei Spatien oder zwei Buchstaben), wird nur der Punkt auf der Unterlinie systematisch asymmetrisch verwendet. Erst mit Gottsched (1749) liegt ein Text vor, in dem alle syntaktischen Zeichen konsistent asymmetrisch im Schreibraum verwendet werden. Diese graphotaktische Eigenschaft legen die Zeichen in der Folgezeit nicht mehr ab. Mit dieser graphotaktischen Entwicklung geht zudem eine Ausdifferenzierung von Fillern einher. So beobachtet man im 19. und frühen 20. Jahrhundert die erstmalige Verwendung von Apostroph und Gedankenstrich in ihren modernen Funktionen.

Komplettiert wird das moderne Interpunktionssystem durch die Einführung von Zeichen mit metasprachlicher Funktion. Ab dem späten 18. Jahrhundert gewinnt – bedingt durch das Zeitalter der Aufklärung – die Urheberschaft von Texten eine besondere Bedeutung, sodass die Markierung von fremder Rede notwendig wird. Diese Entwicklung etabliert die Anführungszeichen, die in den untersuchten Texten um das Jahr 1910 bereits in der modernen Funktion systematisch verwendet werden.

Zusammenfassend bestätigen sowohl die Querschnitt- als auch die Längsschnittergebnisse der untersuchten Texte den von Bredel (2007) beobachteten Dreischritt in der Entwicklung der Interpunktion im Deutschen: von grammatisch strukturellen Markierungen hin zu kommunikativen und schließlich metasprachlichen Markierungen. Bemerkenswert ist dabei, dass sich genau diese Entwicklung auch in der Ontogenese der Interpunktion widerspiegelt. Die frühesten Texte von Grundschulkindern beinhalten lediglich den Punkt und das Komma, deutlich später folgen Frage- und Ausrufezeichen und erst mit großer Verzögerung – ab Klasse 8 auf der weiterführenden Schule – Auslassungspunkte, Gedankenstriche und Anführungszeichen (vgl. u.a. Eichler & Küttel 1993, Afflerbach 1997 und Bredel 2006, 2007).[36]

10.2   Syntaktische Interpunktionsdomänen

In diesem Abschnitt sollen die Ergebnisse zu den in Kapitel 4 eingeführten Interpunktionsdomänen von sämtlichen ausgewerteten historischen Texten zusammengefasst und interpretiert werden. Besonderes Augenmerk lege ich dabei – wie bereits bei der Analyse der einzelnen Korpustexte in den Kapiteln 6 bis 8 – auf asyndetische und satzwertige syndetische Koordinationen (Abschnitt 10.2.1), auf unterschiedliche Formen der Herausstellung (Abschnitt 10.2.2), subordinierte Nebensätze und satzwertige Infinitivkonstruktionen (Abschnitt 10.2.3).

---

[36] Bislang liegt leider keine Studie vor, die den Erwerb aller Interpunktionszeichen bei Kindern und Jugendlichen unter Berücksichtigung von graphotaktischen Eigenschaften (v.a. symmetrische vs. asymmetrische Anknüpfung), dem Erwerb des Spatiums bzw. der Stabilisierung der Worttrennung sowie dem Gebrauch der Interpunktionsmajuskel berücksichtigt. Eine solche Studie könnte sicherlich Erkenntnisse liefern, die für eine detaillierte Diskussion einzelner Interpunktionszeichen auch aus historiogenetischer Sicht hilfreich wären. So wäre z.B. lohnenswert zu hinterfragen, ob sich die historisch frühen Belege der Klammerverwendungen auch früh in der Ontogenese wiederfinden.

10.2.1 Koordination

Die in Kapitel 9 dargestellten Ergebnisse der Querschnittanalysen von 1482, 1540, 1720 und 1910 deuten auf eine von Anfang an systematische Interpunktion von asyndetischen (konjunktionslosen) Koordinationen hin. Dieses Ergebnis kann auch im Längsschnitt vom 15. bis ins 20. Jahrhundert durch alle ausgewerteten Texte bestätigt werden, vgl. Abbildung (127). Sowohl satzwertige als auch nicht-satzwertige asyndetische Koordinationen werden über alle Texte und über alle Zeiträume hinweg in jeweils über 94 % aller Belege und damit hochsystematisch interpungiert. Die bevorzugten Interpunktionszeichen stellen dabei in den frühesten Texten des 15. Jahrhunderts der Mittelpunkt, vom 16. bis ins frühe 18. Jahrhundert die Virgel und ab dem 18. Jahrhundert das Komma (in einigen Fällen auch das Semikolon) dar.

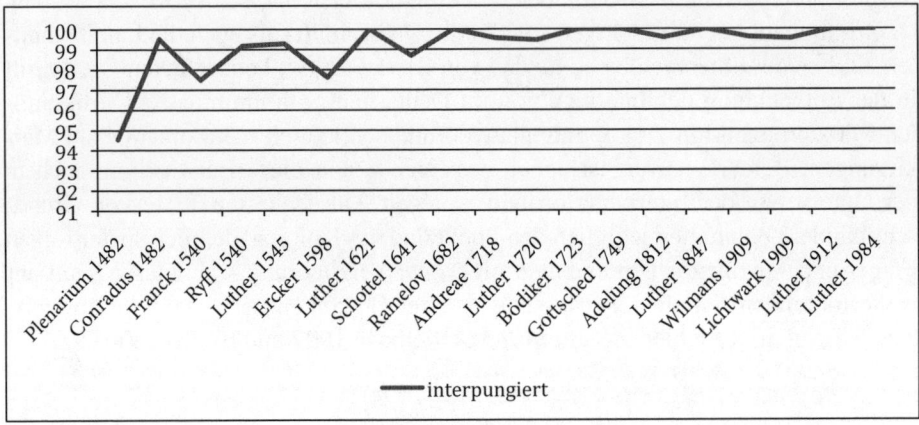

Abb. 127: Interpunktion von asyndetischen Koordinationen

In Kapitel 4.2 wurde anhand des deutschen und englischen Kommasystems gezeigt, dass asyndetische Koordinationen sprachübergreifend ein Komma lizenzieren. Es konnte keinerlei typologische Variation festgestellt werden (vgl. darüber hinaus auch Bredel & Primus 2007 und Kirchhoff & Primus 2016b, i.Vor. für andere moderne europäische Sprachen). Diese systematische Kommasetzung bei asyndetischen Koordinationen konnte mithilfe der Kommabedingungen (v.a. der zweiten Kommabedingung Nicht-Subordination) nach Primus (1993, 2007a) syntaktisch erklärt werden. Die hier präsentierten historischen Ergebnisse unterstützen die typologischen Daten insofern, als dass wir auch historisch keine nennenswerte Variation bei konjunktionslosen Koordinationen beobachten können. Aufschlussreich sind darüber hinaus ontogenetische Studien zum Kommaerwerb und Fehlerstatistiken, die in die gleiche Richtung weisen: So zeigt beispielsweise Afflerbach (1997: 68), dass Schülerinnen und Schüler in der Grundschule ohne expliziten Regelunterricht Koordinationen (v.a. asyndetische Koordinationen) als eine der ersten Strukturen überhaupt kommatieren, lange Zeit bevor sie beispielsweise subordinierte Nebensätze kommatieren. Pießnack & Schübel (2005) beobachten in ihrer Fehleranalyse von 333 Abituraufsätzen eine hohe Zahl an orthographischen Normverstößen, darunter auch viele Interpunktionsfehler. Bemerkenswert ist jedoch, dass nur sehr wenige Interpunktionsfehler auf asyndetische Koordinationen entfallen.

Betrachten wir nun syndetische Koordinationen, für die wir in Abschnitt 4.2.1 aus typologischer Sicht eine Variation feststellen konnten. Während das moderne Deutsche (und auch viele andere moderne europäische Sprachen wie z.B. das Spanische oder Russische; vgl. Kirchhoff & Primus 2016a, i.Vor.) auf eine doppelte Markierung der Koordination mit Komma und einer koordinierenden Konjunktion wie *und* oder *oder* bei nicht-satzwertigen Koordinationen verzichtet, beobachten wir im modernen Englisch eine Variation. So findet man beispielsweise in Style Guides des Oxford- bzw. des Cambridge-Verlags (Ritter 2012 bzw. Butcher, Drake & Leach 2006) unterschiedliche Kommaanweisungen für syndetische Koordinationen mit *and* und *or*.[37] Die Ergebnisse der Korpusanalyse der historischen deutschsprachigen Texte fügen sich in dieses Bild. Auch hier finden sich bis ins 19. Jahrhundert häufig Komma- und Virgelsetzungen bei nicht-satzwertigen syndetischen Koordinationen (in Erckers Abhandlung von 1598 sind beispielsweise über 30 % dieser Strukturen gevirgelt), die im modernen Normsystem des Deutschen nicht vorgesehen sind, dafür jedoch im Englischen in den Kommaempfehlungen der Oxford-Grammatik.

Abbildung (128) veranschaulicht die Interpunktion von satzwertigen syndetischen Koordinationen mit der koordinierenden Konjunktion *und* für alle untersuchten Texte. Wir können beobachten, dass vom 16. bis ins 19. Jahrhundert satzwertige syndetische Koordinationen hochsystematisch in meist über 90 % aller Belege interpungiert (in der Regel gevirgelt oder kommatiert) werden. Dabei ist unerheblich, ob die beiden mit *und* verbundenen Konjunkte aus zwei verschiedenen Prädikaten mit unterschiedlichen Subjekten bestehen. Sobald zwei finite Verben syndetisch miteinander koordiniert werden, finden wir in den meisten Fällen ein Interpunktionszeichen vor der Konjunktion.

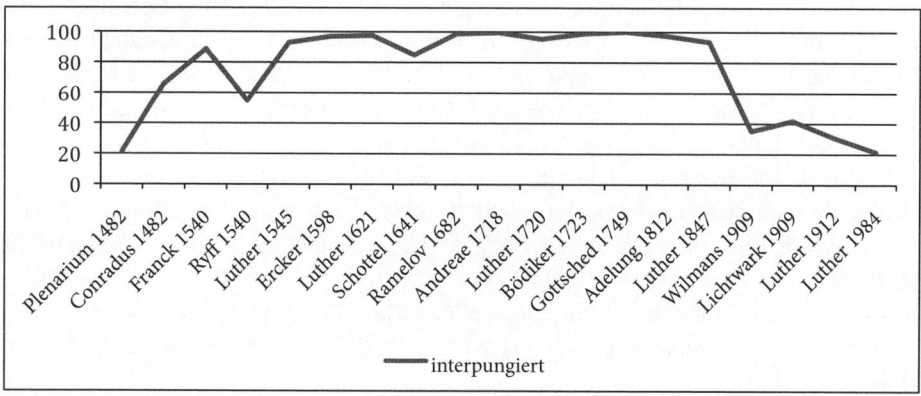

Abb. 128: Interpunktion von satzwertigen syndetischen Koordinationen mit *und*

---

[37] Im Gegensatz zu den Anweisungen des Cambridge-Verlags empfiehlt der Oxford-Verlag das Komma bei syndetischen Koordinationen mit mindestens drei Konjunkten wie in *Peter, Paul, and Mary are dancing*.

Es lässt sich für jeden Korpustext nachweisen, dass satzwertige syndetische Koordinationen mit *und* signifikant häufiger interpungiert werden als nicht-satzwertige syndetische Koordinationen mit *und*. Die Interpunktionswahrscheinlichkeit ist demnach erheblich von der syntaktischen Kategorie (satzwertig vs. nicht-satzwertig) der koordinierten Konjunkte abhängig. Es ist nicht auszuschließen, dass weitere Faktoren wie beispielsweise die Länge bzw. Anzahl der Konjunkte oder die Art der Konjunktion (*und* vs. *oder*) für die Interpunktion eine Rolle spielen. Dies müssen nachfolgende Studien zeigen.

Zu Beginn des 20. Jahrhunderts erreicht die Interpunktion von Koordinationen weitestgehend den heutigen Stand. Ein Interpunktionszeichen erscheint bei syndetischen Koordinationen nur noch zwischen zwei vollständigen Hauptsätzen mit unterschiedlichen finiten Prädikaten und unterschiedlichen Subjekten. In allen anderen Fällen syndetischer Koordination liegt eine komplementäre Verteilung von Interpunktionszeichen und koordinierender Konjunktion vor. Dies entspricht den zeitgenössischen normativen Regeln des Buchdruckerdudens von 1910 (Duden 1910: XXXI), die eine Kommasetzung bei asyndetischen Koordinationen vorschreiben und auf eine weitestgehend komplementäre Verteilung von Komma und koordinierender Konjunktion verweisen. Die Kommasetzung bei vollständigen, mit *und* koordinierten Hauptsätzen wird dagegen freigestellt. So lässt sich konstatieren, dass die komplementäre Verteilung von Komma und koordinierender Konjunktion eine eher neuere Erscheinung in der Sprachgeschichte des Deutschen ist, die sich erst um 1900 herausgebildet hat.

Zusammenfassend können wir festhalten, dass sich die historischen Texte hinsichtlich der Interpunktion bei Koordinationen nicht wesentlich von modernen Interpunktionssystemen wie dem modernen Deutschen oder Englischen unterscheiden. Dies erklärt die zweite Kommabedingung, die ein Komma zwischen zwei nicht-subordinativ miteinander verknüpften syntaktischen Schwestern lizenziert. Eine geringfügige Systemvariation findet man sowohl historisch als auch in modernen Systemen. Im Englischen und auf älteren Sprachstufen des Deutschen ist ein Komma vor einer koordinierenden Konjunktion usuell und normkonform. Im Gegenwartsdeutschen ist diese Kookkurrenz fakultativ, wenn die Konjunkte vollständige Hauptsätze mit unterschiedlichen Subjekten sind. So empfehlen die amtlichen Regelungen zur deutschen Orthographie die Kommaverwendung vor der Konjunktion *und*, um „die Gliederung des Satzes deutlich zu machen" (Duden 2006, K116, S. 78).

Abschließend möchte ich eine besondere Markierung von Koordinationen besprechen, die in einigen historischen Texten auftritt. Betrachten wir dazu die beiden Beispiele in (47).

(47) Markierung des Anfangs einer Koordination
    a. Diese wort/hofman/hefen/teufel rc. haben ein f. (Franck 1540: Blatt 18)
    b. Sie schreiben daher ungescheut, ein Kandidat, Kollege, Kompliment, Koncept, Kondition, Konsitorium, Konterfey, u.d.m. (Gottsched 1749: Blatt 62)

In beiden Beispielen wird der Anfang der asyndetischen Koordination, d.h. noch vor dem ersten Konjunkt, interpungiert (*wort/hofman* bzw. *ungescheut, ein Kandidat*). Diese Form der Interpunktion von asyndetischen Koordinationen ist im Textmodus in modernen Systemen nicht üblich. Auf den ersten Blick scheint hier eine syntaktisch überflüssige Virgel bzw. ein Komma zwischen zwei subordinierten Schwesterelementen vorzuliegen. Die Klassifikation als syntaktisch überflüssiges Zeichen muss jedoch in Frage gestellt werden, wenn man neuere Untersuchungen zur Unterscheidung von Listen- und Textmodus in modernen Sprachen beachtet, vgl. (48).

(48)   Listenmodus von koordinierten Einheiten (vgl. Reißig 2015: 129)

a.   Wir brauchen   b.   *Wir brauchen Zelte
 – Zelte   – Rucksäcke
 – Rucksäcke   – Wanderschuhe
 – Wanderschuhe

So zeigt Reißig (2015), dass im Listenmodus alle nominalen Komplementausdrücke (in diesem Beispiel *Zelte*, *Rucksäcke* und *Wanderschuhe*) jeweils in eine neue Zeile versetzt (häufig auch eingerückt) und mit einem Aufzählungszeichen (hier <–>) versehen werden müssen. Dies erklärt die Ungrammatikalität von (48b), bei dem ein Komplementausdruck in der ersten Zeile verbleibt. Die besondere Interpunktion der Beispiele in (47) ließe sich nun möglicherweise dadurch erklären, dass in diesen Fällen gar kein Text-, sondern eine Art Listenmodus vorliegt. Dies würde auch erklären, warum in beiden Sätzen dem letzten Konjunkt keine koordinierende Konjunktion vorangeht – nach Reißig (2015) eine typische Eigenschaft von Listen. Im modernen Deutschen wird eine Auflistung im Textmodus häufig mithilfe des Doppelpunktes gelöst. So könnte man den Beispielsatz in (47b) wie folgt übertragen: *Sie schreiben daher ungescheut: ein Kandidat, Kollege, Kompliment, Koncept, Kondition, Konsitorium, Konterfey, u.d.m.* Dieser Doppelpunktgebrauch ist weder bei Franck (1540) noch bei Gottsched (1749) usuell und daher finden die Virgel bzw. das Komma als polyfunktionale Zeichen zu dieser Zeit Verwendung.

10.2.2   Herausstellungsstrukturen

Im Folgenden werden die zentralen Ergebnisse aller ausgewerteten Texte zur Interpunktion von Herausstellungskonstruktionen zusammengefasst. Wie bereits in Abschnitt 4.2.2 ausführlich diskutiert, handelt es sich bei Herausstellungen – neben Koordinationen – um eine weitere wichtige Art der nicht-subordinativen Verknüpfung von syntaktischen Schwesterelementen. Parallel zu Koordinationen lizenziert die zweite Kommabedingung nach Primus (1993, 2007a) sprachübergreifend auch für alle Formen der Herausstellung das Komma. Die Querschnittanalysen in Kapitel 9 haben jedoch gezeigt, dass Herausstellungen in den ausgewerteten Texten – im Gegensatz zu asyndetischen Koordinationen – nicht über den gesamten Untersuchungszeitraum konsistent interpungiert werden. Dies bestätigt auch Abbildung (129), die die Interpunktion sämtlicher Herausstellungskonstruktionen (sowohl satzwertige als auch nicht-satzwertige) für alle Texte im Längsschnitt zusammenfasst.

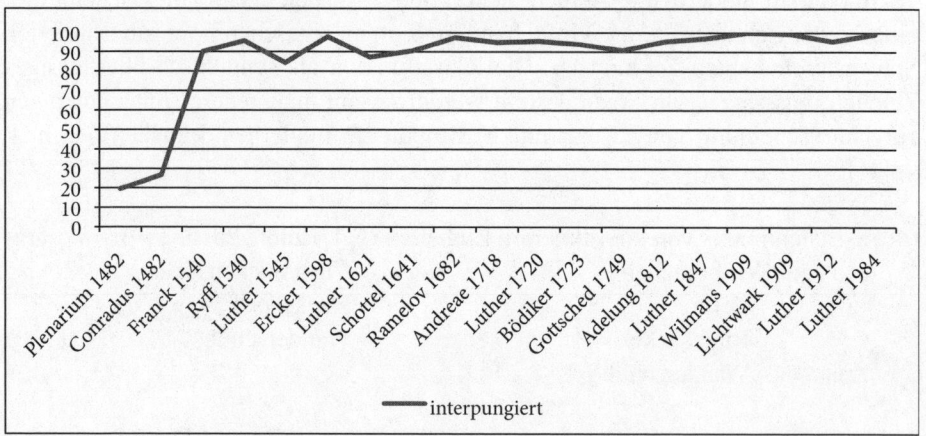

Abb. 129: Interpunktion bei sämtlichen Formen der Herausstellung

So können wir feststellen, dass Herausstellungskonstruktionen in den frühesten Texten des 15. Jahrhunderts kaum (lediglich 20–25 % aller Belege) interpungiert werden. Erst in der Mitte des 16. Jahrhunderts lässt sich eine systematische Interpunktion (v.a. Virgelsetzung) feststellen, die sich ab dem späten 17. Jahrhundert verfestigt, sodass fortan sämtliche Herausstellungen in über 90 % aller Belege interpungiert werden. Zwischen dem 16. und 18. Jahrhundert findet man zudem eine Ausdifferenzierung der verwendeten Interpunktionszeichen für Herausstellungen. So verwendet beispielsweise Franck (1540) in nicht-satzwertigen Parenthesen häufig die Klammern bzw. Schottel (1641) oder Gottsched (1749) in einigen Fällen den Doppelpunkt oder das Semikolon bei herausgestellten Adverbialsätzen. Diese Entwicklung setzt sich fort bis zur Verwendung des Gedankenstrichs für parenthetische Ausdrücke wie beispielsweise in Lichtwarks Abhandlung von 1909. Die Virgel und später das Komma bleiben jedoch über den gesamten Untersuchungszeitraum die bevorzugten Interpunktionszeichen zur Markierung von Herausstellungen.

Wie bereits bei der Einzelanalyse aller Texte in den Kapiteln 6 bis 8 veranschaulicht, lohnt bei der Diskussion der Herausstellungskonstruktionen eine Detailanalyse hinsichtlich der Satzwertigkeit der Herausstellungen sowie eine tiefergehende Analyse der nicht-satzwertigen Herausstellungsformen. Zwischen dem 15. und frühen 17. Jahrhundert konnte beispielsweise für mehrere Texte (u.a. Plenarium 1482, Conradus 1482, Ryff 1540 und Luther 1545, 1621) festgestellt werden, dass satzwertige Herausstellungskonstruktionen (insbesondere herausgestellte Adverbialsätze) häufiger interpungiert werden als nicht-satzwertige Strukturen wie beispielsweise Vokative, Links- und Rechtsversetzungen, Interjektionen oder Appositionen. Doch auch innerhalb der Gruppe der nicht-satzwertigen Strukturen konnten teils große Unterschiede beobachtet werden. So finden wir beispielsweise in den

Evangelientexten dieser Zeit vermehrte Interpunktionsauslassungen bei Vokativen und insbesondere bei Interjektionen sowie nach dem epistemischen Modifizierer *wahrlich*. Diese Beobachtungen lassen sich möglicherweise über die allgemeine Heterogenität von Herausstellungsstrukturen erklären (vgl. den Abschnitt zur syntaktischen und intonatorischen Integration von Herausstellungen in 4.2.2). So unterscheiden sich beispielsweise Herausstellungen hinsichtlich ihrer overten Markierung als herausgestellte Struktur erheblich voneinander. Während Links- und Rechtsversetzungen oder herausgestellte Subjekt-, Objekt- und Adverbialsätze relativ leicht an einem syntaktischen Korrelat im Matrixsatz erkannt werden können (vgl. Zitterbart 2013 für eine Übersicht zu Korrelatverwendungen in Gliedsätzen), fehlt eine solche overte Markierung bei Vokativen oder auch beim epistemischen Modifizierer *wahrlich*. Aus Studien zum Kommaerwerb von Kindern und Jugendlichen ist bekannt, dass unerfahrene Schreiber auf solche sichtbaren Markierungen einer syntaktischen Konstruktion als *bootstrapper* für die Kommasetzung achten (vgl. u.a. Afflerbach 1997). Mit Esslinger (2014, 2016) liegt zudem eine rezeptionstheoretische Studie vor, die für die Rezeption unterschiedlicher Kommakonstruktionen eine Schwierigkeitshierarchie nachweisen kann. So werden koordinierte Strukturen einfacher verarbeitet als Strukturen mit Satzsubordination, und diese wiederum einfacher als Herausstellungskonstruktionen. Darüber hinaus zeigt Esslinger, dass auch innerhalb der Herausstellungskonstruktionen ein Schwierigkeitsgefälle erkennbar ist. So werden beispielsweise herausgestellte Sätze leichter verarbeitet als Appositionen (Esslinger 2014: 92). All diese Beobachtungen könnten einerseits die inkonsistenten Interpunktionen der einzelnen Herausstellungsformen und andererseits die teils erhöhte Interpunktionsauslassung im Gegensatz zur äußerst systematischen Interpunktion von asyndetischen Koordinationen in den historischen Daten erklären.

Abschließend möchte ich zwei Konstruktion diskutieren, die sich vor allem in den Evangeliumstexten über den gesamten Zeitraum sehr auffällig verhalten: Interjektionen und epistemische Modifizierer wie *wahrlich*. Interjektionen wie *ach*, *oh*, *ah* sind ein gesprochensprachliches Phänomen und werden meist medial mündlich verwendet. Dies erklärt, warum diese Elemente fast ausschließlich in den Matthäusevangelien vorkommen – ein Text, der sich durch einen hohen Anteil an direkter Rede auszeichnet. Häufig wird hervorgehoben, dass sich Interjektionen durch eine „mehrfache Exzentrik sowohl formaler wie funktionaler Art" (Ehlich 2009: 424) auszeichnen. Dies könnte für das Problem der „fehlenden orthographischen Normierung" (Nübling 2004: 16) im modernen Deutschen verantwortlich sein. So stellen die amtlichen Regelungen die Interpunktion von Interjektionen in Abhängigkeit vom Grad der Hervorhebung frei (Duden 2006: 84). Laut Mehrheitsmeinung handelt es sich aber bei Interjektionen um nicht-subordinierte, herausgestellte Elemente (vgl. u.a. Peterson 1999, Kaltenböck 2007, de Vries 2007, Dehé 2014). Peterson (1999: 231) spricht beispielsweise von „clear examples of non-syntagmatic relationships". Diese nicht-subordinative Verknüpfung sollte gemäß der zweiten Kommabedingung nach Primus (1993, 2007a) sprachübergreifend ein Komma lizenzieren. Umso erstaunlicher sind daher systematische Interpunktionsauslassungen in den Evangelientexten bis ins 20. Jahrhundert hinein, wohingegen fast alle anderen Formen der Herausstellung ab dem 17. Jahrhundert systematisch interpungiert werden.

Mit Huesmann (2015) liegt eine Korpusanalyse der deutschen Übersetzung des ersten Harry-Potter-Romans von Joanne K. Rowling zur Interpunktion (und Intonation) von Interjektionen vor. Die Korpusauswertung ergibt, dass darin lediglich 64,49 % aller Interjektionen interpungiert (davon über 90 % kommatiert) werden. Diese Ergebnisse decken sich weitestgehend mit den Beobachtungen der historischen Korpusdaten. In einer syntaktischen Detailanalyse kann Huesmann jedoch zeigen, dass die nicht-interpungierten Interjektionen nicht eigenständig vorkommen, sondern in größeren idiomatischen Gruppen wie beispielsweise in *Ach du liebes bisschen, da sind sie* (Huesmann 2015: 54), die en bloc am linken Satzrand herausgestellt werden. Dies erklärt wiederum die systematische Kommasetzung zwischen herausgestellter idiomatischer Gruppe und dem Vorfeld des Matrixsatzes, in unserem Beispiel zwischen *bisschen* und *da*. Diese Beobachtungen lassen sich auf die von mir ausgewerteten historischen Daten übertragen. So lassen sich sowohl im Matthäusevangelium aus dem 16. Jahrhundert wie in *Ah du son David / erbarm dich vnser* (Luther 1545: Mt. 9,27) als auch im Matthäusevangelium von 1984 wie in *O du ungläubiges und verkehrtes Geschlecht, wie lange soll ich bei euch sein?* (Luther 1984: Mt. 17,17) uninterpungierte Interjektionen innerhalb eines größeren idiomatischen Ausdrucks finden, deren rechter Rand jeweils interpungiert ist.

Idiomatischen Charakter hat darüber hinaus auch der epistemische Modifizierer *wahrlich* wie in den Beispielsätzen *Warlich ich sage euch / Die Zöllner vnd Huren mügen wol ehe ins himelreich komen* (Luther 1545: Mt. 21,32) oder in *Warlich ich sage euch/Sie haben ihren Lohn dahin* (Luther 1621: Mt. 6,2). Der Ausdruck *warlich* ist in beiden Fällen aufgrund seiner Position vor dem Subjekt *ich* im Vorfeld nach links herausgestellt und sollte daher eine Virgel lizenzieren. Sowohl im Matthäusevangelium von 1545 als auch von 1621 findet man jedoch eine vermehrte Virgelauslassung nach *wahrlich* (lediglich 23,08 % bzw. 14,81 % sind gevirgelt). Die häufige Virgelauslassung könnte auch bei dieser Konstruktion dadurch erklärt werden, dass die gesamte Phrase *wahrlich ich sage euch* als idiomatischer Ausdruck behandelt wird, der als Gesamtausdruck nach links herausgestellt wird, und auf den in allen Korpusbelegen eine Virgel (und in vielen Fällen auch eine Interpunktionsmajuskel) folgt.

10.2.3 Subordinierte Nebensätze und Infinitivkonstruktionen

In Kapitel 4.3 habe ich gezeigt, dass in modernen europäischen Sprachen bezüglich der Markierung von subordinierten Nebensätzen eine typologische Variation vorliegt. Während im modernen Deutschen, Russischen, Polnischen oder Ungarischen ein Komma subordinierte Nebensätze vom Matrixsatz trennt, finden wir eine solche Kommaverwendung im Englischen, Niederländischen oder den Romanischen Sprachen nicht. Primus (1993, 2007a) erklärt diese Variation mithilfe der dritten

Kommabedingung (Satzinterne Satzgrenze). In Verbindung mit der ersten Kommabedingung (Syntaktische Schwestern) wird das Komma für die erste Gruppe von Sprachen auch für subordinierte Nebensätze lizenziert. Die Einzelanalyse der historischen Texte hat ergeben, dass die Interpunktionsdomäne Satzinterne Satzgrenze auch aus historischer Sicht für das Deutsche bestätigt werden kann, wie die Längsschnittübersicht in Abbildung (130) zeigt.

Bereits in den frühesten Texten des 15. Jahrhunderts findet man eine Interpunktionsverwendung bei subordinierten Nebensätzen (in dieser Phase noch mithilfe des Mittelpunktes). Die Interpunktion beläuft sich jedoch anfangs nur auf ca. 20 % aller Belege. Zur Mitte des 16. Jahrhunderts steigt sie (nun v. a. die Virgelsetzung) bei subordinierten Nebensätzen stark an. Von jenem Zeitpunkt an werden diese Strukturen mehrheitlich interpungiert, ab der zweiten Hälfte des 17. Jahrhunderts lässt sich dann auch von einer hochsystematischen Interpunktion (bis zu 100 % aller Belege) sprechen. Dies ändert sich bis ins 20. Jahrhundert nicht mehr.

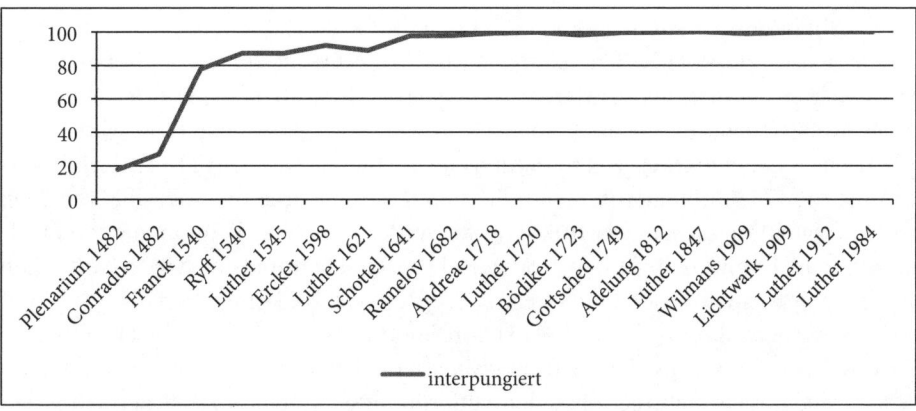

Abb. 130: Interpunktion von subordinierten Sätzen

Vergleicht man nun die Entwicklung der Interpunktion von subordinierten Nebensätzen mit der Entwicklung der Interpunktion von dislozierten Nebensätzen (siehe auch den vorangegangenen Abschnitt), dann fällt für die Phase des Frühneuhochdeutschen (15. bis 17. Jahrhundert) auf, dass dislozierte Nebensätze häufiger interpungiert werden als subordinierte Nebensätze. In der Einzelanalyse in den Kapiteln 6 bis 8 wurde dies in den frühneuhochdeutschen Texten anhand der Interpunktion von restriktiven (subordinierten) und appositiven (dislozierten) Relativsätzen exemplifiziert. Betrachten wir nun für einen Gesamtüberblick die Längsschnittdaten aller Texte zur Interpunktion der beiden verschiedenen Relativsatzarten in Abbildung (131).

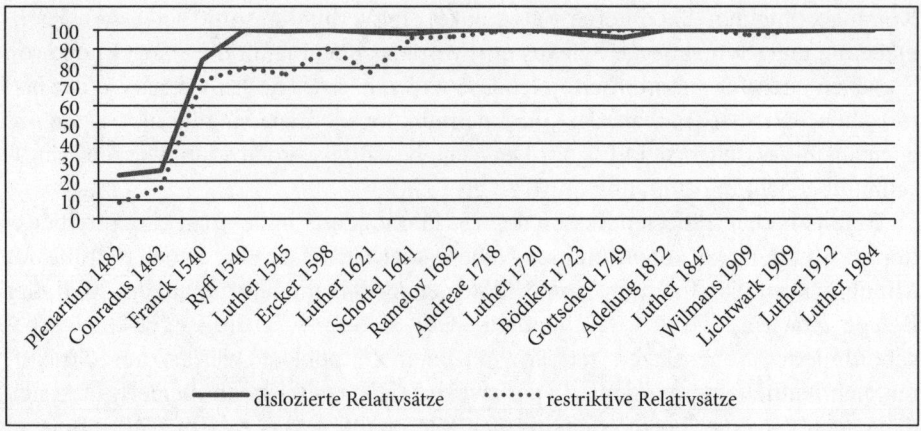

Abb. 131: Interpunktion von dislozierten vs. restriktiven Relativsätzen

Diese Abbildung veranschaulicht, dass bis in die erste Hälfte des 17. Jahrhunderts hinein dislozierte Relativsätze häufiger (meist signifikant; vgl. die Einzelanalysen) interpungiert werden als restriktive Relativsätze. Erst ab Schottel (1641) werden beide Relativsatzarten hochsystematisch in weit über 90 % aller Belege interpungiert. Die systematischen Interpunktionsauslassungen von restriktiven Relativsätzen bis ins 17. Jahrhundert hinein reflektieren die moderne typologische Variation der Interpunktion dieser Konstruktion. So werden – anders als im modernen Deutschen – im Englischen, in den Romanischen Sprachen und im Niederländischen lediglich appositive, jedoch nicht restriktive Relativsätze kommatiert.

Die Detailanalyse der einzelnen subordinierten Nebensätze (Subjekt-, Objekt-, Adverbialsätze und restriktive Relativsätze) in den Kapiteln 6 bis 8 offenbarte jedoch auch, dass sich die einzelnen subordinierten Nebensätze in den frühesten Texten bis zur Mitte des 17. Jahrhunderts hinsichtlich der Interpunktion teilweise unterscheiden. So konnte in der Einzelanalyse vieler Texte festgestellt werden, dass subordinierte Adverbialsätze (teilweise auch subordinierte Subjekt- und Objektsätze) schon sehr früh systematisch (über 90 % aller Belege) interpungiert werden und sich diesbezüglich von restriktiven Relativsätzen unterscheiden. Dies ist auf den ersten Blick überraschend, da es sich in beiden Fällen um subordinierte Nebensatzstrukturen handelt, die sich ähnlich verhalten sollten. Eine mögliche Erklärung dafür liefern u.a. neuere Studien zur syntaktischen Integration von Adverbialsätzen. Mit Haegeman (1991, 2010), Haegeman, Shaer & Frey (2009), Frey (2011) und Frey & Truckenbrodt (2015) liegen Arbeiten vor, die eine Unterscheidung von peripheren (nicht-integrierten) vs. zentralen (integrierten) Adverbialsätzen vorschlagen. Vergleichen wir dazu die beiden Beispielsätze aus Frey (2011: 46) in (49).

(49)   a. Hans wirkt nicht erholt, obwohl er lange im Urlaub war. (zentral)
         b. Hans ist gestern zu Hause geblieben, während er sonst bei schönem Wetter
            einen Ausflug macht. (peripher)

Auf den ersten Blick scheint sowohl der konzessive (49a) als auch der adversative Adverbialsatz in (49b) in einer Subordinationsbeziehung zum Matrixsatz zu stehen. In beiden Fällen blockiert kein syntaktisches Korrelat die syntaktische Unterordnung. Verschiedene syntaktische, morphologische und semantische Tests (für eine Übersicht vgl. Haegeman 1991 und Frey 2011) zeigen jedoch, dass periphere Adverbialsätze einige *root*-Eigenschaften (Wurzelsatz-Eigenschaften) aufweisen, und deshalb nicht zu den subordinierten Nebensätzen gezählt werden sollten. So können diese beispielsweise selbständig geäußert werden (vgl. *Hans ist gestern zu Hause geblieben. Dabei macht er doch sonst bei schönem Wetter einen Ausflug.*), verhalten sich unter Negation skopusunabhängig und lizenzieren Modalpartikeln (vgl. u.a. Coniglio 2012). Dies sind Eigenschaften, die auch auf dislozierte Nebensätze zutreffen (vgl. die Diskussion zu Testverfahren zur Bestimmung von appositiven Relativsätzen in Kapitel 4.2.2).

Auch aus der diachronen Syntaxforschung liegen Arbeiten vor, die den Komplementsatzstatus, d.h. die vollständige Subordination von Adverbialsätzen in Frage stellen. Wie die Arbeiten von Lötscher (2005) oder Axel-Tober (2012) zeigen, sind für die historische Entwicklung von Adverbialsatzstrukturen v.a. vorangestellte Adverbialsätze beachtenswert, da diese historisch gesehen das bevorzugte Muster darstellen. Betrachten wir deshalb drei Möglichkeiten der syntaktischen Verknüpfung von vorangestellten Adverbialsätzen mit der Matrixsatzstruktur (Lötscher 2005: 347), vgl. (50).[38]

(50)   a. Integrative Spitzenstellung: Der Nebensatz besetzt als einziges Satzglied das Vorfeld.
Wäre ich weniger intelligent, würde ich mehr Geld verdienen.
b. Resumptive Spitzenstellung: Der vorangestellte Nebensatz wird durch eine grammatisch vordefinierte Partikel wieder aufgenommen, die das eigentliche Vorfeld besetzt.
Wäre ich weniger intelligent, dann würde ich mehr Geld verdienen.
c. Nicht-integrative Spitzenstellung: Der Nebensatz ist vorangestellt, das Vorfeld des Hauptsatzes wird durch ein beliebiges Satzglied des Hauptsatzes besetzt.
Wäre ich weniger intelligent, ich würde mehr Geld verdienen.

Im modernen Deutschen stellen die integrative Spitzenstellung sowie die resumptive Spitzenstellung die unmarkierte und gebräuchliche Form der Verknüpfung dar, wobei wir jedoch nur in (50a) von einer vollständig subordinierten Nebensatzstruktur sprechen können. In den Beispielsätzen (50b) und (50c) liegen dagegen eindeutig dislozierte Strukturen vor, die daran erkennbar sind, dass neben dem adverbialen Nebensatz ein weiteres Element (*dann* bzw. *ich*) das Vorfeld besetzt. Lötscher (2005) zeigt korpusbasiert, dass in älteren Sprachstufen

---

[38]   Diese drei Arten der Verknüpfung unterscheiden u.a. auch König & van der Auwera (1988) und Zifonun et al. (1997).

des Deutschen (Althochdeutsch und Mittelhochdeutsch) v.a. die resumptive und die nicht-integrative Spitzenstellung bevorzugt werden. Axel-Tober (2012: 273) spricht in diesem Zusammenhang von einem Verbdritteffekt. Die integrative Spitzenstellung ist sogar bis zur Mitte des 15. Jahrhunderts fast nicht belegt. Sie etabliert sich erst gegen Ende des 15. Jahrhunderts. Ab dem 16. Jahrhundert ist sie dann zusammen mit der resumptiven Spitzenstellung das bevorzugte Muster (vgl. Lötscher 2005: 367 f. bzw. Axel-Tober 2012: 349). Diese Beobachtungen passen in vielerlei Hinsicht zu meinen erhobenen Korpusdaten. So werden Adverbialsätze in fast allen von mir ausgewerteten Texten des 15. und 16. Jahrhunderts bevorzugt linksperipher verwendet. Hinzu tritt in vielen Texten ein hoher Anteil an resumptiven Spitzenstellungen (meist ca. 20–30 % der Belege) mit dem Muster *da*-Satz + Korrelat (häufig ebenfalls *da*) + finites Verb. Axel-Tober (2012: 368) argumentiert, dass die mit *da* eingeleiteten Adverbialsätze in einer linksperipheren Position basisgeneriert werden und im Matrixsatz ein korrelatives Adverb fakultativ realisiert wird.

Ähnliches lässt sich für Objektsätze mit der Konjunktion *dass* beobachten. So begründet Axel-Tober (2012: 125) aus diachroner Sicht die argumentrealisierende, d.h. unterordnende Funktion der *dass*-Objektsätze mit einer Reanalyse einer Korrelatkonstruktion mit nachgestelltem *thaz*-Satz. Ihrer Analyse folgend hat sich der *dass/thaz*-Satz von einem nicht-integrierten Adjunktsatz zu einem integrierten, d.h. subordinierten Komplementsatz entwickelt. Meine Korpusdaten können durchaus so interpretiert werden, dass *dass*-Objektsätze bis ins 17. Jahrhundert noch viele Eigenschaften von nicht-subordinierten Sätzen aufweisen. So findet man beispielsweise in vielen Texten zahlreiche Korrelatverwendungen wie in *Euch ists̲ gegeben / das jr das Geheimnis des Himelreichs vernemet* (Luther 1545: Mt. 13,11). Auch aus topologischer Sicht verhalten sich diese Sätze auffällig: Im Unterschied zu den Adverbialsätzen werden Objektsätze im Frühneuhochdeutschen – wie im Beispielsatz illustriert – fast ausschließlich am rechten Satzrand, meist extraponiert, realisiert. Es gibt nur wenige Belege von integrierten Objektsätzen (ohne Korrelatausdruck) im Vorfeld oder Mittelfeld des Matrixsatzes.

Die diachronen Beobachtungen von Lötscher (2005) und Axel-Tober (2012) führen nun zu der Frage, inwiefern man bei (vorangestellten) Adverbialsätzen und extraponierten Objektsätzen im Frühneuhochdeutschen überhaupt von integrierten, d.h. vollständig subordinierten Nebensatzstrukturen sprechen kann. Möglicherweise handelt es sich im 15. bis 17. Jahrhundert bei diesen Konstruktionen noch um nicht-subordinierte, d.h. nach links bzw. rechts herausgestellte Nebensätze. Die unterschiedliche Interpunktion von Adverbialsätzen und teilweise auch Objektsätzen einerseits und restriktiven Relativsätzen andererseits in den historisch frühen Texten des 15. bis 17. Jahrhunderts könnte nun möglicherweise genau dadurch erklärt werden, dass es sich in diesem Zeitraum bei ersteren um periphere, d.h. herausgestellte Nebensätze handelt, deren Interpunktion auch über die zweite Kommabedingung erklärt werden kann. Restriktive Relativsätze hingegen sind eindeutige Fälle subordinierter Nebensatzstrukturen, deren Interpunktion nur über die dritte Kommabedingung (Satzgrenze) erklärt werden kann. Die historischen Daten könnten folglich so gedeutet werden, dass in frühneuhochdeutscher Zeit die dritte Kommabedingung bereits in der Entstehung begriffen, jedoch noch nicht vollständig etabliert ist. Die erste und zweite Kommabedingung haben sich dagegen bereits früher etabliert. Dies erklärt die systematische Interpunktion der durch diese beiden Bedingungen abgedeckten Interpunktionsdomänen (u.a. asyndetische Koordination, unterschiedliche Formen der Herausstellung etc.). Für eine aus diachroner Sicht instabilere Ausprägung der dritten Kommabedingung sprechen auch Daten aus früheren Sprachstufen des Englischen. Obwohl das moderne Englisch – wie gezeigt wurde – keine subordinierten Nebensätze kommatiert, kann historisch betrachtet genau für diese Kommabedingung auch im Englischen eine Variation beobachtet werden. So zeigt Skelton (1949: 161–162), dass im 18. und 19. Jahrhundert Kommaverwendungen bei restriktiven Relativsätzen und bei subordinierten Objektsätzen im Englischen üblich waren, wie die Beispielsätze in (51) belegen.

(51)   Kommaverwendungen bei subordinierten Nebensätzen im Englischen
       a. The man, who witnessed the accident, has disappeared.
       b. He declared, that he was innocent.

Leider liegen meines Wissens keine größeren diachronen Studien zur Entwicklung der Interpunktion im Niederländischen oder den Romanischen Sprachen vor. Es ist aber durchaus erwartbar, dass solche Kommaverwendungen wie in (51) auch in diesen Sprachen in früheren Epochen belegt sind.

Betrachten wir abschließend die Interpunktion von infiniten Satzstrukturen. In Abschnitt 4.3.1 habe ich gezeigt, dass die Interpunktion von Infinitivkonstruktionen im modernen Deutschen mithilfe der Unterscheidung von eindeutig kohärenten (nicht-satzwertigen) und eindeutig inkohärenten (satzwertigen) Infinitivkonstruktionen erklärt werden kann. Während inkohärente Infinitivkonstruktionen – dazu zählen v.a. valenzfreie adverbiale Angaben, die häufig mit den Konjunktionen *um*, *ohne* oder *anstatt* eingeleitet werden – kommatiert werden, werden eindeutig kohärent angebundene Konstruktionen nicht kommatiert (vgl. Gallmann 1997). Abbildung (132) illustriert die Längsschnittdaten aller ausgewerteten historischen Texte für die Interpunktion von eindeutig kohärenten und eindeutig inkohärenten Infinitivkonstruktionen.[39]

---

[39] Viele der im Korpus annotierten Infinitivkonstruktionen können nicht eindeutig der kohärenten bzw. inkohärenten Klasse zugeordnet werden, da sie ambig sind. In der Gesamtübersicht aller Texte (vgl. den Anhang dieser Arbeit) werden diese als unklare Fälle aufgeführt.

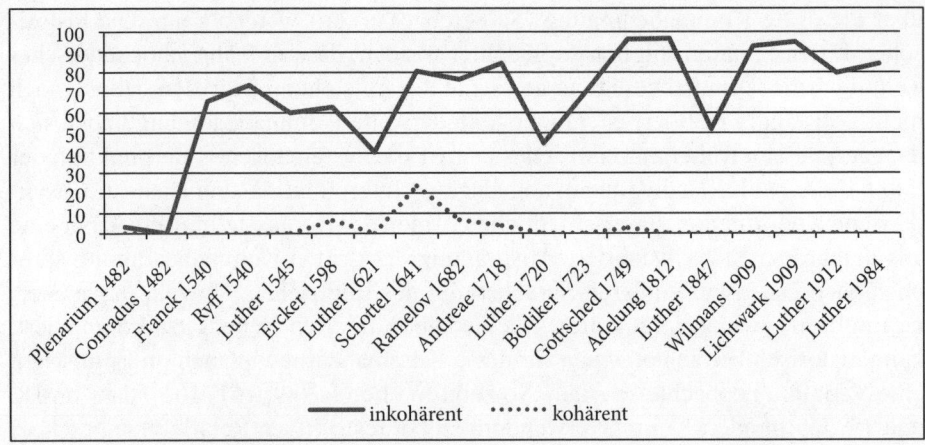

Abb. 132: Interpunktion bei inkohärenten und kohärenten Infinitivkonstruktionen

Es fällt auf, dass es nahezu über den gesamten Untersuchungszeitraum hinweg einen großen Unterschied zwischen der Interpunktion von eindeutig kohärenten und eindeutig inkohärenten Infinitivkonstruktionen gibt. Inkohärente Infinitivkonstruktionen werden statistisch signifikant häufiger interpungiert als kohärente (vgl. die Einzelanalysen in Kapitel 6 bis 8). Lediglich in den frühesten Texten des späten 15. Jahrhunderts findet man bei beiden Konstruktionstypen (fast) keine Interpunktionsverwendungen.[40] Für die Interpunktion von eindeutig inkohärenten Infinitivkonstruktionen können wir weiterhin feststellen, dass diese ab dem 16. Jahrhundert mehrheitlich interpungiert werden und deren Anteil in den folgenden Jahrhunderten ansteigt. Im frühen 20. Jahrhundert erreicht dieser Wert dann bis zu 95 %.[41] Eindeutig kohärente Infinitivkonstruktionen werden – bis auf eine Ausnahme bei Schottel (1641) – dagegen nicht interpungiert.

Auffällig ist dennoch eine über den gesamten Untersuchungszeitraum zu beobachtende Variation zwischen den Texten bei der Interpunktion von inkohärenten Konstruktionen. Dies betrifft insbesondere die Matthäusevangelien aus dem 17. bis 19. Jahrhundert. Die teils deutlichen Unterschiede überraschen jedoch nicht angesichts der weiter oben besprochenen typologischen Variation und einer noch bei erwachsenen Schreibern nachgewiesenen hohen Fehleranfälligkeit dieser Konstruktionen (vgl. Berkigt 2013). Bemerkenswert ist aber, dass bereits in frühen Sprachstufen des Deutschen subordinierte infinite Satzstrukturen interpungiert werden. Dies spricht erneut – neben der Interpunktion bei subordinierten finiten Nebensätzen – für ein frühzeitiges Aufkommen der dritten Kommabedingung (Satzwertig).

[40] Allerdings beobachten wir in diesen Texten auch insgesamt nur sehr wenige Belege von Infinitivkonstruktionen.

[41] Dies entspricht um das Jahr 1910 den normativen Vorgaben des Buchdruckerdudens (Duden 1910: XXXII), der die Kommatierung von „abgekürzten Sätzen" vorsieht, wenn die Nennformen *ohne zu*, *um zu*, und *anstatt zu* vorkommen bzw. „wenn die Nennform mit *zu* mehrere Erweiterungen zu sich nimmt."

Nur diese Bedingung lizenziert zusammen mit der ersten Bedingung (Syntaktische Schwestern) ein Komma zwischen Matrixsatz und subordiniertem (infinitem) Nebensatz. Die systematischere Interpunktion inkohärenter Infinitivkonstruktionen im Vergleich zu eindeutig kohärenten Konstruktionen erklärt sich dagegen dadurch, dass inkohärente Konstruktionen mehr Eigenschaften einer satzwertigen Struktur aufweisen.

10.3 Nicht-syntaktische Faktoren der Interpunktion

Die bisherige Diskussion der Korpusdaten bezog sich auf Interpunktionsverwendungen von satzinternen syntaktischen Interpunktionsdomänen, die in Kapitel 4 dieser Arbeit aus modernen Interpunktionssystemen hergeleitet wurden. In der Annotation aller ausgewerteten historischen Texte wurden jedoch auch syntaktisch überflüssige Interpunktionszeichen gezählt, die keiner der im vorangegangenen Abschnitt diskutierten Interpunktionsdomänen zugeordnet werden können. Abbildung (133) illustriert für sämtliche Texte den Anteil solcher syntaktisch überflüssigen Zeichen gemessen an der satzinternen Gesamtinterpunktion. Bemerkenswert ist, dass sich die beobachteten überflüssigen Zeichen fast ausschließlich auf den Mittelpunkt, die Virgel und das Komma beschränken. Es konnten fast keine überflüssigen Doppelpunkte, Semikolons oder Klammern beobachtet werden.

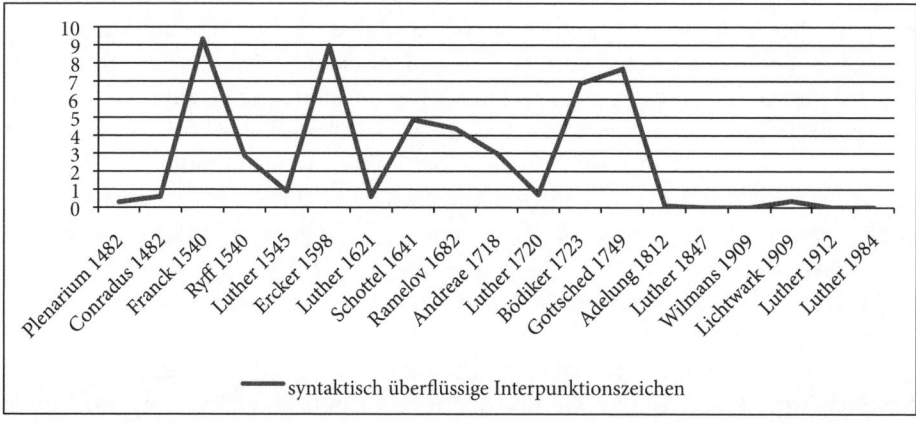

Abb. 133: Anteil syntaktisch überflüssiger Interpunktionszeichen in % gemessen an der satzinternen Gesamtinterpunktion

Die wichtigsten Ergebnisse können wie folgt zusammengefasst werden. Erstens: In keinem Text liegt der Anteil syntaktisch überflüssiger Zeichen über 10 % der satzinternen Gesamtinterpunktion. Zweitens: Zwischen den untersuchten Texten gibt es teils deutliche Unterschiede. Während beispielsweise sämtliche Bibeltexte einen Anteil unter 1 % aufweisen, liegen die Werte bei Franck (1540), Ercker (1598), Bödiker (1723) und Gottsched (1749) deutlich höher. Drittens: Mit Beginn des 19. Jahrhunderts beobachten wir in den ausgewerteten Texten fast keine syntaktisch überflüssigen Zeichen mehr.

Diese Ergebnisse stellen die Annahme eines strikt intonatorischen Prinzips der Interpunktion für frühere Sprachstufen des Deutschen in Frage, denn „wollte man am Primat eines rhythmisch-intonatorischen Prinzips für zumindest eine längere Zeit, etwa bis ans Ende des 18. Jahrhunderts, festhalten, so müsste man zeigen, dass es in überzufälliger Weise Interpunktionen gibt, die dem grammatischen Prinzip entgegenstehen, aber rhythmisch-intonatorisch erklärt werden können" (Günther 2000: 284). Diese können jedoch durch die Korpusanalyse nicht belegt werden. Zwar bestätigt die Auswertung einiger Texte in der Tat einen erhöhten Anteil syntaktisch überflüssiger Zeichen bis an das Ende des 18. Jahrhunderts, jedoch liegt dieser Anteil stets unter einem Wert von 10 %, der gemeinhin als Performanzfehlerniveau gedeutet wird (vgl. z. B. Meyer 1987). Zudem bedeutet ein erhöhter Anteil nicht-syntaktisch motivierter Zeichen noch nicht, dass diese rein intonatorisch begründet werden können. Im Folgenden unterziehe ich einige der beobachteten syntaktisch überflüssigen Interpunktionen einer Detailanalyse und nehme dafür drei Konstruktionen in den Blick, die in den Einzelanalysen der Korpustexte wiederholt interpungiert werden: nicht-satzwertige Vergleichskonstruktionen, komplexe Vorfelder und kontrastive Topiks.

Nicht-satzwertige Vergleichskonstruktionen wie in *wiewohl ichs billicher thun könte/ als andere* (Ramelov 1682: Blatt 24) oder in *Nach den consonanten ist ck und tz so wenig nütze, als kk und zz* (Bödiker 1723: 80) werden in fast allen ausgewerteten Texten bis ins frühe 19. Jahrhundert immer wieder interpungiert. Bei Bödiker (1723) machen sie 71,28 % der gesamten syntaktisch nicht-motivierten Kommasetzung aus, bei Andreae (1718) 35,38 % und bei Ramelov (1682) immerhin 21,57 % der gesamten syntaktisch überflüssigen Virgelsetzung. Nicht-satzwertige Vergleichskonstruktionen weisen damit den höchsten Anteil aller syntaktisch überflüssig gesetzten Zeichen auf. Solche Interpunktionsverwendungen sind jedoch auch heute noch bei kompetenten Schreibern belegt.[42] Dies konnte mithilfe einer Korpusrecherche in COSMAS II nachgewiesen werden. Gesucht wurden Komparativkonstruktionen mit der Form *schöner als* + Nominalphrase in den Wikipedia-Diskussionen (wdd11; Stand 29.10.2011). Die Suchanfrage ergab 148 Treffer. Dabei konnten in 16 (10,81 %) Belegen Kommaverwendungen wie in *Ich finde München schöner, als Hamburg* oder *Natürlich sind strohgedeckte Dächer schöner, als Asbestplatten* gefunden werden. Für die genannten Beispielsätze ist es äußerst fraglich, ob für die Komma- bzw. Virgelsetzung ein intonatorischer Einfluss leitend war. Eine große Intonationsphrasengrenze (IP) zwischen Komparandum und der Vergleichsgröße erscheint doch eher ungewöhnlich (außer in einer After-Thought-Lesart). Vielmehr scheint für viele Schreiber eine Form der Analogiebildung (bzw. Bootstrapping-Effekt) vorzuliegen. Die Vergleichsjunktoren *als* und *wie* (historisch auch *denn*) rufen eine Analogiebildung zu homonymen Formen der nebensatzeinleitenden Konjunktionen (v. a. temporal und modal) hervor, welche in der Regel eine Satzgrenze markieren. Diese Ambiguität der Funktionswörter könnte Verarbeitungsschwierigkeiten auslösen, die zu einer überflüssigen Kommasetzung führen.

---

[42] Vgl. auch Eichler & Küttel (1993), Naumann (2000), Melenk (2001), Sappok (2011) oder Sappok & Naumann (2016)

Doch auch aus syntaktischer Sicht lassen sich Gründe für eine mögliche Kommasetzung bei Vergleichskonstruktionen benennen. So wird in zahlreichen Arbeiten argumentiert, dass es sich bei nicht-satzwertigen Vergleichskonstruktionen tiefenstrukturell um elliptische Sätze handelt (u.a. Napoli 1983, Hazout 1995, Kennedy 2002 und Lechner 2004), d.h. dass eine Satzgrenze interveniert, die dann bei einigen Schreibern möglicherweise eine Kommaverwendung auslöst.[43] Zudem lassen sich nicht-satzwertige Vergleichskonstruktionen wie *München ist schöner als Hamburg* sehr leicht zu satzwertigen Strukturen wie in *München ist schöner, als Hamburg jemals sein wird* umwandeln.

Die zweite wichtige Gruppe syntaktisch nicht-motivierter Interpunktionsverwendungen stellen Komma- bzw. Virgelsetzungen nach komplexen Vorfeldern dar wie in *Vnd von der sechsten Stunde an/ward ein Finsternis vber das gantze Land* (Luther 1545: Mt. 27,45), in *Aber von den tagen Johannis des Täufers biß hieher / leidet das himmelreich gewalt* (Luther 1621: Mt. 11,12) oder in *Alle diese Regeln von geschickter Verbindung der Wörter, machen den dritten Theil der Sprachlehre aus* (Gottsched 1749: 17). Diese Verwendungen bestätigen Fehleranalysen von heutigen erwachsenen Schreibern im Deutschen (Naumann 1995, Pießnack & Schübel 2005 und Sappok & Naumann 2016) und auch im Englischen wie in *The man over there in the corner, is obviously drunk* (Chafe 1988: 403; siehe darüber hinaus auch Skelton 1949, Quirk et al 1985 und Nunberg 1990). Diese Interpunktionsverwendungen nach topikalisierten Adverbialen und in einigen Fällen auch nach komplexen Subjekten entziehen sich einer rein syntaktischen Erklärung. Sie belegen jedoch möglicherweise einen intonatorischen Einfluss. Wie bereits in Kapitel 3 dargestellt, betonen einige Autoren (u.a. Peters 2006 und Dehé 2009) den Einfluss der Konstituentenlänge auf die Konstitution einer Intonationsphrase. Je kürzer eine Konstituente ist, desto eher wird diese mit der vorangehenden bzw. nachfolgenden Konstituente intonatorisch klitisiert bzw. in diese intonatorisch integriert. Je größer eine Konstituente ist, desto eher konstituiert sie eine eigene Intonationsphrase. In den oben genannten Beispielen mit komplexen (großen) Konstituenten ist es durchaus möglich, dass vor dem finiten Verb (in der linken Satzklammer) eine Intonationsphrasengrenze (IP) interveniert, die bei vielen kompetenten Schreibern eine Kommasetzung auslöst. Neben dieser intonatorischen Erklärung für die syntaktisch überflüssige Interpunktionsverwendung nach komplexen Vorfeldern ließe sich jedoch auch hier das Argument einer Analogiebildung anführen. Aus der Schrifterwerbsforschung ist bekannt, dass unsichere Schreiber auf sichtbare Marker (z.B. Signalwörter) achten, um bestimmte (kommarelevante) Strukturen zu identifizieren (vgl. Afflerbach 1997

---

[43] In einer anderen neueren Arbeit zur Syntax von Komparativkonstruktionen argumentiert Osborne (2009), dass Vergleichskonstruktionen sowohl Eigenschaften koordinierter als auch subordinierter Strukturen aufweisen. Mit Blick auf die in dieser Arbeit diskutierten syntaktischen Kommabedingungen bedeutet dies, dass die Komparationsbasis (z.B. *Hamburg* in *Ich finde München schöner, als Hamburg*) nicht vollständig in die Matrixstruktur subordiniert ist und deshalb möglicherweise bei vielen Schreibern ein Komma auslöst (vgl. die zweite Kommabedingung).

für den Kommaerwerb). Betrachtet man die komplexen topikalisierten Ausdrücke näher, dann fällt auf, dass es sich in den meisten Fällen um Adverbiale handelt, die in der Regel durch eine komplexe Präpositionalphrase realisiert werden. In vielen Fällen könnten die linksperipheren Präpositionalköpfe Analogien zu homonymen nebensatzeinleitenden Konjunktionen (ähnlich wie die Vergleichsjunktoren *als* und *wie*) hervorrufen und somit eine Kommasetzung auslösen, da Schreiber der Annahme unterliegen, dass ein topikalisierter Nebensatz vorliegt. Zudem beobachtet man in diesen komplexen Vorfeldern sehr häufig Nominalisierungen wie in *Während der Besprechung…,* oder *Wegen des Aufbaus…,* die eine Satzwertigkeit nahelegen könnten (vgl. auch Bredel & Hlebec 2015: 37).

Eine dritte Konstruktion, die in den historischen Texten häufiger interpungiert wurde, sind nicht-dislozierte Subjekte, die als kontrastive Topiks realisiert werden wie in *daß nemlich der Reinhartshäuser-Brunn an seinen bey sich führenden Berg-Garten von den ersten schwerlich zu unterscheiden sey/ der zu Kleinern aber/ führet mehr Eisenschuß* (Ramelov 1682: Blatt 36) oder in *so machet allemal die größte Anzahl übereinstimmender Exempel eine Regel aus; die davon abweichenden Exempel aber, geben die Ausnahmen an die hand* (Gottsched 1749: 4). In Kapitel 3 wurde auf Grundlage der Arbeiten von Büring (2003), Selkirk (2005) und Peters (2009) gezeigt, dass kontrastive Topiks (in den oben genannten Beispielen leicht an dem Topikmarker *aber* erkennbar) sowohl im Deutschen als auch im Englischen eine separate Intonationsphrase konstituieren. In einem Intonationsmodell des Kommas (bzw. der Virgel) würden diese Konstruktionen ein Komma (bzw. eine Virgel) lizenzieren. Diese Interpunktionsverwendungen könnten daher intonatorisch motiviert sein.

10.4   Interpretation und Zusammenfassung

Die aus den historischen Texten gewonnenen Korpusdaten wurden in den vorangegangenen Abschnitten auf mehreren Ebenen diskutiert. In Abschnitt 10.1 wurde gezeigt, dass sich die Entwicklung bzw. Entstehung eines einzelnen Interpunktionszeichens (z.B. das Komma) nicht getrennt von der Entwicklung des Gesamtsystems beschreiben lässt. Besonderes Augenmerk wurde dabei neben der Entwicklung und Ausdifferenzierung des Interpunktionsinventars – zu dem bis in die erste Hälfte des 17. Jahrhunderts auch die Interpunktionsmajuskel gerechnet werden muss – auch auf graphotaktische Eigenschaften (symmetrische bzw. asymmetrische Anbindung der Zeichen) gelegt. Im Längsschnitt aller ausgewerteten Texte zeichnet sich ein Dreischritt ab, den bereits Bredel (2007) vorschlägt: Demnach lässt sich eine Ausdifferenzierung der Zeichen von grammatisch strukturellen Markierungen (insbesondere Mittelpunkt, Virgel, Komma, Semikolon und Doppelpunkt), über kommunikative (v.a. Klammern und Frage- und Ausrufezeichen) und schließlich hin zu metasprachlichen Markierungen (v.a. Anführungszeichen) nachzeichnen. Diese historische Entwicklung entspricht weitestgehend dem Interpunktionserwerb von Kindern und Jugendlichen.

Für die historischen Vorläufer des Kommas, Mittelpunkt und Virgel, wurde gezeigt, dass diese in zeichenarmen Systemen des 15. und 16. Jahrhunderts bei der Markierung syntaktischer Strukturen polyfunktional verwendet werden. In Abwesenheit anderer satzinterner syntaktischer Zeichen (z. B. des Doppelpunktes oder des Semikolons) übernehmen diese Zeichen die Funktionen anderer moderner Zeichen. So beobachtet man in diesem Zeitraum beispielsweise eine systematische Mittelpunkt- und Virgelverwendung bei der Einleitung der direkten Rede nach einem verbum dicendi – eine Funktion, die in modernen Systemen der Doppelpunkt übernimmt. Mit der Einführung eines neuen Zeichens verändert sich jedes Mal die Funktion der bereits etablierten Zeichen. Bemerkenswert ist dabei, dass neu eingeführte Interpunktionszeichen in ihrer Anfangszeit keineswegs willkürlich gesetzt werden, sondern dass alle formalen und funktionalen Ausdifferenzierungen letztendlich zur Stabilisierung des Gesamtsystems beitragen. Die Virgel beispielsweise überträgt im 16. und 17. Jahrhundert einige wichtige Funktionen an den Doppelpunkt (siehe direkte Rede), an das Semikolon (u. a. Binnengliederung in Koordinationen), an Klammern und teilweise auch an das Frage- und Ausrufezeichen (satzschließende Funktionen). Konsequenterweise, so argumentiert Bredel (2008), wird die Virgel in der Folgezeit einer Formreduzierung unterzogen. Das Komma in seiner modernen Form <,> setzt sich um 1720 gegen die Virgel durch. Diese Formreduzierung der Virgel von [+VERTIKAL] hin zu [–VERTIKAL] ist nach Bredel auf eine Systemstabilisierung zurückzuführen. Aufgrund der Einführung neuer Interpunktionszeichen mit kommunikativer Funktion tritt die Virgel diese kommunikativen Funktionen ab und muss dementsprechend auch formal der Klasse der „kleinen" syntaktischen Klitika angepasst werden. Ab diesem Zeitpunkt kann dann zwischen Interpunktionszeichen mit und ohne Oberlinienkontakt funktional unterschieden werden. Die Klasse der syntaktischen Interpunktionszeichen <. , : ;> entspricht nun dem modernen Stand. Ab Mitte des 18. Jahrhunderts stabilisieren sich zudem die graphotaktischen Eigenschaften der syntaktischen Interpunktionszeichen insofern, dass diese klitisch, d. h. asymmetrisch an ein Stützzeichen (v. a. an einen Buchstabe) angebunden sind. Damit etabliert sich fortan die zentrale graphotaktische Unterscheidung in Filler (symmetrische Anbindung) und Klitika (asymmetrische Anbindung) nach Bredel (2008, 2011). Diese Entwicklung steht im Dienst einer zunehmenden Leseoptimierung. Frühe Systeme mit wenigen, funktional vagen Zeichen sind optimaler für den Schreiber als für den Leser. Die Entwicklung zu präziseren Zeichen und damit verbunden zur Erweiterung des Interpunktionsinventars mit transparenten Form-Funktions-Relationen kann aus Lesersicht als Optimierung begriffen werden.

Auf einer weiteren zentralen Ebene analysierte ich die Interpunktion der wichtigsten satzinternen syntaktischen Interpunktionsdomänen in den historischen Texten (Abschnitt 10.2). Die in Kapitel 4 anhand von unterschiedlichen modernen europäischen Interpunktionssystemen eingeführten und auch aus rezeptionstheoretischer Sicht empirisch bestätigten Interpunktionsdomänen fanden in meinem Korpus bereits in den frühesten untersuchten Texten Bestätigung. Obwohl die frühesten Drucke aus dem späten 15. Jahrhundert ein sehr kleines Interpunktionsinventar und zudem eine recht spärliche Interpunktion aufweisen, entfallen nahezu sämtliche

Virgel- und (Mittel-) Punkt-Setzungen auf syntaktische Interpunktions- bzw. Kommadomänen, die auch heute noch in modernen Interpunktionssystemen identifiziert werden können. Eine Detailanalyse der einzelnen Interpunktionsdomänen offenbarte für die Gesamtentwicklung bemerkenswerte Ergebnisse, die ich hier nochmal in knapper Form zusammenfassen möchte.

Asyndetische (konjunktionslose) Koordinationen (sowohl satzwertig als auch nicht-satzwertig) werden in allen untersuchten Texten von Beginn an hochsystematisch in weit über 90 % aller Belege interpungiert. Die historisch frühe und stabile Interpunktion dieser Struktur spiegelt sich in der Typologie moderner Sprachen wider: Sämtliche zum Vergleich herangezogenen Sprachen interpungieren diese Konstruktion ausnahmslos. Zudem zeigen Erwerbsstudien (u.a. Afflerbach 1997), dass asyndetische Koordinationen eine der frühesten Strukturen sind, die von Kindern noch vor einem expliziten Kommaunterricht kommatiert werden. Kleinere Variationen beobachten wir hingegen sowohl aus historischer als auch aus typologischer Sicht bei syndetischen Koordinationen (mit koordinierenden Konjunktionen). Die im modernen Deutschen zu beobachtende annähernd komplementäre Verteilung von Komma und koordinierender Konjunktion (v.a. *und*) ist eine historisch eher junge Erscheinung. So zeigen die Korpusdaten, dass bis ins späte 18. Jahrhundert hinein auch noch nicht-satzwertige syndetische Koordinationen interpungiert werden, ähnlich wie es im modernen Englisch heute noch im Oxford-Dictionary vorgesehen ist (vgl. Ritter 2012). Doch auch bei satzwertigen syndetischen Koordinationen beobachten wir leichte Variationen. Während der Duden (2006) für das moderne Deutsche nur dann ein Komma empfiehlt, wenn zwei vollständige Hauptsätze mit unterschiedlichen finiten Prädikaten und unterschiedlichen Subjekten mit *und* koordiniert sind, findet man sehr systematische Interpunktionsverwendungen vom 16. bis ins späte 19. Jahrhundert für sämtliche IP und VP-Koordinationen. Doch auch diese Kommaverwendungen sollten nicht überbewertet und als ein grundlegender Unterschied zum modernen System gedeutet (vgl. z.B. die Ausführungen von Besch 1981), sondern aus sprachvergleichender Sicht vielmehr als erwartbare Variation betrachtet werden.

Eine weitere zentrale Interpunktionsdomäne stellen Herausstellungskonstruktionen dar, die – wie die Korpusdaten gezeigt haben – einer etwas größeren Variation unterliegen als Koordinationen. Zwar scheinen auch Herausstellungen bereits in den frühesten Texten eine wichtige interpunktionsrelevante Domäne darzustellen (immerhin werden 20 bis 30 % dieser Strukturen im späten 15. Jahrhundert interpungiert), jedoch beobachten wir erst ab dem 16. Jahrhundert eine systematische Interpunktion (über 90 % der Belege) dieser Struktur. Eine Detailanalyse der einzelnen Formen der Herausstellungen offenbart zudem teils größere Unterschiede hinsichtlich der Interpunktion. Während beispielsweise herausgestellte Nebensätze und Appositionen bereits sehr früh systematisch interpungiert werden, beobachten wir bei anderen nicht-satzwertigen Herausstellungsformen wie Interjektionen, dem epistemischen Modifizierer *wahrlich* oder Vokativen häufigere Interpunktionsauslassungen.

Die dritte Interpunktionsdomäne, subordinierte Sätze, stellt aus typologischer Sicht eine besondere Domäne dar, da man – wie in Abschnitt 4.3 gezeigt – hier die größten Unterschiede zwischen modernen Sprachen ausmachen kann. Diese Variation bestätigt sich ebenfalls mit Blick auf die historischen Korpusdaten. Obwohl auch diese Domäne bereits in den frühesten Texten des 15. Jahrhundert belegt ist (immerhin 18–27 % der subordinierten Nebensätze werden interpungiert), beobachten wir bis ins 17. Jahrhundert noch systematische Interpunktionsauslassungen bei subordinierten Sätzen. Da der Status der syntaktischen Integration von Subjekt-, Objekt- und v.a. Adverbialsätzen im Frühneuhochdeutschen unklar ist (vgl. die Diskussion in Abschnitt 10.2.3), wurde ein besonderer Fokus auf einen Vergleich der Interpunktion von restriktiven (subordinierten) und appositiven (dislozierten) Relativsätzen gelegt. Es zeigte sich, dass bis in die erste Hälfte des 17. Jahrhunderts hinein dislozierte Relativsätze meist signifikant häufiger interpungiert werden als restriktive Relativsätze. Die unterschiedliche Interpunktion von restriktiven und appositiven Relativsätzen findet sich in der modernen typologischen Kommavariation dieser Konstruktion wieder. So werden im modernen Englisch, dem modernen Niederländisch und den Romanischen Sprachen nicht-herausgestellte subordinierte Nebensätze im Gegensatz zum modernen Deutschen, Russischen, Polnischen oder Finnischen nicht mit einem Komma markiert. Bemerkenswert ist dabei jedoch, dass beispielsweise in früheren Sprachstufen des Englischen durchaus Kommaverwendungen bei subordinierten Nebensätzen belegt sind.

Die Kommaverwendung bei subordinierten Nebensätzen variiert jedoch nicht nur aus historischer und sprachvergleichender Sicht. In einer Fehleranalyse von 333 Abituraufsätzen zeigen Pießnack & Schübel (2005), dass ca. 47 % aller Orthographiefehler der Schülerinnen und Schüler auf die Interpunktion entfallen. Dies ist mit weitem Abstand die dominateste Fehlerkategorie. Von diesen Interpunktionsfehlern entfallen allein fast 94 % auf die Kommasetzung, wobei innerhalb der Kategorie Kommafehler die fehlende Markierung einer Nebensatzgrenze (Subjekt-, Objekt-, Adverbial- und Relativsätze) mit mehr als 62 % dominiert.

Die größten Unsicherheiten bei kompetenten Schreibern des Deutschen lassen sich jedoch bei der Interpunktion von Infinitivkonstruktionen beobachten (vgl. u.a. Berkigt 2013). Afflerbach (1997) zeigt beispielsweise, dass satzwertige Infinitivkonstruktionen in der 10. Schulklasse noch eine Fehlerhäufigkeit von fast 30 % aufweisen. Auch aus typologischer Sicht (vgl. Abschnitt 4.3.1) finden wir bei der Kommasetzung von satzwertigen Infinitivkonstruktionen die größte Variation. Diese Beobachtungen aus der Typologie und dem Kommaerwerb finden in meiner Korpusauswertung der historischen Texte ihre Entsprechung. Inkohärente Infinitivkonstruktionen verhalten sich über einen großen Teil des Untersuchungszeitraums vom 15. bis ins 19. Jahrhundert sehr variabel. Dennoch lässt sich als klare Tendenz feststellen, dass die Markierung von satzwertigen Infinitivkonstruktionen über den beobachteten Zeitraum hinweg zunimmt. Das wichtigste Ergebnis ist jedoch, dass bereits im 16. Jahrhundert die Kohärenzrestriktionen einen entscheidenden Einfluss auf die Interpunktion dieser Konstruktionen ausüben. So beobachten wir, dass inkohärente (satzwertige) Infinitivkonstruktionen über den gesamten Zeitraum hinweg immer (signifikant) häufiger interpungiert werden als kohärente (nicht-satzwertige) Infinitivkonstruktionen.

Fassen wir nun die Ergebnisse der historischen Entwicklung, der typologischen Variation und des Erwebs der Interpunktion für die wichtigsten satzinternen Interpunktionsdomänen zusammen, vgl. (52). Dabei zeigen sich bemerkenswerte Parallelen zwischen Ontogenese, Phylogenese und der Typologie.[44]

(52) Erwerb, historische Entwicklung und typologische Variation der satzinternen Interpunktion

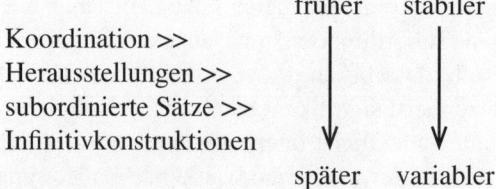

Koordination >>
Herausstellungen >>
subordinierte Sätze >>
Infinitivkonstruktionen

Die Darstellung in (52) illustriert die wichtigsten satzinternen Interpunktionsdomänen Koordinationen, Herausstellungskonstruktionen, subordinierte Sätze und Infinitivkonstruktionen in hierarchischer Anordnung. Diese Hierarchie lässt sich auf zwei Dimensionen übertragen: eine zeitliche Dimension von früher bis später und eine Dimension der Variabilität von stabil bis variabler. So haben beispielsweise die Ergebnisse für Koordinationen gezeigt, dass diese erstens von Kindern bereits in der Grundschule ohne expliziten Kommaunterricht sehr früh kommatiert werden und auch erwachsenen Schreibern fast keine Probleme bereiten, dass zweitens Koordinationen diachron betrachtet sehr früh und stabil interpungiert werden, und dass drittens typologisch betrachtet kaum Variation (einzig die Frage nach der komplementären Verteilung Komma und koordinierender Konjunktion) vorliegt. Asyndetische (konjunktionslose) Koordinationen werden sprachübergreifend systematisch kommatiert.

Herausstellungen unterscheiden sich dagegen geringfügig von Koordinationen. Grundschulkinder beginnen mit der Kommasetzung bei Herausstellungen etwas später als bei Koordinationen (vgl. Afflerbach 1997 und Grewer 2015). Auch diachron betrachtet können wir erst mit einer leichten zeitlichen Verzögerung von einer systematischen Interpunktion dieser Konstruktionen sprechen. Während asyndetische Koordinationen schon im späten 15. Jahrhundert systematisch interpungiert werden, liegt dies für Herausstellungen erst in der Mitte des 16. Jahrhunderts vor. Aus typologischer Perspektive hingegen beobachten wir für die diskutierten modernen europäischen Sprachen eine sehr konsistente Interpunktion dieser Konstruktion.

---

[44] In vielen Bereichen der Linguistik wird aufgezeigt, dass Spracherwerbs- und Sprachwandelprozesse ähnlich ablaufen und zudem Parallelen mit der Typologie gezogen werden können. In der Schriftlinguistik sei dabei auf eine Arbeit zur Substantivgroßschreibung von Szczepaniak (2011) verwiesen.

Subordinierte Sätze dagegen zeigen in beiden Dimensionen deutliche Unterschiede zu Koordinationen und Herausstellungen. Erstens beobachten wir noch bei Abiturienten zahlreiche Kommaauslassungen. Zweitens werden subordinierte Nebensätze erst ab dem 17. Jahrhundert systematisch interpungiert. Und drittens liegt bei dieser Struktur die größte typologische Variation vor.

Infinitivkonstruktionen schließlich werden von Kindern und Jugendlichen am spätesten kommatiert und stellen auch noch für kompetente erwachsene Schreiber eine große Schwierigkeiten dar. Historisch betrachtet zeichnen sich Infinitivkonstruktionen durch eine hohe Variabilität aus. Während im 15. Jahrhundert weder satzwertige noch nicht-satzwertige Infinitivkonstruktionen interpungiert werden, steigt die Interpunktionshäufigkeit für satzwertige (inkohärente) Infinitivkonstruktionen – mit teils deutlichen Schwankungen – bis ins 20. Jahrhundert hin an. Auch typologisch gesehen beobachten wir eine starke Variation.

Es stellt sich nun die Frage, inwiefern diese Beobachtungen (v.a. die diachronen Ergebnisse) mit den drei syntaktischen Kommabedingungen nach Primus kompatibel sind. Betrachtet man die Gesamtauswertung der Korpusuntersuchung, dann lässt sich festhalten, dass die große Mehrheit aller satzinternen Interpunktionsverwendungen (v.a. Mittelpunkt-, Virgel- und Kommaverwendungen) in allen Untersuchungszeiträumen auf die zentralen syntaktischen Interpunktionsdomänen zurückführbar sind und sich damit die satzinterne Interpunktion über den gesamten Längsschnitt mithilfe der drei syntaktischen Kommabedingungen nach Primus erklären lässt. Eine detailliertere Analyse lässt aber auch erkennen, dass die drei Kommabedingungen nicht von Beginn des Untersuchungszeitraums an gleichermaßen voll entwickelt waren. So lassen sich für alle drei Bedingungen v.a. im Frühneuhochdeutschen unterschiedlich stark ausgeprägte Abweichungen zum modernen Kommasystem des Deutschen aufzeigen. In den frühesten Texten des 15. und 16. Jahrhunderts können wir etwa erkennen, dass die Virgel mit folgender Interpunktionsmajuskel zwischen zwei syntaktischen Schwestern stehen kann. In modernen Interpunktionssystemen impliziert das Komma zwischen zwei Einheiten, dass diese beiden Einheiten auf irgendeiner syntaktischen Ebene der Konstituentenstruktur miteinander eine Schwesternschaft eingehen und damit eine folgende Interpunktionsmajuskel blockiert ist (vgl. 1. Kommabedingung Syntaktische Schwestern). Dies ist ein wichtiger Unterschied zwischen dem frühneuhochdeutschen Virgel- und Mittelpunktgebrauch des 15. und 16. Jahrhunderts und der modernen Kommaverwendung. Doch auch für die zweite Kommabedingung (Nicht-Subordination) erkennen wir in den frühesten Texten einen Unterschied zum modernen Kommasystem des Deutschen. Die zweite Kommabedingung lizenziert das Komma für nicht-subordinativ miteinander verknüpfte syntaktische Schwesterelemente, d.h. v.a. für koordinierte und herausgestellte Ausdrücke. Auffällig ist jedoch, dass in den beiden Texten des 15. Jahrhunderts (Conradus 1482 und Plenarium 1482) Herausstellungskonstruktionen deutlich seltener interpungiert werden als Koordinationen. Ein ähnliches Interpunktionsverhalten beobachten wir bei Grundschulkindern (vgl. Afflerbach 1997 und Grewer 2015). Eine mögliche Erklärung dafür liefern Ergebnisse aus der rezeptiven Interpunktionsforschung. So zeigt Esslinger (2014, 2016) in einer Studie, dass Herausstellungskonstruktionen aus rezeptionstheoretischer Sicht schwieriger zu verarbeiten sind als Koordinationen. Dafür sprechen v. a. zwei Beobachtungen: Erstens sind viele Herausstellungsformen im Lesealltag kaum präsent. Zweitens haben Koordinationen im Gegensatz zu vielen Herausstellungsformen einen hohen Wiedererkennungswert (vgl. Bootstrapping-Effekte). Sie werden sehr häufig verwendet und lassen sich aufgrund der Kopie von Satzelementen und der in vielen Fällen vorliegenden Signalwörter *und* und *oder* leichter identifizieren als Herausstellungen. Dies könnte die Interpunktionsauslassungen bei Herausstellungsstrukturen im 15. Jahrhundert bei gleichzeitig systematischer Interpunktion von Koordinationen erklären.

Die wohl bedeutendste Abweichung zum modernen deutschen Kommasystem konnten wir jedoch mit Blick auf die durch die dritte Kommabedingung (Satzinterne Satzgrenze) lizenzierte Interpunktion von subordinierten Sätzen feststellen. Im Gegensatz zum modernen Kommasystem ließen sich bis ins 17. Jahrhundert hinein systematische Interpunktionsauslassungen bei subordinierten Nebensätzen (v. a. restriktive Relativsätze) und bis ins 20. Jahrhundert hinein starke Variationen hinsichtlich der Markierung von inkohärenten (satzwertigen) Infinitivkonstruktionen feststellen. Die Ergebnisse der Korpusstudie können so interpretiert werden, dass die dritte Kommabedingung der Satzsubordination schon in frühneuhochdeutscher Zeit angenommen werden muss, dass hier jedoch die Interpunktion u. a. aufgrund diffuser Satzgrenzen (siehe u. a. konjunktionslose infinite Sätze) stärkeren Variationen ausgesetzt war.

Entgegen der traditionellen Annahme einer (unsystematischen) intonatorischen Interpunktion zeigen die hier vorgestellten Ergebnisse eindeutig, dass es sich bei den früheren Interpunktionssystemen keineswegs um rein intonatorische oder gar willkürliche Systeme handelt. Die beobachteten (teils nur geringfügigen) Abweichungen im Vergleich zum Normsystem des modernen Deutschen müssen vielmehr aus systemtheoretischer Sicht als Kennzeichen eines sich aus grammatisch-syntaktischer Sicht stabilisierenden Interpunktionssystems betrachtet werden und nicht als Nachweis eines defektiven (Misch-) Systems. Dass es hinsichtlich der einzelnen Interpunktionsdomänen beobachtete Variationen gibt, überrascht wenig, wenn man die Forschung zum Interpunktionserwerb sowie zur Kommatypologie berücksichtigt. Vor diesem Hintergrund möchte ich argumentieren, dass die typologisch stabilen Kommabedingungen 1 und 2 (Syntaktische Schwesternschaft und Nicht-Subordination) bereits im 15. und 16. Jahrhundert im Deutschen nahezu vollständig ausgeprägt waren, wohingegen die dritte, typologisch variable Kommabedingung (Satzgrenze) sich erst im 17. Jahrhundert im Deutschen vollständig stabilisierte. Ich begründe die verspätete Stabilisierung der dritten Bedingung v. a. mit einer sich erst im 16. und 17. Jahrhundert durchsetzenden Eindeutigkeit von Satzgrenzen. So verschwindet beispielsweise in diesem Zeitraum allmählich die Interpunktionsmajuskel. Gleichzeitig beobachtet man eine Ausdifferenzierung der satzschließenden Interpunktionszeichen (Entstehung von Frage- und Ausrufezeichen) und die Entstehung von „infinitivsatz"-einleitenden Konjunktionen wie *um*, *ohne* und *anstatt*, die in der Regel eindeutige Marker inkohärenter Infinitivkonstruktionen darstellen.

Die Entwicklung des Gesamtsystems der Interpunktion hinsichtlich des Inventars, der formalen Merkmale der einzelnen Zeichen und der graphotaktischen Eigenschaften ist schließlich zu Beginn des 20. Jahrhunderts abgeschlossen und entspricht weitestgehend dem heutigen (normativen) Gebrauch. Lediglich ein radikaler Eingriff von Außen – wie beispielsweise die Rechtschreibreform von 1996 – kann die Funktion einzelner Zeichen, z. B. des Kommas, verändern (vgl. dazu Berkigt 2013). Betrachtet man jedoch diese Reformbemühungen von 1996 bzw. 2006 zum Komma näher, dann fällt auf, dass auch dabei nicht grundlegend die Kommasetzung von asyndetischen Koordinationen oder Herausstellungen reformiert wurde, sondern lediglich Bereiche betroffen waren, die auch typologisch variabler sind, nämlich die Kommasetzung bei syndetischen Koordinationen vollständiger Hauptsätze und bei Infinitivkonstruktionen.

Eine weitere wichtige Beobachtung lässt sich im Hinblick auf die drei unterschiedlichen im Korpus analysierten Textsorten (Bibeltexte, Grammatiken und sonstige Sachtexte) machen. Bemerkenswerterweise waren keine besonders auffälligen Unterschiede zwischen den Textsorten erkennbar. Aus Interpunktionssicht konnte eine weitgehende Homogenität zwischen den Texten beobachtet werden. So lässt sich beispielsweise nicht nachweisen, dass etwa die Lutherbibeln konservativer interpungiert wurden als die Grammatiken. Auch der von Sonderegger (1998: 230) angeführte „lutherische Filter" auf nachfolgende Bibelübersetzungen kann in meiner Untersuchung hinsichtlich der Interpunktion nicht bestätigt werden. Lediglich bei Autoren des 17. und 18. Jahrhunderts (u. a. Schottel und Gottsched) konnten einige Übergeneralisierungen mit Bezug auf syntaktisch überflüssige Interpunktionsverwendungen beobachtet werden. Aus anderen Bereichen der diachronen Forschung ist dieser Zeitraum vor einer endgültigen Standardisierung der deutschen Sprache im 19. Jahrhundert jedoch bekannt für teils liberale bzw. experimentelle sprachliche Verwendungen (vgl. z. B. Bergmann & Nerius 1998 und Müller 2016 für die Entwicklung der Großschreibung oder Kempf 2010 für morphosyntaktische Phänomene). Vor diesem Hintergrund sollten die leicht erhöhten Anteile syntaktisch überflüssiger Interpunktionsverwendungen in diesem Zeitraum nicht überbewertet werden.

Zusammenfassend weisen die vorgestellten diachronen Ergebnisse auf eine Jahrhunderte währende Entwicklung der Interpunktion hin, die sich weitgehend unabhängig vom normativen Diskurs und vom Eingriff einzelner Individuen oder Institutionen vollzieht. Entwicklungen dieser Art sind auch für andere sprachliche Bereiche belegt. In theoretischen Arbeiten zur Sprachgeschichte spricht man von „Phänomenen der dritten Art", die wie von einer „unsichtbaren Hand" geleitet werden (Keller 1994). Für die diachrone Entwicklung der satzinternen „kleinen" Klitika <, ; :>, die in dieser Arbeit besonders fokussiert wurden, lässt sich vor diesem Hintergrund zusammenfassen, dass diese Zeichen über den gesamten Untersuchungszeitraum syntaktisch determiniert waren, sich jedoch im Laufe der Jahrhunderte stabilisieren mussten. Die in Abschnitt 10.3 diskutierten nicht-syntaktisch motivierten Interpunktionsverwendungen (v. a. Virgel- und Kommaverwendungen) schwächen diese Annahme nicht. Erstens konnte für keinen untersuchten Text eine überdurchschnittlich hohe Zahl syntaktisch überflüssiger Zeichen aufgezeigt werden (in allen Texten nahmen die syntaktisch überflüssigen Zeichen einen Anteil unter 10 % gemessen an der satzinternen Gesamtinterpunktion ein). Zweitens sind die überflüssigen Zeichen nur teilweise durch ein intonatorisches Prinzip der Interpunktion begründbar. Sie weisen vielmehr auf weitere indirekte nicht-syntaktische Einflussfaktoren auf die Komma- bzw. Virgelsetzung hin, zu denen u. a. auch die Intonation gehört. Um auch solche weiterführenden Verwendungen zu erklären, möchte ich im folgenden Kapitel eine mehrdimensionale syntaxzentrierte Architektur der Interpunktion entwickeln, die zwischen einem Kernbereich und einer Peripherie der Komma- bzw. Virgelsetzung unterscheidet.

11 Ein syntaxzentriertes mehrdimensionales Modell der Interpunktion

In Kapitel 2 dieser Arbeit wurden unterschiedliche architektonische Modelle zur Beschreibung und Erklärung von Interpunktionssystemen vorgestellt. Eine der zentralen Fragen der Interpunktionsforschung zielt dabei darauf ab, in welcher Beziehung das Komma zur Syntax, zur Intonation und möglicherweise zu anderen Faktoren steht. Die traditionelle diachrone Forschung zum Komma und dessen historischen Vorläufern (v.a. Virgel und Mittelpunkt) im Deutschen argumentiert dabei, dass es in früheren Sprachstufen des Deutschen eine enge und exklusive Verbindung zwischen Virgel und Intonation gegeben habe und sich erst im 19. Jahrhundert das grammatische System der Kommasetzung, d.h. eine enge Verbindung von Komma und Syntax, durchgesetzt habe. Diese These eines ursprünglich intonatorischen Prinzips, das sich über die Jahrhunderte von einem Mischsystem hin zu einem grammatisch-syntaktischen System gewandelt habe, kann durch meine Korpusdaten nicht bestätigt werden. Vielmehr zeigt die Korpusauswertung, dass die satzinterne Interpunktion bereits in den frühesten Texten des 15. Jahrhunderts mithilfe der drei syntaktischen Kommabedingungen nach Primus (2007a) erfasst werden kann. Die beobachteten Abweichungen vom modernen Kommasystem des Deutschen entsprechen dabei in vielen Fällen der typologischen Variation heutiger Kommasysteme und können so gedeutet werden, dass das Interpunktionssystem (v.a. die drei syntaktischen Kommabedingungen) in den früheren Sprachstufen des Deutschen noch nicht vollständig entwickelt war. Vielmehr stabilisierte es sich über die Jahrhunderte sukzessiv, bis es mit Beginn des 20. Jahrhunderts weitestgehend den heutigen Stand erreichte.

Die aus der Korpusauswertung gewonnenen Ergebnisse bestätigen damit bereits ab dem Frühneuhochdeutschen eine direkte Beziehung zwischen Syntax und Komma bzw. Virgel und Mittelpunkt und lassen sich demzufolge mithilfe eines syntaxzentrierten Interpunktionsmodells (vgl. Abschnitt 2.2: Grammatisch-Syntaktisches-Prinzip) wie in (11) beschreiben, hier wiederholt in (53). Dieses Modell betrachtet Intonation und Komma bzw. Virgel jedoch nicht als diametral entgegengesetzt, sondern berücksichtigt, dass diese indirekt über die Syntax miteinander verbunden sind und zwei unterschiedliche (modalitätsbezogene) Mittel der syntaktischen Markierung darstellen. Eine stilistische oder rhetorische Freiheit betrifft also nicht das Komma bzw. die Virgel selbst, sondern die Wahl der zugrundeliegenden syntaktischen Struktur.

(53) Syntaxzentriertes Modell der Kommaverwendung

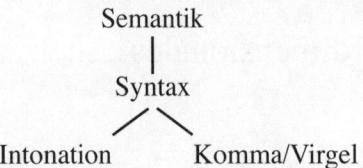

Die Architektur deckt sich zudem mit neueren Erkenntnissen aus der Psycho- und Neurolinguistik. In einer häufig zitierten Studie von Steinhauer & Friederici (2001) zeigen die Autoren, dass die Kommaperzeption während des stillen Lesens ein ähnliches neuropsychologisches Korrelat, den Closure Positive Shift (CPS), erzeugt wie an Intonationsphrasengrenzen in der gesprochenen Sprache. Auf den ersten Blick scheint dieses Ergebnis der vorgeschlagenen Architektur in (53) zu widersprechen, da hierin eine enge und exklusive Verbindung zwischen Komma und Intonation gesehen werden könnte. Psycholinguistische Folgestudien relativieren jedoch eine solche direkte Beziehung zwischen Komma und Intonationsphrasen. Nach Kerkhofs et al. (2008) stellt das Komma kein overtes prosodisches Schriftzeichen dar. Vielmehr zeigen ihre Daten, dass Intonationsphrasen und Kommas ganz parallele Funktionen als syntaktische Grenzmarkierer innerhalb ihres jeweiligen Mediums erfüllen. Gestützt werden die Daten auch durch eine Spracherwbsstudie von Männel & Friederici (2011), in der die Autorinnen eine starke Korrespondenz zwischen Syntax- und Prosodieerwerb aufzeigen. So konnte beispielsweise bei Kindern erst ein Closure Positive Shift gemessen werden, sobald sie über ein fortgeschrittenes syntaktisches Wissen verfügten. Zudem zeigen die Ergebnisse von Leseexperimente wie in Hill & Murray (2000) und Kalbertodt, Primus & Schumacher (2015) einerseits eine direkte Beziehung zwischen Syntax und Komma und andererseits eine indirekte Beziehung zwischen Komma und Intonation über die Syntax auf.

Die Einzelanalysen der augewerteten historischen Korpustexte zeigten jedoch auch einige Interpunktionsauslassungen und überflüssige Interpunktionsverwendungen, die auf weitere, nicht-syntaktische Faktoren der Komma- und Virgelsetzung schließen lassen. Dazu zählen Intonation, Verarbeitung (Processing), Semantik und Stil. Diese möchte ich im Folgenden einzeln kurz begründen.

Für einen intonatorischen Einfluss auf die Interpunktion sprechen Beobachtungen bei der Interpunktion besonders kurzer bzw. langer/komplexer Phrasen. So zeigen u.a. Dehé (2009) und Peters (2006) einen Zusammenhang zwischen Konstituentenlänge und prosodischer Phrasierung auf: Je kürzer eine Konstituente ist, desto eher wird sie in die vorangehende oder nachfolgende Konstituente inkorporiert oder mit dieser klitisiert; je länger eine Konstituente ist, desto eher konstituiert sie eine separate Intonationsphrase (IP). Dieser Zusammenhang könnte Interpunktionsauslassungen bei kurzen Konstituenten (z.B. Vokative) bzw. überflüssige Interpunktionszeichen nach komplexen Vorfeldern erklären.

Für verarbeitungsbasierte Faktoren müssen v.a. die Arbeiten von Hawkins (u.a. 1994, 2004, 2011) hervorgehoben werden. Die darin vorgebrachte zentrale These lautet, dass die Grammatik einer Sprache maßgeblich von konventionalisierten Sprachgebrauchspräferenzen beeinflusst wird. Dies erfasst Hawkins (2011: 206) mit der Performance-Grammar Correspondence Hypothesis. Für einen Einfluss der sprachlichen Verarbeitung (Processing) auf die Interpunktion sprechen v.a. zwei Ergebnisse der Korpusauswertung in meiner Arbeit. Eine der häufigsten syntaktisch überflüssigen Interpunktionsverwendungen konnte bei nicht-satzwertigen Vergleichskonstruktionen beobachtet werden. Ich habe dafür argumentiert, dass die Vergleichsjunktoren *als* und *wie* (historisch auch *denn*) möglicherweise eine Analogiebildung zu homonymen Formen der nebensatzeinleitenden Konjunktionen (v.a. temporal und modal) hervorrufen, welche in der Regel eine Satzgrenze markieren. Diese Ambiguität der Funktionswörter könnte Verarbeitungsschwierigkeiten auslösen, die zu einer überflüssigen Kommasetzung führen.

Aus Performanzperspektive müssen zudem Links-Rechts-Asymmetrien hervorgehoben werden (vgl. u.a. Hawkins 1994 für solche Asymmetrien in der Wortstellungstypologie). In den Korpustexten des 16. und 17. Jahrhunderts lassen sich viele Texte finden, in denen restriktive Relativsätze weniger systematisch interpungiert werden als appositive Relativsätze. Dabei fällt jedoch auf, dass parenthetisch eingeschobene restriktive Relativsätze häufig asymmetrisch interpungiert werden, d.h. entweder nur der linke oder nur der rechte Rand des Satzes (ähnliches kann teilweise auch bei nicht-satzwertigen Appositionen beobachtet werden). Diese Interpunktionsauslassungen könnten durch die Performanzperspektive (Links-Rechts-Asymmetrien) erklärt werden. Doch auch ein intonatorischer Einfluss auf diese Konstruktionen ist nicht ausgeschlossen. So zeigt beispielsweise Truckenbrodt (2005), dass in der Regel lediglich der rechte Rand einer Satzgrenze, jedoch nicht deren linker Rand mit einer Intonationsphrase zusammenfällt. Auch dies könnte die asymmetrische Interpunktion bei parenthetisch eingeschobenen Nebensätzen erklären.

Desweiteren wirken diskurssemantische Faktoren auf die Interpunktion. So wurde weiter oben bereits die Interpunktion von nicht-dislozierten Subjekten diskutiert, die als kontrastive Topiks realisiert werden. Das Komma bzw. die Virgel könnten in diesen Fällen als besondere Markierung des Topiks dienen, das semantisch gesehen vom Rest des Satzes (Kommentar) abgetrennt wird. Doch auch aus intonatorischer und sprachverarbeitungsbasierter Sicht scheint in diesem Fall eine Interpunktion erwartbar. So formuliert Selkirk (2005: 39) für die Intonation die Alignmentbeschränkung Align R (FOCUS, IP), welche besagt, dass der rechte Rand einer FOCUS-markierten Konstituente, d.h. u.a. kontrastive Topiks, mit einer IP-Grenze zusammenfällt. Für die Sprachverarbeitung erscheint dagegen das Prinzip Minimize Domains (Hawkins 2011: 208) einschlägig, welches u.a. besagt, dass die frühe Erkennung der Funktion einer Konstituente (z.B. die Zuweisung thematischer Rollen) präferiert wird. Möglicherweise erleichtert die Kommasetzung bei kontrastiven Topiks die Erkennung der Konstituente als Topik.

Schließlich können stilistische Einflussfaktoren auf die Interpunktion identifiziert werden. So kann die Komma- bzw. Virgelauslassung bei syndetischen Koordinationen ebenfalls nicht rein syntaktisch, sondern auch durch andere Faktoren wie Anzahl und Länge der Konjunkte erklärt werden.

Vor dem Hintergrund all dieser Beobachtungen möchte ich argumentieren, dass sich die Komma- und Virgelsetzung in allen untersuchten Interpunktionssystemen sowohl synchron als auch diachron am besten mit einem syntaxzentrierten mehrdimensionalen architektonischen Modell wie in Abbildung (134) beschreiben lässt, das zwischen einem Kernbereich und einer Peripherie der Komma- und Virgelsetzung unterscheidet.

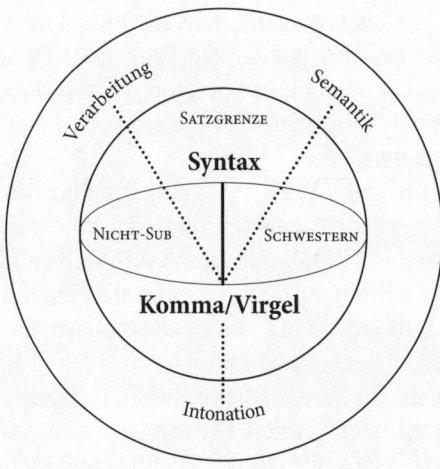

Abb. 134: Syntaxzentriertes mehrdimensionales Modell der Komma- und Virgelsetzung (vgl. auch Kirchhoff & Primus 2014: 220)

Der Kernbereich der Komma- und Virgelsetzung, d.h. der innere Kreis in Abbildung (134), umfasst die wichtigsten und systematischsten Verwendungen dieser Satzzeichen. Die untergeordneten und häufig auch weniger systematischen Verwendungen des Kommas bzw. der Virgel werden dagegen über eine weitere periphere Dimension im äußeren Kreis erfasst, die sich durch zusätzliche nicht-syntaktische Faktoren wie Intonation, Verarbeitung, Semantik und ggf. auch andere Faktoren auszeichnet.[36]

Der Kern ist rein syntaktischer Natur. Er fängt die enge Verbindung zwischen Komma bzw. Virgel und Syntax ein (durchgezogene Linie), wie sie bereits im syntaxzentrierten Modell in (53) dargelegt wurde. Die Verbindungen zwischen Komma bzw. Virgel und anderen Dimensionen in der Peripherie sind im Schaubild über gepunktete Linien dargestellt, die eine indirekte Verbindung ausdrücken. Auf die Verbindungen zwischen Syntax und den peripheren Dimensionen wurde aus Darstellungsgründen verzichtet.

Der innere Kern fängt darüber hinaus auch die drei syntaktischen Kommabedingungen nach Primus (2007a) ein. Die innere Ellipse beinhaltet dabei die beiden aus typologischer Sicht stabilsten Bedingungen Syntaktische Schwestern und Nicht-Subordination. Die Auswertung der historischen Texte zeigte, dass diese beiden Bedingungen schon im Frühneuhochdeutschen voll entwickelt waren und

---

[36] Die Unterscheidung zwischen Kern und Peripherie wurde in zahlreichen linguistischen Arbeiten vorgeschlagen, im Bereich der Graphematik beispielsweise von Maas (1992: 120f).

die auf diese beiden Bedingungen zurückführbaren Interpunktionsdomänen (v.a. Koordinationen und Herausstellungsstrukturen) systematisch interpungiert wurden. Außerhalb der Ellipse, aber noch im zentralen syntaktischen Kern eingeschlossen, befindet sich die dritte Kommabedingung Satzinterne Satzgrenze, die aus typologischer, historischer und auch ontogenetischer Sicht die größte Variation aufweist.

Insgesamt unterscheidet sich das syntaxzentrierte mehrdimensionale Modell mit seiner Unterteilung in einen Kernbereich und eine Peripherie erheblich von einem einfachen pluralistischen Modell der Kommasetzung (vgl. Abschnitt 2.2), das eine direkte und gleichwertige Verbindung des Kommas mit den Einflussfaktoren Intonation, Semantik, Syntax und Stil annimmt.

12 Zusammenfassung und Ausblick

Die vorliegende Arbeit verfolgte das Ziel, die Entwicklung der Interpunktion im Deutschen seit der Frühphase des Buchdrucks bis in die Gegenwart zu beschreiben und daraus ein weiterführendes Erklärungsmodell für die Interpunktion zu entwickeln. Ein besonderer Fokus wurde dabei auf satzinterne Interpunktionszeichen, d.h. v.a. auf die formale und funktionale Entwicklung des Kommas bzw. dessen historische Vorläufer Virgel und Mittelpunkt gelegt.

Im ersten Teil dieser Arbeit habe ich das moderne Interpunktionssystem des Deutschen und vieler weiterer moderner europäischer Sprachen beschrieben. Am Beispiel des Kommas diskutierte ich die Frage, inwiefern ein intonatorisches oder ein syntaktisches Prinzip in den unterschiedlichen Sprachen für die Kommaverwendung maßgeblich ist. Traditionell werden moderne Sprachen entweder einem rein grammatisch-syntaktischen oder einem rhetorisch-intonatorischen System zugeordnet. Diese strenge Polarisierung muss vor dem Hintergrund der in dieser Arbeit gesammelten Erkenntnisse aufgegeben werden.

Mithilfe führender Intonationsansätze diskutierte ich in Kapitel 3, ob sich die Kommasetzung in den beiden aus typologischer Sicht relevanten Sprachen Deutsch und Englisch mittels eines Intonationsmodells des Kommas, das von einer direkten Korrespondenz zwischen Kommaverwendung und intonatorischen Phrasengrenzen ausgeht, beschreiben lässt. Die Analyse von zahlreichen interpunktionsrelevanten Konstruktionen zeigte, dass weder für das Deutsche noch für das Englische eine direkte Korrespondenz zwischen Komma und Intonation belegt werden konnte. Insbesondere das in der traditionellen Interpunktionsforschung häufig angeführte Pausenprinzip konnte vor dem Hintergrund der aktuellsten Intonationsforschung nicht bestätigt werden. Sprechpausen spielen bei der Konstitution prosodischer Phrasengrenzen eine eher untergeordnete Rolle. Die Analyse offenbarte vielmehr, dass Syntax und zugrundeliegende Intonation direkt miteinander verzahnt sind. Dies manifestiert sich in einer starken Korrepondenz zwischen syntaktischen und intonatorischen Phrasen.

In Kapitel 4 wurde auf Grundlage der Arbeiten von Primus (1993, 2007a, 2010), Bredel & Primus (2007) und Kirchhoff & Primus (2014, 2016b) gezeigt, dass der Kernbereich der Kommasetzung sprachübergreifend (d.h. auch für die vermeintlich intonatorischen Systeme wie das Englische oder die Romanischen Sprachen) mithilfe von drei rein syntaktischen Bedingungen erklärt werden kann. Diese Bedingungen lizenzieren das Komma v.a. bei Koordinationen, Herausstellungskonstruktionen und an satzinternen Satzgrenzen. Die in diesem Kapitel gewonnenen Ergebnisse legen eine enge und direkte Beziehung zwischen Syntax und Kommasetzung nahe. Diese Beobachtungen habe ich mit den Ergebnissen aus Kapitel 3 zusammengeführt und für ein syntaxzentriertes Modell argumentiert, bei dem Intonation und Kommasetzung indirekt über die Syntax miteinander verbunden sind. Intonation und Kommasetzung stellen grundsätzlich zwei unterschiedliche (modalitätsbezogene) Mittel dar, um syntaktische Strukturen zu markieren.

Vor dem Hintergrund einer solchen syntaxzentrierten Architektur der Kommasetzung müssen traditionelle Annahmen zur historischen Interpunktion, wie sie in Kapitel 5 vorgestellt wurden, neu hinterfragt werden. Diesen traditionellen Annahmen nach hat sich das Interpunktionssystem des Deutschen im Laufe der Jahrhunderte von einem rhetorisch-intonatorischen System hin zu einem grammatisch-syntaktischen System entwickelt. Der Zeitraum zwischen dem 16. und dem 19. Jahrhundert wird dabei meist als (unsystematischer) Zwischenstatus dargestellt, der zwischen diesen beiden Polen verortet werden müsse. Syntax und Intonation werden in diesen Ansätzen als nicht miteinander zu vereinbarende Prinzipien dargestellt.

Im hieran anschließenden zweiten Teil der Arbeit ging ich mithilfe einer umfangreichen textsortenspezifischen Korpusanalyse von 19 gedruckten deutschsprachigen Texten aus dem Zeitraum von 1482 bis 1984 mehreren Fragen nach. Es wurde untersucht, wie sich die Entwicklung und Ausdifferenzierung von anfangs sehr kleinen Interpunktionsinventaren hin zu unserem modernen umfangreichen und hochsystematisch gebrauchten Inventar von insgesamt zwölf Zeichen gestaltete. Des Weiteren wurde herausgearbeitet, welche formalen und graphotaktischen Entwicklungen während dieser Ausdifferenzierung beobachtet werden können. Eine zentrale Frage bestand jedoch darin zu klären, ob und inwiefern sich die satzinterne Interpunktion in früheren Sprachstufen des Deutschen mithilfe rein syntaktischer Bedingungen erklären lässt bzw. welche nicht-syntaktischen Faktoren darüber hinaus v. a. auf die Verwendung des Kommas oder der Virgel wirken. Es galt dabei zu prüfen, ob sich tatsächlich eine Entwicklung von einem intonatorischen hin zu einem syntaktischem Kommasystem im Deutschen nachzeichnen lässt.

Die Längsschnittergebnisse aller ausgewerteten Korpustexte zur Entwicklung des Interpunktionsinventars stärken einen bereits von Bredel (2007) beobachteten Dreischritt in der Entwicklung der Interpunktion: von grammatisch strukturellen Markierungen hin zu kommunikativen und schließlich metasprachlichen Markierungen. Dies entspricht der Ausdifferenzierung von anfangs sehr kleinen Interpunktionsinventaren im 15. und 16. Jahrhundert, welche bevorzugt den (Mittel)Punkt und die Virgel einsetzen (wenig später auch den Doppelpunkt und das Semikolon), über die Etablierung der kommunikativen satzschließenden Zeichen wie Ausrufe- und Fragezeichen im frühen 17. Jahrhundert bis hin zur Verwendung der Anführungszeichen bei direkter Rede bzw. zur Kennzeichnung von Zitaten ab dem späten 17. Jahrhundert. Zu Beginn des 20. Jahrhunderts erreicht das Inventar weitestgehend den bis heute gültigen Stand.

Für die frühen Interpunktionssysteme des 15. und 16. Jahrhunderts können darüber hinaus weitere wichtige Ergebnisse der Korpusanalyse zusammengefasst werden. Erstens habe ich dargelegt, dass die Interpunktionsmajuskel – ein in der Forschung zur historischen Interpunktion weitgehend unbeachtetes Phänomen – ein zentrales Interpunktionsmittel in Systemen mit kleinem Zeicheninventaren darstellt. So entscheidet sie im Frühneuhochdeutschen in vielen Fällen über die satzschließende (mit folgender Majuskel) oder satzinterne (mit folgender Minuskel) Verwendung der Virgel oder des (Mittel-)Punktes. Dies ist ein wichtiger Unterschied zwischen dem frühneuhochdeutschen Virgelgebrauch und der modernen Kommaverwendung. In modernen Interpunktionssystemen impliziert das Komma zwischen zwei Einheiten, dass diese beiden Einheiten auf irgendeiner syntaktischen Ebene der Konstituentenstruktur miteinander eine Schwesternschaft eingehen und damit eine folgende Interpunktionsmajuskel blockiert ist.

Des Weiteren habe ich gezeigt, dass die Virgel, das bis 1720 wichtigste satzinterne Interpunktionszeichen, von den meisten Autoren polyfunktional verwendet wurde. In Abwesenheit anderer satzinterner Interpunktionszeichen wie dem Doppelpunkt und dem Semikolon übernahm sie deren moderne Funktionen (z.B. Einleitung der direkten Rede). Dabei muss hervorgehoben werden, dass die Polyfunktionalität aufgrund der fortschreitenden Ausdifferenzierung des Interpunktionsinventars (d.h. v.a. der Entstehung weiterer syntaktischer Zeichen wie des Doppelpunkts und des Semikolons sowie der Entstehung kommunikativer Zeichen wie der Klammern, des Ausrufe- und Fragezeichens) allmählich obsolet wurde. Die Virgel verlor diese kommunikativen Funktionen und spezialisierte sich auf die Markierung der zentralen satzinternen syntaktischen Interpunktionsdomänen Koordinationen, Herausstellungen und satzinterne Satzgrenzen. Bredel (2007) argumentiert, dass die Virgel aufgrund dieser funktionalen Verschiebung auch formal fortan der Klasse der „kleinen Klitika" angepasst werden musste. Dies erklärt die Merkmalsveränderung von [+VERTIKAL] (Virgel) hin zu [–VERTIKAL] (Komma) zu Beginn des 18. Jahrhunderts. Das Komma war demnach kein völlig neu eingeführtes Zeichen, sondern eine systematische formale Weiterentwicklung der Virgel, die funktional begründet werden kann. Ich habe dafür argumentiert, dass die Ausdifferenzierung des Interpunktionsinventars, die damit einhergende funktionale Präzisierung der Zeichen und die sich durchsetzende Transparenz der Form-Funktions-Relationen eine zunehmende Systemoptimierung aus Sicht des Lesers darstellte.

Aus formaler Sicht spielt für die Ausdifferenzierung des Interpunktionsinventars zudem die graphotaktische Eigenschaft der symmetrischen bzw. asymmetrischen Anbindung eines Interpunktionszeichens im Schreibraum eine Rolle. Die qualitative Korpusauswertung zeigte, dass erst mit Gottsched (1749) ein Text vorliegt, in dem das Komma, der Punkt, der Doppelpunkt und das Semikolon konsistent asymmetrisch im Schreibraum verwendet wurden. Von diesem Zeitpunkt an haben sich die syntaktischen Zeichen auch formal als Klitika endgültig stabilisiert, sodass sich in der Folgezeit Filler wie beispielsweise der Gedankenstrich etablieren konnten.

Die wichtigste Frage, die in dieser Arbeit verfolgt wurde, zielte auf die Architektur der Kommasetzung ab. Lässt sich die satzinterne Interpunktion früherer Texte mithilfe rein grammatisch-syntaktischer Bedingungen erfassen, die auch für die Beschreibung moderner Kommasysteme (vgl. Kapitel 4) leitend sind, oder beobachten wir tatsächlich in früheren Sprachstufen des Deutschen noch intonatorisch geprägte Systeme, die sich zwischen dem 16. und 19. Jahrhundert über Mischsysteme hin zu einem syntaktischen System des Gegenwartsdeutschen entwickelt haben? Entgegen der traditionellen Annahme einer (unsystematischen) intonatorischen Interpunktion in früheren Sprachstufen des Deutschen zeigen die Ergebnisse meiner Korpusanalyse eindeutig, dass es sich bei den früheren Interpunktionssystemen keineswegs um rein intonatorische oder gar willkürliche Systeme handelt, sondern um von Beginn an syntaktisch determinierte Systeme. Die in Kapitel 4 eingeführten und aus den drei syntaktischen Kommabedingungen nach Primus abgeleiteten Interpunktionsdomänen Koordinationen, Herausstellungen und satzinterne Satzgrenzen stellen in allen Korpustexten die zentralen satzinternen interpunktionsrelevanten Konstruktionen dar. Dies ist eines der zentralen Ergebnisse der vorliegenden Arbeit. Ein weiteres hervorzuhebendes Ergebnis ist, dass diese Interpunktionsdomänen nicht von Beginn an gleichermaßen systematisch interpungiert wurden. Während asyndetische (konjunktionslose) Koordinationen bereits im späten 15. Jahrhundert hochsystematisch, d.h. zu weit über 90 % interpungiert wurden (in der Regel mit einer Virgel oder einem Mittelpunkt), beobachten wir bei Herausstellungskonstruktionen noch bis ins späte 16. und bei subordinierten Nebensätzen sogar noch bis ins 17. Jahrhundert hinein systematische Interpunktionsauslassungen.

Dass es hinsichtlich der einzelnen Interpunktionsdomänen beobachtete Variationen gibt, überrascht wenig, wenn man die Forschung zum Interpunktionserwerb sowie zur Kommatypologie berücksichtigt. Ich habe gezeigt, dass sich die historisch frühe und systematische Interpunktion von asyndetischen Koordinationen sowohl in der typologisch stabilen Interpunktion dieser Konstruktion als auch in der aus Erwerbssicht frühen Verwendung des Kommas bei Grundschulkindern widerspiegelt. Subordinierte Nebensätze (inklusive satzwertige Infinitivkonstruktionen) unterliegen dagegen historisch, typologisch und ontogenetisch betrachtet einer stärkeren Variation: Subordinierte Nebensätze werden historisch gesehen am spätesten systematisch interpungiert, sie werden von Kindern erst in der weiterführenden Schule kommatiert (und weisen zudem auch noch bei kompetenten erwachsenen Schreibern einen hohen Fehleranteil auf) und zeigen die größte typologische Variation, da beispielsweise die Romanischen Sprachen, das Niederländische und das Englische keine subordinierten Sätze kommatieren. Vor diesem Hintergrund habe ich für meine historischen Daten argumentiert, dass die typologisch stabilen Kommabedingungen Syntaktische Schwestern und Nicht-Subordination bereits im 15. und 16. Jahrhundert im Deutschen nahezu vollständig ausgeprägt waren, wohingegen sich die dritte, typologisch variable Kommabedingung Satzgrenze erst im 17. Jahrhundert vollständig stabilisierte. Die beobachteten (teils nur geringfügigen) Abweichungen vom Normsystem des modernen Deutschen müssen, so wurde argumentiert, aus systemtheoretischer Perspektive als ein sich aus grammatisch-syntaktischer Sicht stabilisierendes Interpunktionssystem betrachtet werden und nicht als ein defektives (Misch)System.

Ein weiteres wesentliches Ergebnis der vorliegenden Arbeit ist der überraschend niedrige Anteil syntaktisch überflüssiger Zeichen gemessen an der satzinternen Gesamtinterpunktion. Wenn man an einem intonatorischen Prinzip der Interpunktion in früheren Sprachstufen des Deutschen festhalten wollte, dann müssten hohe Belegzahlen syntaktisch überflüssiger Interpunktionsverwendungen gefunden werden, die intonatorisch begründbar sind. Diese konnten in meinem Korpus nicht nachgewiesen werden. Im Gegenteil: In keinem untersuchten Text lag der Anteil syntaktisch überflüssiger Interpunktionszeichen (fast ausschließlich Mittelpunkt-, Virgel- und Kommaverwendungen) über 10 % gemessen an der satzinternen Gesamtinterpunktion. Eine Einzelanalyse der syntaktisch überflüssigen Interpunktionsverwendungen ergab zudem, dass sich diese nicht willkürlich über unterschiedliche Konstruktionen verteilen, sondern dass insbesondere drei Konstruktionen in verschiedenen Texten immer wieder interpungiert wurden: nicht-satzwertige Vergleichskonstruktionen, komplexe Vorfelder und kontrastive Topiks. Diese Konstruktionen werden auch im modernen Deutschen von kompetenten Schreibern häufig kommatiert. Ich habe jedoch auch gezeigt, dass sich die Kommasetzung in diesen Fällen nicht gänzlich mithilfe der Intonation erklären lässt, sondern dass wahrscheinlich weitere nicht-syntaktische Einflussfaktoren auf die Kommaverwendung wirken.

Um auch solche weiterführenden Verwendungen zu erklären und zu berücksichtigen, habe ich in Kapitel 11 ein syntaxzentriertes mehrdimensionales Modell der Interpunktion vorgeschlagen, das zwischen einem Kernbereich und einer Peripherie der Komma- und Virgelsetzung unterscheidet. Im Kernbereich liegt eine enge und exklusive Verbindung zwischen Komma bzw. Virgel und Syntax vor, die mit den drei syntaktischen Kommabedingungen nach Primus (1993, 2007a) erfasst wird. Diese enge Verbindung konnte sowohl typologisch als auch historisch in dieser Arbeit bestätigt werden. Die untergeordneten und häufig auch weniger systematischen Verwendungen des Kommas bzw. der Virgel werden dagegen über eine weitere periphere Dimension berücksichtigt, die sich durch zusätzliche nicht-syntaktische Faktoren wie Intonation, Verarbeitung, Semantik und ggf. auch andere Faktoren auszeichnet. Aufgrund der Unterteilung in Kern und Peripherie unterscheidet sich das Modell erheblich von dem in Kapitel 2 vorgestellten pluralistischen Modell, bei dem mehrere Faktoren wie Syntax, Intonation, Semantik, Stil etc. gleichwertig auf die Kommasetzung einwirken.

Ich hoffe, mit dieser Arbeit einen Beitrag geleistet zu haben, um die Debatte über die intonatorische oder syntaktische Motivation der Kommasetzung sowohl für moderne als auch für historische Interpunktionssysteme zu entschärfen. Intonation und Syntax stehen sich nicht in einem diametralen „Spannungsfeld" (Höchli 1981: 4) unvereinbar gegenüber, sondern sie sind beide Teil der Gesamtarchitektur der Interpunktion. Intonation und Syntax sind eng miteinander verzahnt, sodass auch ein syntaxzentriertes Kommamodell sehr gute Vorhersagen machen kann, an welchen Stellen eine intonatorische Grenze zu erwarten ist. In Kapitel 3 diskutierte ich zahlreiche Fälle, die gegen eine direkte Beziehung zwischen Intonation und Komma sprechen. Diese für ein Intonationsmodell des Kommas problematischen Fälle konnten jedoch mithilfe eines Syntaxmodells des Kommas gelöst werden, sodass ich in der Folge argumentiert habe, dass Komma und Intonation lediglich indirekt über die Syntax miteinander verbunden sind.

Bei einem solch breit angelegten Dissertationsprojekt, wie dem in dieser Arbeit vorgestellten, konnten viele für die Forschung wichtige Fragen diskutiert und neue Erkenntnisse gewonnen werden. Ein solches Projekt stößt allerdings auch immer viele neue Fragen an, die an anderer Stelle diskutiert werden müssen. Ich möchte deshalb abschließend einen Ausblick auf unberücksichtigte und offene Fragestellungen geben, der gleichzeitig eine Ermutigung für die Wissenschaft darstellen soll, sich weiterhin mit der Interpunktion zu beschäftigen.

Die vorliegende Arbeit erhebt den Anspruch, Aussagen über die Entwicklung der Interpunktion im Deutschen zu treffen. Ich habe ausführlich begründet, weshalb ich mich auf die Entwicklungsgeschichte seit der Erfindung des Buchdrucks, d.h. seit dem späten 15. Jahrhundert, beschränkt habe. Selbstverständlich erscheint es naheliegend, den Untersuchungszeitraum auszuweiten und neben den gedruckten Texten auch althochdeutsche und mittelhochdeutsche Handschriften zu berücksichtigen. Darüber hinaus mag es lohnenswert sein, noch engere Querschnittintervalle (50-Jahre-Schritte) zu wählen. Dies könnte in einem umfangreicheren Forschungsprojekt zur Geschichte der Interpunktion geschehen, bei dem auch historische Daten aus anderen europäischen Sprachen herangezogen und diese in einem digitalen Korpus annotiert und für spätere Forschungszwecke aufbereitet werden. In solch einem Projekt sollten bei der Annotation der historischen Texte zudem Phänomene berücksichtigt werden, die in meiner Arbeit lediglich qualitativ oder punktuell besprochen werden konnten. Dazu gehört beispielsweise die Entwicklung der satzschließenden Interpunktionszeichen. In frühen zeichenarmen Systemen kann die satzschließende oder satzinterne Verwendung der Virgel oder des Mittelpunktes nur mithilfe der Interpunktionsmajuskel bestimmt werden. Eine quantitative Analyse dieser Entwicklung erscheint mir sinnvoll. Desweiteren sollten graphotaktische Eigenschaften wie die Größe der Spatien bei der symmetrischen bzw. asymmetrischen Anbindung der Zeichen sowie die Stärke bzw. Platzierung des Mittelpunktes im Schreibraum Berücksichtigung finden. Möglicherweise üben diese Faktoren in zeichenarmen Systemen eine wichtige Funktion aus. Wünschenswert ist darüber hinaus eine eingehendere Beschäftigung mit fremdsprachlichen Textausschnitten innerhalb der Texte. Insbesondere im 17. Jahrhundert beobachtet man eine strikte Trennung zwischen der Virgelsetzung in deutschsprachigen Textausschnitten und dem Kommagebrauch in lateinischen, durch Antiqua-Schriften hervorgehobenen Textausschnitten. Diese strikte Trennung zweier Interpunktionssysteme, die auch von einigen Grammatikern (u.a. Sattler 1607) befürwortet wurde, setzte sich allerdings nicht durch.

In dieser Arbeit habe ich mich bei der Korpuserstellung auf drei Textsorten beschränkt: Bibeltexte, Sprachlehren und sonstige wissenschaftliche Abhandlungen. Es hat sich herausgestellt, dass in der Gesamtentwicklung der Interpunktion zwischen diesen drei Textsorten keine großen Unterschiede erkennbar sind. Es wäre jedoch erstrebenswert zu untersuchen, welche Unterschiede sich im Hinblick auf literarische Texte ergeben. Bislang gibt es dazu lediglich qualitative Studien zu einzelnen Interpunktionszeichen (u.a. Nebrig & Spoerhase 2002).

Ich habe in der vorliegenden Arbeit nachgewiesen, dass zwischen der historischen Entwicklung der Interpunktion und der Kommatypologie bemerkenswerte Parallelen aufgezeigt werden können. Auch Studien zum Kommaerwerb von Kindern und Jugendlichen und zur Rezeption von Interpunktionszeichen fügen sich in dieses Bild. In einem nächsten Schritt wäre es lohnenswert in einer größeren Erwerbsstudie zu prüfen, ob sich die in der Historiogenese aufgezeigten Entwicklungsstufen hinsichtlich des Interpunktionsinventars, der graphotaktischen Entwicklung (v.a. der Gebrauch der Interpunktionsmajuskel und die symmetrische bzw. asymmetrische Anbindung) und der funktionalen Verwendungen der einzelnen Zeichen bestätigen würden. Die Ergebnisse einer solchen Studie wären sicherlich hochrelevant für die Didaktik der Interpunktion. Sie würden u.a. einen wichtigen Beitrag zur Fehleranalyse von Interpunktionszeichen (sowohl fehlende als auch überflüssige Zeichen) leisten und könnten darüber hinaus für die Entwicklung eines am Konzept der Mehrsprachigkeit orientierten Unterrichts nutzbar gemacht werden.

13 Literaturverzeichnis

Quellentexte

Bibeln:

Luther, Martin (1545). Biblia Germanica. Faksimilierte Handausgabe nach dem im Besitz der Deutschen Bibelgesellschaft befindlichen Originaldruck; einspaltig. Deutsche Bibelgesellschaft, 1967.

Luther, Martin (1621). Biblia. das ist: die gantze Heilige Schrifft, deudsch, D. Mart. Luth.: mit den Summarien, Versiculn, Concordantzen, Chronologia, auch unterschiedenen Registern der Historien und Hauptleren. Wittenberg: Schürer. Digitalisat der Universitätsbibliothek Köln.

Luther, Martin (1720). Biblia, Das ist: Die gantze Heil. Schrift Altes und Neues Testaments. Nach der Teutschen Übersetzung D. Martin Luthers. Halle: Canstein. Digitalisat der Universität- und Landesbibliothek Sachsen-Anhalt.

Luther, Martin (1847). Die Bibel oder die ganze Heilige Schrift des alten und neuen Testaments. Leipzig: Reclam. Digitalisat der Bayerischen Staatsbibliothek.

Luther, Martin (1912). Die heilige Schrift des Alten und Neuen Testaments nach der deutschen Übersetzung Martin Luthers. Stuttgart: Priviligierte Württembergische Bibelanstalt.

Luther, Martin (1984). Die Bibel. Nach der Übersetzung Martin Luthers. Stuttgart: Deutsche Bibelgesellschaft.

Plenarium (1482). Reutlingen. Digitalisat der Bayerischen Staatsbibliothek.

Sprachlehren:

Adelung, Johann Christoph (1812). Vollständige Anweisung zur Deutschen Orthographie, nebst einem kleinen Wörterbuche für die Aussprache, Orthographie, Biegung und Ableitung. Leipzig: Weygandsche Buchhandlung.

Bödiker, Johannes (1723). Grund-Sätze der deutschen Sprache. Berlin: Nicolai.

Franck, Fabian (1540). Orthographia, haimliche und verborgne Cancellei Orthographia, wie mann recht gründtlich teutsch schreiben sol. Straßburg: Cammerlander. Digitalisat der Bayerischen Staatsbibliothek.

Gottsched, Johann Christoph (1749). Grundlegung einer deutschen Sprachkunst. Leipzig: Breitkopf. Digitalisat der Bayerischen Staatsbibliothek.

Schottel, Justus Georg (1641). Teutsche Sprachkunst. Braunschweig: Grubern. Digitalisat der Sächsischen Landesbibliothek Dresden.

Wilmanns, Wilhelm (1909). Deutsche Grammatik. Gotisch, Alt-, Mittel- und Neuhochdeutsch. Dritte Abteilung: Flexion. 2. Hälfte: Nomen und Pronomen. Straßburg: Trübner.

Weitere Sachtexte:

Andreae, Johann Ludwig (1718). Mathematische und Historische Beschreibung des gantzen Weltgebäudes. Zum nutzlichen Gebrauch Zweyer auf eine neue Art verfertigten Himels- und Erd-Kugeln. Nürnberg: Lochner. Digitalisat der Bayerischen Staatsbibliothek.

Conradus de Megenberg (1482). Das Buch der Natur. Augsburg. Digitalisat der Bayerischen Staatsbibliothek.

Ercker, Lazarus et al. (1598). Beschreibung, Aller furnemisten Mineralischen Ertzt vnnd Bergwercks arten. Frankfurt a.M.: Feyerabendt. Digitalisat der Bayerischen Staatsbibliothek.

Lichtwark, Alfred (1909). Die Grundlagen der künstlerischen Bildung. Park- und Gartenstudien. Berlin: Caffirer. Digitalisat der Universitäts- und Landesbibliothek Düsseldorf.

Ramelov, Matthias (1682). Hochnützliche, heilsame Wasser und Brunen-Betrachtung Das ist: Ausführliche Beschreibung und gründliche Unterforschung der Weltberühmten Sauer-Brunnen zu Wildungen und Pyrmont. Kassel: Ingebrand. Digitalisat der Bayerischen Staatsbibliothek.

Ryff, Walther Hermann (1540). Warhafftige, künstliche und gerechte underweisung wie alle Träume, Erscheinungen und Nächtliche gesicht…erklärt…werden mögen. Straßburg. Digitalisat der Bayerischen Staatsbibliothek.

Sekundärliteratur

Adelung, Johann Christoph (1788). Vollständige Anweisung zur Deutschen Orthographie. Leipzig: Weygand. Digitalisat der Bayerischen Staatsbibliothek.

Afflerbach, Sabine (1997). Ontogenese der Kommasetzung vom 7. bis zum 17. Lebensjahr. Eine empirische Studie. Frankfurt a. M.: Lang.

Altmann, Hans (1981). Formen der ‚Herausstellung‘ im Deutschen. Tübingen: Niemeyer.

Arnold, Doug (2007). Non-restrictive relatives are not orphans. Journal of Linguistics 43, 271–309.

Axel-Tober, Katrin (2012). (Nicht-)kanonische Nebensätze im Deutschen: synchrone und diachrone Aspekte. Berlin: de Gruyter.

Bayraktar, Murat, Bilge Say & Varol Akman (1998). An analysis of English Punctuation: The Special Case of Comma. International Journal of Corpus Linguistics 3.1, 33–57.

Bech, Gunar (1955). Studien über das deutsche Verbum Infinitum. 1. Band. Kopenhagen.

Beckmann, Mary & Janet Pierrehumbert (1986). Intonational structure in Japnese and English. Phonology Yearbook 3, 255–309.

Behr, Martin (2014). Buchdruck und Sprachwandel. Schreibsprachliche und textstrukturelle Varianz in der Melusine des Thüring von Ringoltingen (1473/74–1692/93). Berlin: de Gruyter.

Behrens, Ulrike (1989). Wenn nicht alle Zeichen trügen. Interpunktion als Markierung syntaktischer Konstruktionen. Frankfurt a.M. et al.: Lang.

Bergmann, Rolf & Dieter Nerius (1998). Die Entwicklung der Großschreibung im Deutschen von 1500 bis 1700. Heidelberg: Winter.

Berkigt, Marlon (2013). Normierung auf dem Prüfstand. Untersuchung zur Kommasetzung im Deutschen. Frankfurt: Lang.

Berschin, Helmut et al. (1995). Die spanische Sprache. 2. Auflage. München: Max Hueber.

Besch, Werner (1981). Zur Entwicklung der deutschen Interpunktion seit dem späten Mittelalter. In: Kathryn Smits, Werner Besch & Viktor Lange (Hrsg.), Interpretation und Edition deutscher Texte des Mittelalters. Festschrift für John Asher. Berlin: Schmidt, 187–206.

Besch, Werner & Norbert Wolf (2009). Geschichte der deutschen Sprache. Längsschnitte – Zeitstufen – Linguistische Studien. Berlin: Schmidt.

Besch, Werner (1999). Die Rolle Luthers in der deutschen Sprachgeschichte. Heidelberg: Universitätsverlag.

Biber, Douglas (1993). Representativeness in Corpus Design. Literary and Linguistic Computing 8(4), 243–257.

Birkner, Karin (2007). Semantik und Prosodie von Relativsätzen im gesprochenen Deutsch. Deutsche Sprache 35.4, 271–285.

Birkner, Karin (2008). Relativ(satz)konstruktionen im gesprochenen Deutsch : Syntaktische, prosodische, semantische und pragmatische Aspekte. Berlin & New York: de Gruyter.

Birkner, Karin (2012). Prosodic formats of relative clauses in spoken German. In: Pia Bergmann et al. (eds.), Prosody and embodiment in interactional grammar. Berlin: de Gruyter, 19–39.

Bischoff, Bernhard (1979). Paläographie des römischen Altertums und des abendländischen Mittelalters. Berlin: Schmidt.

Blühdorn, Hardarik (2007). Zur Struktur und Interpretation von Relativsätzen. Deutsche Sprache 35.4, 287–314.

Bolinger, Dwight (1989). Intonation and its Uses – Melody in Grammar and Discourse. London: Arnold.

Bredel, Ursula (2006). Die Herausbildung des syntaktischen Prinzips in der Historio- und in der Ontogenese der Schrift. In: Ursula Bredel & Hartmut Günther (Hrsg.), Orthographietheorie und Rechtschreibunterricht. Tübingen: Niemeyer, 139–163.

Bredel, Ursula (2007). Interpunktionszeichen: Form – Geschichte – Funktion. In: Römisch-Germanisches-Museum Köln (Hrsg.), Begleitband zur Ausstellung Kosmos der Zeichen – Schriftbild und Bildformel in Antike und Mittelalter. Wiesbaden: Reichert, 67–86.

Bredel, Ursula (2008). Die Interpunktion des Deutschen. Ein kompositionelles System zur Online-Steuerung des Lesens. Tübingen: Niemeyer.

Bredel, Ursula (2011). Interpunktion. Heidelberg: Winter.

Bredel, Ursula & Hrvoje Hlebec (2015). Kommasetzung im Prozess. Praxis Deutsch 254, 36–43.

Bredel, Ursula & Astrid Müller (Hrsg.) (2015). Interpunktion. Praxis Deutsch 254.

Bredel, Ursula & Beatrice Primus (2007). Komma et Co: Zwiegespräch zwischen Grammatik und Performanz. Zeitschrift für Sprachwissenschaft 26, 81–131.

Bruce, Gosta (1977). Swedish word accents in sentence perspective. Lund: Gleerup.

Buchmann, Franziska (2015). Die Wortzeichen im Deutschen. Heidelberg: Winter.

Bunčić, Daniel (2004). The apostrophe: A neglected and misunderstood reading aid. Written Language and Literacy 7.2, 185–204.

Burdach, Konrad (1924). Die nationale Aneignung der Bibel und die Anfänge der germanischen Philologie. Halle a. d. S.: Niemeyer.

Büring, Daniel (2003). On D-Trees, Beans and B-accents. Linguistics & Philosophy 26.5, 511–545.

Büring, Daniel & Katharina Hartmann (1998). Asymmetrische Koordination. Linguistische Berichte 174, 172–201.

Butcher, Judith, Caroline Drake & Maureen Leach (eds.) (2006). Butcher's copy-editing: The Cambridge handbook for editors, copy-editors and proofreaders. 4th edition. Cambridge: University Press.

Carter, Ronald & Michael McCarthy (2006). Cambridge grammar of English: A comprehensive guide to spoken and written grammar and usage. Appendix punctuation. Cambridge: University Press.

Catach, Nina (1996). La ponctuation. Histoire et système. 2nd revised edition. Paris: Presses Universitaires de France.

Chafe, Wallace (1988). Punctuation and the prosody of written language. Written Communication 5, 396–426.

The Chicago manual of style (2010). Chicago: University Press.

Chomsky, Noam & Morris Halle (1968). The Sound Pattern of English. New York: Harper & Row.

Claridge, Claudia (2008). Historical corpora. In: Anke Lüdeling & Merja Kytö (eds.), Corpus Linguistics. Handbücher für Sprach- und Kommunikationswissenschaft. Berlin: de Gruyter, 242–259.

Colombo-Scheffold, Simona, Christiane Hochstadt & Ralph Olsen (Hrsg.) (2016). Ohne Punkt und Komma – Beiträge zu Theorie, Empirie und Didaktik der Interpunktion. TRANSFER Band 10. Berlin: RabenStück.

Coniglio, Marco (2012). Die Syntax der deutschen Modalpartikeln. Ihre Distribution und Lizenzierung in Haupt- und Nebensätzen. Berlin: de Gruyter.

Coniglio, Marco & Eva Schlachter (2015). Das Nachfeld im Deutschen zwischen Syntax, Informations- und Diskursstruktur. Eine diachrone, korpusbasierte Untersuchung. In: Vinckel-Roisin, Hélène (Hg.), Das Nachfeld im Deutschen. Berlin & Boston: de Gruyter, 141–163.

Cook, Vivian (2014). The English Writing System. 2. Auflage. Oxon & New York: Routledge.

Corbett, Greville (2006). Agreement. Cambridge: University Press.

Cristofaro, Sonia (2003). Subordination. Oxford: University Press.

Cruttenden, Alan (1997). Intonation. 2nd edn. Cambridge: University Press.

Culicover, Peter W. & Ray Jackendoff (2005). Simpler syntax. Oxford: University Press.

Cysouw, Michael & Bernhard Wälchli (eds.) (2007). Focus on Parallel texts. STUF – Language Typology and Universals 60.2.

Daniëls, Wim (1994). De geschiedenis van de komma. The Hague: SDU Uitgeverij.

Dehé, Nicole (2009). Clausal parentheticals, intonational phrasing and prosodic theory. Journal of Linguistics 45, 569–615.

Dehé, Nicole (2014). Parentheticals in Spoken English. The Syntax-Prosody Relation. Cambridge: University Press.

Dehé, Nicole & Bettina Braun (2013). The prosody of question tags in English. English Language and Linguistics 17, 129–156.

Demske, Ulrike (2001). Zur Distribution von Infinitivkomplementen im Althochdeutschen. In: Reimar Müller & Marga Reis (Hrsg.), Modalität und Modalverben im Deutschen. Hamburg: Buske, 61–86.

Demske, Ulrike (2008). Raising patterns in Old High German. In: Thórhallur Eythórsson (ed.), Grammatical Change and Linguistic Theory: the Rosendahl Papers. Amsterdam: Benjamins, 143–172.

Demske, Ulrike (2015). Towards coherent infinitival patterns in the history of German. In: Demske, Ulrike & Łukasz Jędrzejowski (eds.), The Diachrony of Infinitival Patterns: Their origin, development and loss. Journal of Historical Linguistics 5.1, 6–40.

Dewald, Anika (2013). Versetzungsstrukturen im Deutschen. Zu ihrer Syntax, Prosodie und Diskursfunktion. Dissertation: Universität zu Köln.

Domahs, Ulrike & Beatrice Primus (2015). Laut – Gebärde – Buchstabe. In: Ekkehard Felder & Andreas Gardt (Hrsg.), Sprache und Wissen. Berlin: de Gruyter, 125–142.

Dokumente zur Interpunktion europäischer Sprachen (1939). Göteburg: Elanders Boktryckeri Aktiebolag.

Duden (1910). Rechtschreibung der Buchdruckereien deutscher Sprache. 2. Auflage. Leipzig & Wien: Bibliographisches Institut.

Duden (1954). Rechtschreibung der deutschen Sprache. 14. Auflage. Mannheim: Dudenverlag.

Duden (1980). Rechtschreibung der deutschen Sprache und der Fremdwörter. 18. Auflage. Mannheim: Dudenverlag.

Duden (2006). Rechtschreibung der deutschen Sprache. 24. überarbeitete Auflage. Mannheim: Dudenverlag.

Duden (2009). Rechtschreibung der deutschen Sprache. 25. überarbeitete Auflage. Mannheim: Dudenverlag.

Duntze, Oliver (2007). Ein Verleger sucht sein Publikum. Die Straßburger Offizin des Matthias Hupfuff (1497/98–1520). München: Saur.

Ebert, Robert Peter (1983). Verb position in Luther's Bible translation and in the usage of contemporaries. Monatshefte für deutschen Unterricht, deutsche Sprache und Literatur 75, 147–155.

Ebert, Robert Peter et al. (1993). Frühneuhochdeutsche Grammatik. Tübingen: Niemeyer.

Ehlich, Konrad (2009). Interjektion und Responsiv. In: Ludger Hoffmann (Hrsg.), Handbuch der deutschen Wortarten. Berlin: de Gruyter, 525–544.

Ehrich, Veronika et al. (Hrsg.) (2009). Koordination und Subordination im Deutschen. Linguistische Berichte Sonderheft 16.

Eichler, Wolfgang & Hartmut Küttel (1993). Eigenaktivität, Nachdenken und Experiment – zur inneren Regelbildung im Erwerb der Zeichensetzung. Diskussion Deutsch 129, 35–44.

Eisenberg, Peter (1979). Grammatik oder Rhetorik? Über die Motiviertheit unserer Zeichensetzung. Zeitschrift für germanistische Linguistik 7, 323–337.

Eisenberg, Peter (2006). Grundriss der deutschen Grammatik: Der Satz. 3. Auflage. Stuttgart: Metzler.

Eisenberg, Peter (2013). Grundriss der deutschen Grammatik: Der Satz. 4. Auflage. Stuttgart: Metzler.

Eisenberg, Peter, Helmut Feilke & Wolfgang Menzel (Hrsg.) (2005). Zeichen setzen – Interpunktion. Praxis Deutsch 191.

Erben, Johannes (2000). Syntax des Frühneuhochdeutschen. In: Werner Besch et al. (Hrsg.), Sprachgeschichte. Ein Handbuch zur Geschichte der deutschen Sprache und ihrer Erforschung. Band 2. 2. überarb. Auflage. Berlin & New York: de Gruyter, 1341–1348.

Espinal, M. Teresa (1991). The representation of disjunct constituents. Language 67, 726–762.

Esslinger, Gesine (2014). Rezeptive Interpunktionskompetenz. Baltmannsweiler: Schneider.

Esslinger, Gesine (2016). Empirische Aspekte zur Rezeption und Produktion syntaktischer Interpunktionszeichen. In: Simona Colombo-Scheffold, Christiane Hochstadt & Ralph Olsen (Hrsg.), Ohne Punkt und Komma – Beiträge zu Theorie, Empirie und Didaktik der Interpunktion. TRANSFER Band 10. Berlin: RabenStück, 215–234.

Evertz, Martin & Beatrice Primus (2013). The graphematic foot in English and German. Writing Systems Research 5.1, 1–23.

Evertz, Martin (2014). Visual prosody. The graphematic foot in English and German. Dissertation: Universität zu Köln.

Ferrari, Angela (2003). Le ragioni del testo. Aspetti morfosintattici e interpuntivi dell'italiano contemporaneo. Firenze: Presso L'Accademia della Crusca.

Fleischer, Jürg & Oliver Schallert (2011). Historische Syntax des Deutschen. Eine Einführung. Tübingen: Narr.

Fodor, Janet (2002). Prosodic disambiguation in silent reading. Proceedings of the North East Linguistic Society 32, 113–132.

Frey, Werner (2011). Peripheral adverbial clauses, their licensing and the prefield in German. In: Eva Breindl, Gisella Ferraresi & Anna Volodina (Hrsg.), Satzverknüpfung – Zur Interaktion von Form, Bedeutung und Diskursfunktion. Berlin: de Gruyter, 41–77.

Frey, Werner & Hubert Truckenbrodt (2015). Syntactic and prosodic integration and disintegration in peripheral adverbial clauses and in right dislocation/afterthought. In: Andreas Trotzke & Josef Bayer (eds.), Syntactic complexity across interfaces. Berlin: de Gruyter, 75–106.

Fromm, Hans (1982). Finnische Grammatik. Heidelberg: Carl Winter.

Fuhrhop, Nanna (2008). Das graphematische Wort (im Deutschen): Eine erste Annäherung. Zeitschrift für Sprachwissenschaft 27, 189–228.

Fuhrhop, Nanna (2009). Orthografie. Heidelberg: Winter.

Fuhrhop, Nanna (2012). Zwischen Wort und Syntagma. Zur grammatischen Fundierung der Getrennt- und Zusammenschreibung. Berlin & New York: de Gruyter.

Fuhrhop, Nanna & Franziska Buchmann (2016). Graphematische Silbe. In: Ulrike Domahs & Beatrice Primus (Hrsg.), Handbuch Sprachwissen: Laut – Gebärde – Buchstabe. Berlin: de Gruyter, 356–376.

Fuhrhop, Nanna & Jörg Peters (2013). Einführung in die Phonologie und Graphematik. Stuttgart: Metzler.

Gärtner, Kurt (1988). Zur Interpunktion in den Ausgaben mittelhochdeutscher Texte. Editio 2, 86–89.

Gärtner, Hans Martin (2001). Are there V2 relative clauses in German? Journal of Comparative German Linguistics 3, 97–141.

Gärtner, Hans Martin (2002). On the force of V2 declarative. Theoretical Linguistics 28, 33–42.

Gallmann, Peter (1985). Graphische Elemente der geschriebenen Sprache. Grundlagen für eine Reform der Orthographie. Tübingen: Niemeyer.

Gallmann, Peter (1996). Interpunktion (Syngraphie). In: Hartmut Günther & Otto Ludwig (Hrsg.), Schrift und Schriftlichkeit. Ein interdisziplinäres Handbuch internationaler Forschung, 2. Halbband. Berlin & New York: de Gruyter, 1456–1467.

Gallmann, Peter (1997). Konzepte der Nominalität. In: Gerhard Augst et al. (Hrsg.), Zur Neuregelung der deutschen Orthographie. Begründung und Kritik. Tübingen: Niemeyer, 209–241.

Gantet, Claire (2010). Der Traum in der frühen Neuzeit. Ansätze zu einer kulturellen Wissenschaftsgeschichte. Berlin & New York: de Gruyter.

Garavelli, Mortara (ed.) (2008). Storia della punteggiatura in Europa. Rom: Laterza & Figli.

Gardt, Andreas (1999). Geschichte der Sprachwissenschaft in Deutschland: vom Mittelalter bis ins 20. Jahrhundert. Berlin & New York: de Gruyter.

Geilfuß-Wolfgang, Jochen (2007). Worttrennung am Zeilenende. Tübingen: Niemeyer.

Goedbloed, Judith (1992). Kompakt-Grammatik Niederländisch. Stuttgart: Klett.

Greenbaum, Sidney (2000). The Oxford reference grammar. Oxford: University Press.

Grewendorf, Günther (1987). Kohärenz und Restrukturierung. Zu verbalen Komplexen im Deutschen. In: Brigitte Asbach-Schnitker & Johannes Roggenhofer (Hrsg.), Neuere Forschungen zur Wortbildung und Historiographie der Linguistik. Festgabe für Herbert Brekle zum 50. Geburtstag. Tübingen: Narr, 123–144.

Grewer, Johanna (2015). Ontogenese der Kommasetzung – eine empirische Untersuchung. Masterarbeit: Universität zu Köln.

Grice, Martine et al. (1996). Consistency in Transcription and Labelling of German Intonation with GToBI. Proceedings of the Fourth International Conference on Spoken Language Processing, Philadelphia, 1716–1719.

Griffiths, James & Mark de Vries (2013). The Syntactic Integration of Appositives: Evidence from Fragments and Ellipsis. Linguistic Inquiry 44.2, 332–344

Günther, Hartmut (2000). „...und hält den Verstand an" — Eine Etüde zur Entwicklung der deutschen Interpunktion 1522–1961. In: Rolf Thieroff et al. (Hrsg.), Deutsche Grammatik in Theorie und Praxis. Tübingen: Niemeyer, 275–286.

Güthert, Kerstin (2005). Herausbildung von Norm und Usus Scribendi im Bereich der Worttrennung am Zeilenende (1500–1800). Heidelberg: Winter.

Gussenhoven, Carlos (2004). The Phonology of Tone and Intonation. Cambridge: University Press.

Gutzen, Dieter (2015). „Denn wer dolmetzschen wil, mus grosse vorrath von worten haben." Von Luthers Bibelübersetzung zur Bibel in gerechter Sprache. In: Albrecht Buschmann (Hrsg.), Gutes Übersetzen. Neue Perspektiven für Theorie und Praxis des Literaturübersetzens. Berlin & Boston: de Gruyter, 243–282.

Haegeman, Liliane (1991). Parenthetical adverbials: the radical orphanage approach. In: Shuki Chiba et al. (eds.), Aspects of Modern English Linguistics: Papers presented to Masatomo Ukaji on his 60th Birthday. Tokyo: Kaitakushi, 232–254.

Haegeman, Liliane (2010). The internal syntax of adverbial clauses. Lingua 120, 628–648

Haegeman, Liliane, Benjamin Shaer and Werner Frey (2009). Postcript. Problems and solutions for orphan analyses. In: Benjamin Shaer, Philippa Cook, Werner Frey & Claudia Maienborn (eds.), Dislocated Elements in Discourse: Syntactic, Semantic, and Pragmatic Perspectives. New York: Routledge, 348–365.

Hall, Alan T. (2011). Phonologie. 2. Auflage. Berlin & New York: de Gruyter.

Hartweg, Frédéric (2000). Die Rolle des Buchdrucks für die frühneuhochdeutsche Sprachgeschichte. In: Werner Besch et al. (Hrsg.), Sprachgeschichte. Ein Handbuch zur Geschichte der deutschen Sprache und ihrer Erforschung. Berlin: de Gruyter, 1682–1705.

Hartweg, Frédéric & Klaus-Peter Wegera (1989). Frühneuhochdeutsch: eine Einführung in die deutsche Sprache des Spätmittelalters und der frühen Neuzeit. Tübingen: Niemeyer.

Hartweg, Frédéric, & Klaus-Peter Wegera (2005). Frühneuhochdeutsch. Eine Einführung in die deutsche Sprache und der frühen Neuzeit. 2., neu bearb. Auflage. Tübingen: Niemeyer.

Hawkins, John A. (1994). A performance theory of order and constituency. Cambridge: University Press.

Hawkins, John A. (2004). Efficiency and Complexity in Grammars. Oxford: University Press.

Hawkins, John A. (2011). Processing efficiency and complexity in typological patterns. In: Jae Jung Song (ed.), Linguistic Typology. Oxford: University Press, 206–226.

Hazout, Ilan (1995). Comparative ellipsis and logical form. Natural Language & Linguistic Theory 13, 1–37.

Hilgert, Bettina (2012). Die Interpunktion in Otlohs Gebet. Bachelorarbeit: Universität zu Köln.

Hill, Robin L. & Wayne S. Murray (2000). Commas and spaces. Effects of punctuation on eye movement and sentence parsing. In: Alan Kennedy, Ralph Radach, Dieter Heller & Joël Pynte (eds.), Reading as a perceptual process. Oxford: Elsevier, 565–590.

Höchli, Stefan (1981). Zur Geschichte der Interpunktion im Deutschen. Berlin: de Gruyter.

Holler, Anke (2007). Uniform oder Different? Zum syntaktischen Status Nicht-Restriktiver Relativsätze. Deutsche Sprache 35.3, 250–270.

Huesmann, Ilka (2015). Interpunktion und Intonation von Interjektionen. Staatsexamensarbeit: Universität zu Köln.

Huesmann, Ilka & Frank Kirchhoff (i.E.). Interpunktion und Intonation von Interjektionen im Deutschen. In: Martin Evertz & Frank Kirchhoff (Hrsg.), Geschriebene und gesprochene Sprache als Modalitäten eines Sprachsystems. Berlin: de Gruyter.

Jarvie, Gordon (1992). Chambers punctuation guide. Edinburgh, UK: Chambers.

Junghans, Helmar (2007). Interpunktion und Großschreibung in Texten der Lutherzeit. Lutherjahrbuch 2007, 153–180.

Kalbertodt, Janina, Beatrice Primus & Petra Schumacher (2015). Punctuation, prosody, and discourse: Afterthought vs. right dislocation. Frontiers in Psychology 6, 1–12.

Kaltenböck, Gunther (2007). Spoken parenthetical clauses in English: A taxonomy. In: Nicole Dehé & Yordanka Kavalova (eds.), Parentheticals. Amsterdam: Benjamins, 25–52.

Keller, Rudi (1994). Sprachwandel. Von der unsichtbaren Hand in der Sprache. 2. Aufl. Tübingen: Francke.

Kempf, Luise (2010). In erober: vnd plünderung der Statt: Wie die Ellipse von Wortteilen entstand. Beiträge zur Geschichte der deutschen Sprache und Literatur 132.3, 343–365.

Kennedy, Christopher (2002). Comparative deletion and optimality in syntax. Natural Language & Linguistic Theory 20, 553–621.

Kerkhofs, Roel et al. (2008). Sentence processing in the visual and auditory modality: Do comma and prosodic break have parallel functions? Brain Research 1224, 102–118.

Kirchhoff, Frank (2016). Interpunktion und Intonation. In: Ulrike Domahs & Beatrice Primus (Hrsg.), Handbuch Sprachwissen: Laut – Gebärde – Buchstabe. Berlin: de Gruyter, 398–417.

Kirchhoff, Frank & Beatrice Primus (2014). The architecture of punctuation systems: A historical case study of the comma in German. Written Language and Literacy 17, 195–224.

Kirchhoff, Frank & Primus, Beatrice (2016a). Das Komma im mehrsprachigen Kontext. In: Simona Colombo-Scheffold, Christiane Hochstadt & Ralph Olsen (Hrsg.), Ohne Punkt und Komma – Beiträge zu Theorie, Empirie und Didaktik der Interpunktion. TRANSFER Band 10. Berlin: RabenStück, 77–97.

Kirchhoff, Frank & Primus, Beatrice (2016b). Punctuation. In: Vivian Cook & Des Ryan (eds.), Handbook of the English Writing System. London: Routledge, 93–109.

Kirchhoff, Frank & Primus, Beatrice (i.Vor.). Multilingualism in school: a linguistically informed model of teaching and learning the comma use in English, Spanish, Russian, and German.

König, Ekkehard & Johan van der Auwera (1988). Clause integration in German and Dutch conditionals, concessive conditionals, and concessives. In: John Haiman & Sandra Thompson (eds.), Clause combining in discourse and grammar. Proceedings of a conference at Rensselaerville Institute, Albany. New York, Amsterdam & Philadelphia: Benjamins, 101–133.

Lachmann, Karl (1926/1833). Wolfram von Eschenbach. 6. Ausgabe von Karl Lachmann. Berlin & Leipzig: de Gruyter.

Ladd, Robert (1996). Intonational Phonology. Cambridge: University Press.

Lambrecht, Knud (2001). Dislocation. In: Martin Haspelmath, Ekkehard König, Wulf Oesterreicher & Wolfgang Raible (eds.), Language typology and language universals. An international handbook. 2nd edition. Berlin: de Gruyter, 1050–1079.

Lang, Ewald (1991). Koordinierende Konjunktionen. In: Arnim von Stechow & Dieter Wunderlich (eds.), Semantik. Ein internationales Handbuch zeitgenössischer Forschung. Berlin: de Gruyter, 597–623.

Laskowski, Roman (1972). Polnische Grammatik. Leipzig: Enzyklopädie Verlag.

Lechner, Winfried (2004). Ellipsis in comparatives. Berlin & New York: de Gruyter.

Lehmann, Christian (1984). Der Relativsatz: Typologie seiner Strukturen; Theorie seiner Funktionen; Kompendium seiner Grammatik. Tübingen: Narr.

Lehmann, Christian (1988). Towards a typology of clause linkage. In: John Haiman & Sandra A. Thompson (eds.), Clause combining in grammar and discourse. Amsterdam: Benjamins, 181–225.

Lobin, Henning (1993). Koordinationssyntax als prozedurales Phänomen. Tübingen: Narr.

Löbner, Sebastian (2003). Semantik. Eine Einführung. Berlin: de Gruyter.

Lötscher, Andreas (2005). Linksperiphere Adverbialsätze in der Geschichte des Deutschen: Pragmatische Aspekte eines grammatischen Wandels. Beiträge zur Geschichte der deutschen Sprache und Literatur 127, 347–376.

Lukeman, Noah (2006). The art of punctuation. Oxford: University Press.

Maas, Utz (1992). Grundzüge der deutschen Orthographie. Tübingen: Niemeyer.

Maché, Jakob & Werner Abraham (2011). Infinitivkomplemente im Frühneuhochdeutschen – satzwertig oder nicht? In: Oskar Reichmann & Anja Lobendsten-Reichmann (Hrsg.), Frühneuhochdeutsch – Aufgaben und Probleme seiner linguistischen Beschreibung. Hildesheim: Olms, 235–274.

Männel, Claudia & Angela Friederici (2011). Intonational phrase structure processing at different stages of syntax acquisition: ERP studies in 2-, 3-, and 6-year-old children. Developmental Science 14, 786–798.

Masalon, Kevin Christopher (2014). Die deutsche Zeichensetzung gestern, heute–und morgen (?): eine korpusbasierte, diachrone Untersuchung der Interpunktion als Teil schriftsprachlichen Wandels im Spannungsfeld von Textpragmatik, System und Norm unter besonderer Berücksichtigung des Kommas. Dissertation: Universität Duisburg-Essen.

Meisenburg, Trudel (2002). Rechtschreibung und Zeichensetzung des Französischen. In: Ingo Kolboom, Thomas Kotschi & Edward Reichel (Hrsg.), Handbuch Französisch: Sprache – Literatur – Kultur – Gesellschaft. Berlin: Schmidt, 173–178.

Meiß, Klaus (1994). Streit um die Lutherbibel. Frankfurt a. M.: Lang.

Melenk, Hartmut (2001). Quantitative Ergebnisse. In: Hartmut Melenk & Werner Knapp (Hrsg.), Inhaltsangabe – Kommasetzung. Schriftsprachliche Leistungen in Klasse 8. Baltmannsweiler: Schneider, 221–236.

Mentrup, Wolfgang (1983). Zur Zeichensetzung im Deutschen – die Regeln und ihre Reform oder: müssen Duden-Regeln so sein, wie sie sind? Tübingen: Narr.

Meyer, Charles F. (1987). A linguistic study of American punctuation. Frankfurt a.M.: Lang.

Müller, Rudolf Wolfgang (1964). Rhetorische und syntaktische Interpunktion. Untersuchungen zur Pausenbezeichnung im antiken Latein. Tübingen: Dissertation.

Müller, Hans Georg (2007). Zum Komma nach Gefühl. Implizite und explizite Kommakompetenz von Berliner Schülerinnen und Schülern. Frankfurt a.M.: Lang.

Müller, Hans Georg (2016). Der Majuskelgebrauch im Deutschen. Groß- und Kleinschreibung theoretisch, empirisch, ontogenetisch. Berlin & Boston: de Gruyter.

Naumann, Carl L. (1995). Interpunktions-‚Fehler‘. Welchen Regeln folgen die SchreiberInnen bei der Kommasetzung? In: Petra Ewald & Karl E. Sommerfeld (Hrsg.), Beiträge zur Schriftlinguistik. Festschrift zum 60. Geburtstag von Dieter Nerius. Frankfurt a.M.: Lang, 211–233.

Napoli, Donna Jo (1983). Comparative ellipsis: a phrase structure analysis. Linguistic Inquiry 14, 675–694.

Nebrig, Alexander & Carlos Spoerhase (Hrsg.) (2002). Die Poesie der Zeichensetzung. Studien zur Stilistik der Interpunktion. Bern: Lang.

Nerius, Dieter (2005). Gesprochene und geschriebene Sprache. In: Ulrich Ammon et al. (Hrsg.), Soziolinguistik. Ein internationales Handbuch zur Wissenschaft von Sprache und Gesellschaft. Band 3.2. Berlin: de Gruyter, 1628–1638.

Nerius, Dieter (2007). Deutsche Orthographie. 4. Aufl. Hildesheim: Olms.

Nespor, Marina & Irene Vogel (2007). Prosodic Phonology. 2. Auflage. Berlin & New York: de Gruyter.

Nübling, Damaris (2004). Die prototypische Interjektion: Ein Definitionsvorschlag. Zeitschrift für Semiotik 26.1–2, 11–46.

Nübling, Damaris, Antje Dammel, Janet Duke & Renata Szczepaniak (2010). Historische Sprachwissenschaft des Deutschen. Einführung in die Prinzipien des Sprachwandels. 3. Auflage. Tübingen: Narr.

Nunberg, Geoffrey (1990). Linguistics of Punctuation. Stanford: Center for the Study of Language and Information.

Nunberg, Geoffrey, Ted Briscoe & Rodney Huddleston (2002). Punctuation. In: Rodney Huddleston & Geoffrey K. Pullum (eds.), The Cambridge Grammar of the English Language. Cambridge: University Press, 1723–1764.

Osborne, Timothy (2009). Comparative coordination vs. comparative subordination. Natural Language and Linguistic Theory 27, 427–454.

Parkes, Malcolm B. (1993). Pause and effect. An Introduction to the History of Punctuation in the West. Berkeley CA: University Press.

Pasch, Renate et al. (2003). Handbuch der deutschen Konnektoren. Berlin: de Gruyter.

Patt, Sebastian (2013). Punctuation as a means of medium-dependent presentation structure in English. Exploring the guide functions of punctuation. Tübingen: Narr.

Peters, Jörg (2006). Syntactic and prosodic parenthesis. Proceedings of the International Conference on Speech Prosody, 390–393.

Peters, Jörg (2009). Intonation. In: Duden. Die Grammatik. 8. Aufl. Mannheim u.a.: Dudenverlag, 102–128.

Peterson, Peter (1999). On the boundaries of syntax: Non-syntagmatic relations. In: Peter Collins & David Lee (eds.), The clause in English. Amsterdam: Benjamins, 229–250.

Pierrehumbert, Janet (1980). The phonetics and phonology of English intonation. Ph.D. thesis: MIT.

Pießnack, Christian & Adelbert Schübel (2005). Untersuchungen zur orthographischen Kompetenz von Abiturientinnen und Abiturienten im Land Brandenburg. In: LLF-Berichte 20, 50–72.

Pietsch, Paul (1927). Ewangely und Epistel teutsch: die gedruckten hochdeutschen Perikopenbücher (Plenarien) 1473–1523. Ein Beitrag zur Kenntnis der Wiegendrucke, zur Geschichte des deutschen Schrifttums und der deutschen Sprache, insbesondere der Bibelverdeutschung und der Bibelsprache. Göttingen: Vandenhoeck & Ruprecht.

Pittner, Karin (2003). Kasuskonflikte bei freien Relativsätzen. Eine Korpusstudie. Deutsche Sprache 31, 193–208.

Pompino-Marschall, Bernd (2009). Einführung in die Phonetik. 3. Aufl. Berlin: de Gruyter.

Potts, Christopher (2005). The logic of conventional implicatures. Oxford: University Press.

Primus, Beatrice (1993). Sprachnorm und Sprachregularität: Das Komma im Deutschen. Deutsche Sprache 21, 244–263.

Primus, Beatrice (1997). Satzbegriffe und Interpunktion. In: Gerhard Augst & Karl Blüml (Hrsg.), Zur Neuregelung der deutschen Orthographie. Begründung und Kritik. Tübingen: Niemeyer, 463–488.

Primus, Beatrice (2003). Zum Silbenbegriff in der Schrift-, Laut- und Gebärdensprache – Versuch einer mediumübergreifenden Fundierung. Zeitschrift für Sprachwissenschaft 22.3, 3–55.

Primus, Beatrice (2007a). The typological and historical variation of punctuation systems: Comma constraints. Written Language and Literacy 10.2, 103–128.

Primus, Beatrice (2007b). Die Buchstaben unseres Alphabets: Form – Entwicklung – Funktion. In: Römisch-Germanisches-Museum Köln (Hrsg.), Begleitband zur Ausstellung Kosmos der Zeichen – Schriftbild und Bildformel in Antike und Mittelalter. Wiesbaden: Reichert, 45–65.

Primus, Beatrice (2008). Diese – etwas vernachlässigte – pränominale Herausstellung. Deutsche Sprache 36, 3–26.

Primus, Beatrice (2010). Strukturelle Grundlagen des deutschen Schriftsystems. In: Ursula Bredel, Astrid Müller & Gabriele Hinney (Hrsg.), Schriftsystem und Schrifterwerb: linguistisch – didaktisch – empirisch. Tübingen: Niemeyer, 9–45.

Quirk, Randolph et al. (1972). A grammar of contemporary English. Appendix III: Punctuation. London: Longman.

Quirk, Randolph et al. (1985). A grammar of contemporary English. London: Longman.

Reichmann, Oskar (1978). Zur Edition frühneuhochdeutscher Texte: Sprachgeschichtliche Perspektiven. Deutsche Philologie 97, 337–361.

Reichmann, Oskar & Klaus-Peter Wegera (Hrsg.) (1988). Frühneuhochdeutsches Lesebuch. Tübingen: Niemeyer.

Reißig, Tilo (2015). Typographie und Grammatik. Untersuchung zum Verhältnis von Syntax und Raum. Tübingen: Stauffenburg.

Rinas, Karsten (2012). Zur Geschichte der deutschen Interpunktionslehre vom 15. bis zum 17. Jahrhundert. Sprachwissenschaft 37.1, 17–64.

Rinas, Karsten (2015). Zur historischen Einordnung von Jakob Brückers Interpunktionslehre. Beiträge zur Geschichte der deutschen Sprache und Literatur 137.3, 373–395.

Ritter, Robert (ed.) (2012). New Oxford style manual. 2nd edition. Oxford: University Press.

Saenger, Paul (1997). Space between words. The origins of silent reading. California: Stanford University Press.

Sappok, Christopher (2011). Das deutsche Komma im Spiegel von Sprachdidaktik und Prosodieforschung. Münster: LIT.

Sappok, Christopher & Carl Ludwig Naumann (2016). Die ‚Kommabrille‘ – historische, psycholinguistische und didaktische Perspektiven. In: Colombo-Scheffold, Simona, Christiane Hochstadt & Ralph Olsen (Hrsg.) (2016). Ohne Punkt und Komma – Beiträge zu Theorie, Empirie und Didaktik der Interpunktion. TRANSFER Band 10. Berlin: Raben-Stück, 99–137.

Sattler, Rudolf (1607). Teutsche Orthographey und Phraseologey. Basel: Koenigs.

Schilling, Heinz (2012). Martin Luther. Rebell in einer Zeit des Umbruchs. München: Beck.

Schmitz, Wolfgang (1990). Die Überlieferung deutscher Texte im Kölner Buchdruck des 15. und 16. Jahrhunderts. Habilitationsschrift: Universität zu Köln.

Schou, Karsten (2007). The syntactic status of English punctuation. English Studies 88, 195–216.

Schulze, Ursula & Siegfried Grosse (Hrsg.) (2011). Das Nibelungenlied: Mittelhochdeutsch/ Neuhochdeutsch. Stuttgart: Reclam.

231

Schwarze, Christoph (1988). Grammatik der italienischen Sprache. Tübingen: Niemeyer.

Selkirk, Elisabeth (1984). Phonology and Syntax: The relation between sound and structure. Cambridge: University Press.

Selkirk, Elisabeth (2005). Comments on intonational phrasing in English. In: Sonia Frota, Marina Vigário & Maria Freitas (eds.), Prosodies: With special reference to Iberian languages. Berlin & New York: de Gruyter, 11–58.

Selkirk, Elisabeth (2011). The Syntax-Phonology interface. In: John Goldsmith, Jason Riggle & Alan Yu (eds.), The Handbook of Phonological Theory. 2nd edition. Oxford: University Press, 435–484.

Simmler, Franz (1994). Zur Geschichte der Interpunktion im Deutschen. Gebrauchsnormen zur Kennzeichnung von Fragen und Ausrufen. In: Yvon Desportes (Hrsg.), Philologische Forschungen. Festschrift für Philippe Marcq. Heidelberg: Winter, 43–115.

Simmler, Franz (2003). Geschichte der Interpunktionssysteme im Deutschen. In: Werner Besch et al. (Hrsg.), Sprachgeschichte. Ein Handbuch zur Geschichte der deutschen Sprache und ihrer Erforschung. Band 3.2. Berlin & New York: de Gruyter, 2472–2503.

Skelton, Reginald (1949). Modern English Punctuation. London: Pitman & Sons.

Slotta, Frank (2010). Historische Interpunktion bei Luther. Staatsexamensarbeit: Universität zu Köln.

Sonderegger, Stefan (1998). Geschichte deutschsprachiger Bibelübersetzungen in Grundzügen. In: Werner Besch et al. (Hrsg.) Sprachgeschichte. Ein Handbuch zur Geschichte der deutschen Sprache und ihrer Erforschung. 1. Band. 2. Auflage. Berlin & New York: de Gruyter, 229–284.

Speyer, Augustin (2015). AcI and control infinitives: How different are they? A diachronic approach. In: Ulrike Demske & Łukasz Jędrzejowski (eds.), The Diachrony of Infinitival Patterns: Their origin, development and loss. Journal of Historical Linguistics 5.1, 41–71.

Stang, Christian & Anja Steinhauer (2014). Handbuch Zeichensetzung: Der praktische Ratgeber zu Komma, Punkt und allen anderen Satzzeichen. Mannheim: Dudenverlag.

Stassen, Leon (2001). Noun phrase coordination. In: Martin Haspelmath et al. (eds.), Language Typology and Language Universals. An International Handbook. Berlin & New York: de Gruyter, 1105–11.

Steinhauer, Karsten, Kai Alter & Angela Friederici (1999). Brain potentials indicate immediate use of prosodic cues in natural speech processing. Nature Neuroscience 2, 191–196.

Steinhauer, Karsten & Angela Friederici (2001). Prosodic boundaries, comma rules, and brain responses: The Closure Positive Shift in ERPs as a universal marker for prosodic phrasing in listeners and readers. Journal of Psycholinguistic Research 30, 267–295.

Stolt, Birgit (1990). Die Bedeutung der Interpunktion für die Analyse von Martin Luthers Syntax. In: Werner Besch (Hrsg.), Deutsche Sprachgeschichte. Frankfurt a. M.: Lang, 167–180.

Szczepaniak, Renata (2011). Gemeinsame Entwicklungspfade in Spracherwerb und Sprachwandel? Kognitive Grundlagen der onto- und historiogenetischen Entwicklung der satzinternen Großschreibung. In: Klaus-Michael Köpcke & Arne Ziegler (Hrsg.), Grammatik – Lehren, Lernen, Verstehen. Zugänge zur Grammatik des Gegenwartsdeutschen. Berlin & Boston: de Gruyter, 341–359.

Szczepaniak, Renata (2015). Syntaktische Einheitenbildung – typologisch und diachron betrachtet. In: Christa Dürscheid & Jan Georg Schneider (Hrsg.), Handbuch Satz, Äußerung, Schema. Berlin: de Gruyter, 104–124.

Thurmair, Maria (2006). Das Model und ihr Prinz: Kongruenz und Texteinbettung bei Genus-Sexus-Divergenz. Deutsche Sprache 34, 191–220.

Todd, Loreto (1997). The Cassell's Guide to Punctuation. London: Cassell.

Truckenbrodt, Hubert (1999). On the relation between syntactic phrases and phonological phrases. Linguistic Inquiry 30, 219–255.

Truckenbrodt, Hubert (2005). A short report on intonation phrase boundaries in German. Linguistische Berichte 203, 273–296.

Truckenbrodt, Hubert (2012). Semantics of intonation. In: Claudia Maienborn, Klaus von Heusinger & Paul Portner (eds.), Semantics. An international handbook of natural language meaning. Band 3. Berlin: de Gruyter, 2039–2069.

Truss, Lynne (2003). Eats, Shoots & Leaves: The zero tolerance approach to punctuation. London: Penguin.

van Dyck, William (1996). Punctuation Repair Kit. London: Hodder.

Voeste, Anja (2008). Orthographie und Innovation. Die Segmentierung des Wortes im 16. Jahrhundert. Hildesheim, Zürich & New York: Olms.

von Polenz, Peter (2000). Deutsche Sprachgeschichte vom Spätmittelalter bis zur Gegenwart, Band I: Einführung, Grundbegriffe: 14. bis 16. Jahrhundert. 2. überarbeitete Auflage. Berlin & New York: de Gruyter.

von Polenz, Peter (2009). Geschichte der deutschen Sprache. 10. Auflage. Berlin: de Gruyter.

von Wyle, Niklas (1478). Translatzen. Euriolus und Lucretia. Stuttgart.

Vries, Mark de (2005). Coordination and syntactic hierarchy. Studia Linguistica 59.1, 83–105.

Vries, Mark de (2006). The syntax of appositive relativization: On specifying coordination, false free relatives and promotion. Linguistic Inquiry 37, 229–270.

Vries, Mark de (2007). Invisible constituents? Parentheses as B-merged adverbial phrases. In: Nicole Dehé & Yordanka Kavalova (eds.), Parentheticals. Amsterdam & Philadelphia: Benjamins, 203–234.

Wälchli, Bernhard (2010). Similarity semantics and building probabilistic semantic maps from parallel texts. Linguistic Discovery 8.1, 331–371.

Wegera, Klaus-Peter (2013). Language data exploitation: design and analysis of historical corpora. In: Paul Bennett et al. (eds.), New methods in historical corpora. Tübingen: Narr, 55–75.

Wegera, Klaus-Peter & Sandra Waldenberger (2012). Deutsch diachron: Eine Einführung in den Sprachwandel des Deutschen. Berlin: Schmidt.

Weisser, Philipp (2014). Derived Coordination. A Minimalist Perspective on Clause Chains, Converbs and Asymmetric Coordination. Universität Leipzig: Dissertation.

Wiese, Benno (1980). Grundprobleme der Koordination. Lingua 51, 17–44.

Wingo, Otha E. (1972). Latin Punctuation in the Classical Age. The Hague & Paris: de Gruyter.

Zifonun, Gisela et al. (1997). Grammatik der deutschen Sprache. Berlin & New York: de Gruyter.

Zitterbart, Jussara Paranhos (2013). Satztyp und Korrelat/ Platzhalter/ Bezugsausdruck. In: Jörg Meibauer, Markus Steinbach & Hans Altmann (Hrsg.), Satztypen des Deutschen. Berlin & New York: de Gruyter, 602–626.

14 Anhang

Plenarium (1482)

	mit Virgel (%)	mit (Mittel-) Punkt (%)	kein IZ (%)
Koordinationen			
asyndetisch	133 (60,45 %)	75 (34,09 %)	12 (5,45 %)
syndetisch *und*	50 (7,36 %)	50 (7,36 %)	579 (85,27 %)
syndetisch sonstige	1 (3,70 %)	2 (7,41 %)	24 (88,89 %)
Herausstellungen			
Parenthesen	2 (2,53 %)	0	77 (97,47 %)
Vokative	3 (4,84 %)	1 (1,61 %)	58 (93,55 %)
Links- und Rechtsversetzungen	2 (18,18 %)	0	9 (81,82 %)
Sonstige	3	1	21
Nebensätze			
subordinierte Subjekt- und Objektsätze	18 (13,04 %)	0	120 (86,96 %)
herausgestellte Subjekt- und Objektsätze	1 (33,33)	0	2 (66,67 %)
subordinierte Adverbialsätze	46 (23,83 %)	10 (5,18 %)	137 (70,98 %)
herausgestellte Adverbialsätze	27 (42,86 %)	3 (4,76 %)	33 (52,38 %)
Relativsätze			
disloziert (appositive und freie RS mit Korrelat)	26 (18,18 %)	7 (4,90 %)	110 (76,92 %)
restriktiv	14 (8,59 %)	0	149 (91,41 %)
Infinitivkonstruktionen			
kohärent	0	0	2 (100 %)
inkohärent	1 (3,23 %)	0	30 (96,77 %)
unklar	0	0	10 (100 %)
Syntaktisch überflüssig	2	0	–
Unklare Fälle	9	5	13

Luther (1545)

	mit Virgel (%)	kein IZ (%)
Koordinationen		
asyndetisch	140 (99,29 %)	1 (0,71 %)
syndetisch *und*	982 (78,75 %)	265 (21,25 %)
syndetisch (*entweder*) *oder*	23 (58,97 %)	16 (41,03 %)
syndetisch sonstige	11 (78,57 %)	3 (21,43 %)
Herausstellungen		
Parenthesen	33 (70,21 %)	14 (29,79 %)
Vokative	104 (85,25 %)	18 (14,75 %)
Exklamative Imperative	98 (95,15 %)	5 (4,85 %)
Interjektionen	9 (37,50 %)	15 (62,50 %)
Links- und Rechtsversetzungen	6 (85,71 %)	1 (14,29 %)
Sonstige	61 (63,54 %)	35 (36,46 %)
Nebensätze		
subordinierte Subjekt- und Objektsätze	76 (95,00 %)	4 (5,00 %)
herausgestellte Subjekt- und Objektsätze	33 (91,67 %)	3 (8,33 %)
subordinierte Adverbialsätze	199 (98,03 %)	4 (1,97 %)
herausgestellte Adverbialsätze	52 (100 %)	0
Relativsätze		
disloziert (appositive und freie RS mit Korrelat)	171 (99,42 %)	1 (0,58 %)
restriktiv	203 (76,60 %)	62 (23,40 %)
Infinitivkonstruktionen		
kohärent	0	2 (100 %)
inkohärent	30 (60,00 %)	20 (40,00 %)
unklar	11 (44,00 %)	14 (56,00 %)
Syntaktisch überflüssig	42	–
Unklare Fälle	132	13

Luther (1621)

	mit Virgel (%)	kein IZ (%)
Koordinationen		
asyndetisch	79 (100 %)	0
syndetisch *und*	983 (82,88 %)	203 (17,12 %)
syndetisch (*entweder*) *oder*	30 (63,83 %)	17 (36,17 %)
syndetisch sonstige	13 (86,67 %)	2 (13,33 %)
Herausstellungen		
Parenthesen	74 (86,05 %)	12 (13,95 %)
Vokative	106 (84,80 %)	19 (15,20 %)
Exklamative Imperative	106 (97,25 %)	3 (2,75 %)
Interjektionen	10 (38,46 %)	16 (61,54 %)
Sonstige	32 (56,14 %)	25 (43,86 %)
Nebensätze		
subordinierte Subjekt- und Objektsätze	108 (94,74 %)	6 (5,26 %)
herausgestellte Subjekt- und Objektsätze	8 (100 %)	0
subordinierte Adverbialsätze	243 (99,59 %)	1 (0,41 %)
herausgestellte Adverbialsätze	84 (100 %)	0
Relativsätze		
disloziert (appositive und freie RS mit Korrelat)	157 (98,74 %)	2 (1,26 %)
restriktiv	225 (77,59 %)	65 (22,41 %)
Infinitivkonstruktionen		
kohärent	0	4 (100 %)
inkohärent	19 (40,43 %)	28 (59,57 %)
unklar	7 (41,18 %)	10 (58,82 %)
Syntaktisch überflüssig	18	–
Sonstige unklare Fälle	127	8

Luther (1720)

	mit Komma (%)	mit Semikolon (%)	kein IZ (%)
Koordinationen			
asyndetisch	110 (59,78 %)	73 (39,67 %)	1 (0,54 %)
syndetisch *und*	816 (72,92 %)	68 (6,08 %)	235 (21,00 %)
syndetisch (*entweder*) *oder*	21 (50,00 %)	2 (4,76 %)	19 (45,24 %)
syndetisch sonstige	9 (20,93 %)	31 (72,09 %)	3 (6,98 %)
Herausstellungen			
Parenthesen	114 (95,00 %)	0	6 (5,00 %)
Vokative	118 (96,72 %)	0	4 (3,28 %)
Exklamative Imperative	106 (97,25 %)	0	3 (2,75 %)
Interjektionen	10 (40,00 %)	0	15 (60,00 %)
Sonstige	87 (98,86 %)	0	1 (1,14 %)
Nebensätze			
subordinierte Subjekt- und Objektsätze	138 (100 %)	0	0
herausgestellte Subjekt- und Objektsätze	17 (100 %)	0	0
subordinierte Adverbialsätze	275 (100 %)	0	0
herausgestellte Adverbialsätze	67 (100 %)	0	0
Relativsätze			
disloziert (appositive und freie RS mit Korrelat)	155 (100 %)	0	0
restriktiv	285 (99,30 %)	0	2 (0,70 %)
Infinitivkonstruktionen			
kohärent	0	0	3 (100 %)
inkohärent	26 (44,83 %)	0	32 (55,17 %)
unklar	8 (57,14 %)	0	6 (42,86 %)
Syntaktisch überflüssig	28	0	–
Unklare Fälle	129	0	7

Luther (1847)

	mit Komma (%)	mit Semikolon (%)	kein IZ (%)
Koordinationen			
asyndetisch	130 (60,19%)	86 (39,81%)	0
syndetisch *und*	767 (71,15%)	66 (6,12%)	245 (22,73%)
syndetisch (*entweder*) *oder*	23 (54,76%)	2 (14,29%)	3 (21,43%)
syndetisch sonstige	9 (13,85%)	53 (81,54%)	3 (4,61%)
Herausstellungen			
Parenthesen	53 (92,98%)	0	4 (7,02%)
Vokative	122 (100%)	0	0
Exklamative Imperative	91 (100%)	0	0
Interjektionen	9 (45,00%)	0	11 (55,00%)
Sonstige	52 (100%)	0	0
Nebensätze			
subordinierte Subjekt- und Objektsätze	91 (100%)	0	0
herausgestellte Subjekt- und Objektsätze	21 (100%)	0	0
subordinierte Adverbialsätze	243 (100%)	0	0
herausgestellte Adverbialsätze	76 (100%)	0	0
Relativsätze			
disloziert (appositive und freie RS mit Korrelat)	165 (100%)	0	0
restriktiv	302 (100%)	0	0
Infinitivkonstruktionen			
kohärent	0	0	2 (100%)
inkohärent	29 (51,79%)	0	27 (48,21%)
unklar	7 (38,89%)	0	11 (61,11%)
Syntaktisch überflüssig	0	0	–
Unklare Fälle	107	0	2

Luther (1912)

	mit Komma (%)	mit Semikolon (%)	kein IZ (%)
Koordinationen			
asyndetisch	144 (55,38 %)	116 (44,62 %)	0
syndetisch *und*	179 (15,59 %)	97 (8,45 %)	872 (75,96 %)
syndetisch (*entweder*) *oder*	4 (9,52 %)	1 (2,38 %)	37 (88,10 %)
syndetisch sonstige	2 (2,67 %)	61 (81,33 %)	12 (16,00 %)
Herausstellungen			
Parenthesen	65 (97,01 %)	0	2 (2,99 %)
Vokative	123 (93,89 %)	0	8 (6,11 %)
Exklamative Imperative	82 (100 %)	0	0
Interjektionen	13 (56,52 %)	0	10 (43,48 %)
Sonstige	49 (98,00 %)	0	1 (2,00 %)
Nebensätze			
subordinierte Subjekt- und Objektsätze	133 (100 %)	0	0
herausgestellte Subjekt- und Objektsätze	19 (100 %)	0	0
subordinierte Adverbialsätze	370 (100 %)	0	0
herausgestellte Adverbialsätze	88 (100 %)	0	0
Relativsätze			
disloziert (appositive und freie RS mit Korrelat)	94 (100 %)	0	0
restriktiv	392 (100 %)	0	0
Infinitivkonstruktionen			
kohärent	0	0	4 (100 %)
inkohärent	47 (79,66 %)	0	12 (20,34 %)
unklar	14 (93,33 %)	0	1 (6,67 %)
Syntaktisch überflüssig	0	0	–
Unklare Fälle	94	0	0

Luther (1984)

	mit Komma (%)	mit Semikolon (%)	kein IZ (%)
Koordinationen			
asyndetisch	100 (44,44%)	125 (55,56%)	0
syndetisch *und*	113 (9,55%)	83 (7,02%)	987 (83,43%)
syndetisch (*entweder*) *oder*	0	1 (2,70%)	36 (97,30%)
syndetisch sonstige	2 (2,78%)	63 (87,50%)	7 (9,72%)
Herausstellungen			
Parenthesen	60 (100%)	0	0
Vokative	129 (100%)	0	0
Exklamative Imperative	78 (100%)	0	0
Interjektionen	13 (76,47%)	0	4 (23,53%)
Sonstige	11 (100%)	0	0
Nebensätze			
subordinierte Subjekt- und Objektsätze	88 (100%)	0	0
herausgestellte Subjekt- und Objektsätze	25 (100%)	0	0
subordinierte Adverbialsätze	287 (100%)	0	0
herausgestellte Adverbialsätze	83 (100%)	0	0
Relativsätze			
disloziert (appositive und freie RS mit Korrelat)	170 (100%)	0	0
restriktiv	298 (100%)	0	0
Infinitivkonstruktionen			
kohärent	0	0	4 (100%)
inkohärent	48 (84,21%)	0	9 (15,79%)
unklar	22 (88,00%)	0	3 (12,00%)
Syntaktisch überflüssig	0	0	–
Unklare Fälle	88	0	0

Franck (1540)

	mit Virgel (%)	mit Klammern (%)	kein IZ (%)
Koordinationen			
asyndetisch	389 (97,49%)	0	10 (2,51%)
syndetisch *und*	247 (45,32%)	0	298 (54,68%)
syndetisch (*entweder*) *oder*	75 (46,30%)	0	87 (53,70%)
syndetisch sonstige	2 (5,00%)	0	38 (95,00%)
Herausstellungen			
Parenthesen	137 (77,84%)	26 (14,77%)	13 (7,39%)
Vokative	4 (66,67%)	0	2 (33,33%)
Exklamative Imperative	0	0	0
Interjektionen	0	0	0
Sonstige	11 (100%)	0	0
Nebensätze			
subordinierte Subjekt- und Objektsätze	49 (76,56%)	0	15 (23,44%)
herausgestellte Subjekt- und Objektsätze	12 (92,31%)	0	1 (7,69%)
subordinierte Adverbialsätze	204 (77,27%)	8 (3,03%)	52 (19,70%)
herausgestellte Adverbialsätze	79 (87,78%)	0	11 (12,22%)
Relativsätze			
disloziert (appositive und freie RS mit Korrelat)	37 (84,09%)	0	7 (15,91%)
restriktiv	90 (73,17%)	0	33 (26,83%)
Infinitivkonstruktionen			
kohärent	0	0	7 (100%)
inkohärent	23 (65,71%)	0	12 (34,29%)
unklar	9 (42,86%)	4 (19,05%)	8 (38,09%)
Syntaktisch überflüssig	141	0	–
Unklare Fälle	126	2	14

Schottel (1641)

	mit Virgel (%)	sonstige IZ (%)	kein IZ (%)
Koordinationen			
asyndetisch	110 (71,43 %)	42 (27,27 %)	2 (1,30 %)
syndetisch *und*	106 (24,31 %)	9 (2,06 %)	321 (73,62 %)
syndetisch (*entweder*) *oder*	6 (16,22 %)	0	31 (83,78 %)
syndetisch sonstige	11 (64,71 %)	0	6 (35,29 %)
Herausstellungen			
Parenthesen	112 (61,88 %)	53 (29,28 %)	16 (8,84 %)
Vokative	14 (100 %)	0	0
Exklamative Imperative	0	0	0
Interjektionen	16 (36,36 %)	5 (11,36 %)	23 (52,27 %)
Sonstige	18 (94,74 %)	1 (5,26 %)	0
Nebensätze			
subordinierte Subjekt- und Objektsätze	81 (82,65 %)	15 (15,31 %)	2 (2,04 %)
herausgestellte Subjekt- und Objektsätze	35 (100 %)	0	0
subordinierte Adverbialsätze	165 (82,50 %)	33 (16,50 %)	2 (1,00 %)
herausgestellte Adverbialsätze	39 (95,12 %)	2 (4,88 %)	0
Relativsätze			
disloziert (appositive und freie RS mit Korrelat)	84 (86,60 %)	11 (11,34 %)	2 (2,06 %)
restriktiv	142 (88,20 %)	12 (7,45 %)	7 (4,35 %)
Infinitivkonstruktionen			
kohärent	8 (23,53 %)	0	26 (76,47 %)
inkohärent	29 (80,56 %)	0	7 (19,44 %)
unklar	14 (51,85 %)	0	13 (48,15 %)
Syntaktisch überflüssig	51	0	–
Unklare Fälle	25	0	7

Bödiker (1723)

	mit Komma (%)	sonstige IZ (%)	kein IZ (%)
Koordinationen			
asyndetisch	252 (83,44%)	50 (16,56%)	0
syndetisch *und*	114 (50,67%)	4 (1,78%)	107 (47,56%)
syndetisch (*entweder*) *oder*	36 (40,45%)	2 (2,25%)	51 (57,30%)
syndetisch sonstige	2 (100%)	0	0
Herausstellungen			
Parenthesen	178 (78,76%)	34 (15,04%)	14 (6,19%)
Vokative	0	0	0
Herausstellungen am linken und rechten Rand	9 (75,00%)	2 (16,67%)	1 (8,33%)
Interjektionen	4 (50,00%)	0	4 (50,00%)
Sonstige (v.a. Beispiele)	117 (75,00%)	28 (17,95%)	11 (7,05%)
Nebensätze			
subordinierte Subjekt- und Objektsätze	57 (89,06%)	3 (4,69%)	4 (6,25%)
herausgestellte Subjekt- und Objektsätze	13 (100%)	0	0
subordinierte Adverbialsätze	200 (93,02%)	13 (6,05%)	2 (0,93%)
herausgestellte Adverbialsätze	36 (92,31%)	2 (5,13%)	1 (2,56%)
Relativsätze			
disloziert (appositive und freie RS mit Korrelat)	83 (96,51%)	1 (1,16%)	2 (2,33%)
restriktiv	143 (97,95%)	1 (0,68%)	2 (1,37%)
Infinitivkonstruktionen			
kohärent	0	0	6 (100%)
inkohärent	26 (70,27%)	0	11 (29,73%)
unklar	3 (37,50%)	0	5 (62,50%)
Syntaktisch überflüssig	94	2	–
Unklare Fälle	22	0	0

Gottsched (1749)

	mit Komma (%)	sonstige IZ (%)	kein IZ (%)
Koordinationen			
asyndetisch	457 (92,77 %)	37 (7,23 %)	0
syndetisch *und*	145 (35,80 %)	38 (9,38 %)	222(54,81 %)
syndetisch (*entweder*) *oder*	49 (74,24 %)	4 (6,06 %)	13 (19,70 %)
syndetisch sonstige	6 (85,71 %)	0	1 (14,29 %)
Herausstellungen			
Parenthesen	96 (78,69 %)	20 (16,39 %)	6 (4,92 %)
Vokative	1 (100 %)	0	0
Herausstellungen am linken und rechten Rand	19 (95,00 %)	1 (5,00 %)	0
Interjektionen	2 (66,67 %)	1 (33,33 %)	0
Sonstige (v.a. Beispiele)	24 (45,28 %)	7 (13,21 %)	22 (41,51 %)
Nebensätze			
subordinierte Subjekt- und Objektsätze	59 (86,76 %)	8 (11,76 %)	1 (1,47 %)
herausgestellte Subjekt- und Objektsätze	32 (88,89 %)	1 (2,78 %)	3 (8,33 %)
subordinierte Adverbialsätze	111 (63,79 %)	62 (35,63 %)	1 (0,57 %)
herausgestellte Adverbialsätze	16 (28,07 %)	40 (70,18 %)	1 (1,75 %)
Relativsätze			
disloziert (appositive und freie RS mit Korrelat)	55 (74,32 %)	16 (21,62 %)	3 (4,05 %)
restriktiv	168 (88,89 %)	21 (11,11 %)	0
Infinitivkonstruktionen			
kohärent	1 (2,63 %)	0	37 (97,37 %)
inkohärent	50 (92,59 %)	2 (3,70 %)	2 (3,70 %)
unklar	18 (64,29 %)	0	10 (35,71 %)
Syntaktisch überflüssig	112	2	–
Unklare Fälle	18	1	0

Adelung (1812)

	mit Komma (%)	sonstige IZ (%)	kein IZ (%)
Koordinationen			
asyndetisch	201 (85,17%)	34 (14,41%)	1 (0,42%)
syndetisch *und*	149 (38,90%)	10 (2,61%)	224 (58,49%)
syndetisch (*entweder*) *oder*	21 (48,84%)	0	22 (51,16%)
syndetisch sonstige	14 (48,28%)	12 (41,38%)	3 (10,34%)
Herausstellungen			
Parenthesen	81 (70,43%)	32 (27,83%)	2 (1,74%)
Vokative	0	0	0
Interjektionen	0	0	0
Sonstige (v.a. Beispiele, LV und RV)	54 (81,82%)	0	12 (18,18%)
Nebensätze			
subordinierte Subjekt- und Objektsätze	57 (100%)	0	0
herausgestellte Subjekt- und Objektsätze	21 (100%)	0	0
subordinierte Adverbialsätze	165 (97,06%)	4 (2,35%)	1 (0,59%)
herausgestellte Adverbialsätze	62 (95,38%)	3 (4,62%)	0
Relativsätze			
disloziert (appositive und freie RS mit Korrelat)	39 (100%)	0	0
restriktiv	160 (100%)	0	0
Infinitivkonstruktionen			
kohärent	0	0	37 (100%)
inkohärent	57 (96,61%)	0	2 (3,39%)
unklar	22 (84,62%)	0	4 (15,38%)
Syntaktisch überflüssig	1	0	–
Unklare Fälle	20	0	0

Wilmanns (1909)

	mit Komma (%)	sonstige IZ (%)	kein IZ (%)
Koordinationen			
asyndetisch	377 (75,70 %)	119 (23,90 %)	2 (0,40 %)
syndetisch *und*	21 (6,50 %)	0	302 (93,50 %)
syndetisch (*entweder*) *oder*	5 (8,93 %)	0	51 (91,07 %)
syndetisch sonstige	9 (34,62 %)	11 (42,31 %)	6 (23,08 %)
Herausstellungen			
Parenthesen mit allen Klammerverwendungen	55 (10,50 %)	469 (89,50 %)	0
Parenthesen ohne Literaturangaben und Flexion bzw. Übersetzungen	55 (43,31 %)	72 (56,69 %)	0
Vokative	0	0	0
Interjektionen	0	0	0
Sonstige (v.a. Beispiele, LV und RV)	70 (100 %)	0	0
Nebensätze			
subordinierte Subjekt- und Objektsätze	71 (100 %)	0	0
herausgestellte Subjekt- und Objektsätze	5 (100 %)	0	0
subordinierte Adverbialsätze	109 (100 %)	0	0
herausgestellte Adverbialsätze	11 (100 %)	0	0
Relativsätze			
disloziert (appositive und freie RS mit Korrelat)	100 (100 %)	0	0
restriktiv	109 (97,32 %)	0	1 (2,68 %)
Infinitivkonstruktionen			
kohärent	0	0	10 (100 %)
inkohärent	13 (92,86 %)	0	1 (7,14 %)
unklar	15 (93,75 %)	0	1 (6,25 %)
Syntaktisch überflüssig	0	0	–
Unklare Fälle	7	0	0

Conradus (1482)

	mit Punkt (%)	kein IZ (%)
Koordinationen		
asyndetisch	245 (92,45%)	20 (7,55%)
syndetisch *und*	170 (33,53%)	337 (66,47%)
syndetisch (*entweder*) *oder*	12 (16,90%)	59 (83,10%)
syndetisch sonstige	19 (63,33%)	11 (36,67%)
Herausstellungen		
Parenthesen	2 (7,14%)	26 (92,86%)
Vokative	0	3 (100%)
Interjektionen	0	0
Links- und Rechtsversetzungen	9 (33,33%)	18 (66,67%)
Sonstige	0	0
Nebensätze		
subordinierte Subjekt- und Objektsätze	64 (34,97%)	119 (65,03%)
herausgestellte Subjekt- und Objektsätze	0	5 (100%)
subordinierte Adverbialsätze	75 (31,78%)	161 (68,22%)
herausgestellte Adverbialsätze	26 (37,14%)	44 (62,86%)
Relativsätze		
disloziert (appositive und freie RS mit Korrelat)	23 (25,56%)	67 (74,44%)
restriktiv	40 (16,33%)	205 (83,67%)
Infinitivkonstruktionen		
kohärent	0	0
inkohärent	0	4 (100%)
unklar	0	3 (100%)
Syntaktisch überflüssig	4	–
Unklare Fälle	9	16

Ryff (1540)

	mit Virgel (%)	mit Klammern (%)	kein IZ (%)
Koordinationen			
asyndetisch	361 (99,18%)	0	3 (0,82%)
syndetisch *und*	147 (30,18%)	0	340 (69,82%)
syndetisch sonstige	22 (19,82%)	0	89 (80,18%)
Herausstellungen			
Parenthesen	53 (79,10%)	8 (11,94%)	6 (8,96%)
Vokative	0	0	1 (100%)
Herausstellungen am linken und rechten Rand	9 (100%)	0	0
Interjektionen	0	0	0
Sonstige	0	0	0
Nebensätze			
subordinierte Subjekt- und Objektsätze	131 (84,52%)	0	24 (15,48%)
herausgestellte Subjekt- und Objektsätze	2 (100%)	0	0
subordinierte Adverbialsätze	171 (96,61%)	2 (1,13%)	4 (2,26%)
herausgestellte Adverbialsätze	7 (100%)	0	0
Relativsätze			
disloziert (appositive und freie RS mit Korrelat)	69 (88,46%)	9 (11,54%)	0
restriktiv	151 (79,89%)	0	38 (20,11%)
Infinitivkonstruktionen			
kohärent	0	0	5 (100%)
inkohärent	14 (73,68%)	0	5 (26,32%)
unklar	10 (76,92%)	0	3 (23,08%)
Syntaktisch überflüssig	34	0	–
Unklare Fälle	40	0	7

Ercker (1598)

	mit Virgel (%)	mit Klammern (%)	kein IZ (%)
Koordinationen			
asyndetisch	205 (97,62 %)	0	5 (2,38 %)
syndetisch *und*	242 (56,28 %)	0	188 (43,72 %)
syndetisch sonstige	45 (45,45 %)	0	54 (54,55 %)
Herausstellungen			
Parenthesen	107 (84,25 %)	18 (14,17 %)	2 (1,57 %)
Vokative	3 (60,00 %)	0	2 (40,00 %)
Herausstellungen am linken und rechten Rand	20 (100 %)	0	0
Interjektionen	0	0	0
Sonstige	0	0	0
Nebensätze			
subordinierte Subjekt- und Objektsätze	35 (92,11 %)	0	3 (7,89 %)
herausgestellte Subjekt- und Objektsätze	11 (100 %)	0	0
subordinierte Adverbialsätze	136 (93,15 %)	0	10 (6,85 %)
herausgestellte Adverbialsätze	68 (98,55 %)	0	1 (1,45 %)
Relativsätze			
disloziert (appositive und freie RS mit Korrelat)	104 (96,30 %)	4 (3,70 %)	0
restriktiv	89 (88,12 %)	2 (1,98 %)	10 (9,90 %)
Infinitivkonstruktionen			
kohärent	2 (6,45 %)	0	29 (93,55 %)
inkohärent	27 (62,79 %)	0	16 (37,21 %)
unklar	17 (65,38 %)	0	9 (34,62 %)
Syntaktisch überflüssig	113	0	–
Unklare Fälle	16	0	2

Ramelov (1682)

	mit Virgel (%)	sonstige IZ (%)	kein IZ (%)
Koordinationen			
asyndetisch	167 (78,77 %)	45 (21,23 %)	0
syndetisch *und*	180 (33,09 %)	34 (6,25 %)	330 (60,66 %)
syndetisch (*entweder*) *oder*	17 (34,00 %)	6 (12,00 %)	27 (54,00 %)
syndetisch sonstige	28 (90,32 %)	0	3 (9,68 %)
Herausstellungen			
Parenthesen	186 (80,87 %)	36 (15,65 %)	8 (3,48 %)
Vokative	1 (100 %)	0	0
Links und Rechtsversetzungen	0	0	1 (100 %)
Interjektionen	0	0	0
Sonstige	19 (95,00 %)	1 (5,00 %)	0
Nebensätze			
subordinierte Subjekt- und Objektsätze	84 (83,17 %)	15 (14,85 %)	2 (1,98 %)
herausgestellte Subjekt- und Objektsätze	9 (90,00 %)	1 (10,00 %)	0
subordinierte Adverbialsätze	187 (85,39 %)	29 (13,24 %)	3 (1,37 %)
herausgestellte Adverbialsätze	25 (83,33 %)	5 (16,67 %)	0
Relativsätze			
disloziert (appositive und freie RS mit Korrelat)	53 (82,81 %)	11 (17,19 %)	0
restriktiv	117 (83,57 %)	18 (12,86 %)	5 (3,57 %)
Infinitivkonstruktionen			
kohärent	2 (6,67 %)	0	28 (93,33 %)
inkohärent	13 (76,47 %)	0	4 (23,53 %)
unklar	23 (65,71 %)	0	12 (34,29 %)
Syntaktisch überflüssig	51	0	–
Unklare Fälle	24	9	2

Andreae (1718)

	mit Virgel (%)	sonstige IZ (%)	kein IZ (%)
Koordinationen			
asyndetisch	156 (68,42 %)	71 (31,14 %)	1 (0,44 %)
syndetisch *und*	206 (43,37 %)	53 (11,16 %)	216 (45,47 %)
syndetisch (*entweder*) *oder*	37 (20,00 %)	35 (18,92 %)	113 (61,08 %)
syndetisch sonstige	9 (52,94 %)	2 (11,76 %)	6 (35,29 %)
Herausstellungen			
Parenthesen	229 (68,77 %)	77 (23,12 %)	27 (8,11 %)
Vokative	0	0	0
Links und Rechtsversetzungen	0	0	0
Interjektionen	0	0	0
Sonstige	14 (77,78 %)	4 (22,22 %)	0
Nebensätze			
subordinierte Subjekt- und Objektsätze	142 (91,61 %)	12 (7,74 %)	1 (0,65 %)
herausgestellte Subjekt- und Objektsätze	20 (90,91 %)	2 (9,09 %)	0
subordinierte Adverbialsätze	323 (89,97 %)	34 (9,47 %)	2 (0,56 %)
herausgestellte Adverbialsätze	98 (78,40 %)	21 (16,80 %)	6 (4,80 %)
Relativsätze			
disloziert (appositive und freie RS mit Korrelat)	119 (74,38 %)	41 (25,63 %)	0
restriktiv	274 (86,44 %)	40 (12,62 %)	3 (0,95 %)
Infinitivkonstruktionen			
kohärent	1 (3,85 %)	0	25 (96,15 %)
inkohärent	38 (84,44 %)	0	7 (15,56 %)
unklar	29 (78,38 %)	0	8 (21,62 %)
Syntaktisch überflüssig	65	0	–
Unklare Fälle	25	17	9

Lichtwark (1909)

	mit Komma (%)	sonstige IZ (%)	kein IZ (%)
Koordinationen			
asyndetisch	212 (99,53%)	0	1 (0,47%)
syndetisch *und*	43 (11,03%)	0	347 (88,97%)
syndetisch (*entweder*) *oder*	5 (9,09%)	1 (1,82%)	49 (89,09%)
syndetisch sonstige	14 (60,87%)	0	9 (39,13%)
Herausstellungen			
Parenthesen	90 (73,17%)	32 (26,02%)	1 (0,81)
Herausstellungen am rechten Rand	10 (100%)	0	0
Vokative	0	0	0
Interjektionen	0	0	0
Sonstige	2 (100%)	0	0
Nebensätze			
subordinierte Subjekt- und Objektsätze	82 (100%)	0	0
herausgestellte Subjekt- und Objektsätze	18 (100%)	0	0
subordinierte Adverbialsätze	166 (100%)	0	0
herausgestellte Adverbialsätze	22 (100%)	0	0
Relativsätze			
disloziert (appositive und freie RS mit Korrelat)	166 (98,81%)	1 (0,60)	1 (0,60%)
restriktiv	173 (98,30%)	2 (1,14%)	1 (0,57%)
Infinitivkonstruktionen			
kohärent	0	0	20 (100%)
inkohärent	57 (95,00%)	0	3 (5,00%)
unklar	27 (93,10%)	0	2 (6,90%)
Syntaktisch überflüssig	4	0	–
Unklare Fälle	8	0	0